Der Strafgefangene im System der gesetzlichen Sozialversicherung

Würzburger Schriften zur Kriminalwissenschaft

Herausgegeben von Klaus Laubenthal

Band 23

PETER LANG

Frankfurt am Main · Berlin · Bern · Bruxelles · New York · Oxford · Wien

Michael Steiner

Der Strafgefangene im System der gesetzlichen Sozialversicherung

PETER LANG
Europäischer Verlag der Wissenschaften

Bibliografische Information Der Deutschen Bibliothek
Die Deutsche Bibliothek verzeichnet diese Publikation in der Deutschen Nationalbibliografie; detaillierte bibliografische Daten sind im Internet über <http://dnb.ddb.de> abrufbar.

Zugl.: Würzburg, Univ., Diss., 2005

D 20
ISSN 1618-078X
ISBN 3-631-53991-6

www.peterlang.de

Meinen Eltern

Camilla und Dieter

sowie meiner Freundin

Mareile

„Cuiusvis hominis est errare,

nullius nisi insipientis in errore perseverare"

Marcus Tullius Cicero

Vorwort

Die Arbeit lag im Wintersemester 2004/2005 der Juristischen Fakultät der Bayerischen-Julius-Maximilians Universität Würzburg als Dissertation vor. Das Rigorosum fand am 10.2.2005 statt.

Ich möchte die Gelegenheit nutzen, um an dieser Stelle mehreren Personen meinen aufrichtigen Dank auszusprechen:

Zunächst bedanke ich mich ganz herzlich bei meinem Doktorvater Herrn Professor Dr. Klaus Laubenthal, der mir beim Verfassen dieses Buches stets wissenschaftlichen Freiraum ließ, mich dennoch mit wertvollen Anregungen und Ratschlägen unterstützte sowie schließlich meine Arbeit in seine Schriftenreihe aufnahm.
Bei Herrn Professor Dr. Michael Wollenschläger bedanke ich mich für die rasche Erstellung des Zweitgutachtens.
Herr Privatdozent Dr. Helmut Baier stand mir während der gesamten Bearbeitung mit seiner zügigen und außerordentlich gewissenhaften Durchsicht meiner Manuskripte tatkräftig zur Seite, Frau Helga Bieber hatte oftmals Tipps zur ordnungsgemäßen Textverarbeitung parat – beiden Vielen Dank !

Um die Arbeit während meiner Berufstätigkeit abgabe- bzw. druckfertig zu machen, bedurfte es zusätzlicher, organisatorischer Hilfe „im Hintergrund". Hierfür danke ich besonders Herrn Dr. Christian Riederer (Wien/Austria) u.a. für seine Lektorentätigkeit, Herrn Dipl.-Betriebswirt (FH) Stephan Rausch für die Unterstützung beim Layout sowie Herrn Rechtsanwalt Carsten Fischer für die persönliche Abwicklung beim Dekanat...

Schließlich und endlich schulde ich meinen Eltern Camilla und Dieter Dank für die finanzielle Unterstützung (im Besonderen in Form eines neuen Notebooks und der Ermöglichung der Publikation dieses Werkes) und das Ertragen manch gedämpfter Stimmung während der Bearbeitung...

Ihnen und meiner Freundin, Frau Mareile Osthus, ist dieses Buch gewidmet.

Würzburg im September 2005 Rechtsanwalt Michael Steiner

Inhaltsverzeichnis

Abkürzungsverzeichnis

A.	Alternative
a.A.	anderer Ansicht
aaO	am angegebenen Ort
AFG	Arbeitsförderungsgesetz
AK-StVollzG	Alternativkommentar zum Strafvollzugsgesetz
AP	Arbeitsrechtliche Praxis
Art.	Artikel
BAG	Bundesarbeitsgericht
BAGE	Entscheidung des Bundesarbeitsgerichts
BArbBl	Bundesarbeitsblatt
BAT	Bundesangestelltentarif
BayVGH	Bayerischer Verwaltungsgerichtshof
BB	Der Betriebsberater
BBiG	Berufsbildungsgesetz
BewHi	Bewährungshilfe (Zeitschrift)
BGB	Bürgerliches Gesetzbuch
BGBl.	Bundesgesetzblatt
BGHSt	Entscheidungen des Bundesgerichtshofes in Strafsachen
BK	Berliner Kommentar
BSG	Bundessozialgericht
BSGE	Entscheidungen des Bundessozialgerichts
BSHG	Bundessozialhilfegesetz
BT – Drucksache	Drucksache des Deutschen Bundestages
BVerfG	Bundesverfassungsgericht
BVerfGE	Entscheidungen des Bundesverfassungsgerichts
BVerfGG	Bundesverfassungsgerichtsgesetz
BverwG	Bundesverwaltungsgericht
BVerwGE	Entscheidungen des Bundesverwaltungsgerichts
bzw.	beziehungsweise
d.h.	das heißt
DAngVers	Die Angestelltenversicherung (Zeitschrift)
ders.	derselbe
DOK	Die Ortskrankenkasse (Zeitschrift)

DÖV	Die öffentliche Verwaltung
DRiZ	Deutsche Richterzeitung
DRV	Deutsche Rentenversicherung
DVBl.	Deutsche Verwaltungsblätter
e.V.	eingetragener Verein
ebda	eben da
EFZG	Entgeltfortzahlungsgesetz
EG	Vertrag zur Gründung der Europäischen Gemeinschaft
EinlVVG	Einleitung zum Versicherungsvertragsgesetz
EMRK	Europäische Menschenrechtskonvention
FEVS	Fürsorgerechtliche Entscheidungen der Verwaltungs- und Sozialgerichte
Ff	fortfolgende
GesKomm	Gesamtkommentar
GG	Grundgesetz
GK	Gemeinschaftskommentar
Hrsg.	Herausgeber
HS	Halbsatz
IAO	Internationales Arbeitsabkommen
Isd	im Sinne der (des)
Ivm	in Verbindung mit
JGG	Jugendgerichtsgesetz
JVA	Justizvollzugsanstalt
JZ	Juristenzeitung
KG	Kammergericht
LAG	Landesarbeitsgericht
LG	Landgericht
LPK	Lehr- und Praxiskommentar
LSG	Landessozialgericht
LVA	Landesversicherungsanstalt
MDR	Monatsschrift des Deutschen Rechts
Mio.	Millionen
MSchrKrim	Monatsschrift für Kriminologie und Strafrechtsreform
MuSchG	Mutterschutzgesetz
mwN	mit weiteren Nachweisen
n.Chr.	nach Christus
n.F.	neue Fassung
NJW	Neue juristische Wochenschrift
NK	Neue Kriminalpolitik
NStZ	Neue Zeitschrift für Strafrecht

NZS	Neue Zeitschrift für Sozialrecht
OLG	Oberlandesgericht
RdA	Recht der Arbeit (Zeitschrift)
RGBl.	Reichsgesetzblatt
RiBVerfG	Richter am Bundesverfassungsgericht
Rn.	Randnummer
RVO	Reichsversicherungsordnung
S.	Seite
SchlHA	Schleswig – holsteinische Anzeigen
SchwHG	Schwangerenhilfegesetz
SG	Sozialgericht
SGB	Sozialgesetzbuch
SGb	Die Sozialgerichtsbarkeit (Zeitschrift)
SGG	Sozialgerichtsgesetz
SozArb	Soziale Arbeit (Zeitschrift)
SozSich	Soziale Sicherheit (Zeitschrift)
SozVers	Die Sozialversicherung (Zeitschrift)
StGB	Strafgesetzbuch
StV	Der Strafverteidiger (Zeitschrift)
StVollzG	Strafvollzugsgesetz
StVollzVergO	Strafvollzugsvergütungsordnung
u.U.	unter Umständen
UV	Unfallversicherung
Vgl.	vergleiche
VSSR	Vierteljahresschrift für Sozialrecht
z.B.	zum Beispiel
ZFSH/SGB	Zeitschrift für Sozialhilfe und Sozialgesetzbuch
ZfStrVo (SH)	Zeitschrift für Strafvollzug und Straffälligenhilfe (Sonderheft)
ZRP	Zeitschrift für Rechtspolitik
ZSR	Zeitschrift für Sozialreform
ZStW	Zeitschrift für die gesamte Strafrechtswissenschaft

Einführung

Kaum ein Thema beschäftigt die Politik wie auch die Bevölkerung (nicht nur der Bundesrepublik Deutschland) in diesen Tagen mehr als die wohl bedeutendste Errungenschaft unseres sozialen Bundesstaates: die Sozialsysteme in ihren unterschiedlichen Ausprägungen, im Besonderen die gesetzliche Renten- und Krankenversicherung. Das unserer Rentenversicherung zugrundeliegende Prinzip des Generationenvertrages scheint sich aufgrund der demographischen Entwicklung in unserer Gesellschaft zur unüberwindbaren Hürde auf dem Wege zur Finanzierung des Systems zu entwickeln. Eine anhaltend hohe Arbeitslosigkeit beschert der Bundesagentur für Arbeit weitere Subventionsausgaben und massive Einbußen an Beiträgen der Rentenversicherungsträger. Mittlerweile fehlen den Rentenkassen zehn Milliarden Euro, Gespräche über Beitragserhöhungen von derzeit 19, 5% auf 20, 5%, „Rente mit 67“[1] sowie - erstmals in der Geschichte der Bundesrepublik - Rentenkürzungen sind die (notwendige) Konsequenz der Misere.[2]
Auch die Krankenkassen schlagen Alarm: Jene bereits erwähnte „Vergreisung“ der Gesellschaft führt zu übermäßigem Bedarf an medizinischer Versorgung, diese wiederum ist aufgrund der zu hohen Kosten ebenfalls kaum mehr zu finanzieren – allein die Versicherten müssen im Jahr 2004 mindestens acht Milliarden Euro mehr an Beiträgen aufbringen.[3] Und dies bei sinkenden Leistungen der Krankenkassen!
Eine (scheinbar) vollkommen andere Diskussion wird seit Jahrzehnten in der Öffentlichkeit mit stoischer Ruhe und Gelassenheit, um nicht zu sagen Gleichgültigkeit geführt: der Umgang mit Strafgefangenen im und nach dem Strafvollzug. Insoweit gleichen die Rahmenbedingungen jenen des Jahres 1971, in dem der *Entwurf eines Gesetzes über den Vollzug der Freiheitsstrafe und der freiheitsentziehenden Maßregeln der Besserung und Sicherung – Strafvollzugsgesetz* – veröffentlicht und von der breiten Öffentlichkeit wie von der Fachwelt selbst kaum registriert wurde.[4] Dies mag noch immer daran liegen, dass Strafgefangene schon zu allen Zeiten der Menschheit einer schweren Stigmatisierung ausgesetzt waren, so dass gerade heutzutage die Sorge um die „billigste“ und zugleich „härteste“ Vollzugsform die vorherrschende in der Bevölkerung dar-

---

[1] Moritz, Hans-Jürgen/Thewes, Frank, Betrübliche Altersvorsorge, in: FOCUS, 2003, Nr. 36, S. 26; Scherff, Dyrk, Wie viel Rente bleibt mir noch?, in: Frankfurter Allgemeine Sonntagszeitung vom 26.10.2003, S. 43

[2] Thiede, Reinhold, Die Sozialversicherung – ein zukunftsfähiges Modell der sozialen Sicherung, in: Eichenhofer, Eberhard (Hrsg.), Bismarck, die Sozialversicherung und deren Zukunft, S. 112f; „Höherer Beitrag für Rente droht“, in: Frankfurter Allgemeine Sonntagszeitung vom 19.10.2003, S. 1, 4; Bonz, Hans – Jörg, Die Sozialversicherung – ein zukunftsfähiges Modell der sozialen Sicherung?, in: Eichenhofer, Eberhard (Hrsg.), S. 100

[3] Köttker, Verena, Fünf vor zwölf, in: FOCUS, 2003, Nr. 36, S. 32ff; vgl. Schreiber, Wilfrid, Zum System sozialer Sicherung, S. 69; Storr, Stefan, „Neuorganisation der Sozialen Sicherungssysteme“..., in: SGb 2004, S. 279

[4] Kaufmann, Arthur, Die Strafvollzugsreform – Eine kritische Bestandsaufnahme –, S. 7

stellt.[5] Dabei sei schon jetzt angemerkt, dass ein Rückfall in die Kriminalität sicherlich mehr Geld kostet als die Bemühungen, den Straftäter vor dem Rückfall zu bewahren. Deshalb hat sich der Entwurf unter dem damaligen Bundesjustizminister Gustav Heinemann, dessen Kommission bereits 1967 mit der Ausarbeitung begann, insbesondere maßgeblich mit der Frage beschäftigt, wie man am besten den Problemen des Alltags begegnet, wenn der Straftäter die Anstalt verlässt und (wieder) für sich selbst verantwortlich ist, um nicht erneut ein Sicherheitsrisiko für die Gesellschaft darzustellen.[6]

Am 4.1.1973 hat die Bundesregierung den Entwurf dem Bundestag vorgelegt und damit der Forderung des Bundesverfassungsgerichts[7] nach einer gesetzlichen Grundlage für den Strafvollzug Genüge getan. Die Bundesregierung wollte weiterhin „(...) mit dem Strafvollzugsgesetz einen wichtigen Beitrag zu einem modernen Strafrecht leisten.“[8]

In diesem Rahmen sollte die Arbeitspflicht des Strafgefangenen - wie auch in der Vergangenheit - eine wichtige Rolle spielen. Dem Strafgefangenen sollten Fähigkeiten für eine Erwerbstätigkeit nach der Entlassung vermittelt werden.

Bedeutsam für das Thema dieser Untersuchung ist, dass bereits der damalige Entwurf Regelungen über das Arbeitsentgelt und die Sozial- und Arbeitslosenversicherung der Gefangenen vorsah, die „(...) jedoch mit Rücksicht auf die erheblichen Auswirkungen auf die Finanzen der Bundesländer aufgrund besonderer Entscheidungen *zu einem späteren Zeitpunkt*[9] in Kraft treten“[10] mussten. Auch der Bund der Strafvollzugsbediensteten hat in seiner Stellungnahme 1974 eine volle und zügige Einbeziehung der Strafgefangenen in die Sozialversicherung gefordert.[11] Diese Forderungen sind (zumindest temporär betrachtet) mittlerweile Rechtsgeschichte, wobei die damaligen äußeren Umstände mit den heutigen immer noch insofern vergleichbar sind, als die Öffentlichkeit nur unwesentlich von diesen Problematiken Notiz nimmt. Konfrontierte man sie mit der Frage der Einbeziehung und Ausgestaltung im sozialen Netz, würde man sicherlich bei weiten Teilen der Befragten auf deutliche Ablehnung und Empörung stoßen. Zweifellos stellen Strafgefangene für die Rentenversicherungsträger (und mittelbar für die Beitragszahler) eine meist leistungsbeziehende Versichertengruppe dar; denn einer relativ gering ausfallenden Beitragseinnahme steht

---

[5] Kaufmann, Arthur, ebda, S. 8; Stratenwerth, Günter, Alternativen, in: Baumann, Jürgen (Hrsg.), Die Reform des Strafvollzugs – Programm nach den Vorstellungen des Alternativentwurfes zu einem neuen Strafvollzugsgesetz –, S. 9ff

[6] Kaufmann, Arthur, ebda, S. 9; Baumann, Jürgen, Die Reform des Strafvollzugs – Programm nach den Vorstellungen des Alternativentwurfes zu einem neuen Strafvollzugsgesetz –S. 8

[7] BVerfGE 33, 1 - Az. 2 BvR 41 / 71-

[8] Jahn, Gerhard, Entwurf eines Gesetzes über den Vollzug der Freiheitsstrafe und der freiheitsentziehenden Maßregeln der Besserung und Sicherung – Strafvollzugsgesetz – Vorwort, herausgegeben vom Bundesministerium der Justiz, S. 3

[9] Hervorhebung durch den Verfasser

[10] Jahn, Gerhard, S. 4

[11] Bund der Strafvollzugsbediensteten Deutschlands e.V., Stellungnahme zum Entwurf eines Strafvollzugsgesetzes, S. 5ff

langfristig eine deutlich höhere Verrentung gegenüber, d.h. die Ausgaben würden die Einnahmen übersteigen und erlangten damit eine zumindest geringfügig beitragsanhebende Wirkung.[12] Doch ist heute anerkannt, dass jenes Sozialstaatsprinzip der Art. 20, 28 GG als tragendes Fundament unseres Verfassungslebens[13] dem Staat nicht nur aufgibt, Freiheit und Eigentum der Bürger zu garantieren, sondern auch für die arbeitenden und in Not geratenen Menschen eine soziale Verantwortung zu übernehmen. Schon im ausgehenden 19. Jahrhundert wurde in der Erweiterung und Förderung der Sozialpolitik ein wesentlicher Fortschritt der Kriminalpolitik gesehen. Diese Bestrebungen setzten sich in der Weimarer Republik unter Gustav Radbruch fort, der 1927 einen sozialstaatlich orientierten Entwurf zu einem Strafvollzugsgesetz ausgearbeitet hat. Und insbesondere in der Gegenwart erfasst die unsere Verfassung stetig dynamisierende Sozialstaatsklausel immer mehr Bereiche einzelner und sozialer Gruppen, indem sich das Rechts- und Sozialleben an den Maßstäben einer sozialen Gerechtigkeit orientiert und die soziale Integration verschiedenster Gesellschaftsgruppen fördert.[14]

Inhaltlich geht es in erster Linie also um die soziale Befriedung, die Integration unter den Menschen und den sozialen Ausgleich widerstreitender Interessen durch soziale Für- und Vorsorge. Überträgt man diese Grundsätze auf den Vollzug, so muss im Verhältnis zwischen der strafenden Staatsgewalt und dem Gefangenen die Sozialstaatlichkeit „(...) als Leitgedanke staatlichen Handelns in überzeugender Weise zum Ausdruck (...)“[15] kommen.

Der Gesetzgeber muss sich demnach fragen, ob die vor mehr als 30 Jahren entwickelten und mehr als 25 Jahren auf den Weg gebrachten Reformen der sozialen Sicherung Strafgefangener mittlerweile nach den Vorstellungen Gustav Heinemanns und Gerhard Jahns in ausreichendem Maße verwirklicht wurden, die Neugestaltung der sozialen Beziehungen des Gefangenen im Beruf und in der Arbeit[16] sowie die „(...) soziale Daseinsnachsorge“[17] von Erfolg gekrönt sind.

Diese Frage wird Gegenstand vorliegender Untersuchung sein. Dabei wird es nicht nur auf die Phase nach der Haftentlassung, sondern auch auf diejenige während der Haft ankommen, bei der das Eingreifen sozialrechtlicher Tatbestände weiterhin relevant ist. Untersucht werden alle Zweige der Sozialversicherung, wobei die Rentenversicherung angesichts ihrer überragenden Bedeutung

---

[12] Stellungnahme des Verbandes deutscher Rentenversicherungsträger – VDR – Einbeziehung von Strafgefangenen in die gesetzliche Rentenversicherung, in: SozVers 1993, S. 45

[13] Gröschner, in: H. Dreier (Hrsg.), Grundgesetz – Kommentar, Band II, Art. 20 Rn. 15ff; Zacher, Hans, Das soziale Staatsziel, in: von Maydell, Bernd/Eichenhofer, Eberhard (Hrsg.), Abhandlungen zum Sozialrecht, S. 14

[14] Würtenberger, Thomas, Strafvollzug im sozialen Rechtsstaat, in: Arthur Kaufmann (Hrsg.), Die Strafvollzugsreform, S. 11

[15] Würtenberger, Thomas, ebda, S. 12

[16] Würtenberger, Thomas, S. 15; Stratenwerth, Günter, Alternativen (Grundsätze des Vollzuges), in: Baumann, Jürgen (Hrsg.), S. 12f

[17] Würtenberger, Thomas, S. 17, 18

für die Alterssicherung eine besondere Rolle spielen wird. Der Gang der Untersuchung vollzieht sich wie folgt:
Das erste Kapitel beschäftigt sich mit Grundlagen zum Sozial- und Sozialversicherungsrecht, nachdem ein knapper historischer Überblick über wichtige Entwicklungsstufen der Sozialversicherung gegeben wird. Anschließend ist das gesetzliche Selbstverständnis des Sozialrechts zu ermitteln, indem zunächst eine chronologisch geordnete und dem Einfluss politischer Rahmenbedingungen Rechnung tragende Begriffsanalyse der noch immer umstrittenen Sozialrechtsnomenklatur durchgeführt wird. Ein derartiges Vorgehen ist geboten, weil es für das Verständnis in späteren Kapiteln nicht unerheblich ist, abstrakt die Materie Sozialrecht im gesamten Rechtsgefüge einordnen, bestimmen sowie konkret Schlussfolgerungen für das Thema am Ende der Arbeit ziehen zu können. Im Übrigen sei hierdurch auch dem Postulat *Wannagats* Genüge getan, der die Ansicht vertritt, dass die rasch fortschreitende Rechtsentwicklung, die nicht einfacher, sondern komplizierter werde, verpflichte, neues Wissen zu erwerben und Sorge zu tragen, dass Verschüttetes freigelegt werde; dies gelte besonders für das Sozialrecht, da es sich so dynamisch entwickle, und die Wechselwirkung zwischen Praxis und Wissenschaft weitere Impulse erhalten kann.[18] Das erste Kapitel bezweckt also auch die dogmatische Aufbereitung dieses äußerlich schwer überschaubaren und systematisch umstrittenen Rechtsgebietes.[19]
Das zweite Kapitel beschäftigt sich mit der Erwerbstätigkeit bzw. Beschäftigung von Strafgefangenen im Vollzug, die ja erst die Grundlage und die Berechtigung einer wissenschaftlichen Diskussion um eine gesetzliche Versicherungspflicht darstellt. Im Wesentlichen handelt es sich um die Zusammenstellung bestehender Regeln, verfassungsrechtlicher Grundlagen sowie der Betrachtung der unterschiedlichen Beschäftigungsformen. Das Kapitel begnügt sich im Hinblick auf die bereits hierzu ergangenen Ausführungen[20] auf die für vorliegendes Thema benötigten Essentialia.
Gegenstand des dritten Kapitels ist eine Feststellung des gegenwärtigen Sozialversicherungsschutzes in der Renten-, Arbeitslosen-, Kranken-, Unfall- und Pflegeversicherung in Abhängigkeit von der jeweiligen Beschäftigungsform des Strafgefangenen. Schwerpunkt wird der stark umstrittene sozialrechtliche Beschäftigungsbegriff des § 7 I SGB IV im vollzuglichen Arbeitswesen und eine Auseinandersetzung mit den Argumenten des Bundessozial- bzw. Bundesarbeitsgerichts unter Hinzuziehung der Literaturansichten sein.
Im vierten Kapitel steht die Verwertung der im dritten Kapitel gefundenen Ergebnisse im Vordergrund: Herausgearbeitet werden Regelungslücken im mo-

---

[18] Wannagat, Georg, Das vernachlässigte Sozialrecht in der juristischen Ausbildung, S. 22; ders, Die Bedeutung des Allgemeinen Teils..., in: Müller, Klaus (Hrsg.), Sozialrecht in Wissenschaft und Praxis, Festschrift für Horst Schieckel, S. 356

[19] Müller – Volbehr, Jörg, Der Begriff des Sozialrechts im Wandel, in: JZ 1978, S. 249; Eichenhofer, Eberhard, Zum System des Sozialrechts, in: SGb 1998, S. 290

[20] Vgl. etwa Lohmann, Hans Christian, Arbeit und Arbeitsentlohung im Strafvollzug, 2002; Dylla, Christoph, Strafhaft und Arbeitsrecht, Köln, 1971

mentan geltenden Recht, wobei der Schwerpunkt auf verfassungsrechtliche, sozialversicherungsrechtliche und strafvollzugsrechtliche Berührungspunkte gelegt wird. Die Rechtsprechung des Bundesverfassungsgerichts aus dem Jahre 1998 und die des Bundessozialgerichts werden kritisch den Literaturauffassungen gegenübergestellt.

Das fünfte und letzte Kapitel schließlich beschäftigt sich mit Reformansätzen zur Verbesserung der gegenwärtigen Lage des Sozialversicherungsschutzes unter betriebs- und volkswirtschaftlichen Gesichtspunkten. Ein vor dem Hintergrund einer realistischen Finanzierbarkeit erstelltes „Idealbild" des Gefangenenarbeitswesens schließt und rundet die vorliegende Arbeit ab, wobei kein Anspruch auf eine praktische Durchführbarkeit in der politischen Realität erhoben werden soll.

1. Kapitel: Das Sozial(-versicherungs)recht im Überblick

A. Bedeutende Entwicklungsstufen der Sozialversicherung

Die Sozialversicherungssysteme sind nichts Willkürliches oder Zufälliges, sondern hängen von den herrschenden sozialen Ordnungsvorstellungen und den Umständen der Zeit ab. Sie wandelten sich von den ursprünglich fürsorgegeprägten und sittlich verantworteten unkoordinierten Einzelmaßnahmen zu wirtschafts- und gesellschaftsgestaltenden Einrichtungen des Staates.[21] Die sei anhand des Altertums, des Kaiserreichs unter Wilhelm I. und der Weimarer Republik knapp dargestellt.

I. Altertum

1. Staatliche Armenpflege

Die Griechen und Römer entwickelten sich nach den Perserkriegen (500 v.Chr.) bzw. nach den drei Punischen Kriegen (264 – 126 v.Chr.) zu Handelsvölkern, in denen wenigen Reichen eine große Masse an notleidenden Menschen gegenüberstand, was zu Spannungen führte und erstmals eine soziale Frage auslöste, nachdem sich in den Agrarvölkern die Fürsorge nur in sehr bescheidenem Rahmen bewegt hatte und vorwiegend in den wirtschaftlich getragenen Motiven der Herren gegenüber den Sklaven zu sehen war.[22] Mit jener Entstehung eines heimatlosen Proletariats sah sich die Gesellschaftsordnung einer Gefahr ausgesetzt, die durch das Instrument der staatlichen Armenfürsorge zu bannen versucht wurde.[23] Diese war spenden- oder wohlfahrtssteuerfinanziert und bestand in der Gewährung von Geld, Nahrung, Kleidung oder unentgeltlicher ärztlicher Versorgung bzw. unentgeltlicher Heilmittel. Eine ungewöhnliche Unterstützung wurde in der Gewährung von „panem et circenses“[24] gewährt: Hierbei handelte es sich um von den Reichen initiierte Sportveranstaltungen, die nicht etwa von sittlicher Verantwortung getragen waren, sondern von der Furcht vor den Proletariern und vor deren Macht, die staatliche Ordnung zu erschüttern – die staatliche Armenfürsorge basierte auf den gleichen Motiven.[25] Die reichen Schichten waren daher bereit, gewisse Belastungen auf sich zu nehmen, um das Volk ruhig zu stellen.

2. Selbsthilfeeinrichtungen

In Griechenland entwickelten sich Selbsthilfeeinrichtungen in Form von Vereinen und Handwerkergilden im untechnischen Sinn. Neben geselligen Zwecken hatten diese auch den sozialen Sinn, im Notfall Darlehen oder finanzielle Mittel zuzuwenden; beachtlich waren die Krankenhilfsvereine, die den Mitgliedern und

---

[21] Wannagat, Georg, Lehrbuch des Sozialversicherungsrechts, Band I, S. 40; Ritter, Gerhard, Sozialversicherung in Deutschland und in England, S. 7

[22] Wannagat, Georg, ebda, S. 41; Kleeis, Friedrich, Die Geschichte der sozialen Versicherung in Deutschland, S. 20ff; Peters, Horst, Die Geschichte der sozialen Versicherung, S. 15

[23] Vgl. Freitag, Emil, Geschichte und Entwicklung der französischen Sozialversicherung, S. 1

[24] Lateinisch für „Brot und Spiele"

[25] Wannagat, Georg, ebda, S. 42; Peters, Horst, S. 15

deren Familienangehörigen ärztliche Versorgung zukommen ließen. Ähnliche Einrichtungen gab es auch in Rom: Dort entstanden Krankenkassen- und Sterbekassenvereine, die durch Beiträge und Eintrittsgelder finanziert wurden und im Falle von Tod, Krankheit und Unfällen den Betroffenen bzw. Hinterbliebenen neben finanziellen Mitteln auch Heilmittel versprachen. Der Staat übte die Aufsicht über die Vereine aus.[26]

3. Christliche Hilfsdienste

Die christlichen Hilfsdienste entsprachen einer sittlich – religiösen Pflicht, einer brüderlichen Nächstenliebe, die christliche Gemeinden zur Fürsorge gegenüber Armen und Kranken anhielt. Auf die Hilfe bestand kein Anspruch und sie war ausschließlich naturalienorientiert, zumal die Mittel vollständig aus Spenden herrührten.[27] Nachdem zwischen 324 und 337 n.Chr. die Kirche derartige karitative Tätigkeiten übernahm, weil das Christentum zur Staatsreligion aufstieg, ging 460 n.Chr. die Fürsorge wieder auf den Staat über, da das Elend in Rom zu groß geworden war. Nach dem Zerfall des römischen Reiches engagierte sich die Kirche erneut verstärkt und blieb über das Mittelalter hinaus bis heute ein wesentlicher Träger sozialer Fürsorge.[28] Im Mittelalter expandierte die Armenfürsorge der Kirche durch die systematische Bildung von Klöstern, Hospitälern und Spitalorden, die soziale Tätigkeiten verrichteten, aber auch die sog. Bruderschaften[29], religiöse Gebetsgemeinschaften. In dieser Zeitspanne entstanden ferner die Unterstützungseinrichtungen der Knappen, ein korporativer Zusammenschluss, die verunglückte oder sonst in Not geratene Bergleute durch die Gewährung von ärztlichen Diensten, Arzneien oder sogar kleinen Invaliditätsrenten versorgten.[30]

II. Das Kaiserreich und die kaiserlichen Botschaften Bismarcks

Die neuzeitliche, umfassende soziale Versicherung ist um die Mitte des 19. Jahrhunderts entstanden, zu einer Zeit, die von massiven Veränderungen vor allem in ökonomischer Hinsicht heimgesucht wurde.[31]

---

[26] Freitag, Emil, Geschichte und Entwicklung der französischen Sozialversicherung, S. 2f; Peters, Horst, Die Geschichte..., S. 16
[27] Wannagat, Georg, Lehrbuch des Sozialversicherungsrechts, Band I, S. 42; Peters, Horst, S. 16f
[28] Wannagat, Georg, S. 59
[29] Freitag, Emil, S. 6ff; Peters, Horst, S. 19ff
[30] Kleeis, Friedrich, Die Geschichte der sozialen Versicherung in Deutschland, S. 24; Wannagat, Georg, S. 45f; Pickel, Harald, Das Sozialrecht im Wandel der Zeit, in: Müller, Klaus (Hrsg.), Sozialrecht in Wissenschaft und Praxis, Festschrift für Horst Schieckel, S. 227f; vgl. Kreßel, Eckhard/Wollenschläger, Michael, Leitfaden zum Sozialversicherungsrecht, S. 33ff
[31] Kleeis, Friedrich, S. 50; Köhler, Peter/Zacher, Hans, Ein Jahrhundert Sozialversicherung..., S. 57

1. Sozioökonomische Veränderungen

Im 19. Jahrhundert, besonders zwischen 1850 und 1900, wuchs die Bevölkerung Deutschlands von 23 Mio. auf 56 Mio. Einwohner an, die sich verstärkt in den Städten niederließen, nicht zuletzt wegen der sich dort schwerpunktmäßig vollziehenden Industrialisierung.[32] Der Ausbau des Bankwesens, technischer Fortschritt und das große Angebot an Arbeitskräften, das zu 62% von der Landwirtschaft kam, führte zwar zur Auslastung der Industrie und zu bedeutenden Entdeckungen, wie z.B. der ersten Eisenbahn, Dynamo etc, jedoch auch zur Ausbeutung der Arbeitskräfte, zu Kinderarbeit und daraus resultierend zu sozialer Verwahrlosung.[33]

2. Die Arbeiterfrage

Die große Masse an Arbeitern begann sich 1848 erstmals zu einer politischen Bewegung zusammenzuschließen, die 1863 die Errichtung des Allgemeinen Deutschen Arbeitervereins unter Ferdinand Lassalle und 1869 die Gründung der Sozialdemokratischen Arbeiterpartei sowie die Bildung von Gewerkschaften der verschiedenen Berufsgruppen bewerkstelligte.[34] Damit waren die Arbeitermassen korporativ strukturiert und organisiert. Nach zwei Attentaten auf Kaiser Wilhelm I. ließ der Reichskanzler Otto von Bismarck durch die Sozialistengesetze die neuen Organisationen 1878 verbieten, weil er gerade auch wegen der Wahlerfolge der Sozialisten 1877 fürchtete, die sozialistische Bewegung könnte den Staat und besonders den Adel in deren Bestand gefährden.[35] So verwirklichte Bismarck 1881 in der kaiserlichen Botschaft im Reichstag seine Idee, die sozialdemokratische Partei zwar zu unterdrücken, die Beschwerden und Missstimmungen der Arbeiter aber ernst zu nehmen, um diese an den Staat zu binden.

Er führte aus, dass die „Heilung der sozialen Schäden nicht ausschließlich im Wege der Repression (...), sondern gleichmäßig auf dem der positiven Förderung des Wohls der Arbeiter zu suchen sein werde.“[36]

Bismarck war der Ansicht, Menschen könnten in ihrer politischen Einstellung vor allem von materiellen Interessen bestimmt werden, womit die Sozialgesetzgebung nur den Zweck hatte, das Volk ruhig zu stellen. Einbezogen in die Sozialversicherung wurden daher auch zuerst die am stärksten in die Arbeiterorgani-

---

[32] Köhler, Peter/Zacher, Hans, Ein Jahrhundert Sozialversicherung..., S. 57ff; Eichenhofer, Eberhard, Die Sozialversicherung – Hinterlassenschaft Bismarcks, in: ders (Hrsg.), Bismarck, die Sozialversicherung und deren Zukunft, S. 17; Nick, Franz/Ehreiser, Hans Jörg/Müller, Joachim, Sozialstaat und soziale Sicherung, S. 3

[33] Köhler, Peter/Zacher, Hans, Ein Jahrhundert Sozialversicherung..., S. 62f; Pierenkemper, Toni, Gewerbe und Industrie im 19. und 20. Jahrhundert, S. 18f

[34] Köhler, Peter/Zacher, Hans, S. 65f; Kleeis, Friedrich, S. 60ff

[35] Ritter, Gerhard, Sozialversicherung in Deutschland und England, S. 26f; Kleeis, Friedrich, S. 96ff; Peters, Horst, S. 49

[36] Zitat aus: Kleeis, Friedrich, S. 99; vgl. Peters, Horst, S. 52f; vgl. ferner Nick, Franz/Ehreiser, Hans Jörg/Müller, Joachim, Sozialstaat und soziale Sicherung, S. 6

sationen eingebundenen Fabrikarbeiter, während die Landarbeiter und Dienstboten erst viel später folgten.[37]

3. Ausgestaltung der Sozialversicherung

1883 wurde die Krankenversicherung[38] als erster der drei Versicherungszweige auf den Weg gebracht: In ihr waren alle Arbeiter bis zur Beitragsbemessungsgrenze von 2000 Reichsmark Einkommen pro Jahr versichert und sie erlangten Anspruch auf Heilbehandlung sowie Einkommensersatz in den Fällen krankheitsbedingten Einkommensausfalles. Die Finanzierung erfolgte zu 1/3 durch die Arbeitgeber und zu 2/3 durch die Arbeitnehmer. Die Krankenversicherung schuf ein flächendeckendes System ärztlicher Versorgung und verwandelte einstige Krankenhäuser primitivster Art in Stätten moderner medizinischer Therapie.[39]

1884 folgte die Unfallversicherung[40], nachdem Bismarck zunächst angesichts der Kostenbelastung und der internationalen Wettbewerbsfähigkeit der Unternehmen skeptisch war. Dennoch entschied man sich für die Einführung jener auf dem Gebiet der Arbeitsunfälle und des Arbeitsschutzes (Unfallverhütungsvorschriften), weil nach bisheriger Rechtslage eine Ersatzpflicht des Arbeitgebers nur bei einem Nachweis eines Verschuldens durch die Arbeitnehmer möglich war – man ließ jedoch die Berufskrankheiten noch außen vor. Die Finanzierung erfolgte ausschließlich durch die Arbeitgeber.

Die Unfallversicherung stand bei betrieblichen Unfällen in Form der Gewährung von Renten, Kosten des Heilverfahrens und Ersatz von Beerdigungskosten ein.[41]

1891 schließlich trat die Invaliditäts- und Altersversicherung[42] in Kraft, die aufgrund sinkender Leistungskraft im Alter als Zuschuss zur Lebensführung in Höhe von 18% des jeweiligen Einkommens des Arbeiters ausgestaltet war. Gewährt wurde entweder eine Invalidenrente bei dauernder Erwerbsunfähigkeit oder eine Altersrente bei Vollendung des 70. Lebensjahres. Die Finanzierung er-

[37] Ritter, Gerhard, Sozialversicherung in Deutschland und England, S. 29; Eichenhofer, Eberhard, Die Sozialversicherung – Hinterlassenschaft Bismarcks, in: ders (Hrsg.), Bismarck, die Sozialversicherung und deren Zukunft, S. 21

[38] RGBl. 1883, S. 73f; dazu Peters, Horst, Die Geschichte..., S. 54ff

[39] Eichenhofer, Eberhard, Die Sozialversicherung – Hinterlassenschaft Bismarcks, in: ders, Bismarck, die Sozialversicherung und deren Zukunft, S. 24f; Zacher, Hans/Köhler, Peter, Ein Jahrhundert Sozialversicherung..., S. 93; vgl. auch Rosin, Heinrich, Das Recht der Arbeiterversicherung, Band I, S. 31

[40] RGBl. 1884, S. 69; dazu Peters, Horst, S. 60ff

[41] Wannagat, Georg, Lehrbuch des Sozialversicherungsrechts, Band I, S. 67f; Ritter, Gerhard, Sozialversicherung in Deutschland und England, S. 31; zu allem Pickel, Harald, Das Sozialrecht im Wandel der Zeit, in: Müller, Klaus, Sozialrecht in..., S. 228

[42] RGBl. 1889, S. 97; dazu Peters, Horst, Die Geschichte..., S. 64ff; vgl. zu allem Nick, Franz/Ehreiser, Hans Jörg/Müller, Joachim, Sozialstaat und soziale Sicherung, S. 7ff

folgte je zur Hälfte durch Arbeitgeber und Arbeitnehmer, wobei das Reich einen Jahresrentenzuschuss von 50 Reichsmark hinzugab.[43]

4. Die weitere Entwicklung

In den 1890er Jahren folgten europäische Länder wie Dänemark und Norwegen (1894) sowie Frankreich und Italien (1898) dem deutschen Vorbild, Österreich – Ungarn sogar noch in den 1880er Jahren. Im Inneren entwickelten sich alle Zweige bis zum ersten Weltkrieg aufgrund der steten Industrialisierung[44] und der Erhöhung der Arbeitseinkommen weiter: Die Kassenärzte schlossen sich zu Organisationen zusammen, die Unfallversicherung wie auch die Rentenversicherung[45] wurden auf alle Wirtschaftszweige ausgedehnt, die Mitgliederzahl[46] stieg allein in der Krankenversicherung von 4,3 Mio. 1885 auf 14,6 Mio. 1914, wobei die Bevölkerungszahl in beiden Jahren „nur" von 46 Mio. auf 50 Mio. Menschen wuchs. Die Altersgrenze der Rentenversicherung wurde von 70 auf 65 Jahre herabgesetzt, weil das System aufgrund der damaligen Lebenserwartung erhebliche Kapitalanlagen erwirtschaftet hatte, die jedoch im Laufe des ersten Weltkriegs zu dessen Finanzierung vollständig aufgebraucht wurden.[47]
Die bis dato unübersichtliche und uneinheitliche Rechtslage bezüglich der Verfahrensordnung wurde 1911 durch die Kodifikation einer Verwaltungsordnung, der Reichsversicherungsordnung[48], auch im Hinblick auf die Tendenz des individualistischen hin zum gemeinschaftsgebundenen Recht, dessen Entwicklung unten näher beleuchtet wird, strukturell bereichert.

III. Die Weimarer Republik

Die Weimarer Reichsverfassung nahm zwar erstmals in der deutschen Verfassungsgeschichte die Idee des Sozialstaates als hoheitlichen Auftrag in Art. 151 WRV auf und modernisierte das System vom Kapitaldeckungs- zum Umlageverfahren. Dennoch bereiteten die Nachkriegsjahre 1919 – 1923 und die Weltwirtschaftskrise 1929 – 1933 mit ihrer einhergehenden katastrophalen Arbeitslosigkeit der finanziellen Systemerhaltung und –fortentwicklung erhebliche Hin-

---

[43] Wannagat, Georg, Lehrbuch...,S. 68f; Eichenhofer, Eberhard,S. 28f; Zacher, Hans/Köhler, Peter, S. 97
[44] Pierenkemper, Toni, Gewerbe und Industrie im 19.und 20. Jahrhundert, S. 37ff
[45] Zur Weiterentwicklung der Versicherungszweige im Detail: Kleeis, Friedrich, Die Geschichte der sozialen Versicherung in Deutschland, S. 104ff
[46] Wannagat, Georg, ebda, S. 71
[47] Eichenhofer, Eberhard, Die Sozialversicherung – Hinterlassenschaft Bismarcks, in: ders (Hrsg.), Bismarck, die Sozialversicherung und deren Zukunft, S. 30ff; Köhler, Peter/Zacher, Hans, S. 100ff; Ritter, Gerhard, Sozialversicherung in Deutschland und England, S. 54f
[48] RGBl. 1911, S. 509ff; dazu Pickel, Harald, S. 229; Nick, Franz/Ehreiser, Hans Jörg/Müller, Joachim, Sozialstaat und soziale Sicherung, S. 10

dernisse. Wesentliche Erweiterungen wurden trotzdem auf dem Gebiet der Unfallversicherung erreicht, die Arbeitslosenversicherung trat erstmals in Kraft.[49]

1. Ausdehnung der Unfallversicherung

Das zweite Änderungsgesetz[50] der Unfallversicherung bezog 1925 den Wegeunfall von und zur Arbeit sowie Unfälle, die sich bei der Reparatur, Instandhaltung und Beförderung des Arbeitsgerätes ereigneten, mit in den Versicherungsschutz ein. Außerdem wurden besondere in Listen aufgenommene Berufskrankheiten als Unfall im Sinne der Unfallversicherung angesehen.[51] Schließlich entwickelte man in der dritten Änderung[52] die so genannte „Lebensretterversicherung", die Schäden von im öffentlichen Interesse tätigen Unglückshelfern kompensierte. Angesichts knapper Mittel in der Weltwirtschaftskrise konnten jedoch auch Leistungen bei infolge von eigenem Verschulden erlittenen Schäden versagt werden.

2. Gesetz über Arbeitslosenvermittlung und –versicherung[53]

Hierbei handelte es sich um eine Versicherung, die im Wesentlichen die in der Krankenversicherung erfassten Personen sowie Landwirte, Lehrlinge und Praktikanten gegen das Risiko der Erwerbslosigkeit versicherte. Hierfür erließ der Bundesrat zwar bereits 1927 Richtlinien über Reichszuschüsse an Arbeitslose, da ein sprunghaftes Ansteigen der Arbeitslosigkeit verzeichnet wurde und diese bald als typisches konjunkturelles Phänomen der Industrialisierung erkannt wurde.[54] Doch selbst trotz derartiger Maßnahmen und der Unterstützung durch die Gewerkschaften, die aber nur deren Angehörigen zuteil wurde, klaffte ein großes Loch im Sozialsystem des Reiches, welches durch das neue Gesetz geschlossen wurde. Gleichzeitig beinhaltete es die Errichtung der Reichsanstalt für Arbeitsvermittlung und Arbeitslosenversicherung als Selbstverwaltungskörperschaft des öffentlichen Rechts samt Unterbau in Form von Landesarbeitsämtern und Arbeitsämtern. Die Finanzierung erfolgte durch Arbeitnehmer und Arbeitgeber zu je 50%.[55]

---

[49] Köhler, Peter/Zacher, Hans, Ein Jahrhundert Sozialversicherung..., S. 112ff; Eichenhofer, Eberhard, Die Sozialversicherung... , S. 33f; Zacher, Hans, Aktuelle Herausforderungen für die Sozialversicherung, in: Eichenhofer, Eberhard (Hrsg.), S. 81f

[50] RGBl. I 1925, S. 97

[51] Ebda, S. 99

[52] RGBl. I 1928, S. 405; vgl. Peters, Horst, Die Geschichte…, S. 89

[53] RGBl. I 1927, S. 187ff.

[54] Wannagat, Georg, Lehrbuch..., S. 83f; Kleeis, Friedrich, Die Geschichte der sozialen Versicherung in Deutschland, S. 241ff

[55] Köhler, Peter/Zacher, Hans, Ein Jahrhundert Sozialversicherung..., S. 122; Ritter, Gerhard, Sozialversicherung in Deutschland und England, S. 61; Wannagat, Georg, Lehrbuch..., S. 84f; Peters, Horst, S. 102ff

IV. Eigene Stellungnahme

Freilich ist die Entwicklungsgeschichte der Sozialversicherung noch lange nicht am Ende[56], erfuhr diese gerade in der Bundesrepublik immer wieder Ausweitungen auf neue Personengruppen wie z.B. Studenten, Schüler, Behinderte und drangen doch immer wieder neue soziale Beteiligungsrechte in die Sozialversicherung vor, z.B. die soziale Pflegeversicherung.[57] Damit einhergehend geriet das System auch immer mehr in die Kritik bzgl. des Spannungsverhältnisses zwischen seinem Auftrag und den Zielvorstellungen der Allgemeinheit, insbesondere im Hinblick auf den hohen Finanzierungsaufwand und die damit korrespondierende Konjunkturdämpfung.[58] Doch kann man dreierlei mit Gewissheit sagen: Die Ideen und der Grundstein unseres heutigen Sozialversicherungssystems wurden zwischen 1881 und 1930 geboren bzw. gelegt. Die Entwicklung des Systems war eine solche von äußerster Expansion, wenn auch zeitweise politischen oder makroökonomischen Dämpfungen ausgesetzt.[59] Und: Die Motive für eine soziale Sicherung unterscheiden sich unter der Geltung des Grundgesetzes der Bundesrepublik massiv von denen Bismarcks, wie er sie einst im Reichstag formuliert hat – die Sozialversicherung ist heute grundlegender Ausdruck unseren sozialen Staates.

B. (Gesetzliches) Selbstverständnis des Sozialrechts

I. Begriffsuntersuchung

Wie bereits erläutert gebietet die Beschäftigung mit vorliegendem Thema insbesondere aus dogmatischen und erklärenden Gründen eine Auseinandersetzung mit dem Ursprung und der Entwicklung des Sozialrechts. In diesem Zusammenhang sind die Begriffsklärung des Sozialrechts vorzunehmen und Unterschiede zum Verständnis des „sozialen Rechts“ herauszuarbeiten. Es wird deutlich, dass sich die Auslegung des Begriffes von einer anfangs stark philosophischen, politischen und normativen Prägung hin zu einer pragmatischen, ergebnisorientierten, beinahe kargen „Formel“ entwickelt.[60]

1. Sozialrechtsbegriff im deutschen Kaiserreich

Die ausgehenden Dekaden des 19. Jahrhunderts als Ausgangszeitraum vorliegender Untersuchung gründen in der damals aufkommenden sozialpolitischen

---

[56] Vgl. weiter Pickel, Harald, Das Sozialrecht im Wandel der Zeit, in: Müller, Klaus (Hrsg.), S. 230ff; Peters, Horst,S. 147ff; Kreßel/Wollenschläger, S. 37ff insbesondere zur Sozialversicherung im Dritten Reich

[57] Vgl. zur Entstehung des SGB und zur weiteren Entwicklung des Sozialrechts Leopold, Dieter, Die Geschichte der sozialen Versicherung, S. 31ff, 81ff

[58] Zacher, Hans, Aktuelle Herausforderungen für die Sozialversicherung, in: Eichenhofer, Eberhard (Hrsg.), S. 85; Bley, Helmar, Sozialrecht, S. 20

[59] Zacher, Hans/Köhler, Peter, Ein Jahrhundert Sozialversicherung...,S. 170ff; vgl. Nick, Franz/Ehreiser, Hans Jörg/Müller, Joachim, Sozialstaat und soziale Sicherung, S. 11, die von einer „sozialen Hypothek“ für die Weimarer Republik sprechen

[60] Zacher, Hans, Was ist Sozialrecht?, in: von Maydell/Eichenhofer (Hrsg.), Abhandlungen zum Sozialrecht, S. 256

Diskussion und der damit einhergehenden „Geburt" des Begriffes „Sozial" sowie seiner erstmaligen aktiven linguistischen Verwendung.[61] Politischer Hintergrund war die ab 1850 in Deutschland zusammen mit einem weltweiten wirtschaftlichen Aufschwung einsetzende industrielle Revolution[62], in der Eisenbahnbau und Schwerindustrie die Hauptträger darstellten. Aktiengesellschaften und Großbanken stellten Kapital zur Verfügung, so dass ein selbstbewusstes, wirtschaftlich mächtiges, jedoch oft unpolitisches Großbürgertum entstand.[63] Neben dem Kapital wurden Arbeitskräfte benötigt. Diese rekrutierten sich aus den untergehenden Zweigen des Handwerks und strömten zu Tausenden in die städtischen Zentren Deutschlands.[64] Die Beschäftigtenzahl in den Fabriken stieg von 100.000 im Jahre 1800 auf 5,7 Mio. im Jahre 1900.[65] Dadurch wird allerdings ein sozialer Strukturwandel eingeläutet.[66]

a. Hermann Roesler

„Das Wort Social ist in der Gegenwart so beliebt und gangbar geworden und wird in so verschiedenen Verbindungen gebraucht, dass man sich wundern darf, davon in einer und gerade der wichtigsten Beziehung keine Anwendung gemacht zu sehen. Wir meinen die Anwendung des Socialen auf das Recht. Es ist nicht wahrzunehmen, dass von socialem Rechte viel die Rede ist; ja, soviel zu ersehen, ist von socialem Rechte, wenigstens bewusst und entschieden, gar keine Rede."[67] Ausgehend von der Bildung eines neuen juristischen Gesellschaftsbegriffs fordert Roesler eine Grenzkorrektur zwischen dem öffentlichen und dem privaten Recht, zwischen Staatsrecht und Privatrecht.

Im neuen „socialen Verwaltungsrecht" muss sich diese Entwicklung vom Polizeistaat zum Rechtsstaat niederschlagen. Systematisch ordnet *Roesler* das soziale Verwaltungsrecht als Bestandteil des öffentlichen Verwaltungsrechts zwischen Staatsrecht und Privatrecht ein, allerdings sei eine Durchmischung von privatem und öffentlichem Recht zu erkennen. Das sociale Verwaltungsrecht – auch „sociales Recht" genannt – hat die Aufgabe „(...) die socialen Fragen (...) zu lösen und den unnatürlichen und feindlich gespannten Gegensatz der socialen

---

[61] Wannagat, Georg, Das vernachlässigte Sozialrecht..., S. 5; Schmid, Felix, Sozialrecht und Recht der sozialen Sicherheit, S. 67

[62] Köhler, Peter/Zacher, Hans, Ein Jahrhundert Sozialversicherung..., S. 59; Wannagat, Georg, Lehrbuch des Sozialversicherungsrechts, Band I, S. 43ff

[63] Fragen an die deutsche Geschichte – Ideen, Kräfte, Entscheidungen, von 1800 bis zur Gegenwart - , Herausgeber Deutscher Bundestag, S. 160; Alber, Jens, Vom Armenhaus zum Wohlfahrtsstaat, S. 29

[64] Fragen an die deutsche Geschichte, S.160, 167; Kleeis, Friedrich, Die Geschichte der sozialen Versicherung in Deutschland, S. 50ff

[65] Pierenkemper, Toni, Gewerbe und Industrie im 19. und 20. Jahrhundert, S. 18

[66] Fragen an die deutsche Geschichte, S. 171; Zacher, Hans, Grundtypen des Sozialrechts, in: von Maydell/Eichenhofer (Hrsg.), Abhandlungen zum Sozialrecht, S. 258; Alber, Jens, Vom Armenhaus zum Wohlfahrtsstaat, S. 30f

[67] Roesler, Hermann, Sociales Recht, S. 9

Classen zur Ausgleichung zu bringen (...)".[68] Die Auffassung Roeslers ist in der Literatur wegen ihrer Ungenauigkeit weitgehend abgelehnt worden.[69]

b. Otto von Gierke

Von Gierke führt aus, dass „jeder einzelne Mensch zugleich sich selbst und der Gattung lebt, dass der Einzelne eine Welt für sich, ein dem Universum gegenüber geschlossenes Ganzes und doch auch Theil von höheren Ganzen, vorübergehende Erscheinung in dem Lebensprozess von Gemeinwesen ist."[70] Wegen der fehlenden Harmonie zwischen Privatrecht und öffentlichem Recht konnte die Rechtsordnung sittliche und soziale Zersetzungen nicht überwinden, das Leben des gesellschaftlichen Körpers stand „(...) unterhöhlenden Kräften rathlos und machtlos gegenüber".[71] Ein derartiges Rechtsverständnis ist aber der germanischen Auffassung fremd, weil dort die „Einheit des Rechts" gelte sowie eine verknüpfende Harmonie mit sozialen Funktionen möglich sei. Dem „germanischen Rechtsgedanken" sei eine „soziale Harmonie" immanent.[72] Erst im 19. Jahrhundert vollzog sich die Metamorphose zur Rechtseinheit. „Wir besinnen uns wiederum auf die Einheit alles Rechts, wir nehmen in den Zweck des öffentlichen Rechtes die Freiheit und in den Zweck des Privatrechts die Gemeinschaft auf."[73] Das Sozialrecht ordnet die inneren Beziehungen der menschlichen Gemeinschaften, besser gesagt die sich aus der Gliedstellung der Individuen zur Gemeinschaft ergebenden rechtlichen Beziehungen. Es beruht auf dem Verhältnis der Einordnung (Über- und Unterordnung) und postuliert die Verbundenheit der Subjekte.[74]

Privatrecht ist also das Individualrecht sowie das Sozialrecht derjenigen Gemeinschaften, welche nicht durch staatliche Gestaltung als öffentlichrechtliche Gemeinschaften qualifiziert sind. Das öffentliche Recht im Gegensatz dazu umfasst das Staatsrecht, das staatliche Sozialrecht sowie das Sozialrecht der Gemeinschaften, die als öffentlich eingestuft wurden.[75] Das Sozialrecht kann damit als „(...) fließender Übergang"[76] zwischen öffentlichem und privatem Recht angesehen werden. Innerhalb dieses Überganges aus der Trias Individualrecht – Sozialrecht – Staatsrecht kann je nach Schwerpunkt das jeweilige Gebiet ein-

---

[68] Roesler, Hermann, Über die Grundlehren der von Adam Smith begründeten Volkswirtschaftstheorie,S. 260ff; vgl. hierzu Schmid, Felix, Sozialrecht und Recht der sozialen Sicherheit,S. 68; Zacher, Hans, Was ist Sozialrecht?, in: von Maydell/Eichenhofer (Hrsg.), Abhandlungen zum Sozialrecht, S. 253

[69] Schmid, Felix, S. 69f mwN

[70] Gierke, Otto von, Die soziale Aufgabe des Privatrechts, S. 4; vgl. auch Pfeiffer – Munz, Susanne, Soziales Recht ist deutsches Recht, Otto von Gierkes Theorie..., S. 22ff

[71] Gierke, Otto von, Die soziale Aufgabe des Privatrechts, S. 5f

[72] Pfeiffer – Munz, Susanne, Soziales Recht ist deutsches Recht, S. 28

[73] Gierke, Otto von, Die soziale Aufgabe des Privatrechts, S. 7f; ders, Deutsches Privatrecht, S. 29f

[74] Gierke, Otto von, Deutsches Privatrecht, Band I, S. 26, 511ff; Schmid, Felix, , S. 71f

[75] Gierke, Otto von, Deutsches Privatrecht, Band I, S. 27

[76] Schmid, Felix, S. 71

schlägig sein. Während *von Gierke* unter „sozialem Recht“ (nur) eine besondere Gestaltung der Rechtsordnung, in der u.a. auch das Arbeitsrecht als „soziales Recht“ bezeichnet werden kann, versteht[77], deklariert er als „Sozialrecht“ hingegen den Teil der Rechtsordnung, der die inneren Beziehungen von Gemeinschaften erfasst, indem er den Einzelnen in seiner rechtlichen Stellung als Gemeinschaftsmitglied ansieht. Er verwendet „Sozialrecht“ damit erstmals als systematischen Begriff.[78]

2. Sozialrechtsbegriff in der Weimarer Republik

In der durch die Weltwirtschaftskrise stark in Mitleidenschaft gezogenen späten Weimarer Republik[79] stellte *Gustav Radbruch* den Begriff der Gemeinschaft in den Mittelpunkt des gesellschaftlichen Lebens als Folge wirtschaftlicher Umwälzungen. Das gleichsam strukturgewandelte[80] Recht entfernt sich von der Vereinzelung, indem es zwar den vergesellschafteten, aber dennoch den unterschiedlichen Menschen erreichen will, so dass nicht mehr die Person als gleiches Individuum, sondern als besitzend und besitzlos, mächtig und ohnmächtig etc. im Mittelpunkt stehe und dadurch ein sozialer Ausgleich zwischen den faktisch heterogenen Gruppen möglich werde.[81] Mit einem Satz könnte man formulieren: Herstellung von Gleichheit durch Berücksichtigung von Ungleichem und Schützenswertem.[82]

Die Theorie beinhaltet als Novum, dass erstmals der Einzelne als schwächeres Mitglied der Gesellschaft begriffen und in der daraus resultierenden sozialen Ungleichheit ein Bedürfnis für die Kodifizierung eines sozialen Rechts gesehen wurde.[83] Allerdings erscheint die Findung neuer achtenswerter Gruppen beinahe grenzenlos, weil stets neue Gesellschaftsangehörige als besonders schutzwürdig angesehen werden, z.B. im Arbeitsrecht, Mietrecht, Verbraucherrecht, Frauen, Alte, Behinderte, sich folglich das soziale Denken wie ein roter Faden durch die Rechtsordnung zieht, ohne dass hierbei der Begriff des Sozialrechts näher kon-

---

[77] So noch heute Zacher, Hans, Grundtypen des Sozialrechts, in: von Maydell/Eichenhofer (Hrsg.), Abhandlungen zum Sozialrecht, S. 264

[78] So auch Pfeiffer – Munz, Susanne, Soziales Recht ist deutsches Recht, S. 27

[79] Vgl. hierzu Fragen an die deutsche Geschichte, S. 280; Pierenkemper, Toni, Gewerbe und Industrie im 19. und 20. Jahrhundert, S. 43f; Nick, Franz/Ehreiser, Hans Jörg/Müller, Joachim, Sozialstaat und soziale Sicherung, S. 15

[80] Hierzu Radbruch, Gustav, Vom individualistischen zum sozialen Recht, in: ders, Der Mensch im Recht, S. 36

[81] Weitnauer, Hermann, Der Schutz des Schwächeren im Zivilrecht, S. 7, der diesen Gedanken als Frage aufgreift: „Das herrschende Recht ist das Recht der Herrschenden?“

[82] Radbruch, Gustav, Vom individualistischen zum sozialen Recht, in: ders, Der Mensch im Recht, S. 38f, wo er die Auswirkungen seines Konzepts in verschiedenen Rechtsgebieten darlegt

[83] Hierzu Hippel, Eike von, Der Schutz des Schwächeren, S. 1f, der das Problem als jeder Rechts- und Sozialordnung immanent ansieht

kretisiert würde.[84] Gerade im modernen Zivilrecht wird versucht Gefahren und Nachteile, die dem Schwächeren erwachsen können, abzuwenden.[85]

3. Der Sozialrechtsbegriff in der Bundesrepublik Deutschland bis 1970

a. Wilhelm Wertenbruch

Er bemängelt die bisherigen Versuche der Rechtswissenschaft als nur „(...) aufzählende Sätze (...)“[86]. Unter Bezugnahme auf die Sozialstaatsklausel des Grundgesetzes wird ein spezifisches Sozialrecht als „Daseinsvorsorge durch Gewährung von Leistungen“ entwickelt, das sog. Sozialrecht im engeren Sinne. Ein bewusstgewordener Sozialstaat müsse insbesondere auch ordnen und lenken[87], indem der Freiheits- und Gleichheitssatz hinzugezogen werde, der sowohl die Individualnatur als auch die Sozialnatur des Menschen mit Leben erfülle. Die Synthese der Trias ergebe materiell den Inhalt des Sozialrechts: die Gestaltung des sozialen Ausgleichs, der Schutz des Schwachen und die Vorsorge für den hilfsbedürftig werdenden Menschen, um seiner und der Gemeinschaft willen.[88] Das Sozialrecht im weiteren Sinne umfasst den Bereich des Rechts, der „individuelle Freiheit durch Akzentuierung der Gleichheit aller Menschen fördern (...)“ soll. Dies geschieht durch den Schutz des Schwachen, indem der Staat eine breitgefächerte Daseinsvorsorge betreibt, z.B. durch die Bereitstellung bedeutsamer Güter wie Wasser und Gas, Krankenhäuser, Bildungseinrichtungen oder rechtlicher Ordnungsmechanismen, also durch die Wahrung der existenziellen Sicherung in bestimmten Notsituationen.[89]

b. Karlheinz Rode

Das System des Sozialrechts müsse nach *Rode* ausschließlich aus seinen sozialen Bezugspunkten gewonnen werden.[90] Der aus dem Begriff des „Sozialen“ extrahierte Regelungsgegenstand ergebe sich aus dem wertneutralen Aspekt des „typisierenden, aber nicht definierenden“ Wortes „sozial“[91] (Gesellschaft als eigenes soziales Phänomen bzw. der Einzelmensch an seinem sozialen Standort). Zur Regelungsfunktion gelange man über den wertbetonten Aspekt als Idealziel des Sozialstaatsprinzips und den Aufruf des Verfassungsgesetzgebers „zu best-

---

[84] Hippel, Eike von, Der Schutz des Schwächeren, S. 172ff; Forsthoff, Ernst, Begriff und Wesen des sozialen Rechtsstaates, in: ders, Rechtsstaatlichkeit und Sozialstaatlichkeit, S. 166

[85] Weitnauer, Hermann, Der Schutz des Schwächeren im Zivilrecht, S. 12ff

[86] Wertenbruch, Wilhelm, Begriff und Bedeutung des Sozialrechts, in: ZSR 1968, S. 386

[87] Wertenbruch, Wilhelm, ebda, S. 387

[88] Wertenbruch, Wilhelm, ebda, S. 389

[89] Wertenbruch, Wilhelm, Sozialrecht und allgemeines Verwaltungsrecht, S. 594f; kritisch hierzu Zacher, Hans, Grundtypen des Sozialrechts, in: von Maydell/Eichenhofer (Hrsg.), Abhandlungen zum Sozialrecht, S. 264f, der als Konsequenz nur das Sozialleistungsrecht als ausreichend sozial verdichtet ansieht

[90] Rode, Karlheinz, Was ist Sozialrecht, in: ZSR 1969, S. 648f

[91] Vgl. Zacher, Hans, Grundtypen des Sozialrechts, in: von Maydell/Eichenhofer (Hrsg.), Abhandlungen zum Sozialrecht, S. 257

möglicher Verwirklichung sozialer Gerechtigkeit".[92] Damit richte man sich gegen die existenzielle Schwäche einzelner gesellschaftlicher Gruppen, wobei *Rode* hierfür eine Neusystematisierung des Sozialrechts in Schutz, Sicherung, Förderung und Nothilfe anstrebt. Das Arbeitsrecht sei daher ein Bestandteil des Sozialrechts.[93]

4. Der Sozialrechtsbegriff in der Bundesrepublik Deutschland ab den 1970er Jahren

Mit der Kodifikation des Sozialrechts durch Einführung der Sozialgesetzbücher in den 1970er Jahren wurde das Sozialrecht zwar „greifbarer", jedoch auch schwer überschaubar und ließ innere Geschlossenheit vermissen.[94] Die Kodifizierung wird auch Einfluss auf die Begriffsentwicklung nehmen, wie an späterer Stelle noch zu zeigen sein wird.

a. Die Vertreter der neuen formellen Theorien

Eine beinahe revolutionäre und bis heute eminent bedeutsame Theorie hat erneut *Wertenbruch* 1974 veröffentlicht. Sozialrecht sei zunächst der Gesamtbestand aller geltenden Rechtsnormen, welche entweder sozialrechtliche Inhalte ausprägen oder den Vollzug dieser Inhalte organisatorisch und verfahrensmäßig sicherstellen sollen. Es handelt sich bei dieser Aussage um eine solche von materieller Natur[95], deren Schwäche darin liege, dass nicht erkennbar ist, welchen Teil der Rechtsordnung man als sozialrechtlich ansehen darf.[96] Jeder Versuch der Begriffsbestimmung könne nur zu wenig griffigen Ergebnissen führen, weil die Gesellschaft ebenso wie Staat und Recht soziale Phänomene darstellten und jeder Rechtsnorm die soziale Ausrichtung immanent sei. Daher vermag Sozialrecht allenfalls materiell als „Typus" erscheinen, der innerhalb der Rechtsordnung auf bestimmte Bedürfnisse ausgerichtet werde und sich dynamisch entwickle. Es empfehle sich deshalb, vornehmlich von einem sog. formellen Sozialrechtsbegriff auszugehen. „Was der Gesetzgeber als Sozialrecht bezeichnet hat, noch bezeichnen wird oder zumindest als solches erkennbar in Erwägung zieht, ist Sozialrecht (...)."[97] In sehr ähnlicher Weise formuliert *Georg Wannagat* vor dem Hintergrund der raschen inhaltlichen Dynamik, dass Sozialrecht als Ausfluss des Sozialstaatsgedankens schwerpunktmäßig „(...) die öffentlichen Sozialleistungen, die sich durch besondere Intensität ihres sozialpolitischen Gehalts auszeichnen und der Erreichung der sozialen Gerechtigkeit wie der sozialen Sicherheit dienen (...) , pragmatisch und positivistisch (...) das Recht des So-

---

[92] Rode, Karlheinz, Was ist..., S. 653f

[93] So auch später Veldkamp, Gerard, Zum Begriff des Sozialrechts, in: Recht und Staat, Festschrift für Günther Küchenhoff, S. 402, 407

[94] BT – Drucksache 7 / 868, S. 19

[95] Zacher, Hans, Was ist Sozialrecht, in: von Maydell/Eichenhofer (Hrsg.), Abhandlungen zum Sozialrecht, S. 250ff hält gleich vier verschiedene materielle Ebenen des Begriffes für erforderlich

[96] Wertenbruch, Wilhelm, Sozialverfassung – Sozialverwaltung, S. 2, 24

[97] Wertenbruch, Wilhelm, ebda

zialgesetzbuches (...)“[98] bzw. die sozialen Rechte als solche darstelle, vgl. § 51 SGG.

b. Die Vertreter der materiellen Theorien

Auch nach Einführung des Sozialgesetzbuchs mit der erstmalig aufkommenden formellen Theorie wurden teilweise materielle Theorien vertreten. Ausgehend von § 1 SGB I erreiche die Sozialpolitik nach dem Gesetzeswortlaut soziale Gerechtigkeit und soziale Sicherheit zum einen durch Schutz vor typischen Lebensrisiken und zum anderen durch das „(...) Streben nach einer gerechten Gesellschaftsordnung“.[99] Diese materielle Umschreibung benötige indes ein modales Element, so dass geschlussfolgert wird: „Sozialrecht ist das Recht der Verhinderung und Beseitigung individueller Güterdifferenzen durch transitive Leistungen eines Trägers öffentlicher Verwaltung“.[100] Eine derartige Sichtweise ist in den Augen *Zachers* zu isoliert, weil der Begriff des Sozialrechts auf sehr unterschiedlichen Ebenen, deren es vier gebe, gebildet und gebraucht werde: Der pragmatische, der sozialpolitische, der positive und der verstehende Sozialrechtsbegriff, wobei letzterer auf neu auftretende Herausforderungen reagiert und zu deren Bewältigung Rechtsprinzipien und Regelungsbereiche gesellschaftlichen Ausgleichs benennt, d.h. die ersten drei Ebenen verkörpern lediglich Beispiele der vierten Ebene.[101] *Zacher* kommt zum Ergebnis, dass der Sozialrechtsbegriff einen „Wandernamen“ verkörpere, der stark von Gesellschaft, Politik und Rechtsentwicklung abhänge, weshalb es keinen richtigen Namen geben könne – wichtiger sei, „(...) die Vielfalt der Begriffsinhalte zu sehen und zu verstehen.“[102]

II. Eigene Stellungnahme

1. Dynamik der Auffassungen

Zunächst sei bemerkt, dass vorliegend sehr eindrucksvoll deutlich wird, wie sich die Versuche einer Begriffsbestimmung der letzten mehr als 100 Jahre gewandelt haben: Im ausgehenden 19. Jahrhundert waren Anknüpfungspunkt der Un-

---

[98] Wannagat, Georg, Die Bedeutung des Allgemeinen Teils des Sozialgesetzbuches..., in: Müller, Klaus (Hrsg.), Sozialrecht in Wissenschaft und Praxis, Festschrift für Schieckel, S. 350ff; ders, Das Sozialgesetzbuch, in: RDA 1973, S. 209f; ähnlich ders, Lehrbuch des Sozialversicherungsrechts, S. 171f; ders, Das Sozialrecht im sozialen Rechtsstaat, in: Sozialrecht und Sozialpolitik, Festschrift für Kurt Jantz, S. 55f; ähnlich Schulin, Bertram/Igl, Gerhard, Sozialrecht, Rn. 3

[99] Bley, Helmar, Sozialrecht, S. 4

[100] Bley, Helmar, S. 5, 23; an anderer Stelle hingegen geht er wiederum rein pragmatisch vor und verweist schlichtweg auf das im SGB geregelte Recht, so z.B. S. 5; vgl. auch Müller – Volbehr, Jörg, Der Begriff des Sozialrechts im Wandel, in: JZ 1978, S. 251

[101] Zacher, Hans, Was ist Sozialrecht, in: von Maydell/Eichenhofer (Hrsg.), Abhandlungen zum Sozialrecht,
S. 250ff; Müller – Volbehr, Jörg, S. 249

[102] Zacher, Hans, S. 254, 256; Eichenhofer, Eberhard, Zum System des Sozialrechts, in: SGb 1998, S. 290

tersuchungen das Wesen des Menschen und seine Funktion innerhalb der Gemeinschaft. *Radbruch* gelang es in der Weimarer Republik konkrete Ziele und Bedürfnisse auszudrücken, die er anhand des schützenswerten „Schwachen" in der Gesellschaft aufzeigte. Daran knüpfte die Wissenschaft in den 1960er Jahren verstärkt an, wobei eine immer intensivere Auseinandersetzung mit der Vokabel „sozial" folgte. Man hat den Eindruck, dass die Wissenschaft nach Einführung des SGB in den 1970er Jahren zu resignieren begann, indem schlichtweg die formelle, im Übrigen auch heute vorherrschende[103] Theorie entwickelt wurde und man lediglich auf den Inhalt des SGB I verwies.

2. Ablehnung einer rein formellen Betrachtungsweise

Eine rein formelle Betrachtungsweise ist abzulehnen: Der Verweis auf die sozialen Rechte des SGB erscheint unangemessen, weil dadurch zukünftige Veränderungen – das Sozialrecht ist wie gesehen ein überaus dynamisches Rechtsgebiet – ausgegrenzt werden. Die Systematisierung als Argument für die Erfassung eines stetiger Wandlung unterliegenden Rechtes ist in Ermangelung unbestimmter Rechtsbegriffe und Generalklauseln unbrauchbar.[104] Schließlich stellt die Anknüpfung des Charakters der Rechtsmaterie an das Handeln eines Dritten, des Gesetzgebers, eine Relativierung von Rechtsqualität dar, was an keiner anderen Stelle der Rechtsordnung so praktiziert wird.[105]

3. Ablehnung einer rein materiellen Betrachtungsweise

Jedoch bleibt auch der materielle Begriff angreifbar: So ist es ein Anliegen der gesamten Rechtsordnung, individuelle Güterdifferenzen auszugleichen, und Kennzeichen vieler Rechtsordnungen, soziale Gegensätze zu vermindern.[106] Ebenso fraglich erscheint die unmittelbare Verknüpfung mit der Sozialpolitik. Dadurch verlagert man das Problem auf die Klärung dessen, was eigentlich unter Sozialpolitik zu verstehen ist, welche Funktionen sie hat. Bedeutet Sozialpolitik lediglich Bekämpfung von Missständen, Abstellung von Not, Schaden, Gefahren, oder hat man hierunter nur die Gesellschaftspolitik zu verstehen?[107] Sie ist – kraft Natur der Sache – in starkem Maße dynamisch[108], da sie letztlich von wirtschaftlicher Leistungsfähigkeit und Wohlstand der Gesellschaft abhängig ist,

[103] Vgl. Eichenhofer, Eberhard, Sozialrecht, S. 9f; Gitter/Schmitt, Sozialrecht, S. 2

[104] Hauck, Karl, Die Kodifikation des Sozialrechts als Beitrag zur sozialen Sicherung, in: Soziale Sicherung durch soziales Recht, in: Zacher, Hans (Hrsg.), Festschrift für Horst Peters, S. 22f; vgl. ferner Gitter, Wolfgang, Probleme bei der Kodifizierung des deutschen Sozialrechts, in: Wannagat/Gitter (Hrsg.), Festschrift für Erich Fechner, S. 236f

[105] Ähnlich zum Ganzen Müller – Volbehr, Jörg, Der Begriff des Sozialrechts im Wandel, in: JZ 1978, S. 250

[106] So auch Wannagat, Georg, Die Bedeutung des Allgemeinen Teils..., in: Müller, Klaus (Hrsg.), Sozialrecht in Wissenschaft und Praxis, Festschrift für Schieckel, S. 349

[107] Wannagat, Georg, Lehrbuch des Sozialversicherungsrechts, Band I, S. 162f

[108] Doetsch, Werner, Sozial- und Gesundheitspolitik im Wandel, in: Zacher, Hans (Hrsg.), Soziale Sicherung durch soziales Recht, Festschrift für Horst Peters, S. 22f

was besonders im Engagement der Sozialpolitik im Arbeitsrecht erkennbar wird.[109]

4. Sozialrechtsbegriff als Mischform

Die brauchbarste Lösung ergibt sich aus einer Kombination von Kriterien: Hierbei steht erstens das Rechtsverhältnis zwischen Bürger und einem Träger öffentlicher Verwaltung im Vordergrund. Dieses formelle Kriterium ist unerlässlich, da die soziale Fürsorge im Sinne des Sozialrechts nicht unter Privaten erfolgen kann. Zum zweiten muss es sich um Rechtssätze handeln, die ihrem Inhalt nach billigerweise als sozial fördernd bzw. ausgleichend angesehen werden und die in Ansehung eines bestimmten die Lebensführung beeinträchtigenden Ereignisses existieren (materielles Kriterium).[110] Schließlich und endlich muss die fragliche Rechtsmaterie in eine aktuelle oder künftige Leistungspflicht des öffentlich – rechtlichen Trägers münden, sei es als Geld- oder als Dienstleistung. Dabei handelt es sich erneut um ein formelles Kriterium, was aber nötig ist, um die auch an anderen Stellen vorhandenen Unterstützungsmechanismen des Staates, z.B. im Steuerrecht, außen vor zu lassen.[111]

III. Regelungstrias des Sozialrechts

In § 1 SGB I ist in Konkretisierung des Sozialstaatsprinzips die Regelungstrias des Sozialrechts festgelegt: Es ergeben sich als Regelungsgegenstand die Sozialleistungen, als Regelungsimpuls die Förderung sozialer Gerechtigkeit und als Regelungsziel die soziale Sicherheit.[112] Die hier getroffenen Aussagen sind nicht zuletzt für die sozialversicherungsrechtliche Beurteilung der Strafgefangenen von Belang. Aus § 1 I S. 2 SGB I ergeben sich die Ziele des Rechts des Sozialgesetzbuchs. Es wird zum Ausdruck gebracht, dass unser Sozialleistungssystem nicht nur durch die Ausformung individueller Ansprüche gekennzeichnet ist, sondern auch durch die Gewährung sozialer Dienste und Einrichtungen, die besonders im Bereich der Sozialhilfe und der Jugendhilfe von Bedeutung sind.[113]

---

[109] Ausführlich dazu Müller – Volbehr, Jörg, S. 251f; vgl. auch Wertenbruch, Wilhelm, Sozialverfassung – Sozialverwaltung, S. 3, der auch in der Verfassung nur eine Grundentscheidung erkennt

[110] Die reine Zwecktheorie vertritt Stolleis, Michael, Strafrecht und Sozialrecht, in: ZSR 1979, S. 264

[111] Ähnliche Ansicht bei Müller – Volbehr, Der Begriff des Sozialrechts im Wandel, in: JZ 1978, S. 254; nur auf die öffentlichen Leistungen beschränkt: Wannagat, Georg, Die Bedeutung des Allgemeinen Teils..., in: Müller, Klaus, S. 350

[112] Eichenhofer, Eberhard, Sozialrecht, S. 5

[113] BT – Drucksache 7 / 868, S. 21; vgl. hierzu Gitter, Wolfgang, Probleme bei der Kodifizierung des deutschen Sozialrechts, in: ders/Wannagat, Georg (Hrsg.), Festschrift für Erich Fechner, S. 237

1. Sozialleistungen, § 1 SGB I

a. Soziale Rechte

Die Legaldefinition der Sozialleistungen ist in § 11 S. 1 SGB I niedergelegt. Danach sind unter sozialen Rechten im Sinne von Sozialleistungen die in diesem Buch vorgesehenen Dienst-, Sach- und Geldleistungen zu verstehen. Die sozialen Rechte als solche wiederum sind in den §§ 2ff SGB I verankert. § 2 I S. 2 SGB I stellt klar, dass die Anspruchsgrundlagen ausschließlich den besonderen Teilen vorbehalten sind.[114] Entgegen dem Wortlaut der §§ 3ff SGB I „ein Recht auf..." sind diese also nicht als Ansprüche zu verstehen. Sie fungieren als Leitlinien für die Anwendung des Sozialgesetzbuches und können entsprechend ihrer Zweckbestimmung und Struktur nicht jeden nur möglichen Sozialleistungsanspruch abdecken.[115] Im einzelnen bestehen die sozialen Rechte in der Bildungs- und Arbeitsförderung (§ 3 SGB I), in der Sozialversicherung (§ 4 SGB I), in der sozialen Entschädigung bei Gesundheitsschäden (§ 5 SGB I), in der Minderung des Familienaufwandes (§ 6 SGB I), im Zuschuss für eine angemessene Wohnung (§ 7 SGB I), in der Kinder- und Jugendhilfe (§ 8 SGB I), in der Sozialhilfe (§ 9 SGB I) sowie in der Teilhabe behinderter Menschen (§ 10 SGB I).

b. Sozialversicherung

Für die in vorliegender Untersuchung relevante Sozialversicherung beinhalten die Normen des SGB IV die für die gesetzliche Kranken-, Unfall-, Renten- und Pflegeversicherung gemeinsamen Vorschriften, § 1 I S. 1 SGB IV. Die sog. Arbeitslosenversicherung findet sich zwar in § 3 II SGB I, ist aber dennoch eine Sozialversicherung im engeren Sinne.[116] Im Unterschied zu den übrigen Sozialleistungsbereichen muss im Rahmen des § 4 SGB I die Zugehörigkeit zu einer Institution als wesentliche Voraussetzung der sozialen Rechte erwähnt werden, weil die von der Sozialversicherung erbrachten Sozialleistungen grundsätzlich auf Beiträgen zu den Selbstverwaltungskörperschaften (§ 29 I SGB IV) beruhen und der berechtigte Personenkreis nur durch die Mitgliedschaft abgrenzbar oder auf diese zurückzuführen ist.

2. Soziale Gerechtigkeit

Die soziale Gerechtigkeit als Postulat im Rahmen des § 1 SGB I ist heftig umstritten, weil die Gerechtigkeit als Handlungstugend nur als rein subjektiv und der Ethik zugehörig angesehen wird.[117] Als solche sei sie nicht in die Rechtswissenschaft übertragbar. Dies gelte umso mehr für die Kombination mit dem Begriff des Sozialen, da dies mit Blick auf die „sozialistische Gesetzlichkeit" der ehemaligen DDR-Verfassung leicht ideologisch missverstanden werden kön-

---

[114] BT – Drucksache 7 / 868, S. 23

[115] Wertenbruch, Wilhelm, Sozialverfassung – Sozialverwaltung, S. 31

[116] BT- Drucksache 7 / 868, S.24

[117] Steinbach, in: Hauck/Noftz, SGB I, Kommentar, § 1 Rn. 12; Wertenbruch, Wilhelm, Sozialverfassung – Sozialverwaltung, S. 34; Mrozynski, Peter, SGB I Kommentar, § 1 Rn. 2ff

ne.[118] Zweifelsohne tut sich die Rechtsphilosophie seit jeher schwer, wenn sie sich mit (sozialer) Gerechtigkeit beschäftigt.

a. Soziale Gerechtigkeit aus der Sicht der Rechtsphilosophie

Die negativste aller Ansichten sieht die (soziale) Gerechtigkeit als völlig nichtssagende Formel an, weil die weitläufig anerkannte „austeilende Gerechtigkeit" in einer Marktwirtschaft aufgrund des Fehlens von Austeilenden überhaupt nicht denkbar sei – lediglich die Marktteilnehmer können sich so gerecht wie möglich verhalten, das Endergebnis jedoch müsse bei weitem nicht gerecht sein, zumal hierfür gar keine Kriterien existieren. Und wenn diese der Staat kraft seiner Hoheitsgewalt anstrebe, so kehre er zur Willkür, zu Zwang und zum Sozialismus zurück.[119] Die Menschen glauben danach nur aus Gewohnheit und Tradition an soziale Gerechtigkeit, was in den schwierigen Überlebensumständen der Menschheit in den letzten 10.000 Jahren begründet liege, jedoch heutzutage überholt sei, weil hierdurch die Freiheit in Gefahr gerate und aus einer derartigen Sicht staatlicher Zwang resultiere. Auch mit dem Gedanken des „Sozial-Darwinismus" sei ein solches staatliches Vorgehen nicht zu vereinbaren.[120] Derartige Extremauffassungen bilden allerdings die Ausnahme: der Rechtsbegriff der Gerechtigkeit sei ein der Ethik, dem politischen, religiösen, sozialen und juristischen Leben angehörender, schwer definierbarer Begriff, der aber im Kern aus der Gleichheit bestehe und im Positivismus formell auf die Gleichbehandlung von Gleichem und die Ungleichbehandlung von Ungleichem reduziert wurde.[121] Die Gerechtigkeitsinhalte gehören dagegen ausschließlich in die Politik. Allerdings wurde später entdeckt, dass es neben der Kerngleichheit weitere Aspekte geben müsse, die indes nicht aus der Gleichheit entnommen, sondern unverbunden neben die Gleichheit gestellt wurden: Die Zweckmäßigkeit und die Rechtssicherheit.[122] Die Gleichheit gilt so als Form, die Zweckmäßigkeit als Inhalt und die Rechtssicherheit als Funktion der Gerechtigkeit. Dies stellt aber nur eine systematische Darstellung der die Gerechtigkeit zum Ausdruck bringenden Prinzipien im Sinne einer unterschiedlichen Akzentsetzung dar.[123] Das Gleichheitsprinzip sagt noch nichts darüber aus, was gleich und ungleich zu behandeln ist und wie. Es gebe nichts völlig gleiches, sondern ausgehend von einem Vergleichspunkt nur Ähnliches, so dass man lediglich Ähnliches miteinander gleichsetzen könne. Gleichheit erschöpft sich also in der Gleichsetzung von Ähnlichem.

---

[118] Wertenbruch, Wilhelm, S. 35

[119] Hayek, Friedrich August von, Der Atavismus sozialer Gerechtigkeit, in: Demokratie, Gerechtigkeit und Sozialismus, S. 24; ders, Die Verfassung der Freiheit, S. 330f

[120] Hayek, Friedrich August von, Der Atavismus sozialer Gerechtigkeit, in: Demokratie, Gerechtigkeit und Sozialismus, S. 25f, 37f; ders, Die Verfassung der Freiheit, S. 366f

[121] Kaufmann, Arthur, Grundprobleme der Rechtsphilosophie, S. 140

[122] Radbruch, Gustav, Rechtsphilosophie, S. 164ff

[123] Kaufmann, Arthur, Grundprobleme der Rechtsphilosophie, S. 141

b. Soziale Gerechtigkeit aus der Sicht des Grundgesetzes

Die soziale Gerechtigkeit[124] ist instrumentell eine solche, die durch Solidarität innerhalb einer Gemeinschaft, meist des Staates, gewährt wird und ein Streben nach einer gerechten Gesellschaftsordnung vornimmt, in der jedem Gesellschaftsmitglied das ihm angemessene Existenzniveau eingeräumt wird.[125] Entwickelt wird der Grundsatz aus dem Sozialstaatsprinzip, Art. 20, 28 I GG. Der Staat hat die Pflicht für einen Ausgleich übermäßiger sozialer Gegensätze und für eine gerechte Sozialordnung zu sorgen[126] bzw. Ungleichheiten auszugleichen und die menschliche Würde zu erhalten.[127] Wie dies erfolgt, ist dabei Aufgabe des Gesetzgebers[128], was sich schwierig gestaltet, da das Sozialstaatsprinzip inhaltlich – trotz zahlreicher sozialer Errungenschaften[129] – nirgends konkretisiert ist. Ausgangspunkt der Sozialpflichtigkeit des Staates ist der im römischen Recht entstandene allgemeine Grundsatz der Gerechtigkeit als „suum cuique tribuere“, jedem das Seine zu gewähren. Es handelt sich um die austeilende Gerechtigkeit („iustitia distributiva“), die das Ziel der relativen Gerechtigkeit verfolgt, im Gegensatz zur ausgleichenden Gerechtigkeit („iustitia commutativa“)[130], d.h. zur verhältnismäßigen Gleichheit in der Behandlung verschiedener Menschen. Die Frage, was dem Menschen gebührt, ist aus dem Kontext des GG zu beantworten, d.h. das dem GG zugrundeliegende Menschenbild der Menschenwürde (Art. 1 I GG) mit dessen Persönlichkeit und seinem sozialen Wert- und Achtungsanspruch gibt den Maßstab der Zuteilung ab.[131] Der Mensch bewegt sich zwischen Individuum und Gemeinschaft, mit letzterer ist er trotz Wahrung seiner Individualität verbunden. Dies bedeutet, dass er die staatlichen Schranken seiner Handlungsfreiheit zur Pflege des sozialen Miteinanders hinnehmen muss. Die Menschenwürde und Freiheit als oberste Werte verpflichten die Träger öffentlicher Gewalt, die hierfür unerlässlichen Voraussetzungen, z.B.

---

[124] BVerfGE 5, 85, 198; weiter zum Inhalt des Sozialstaatsprinzips: Zacher, Hans, Soziale Gleichheit, in: von Maydell/Eichenhofer (Hrsg.), Abhandlungen zum Sozialrecht, S. 147ff

[125] Bley, in: SGB – SozVers – GesKomm, Band I, § 1 Nr. 4.4; Steinbach, in: Hauck/Noftz, SGB I, Kommentar, § 1 Rn. 12

[126] BVerfGE 22, 180 (203f); so auch Wannagat, Georg, Die Bedeutung des Allgemeinen Teils...,in: Müller, Klaus (Hrsg.), S. 350

[127] BVerfGE 35, 348 (355)

[128] BVerfGE 69, 272 (314); 35, 202 (235); vgl. auch Gerber, Hans, Die Sozialstaatsklausel im Grundgesetz, in: Forsthoff, Ernst (Hrsg.), Rechtsstaatlichkeit und Sozialstaatlichkeit, S. 369f

[129] Zacher, Hans, Was können wir über das Sozialstaatsprinzip wissen?, in: Hamburg, Deutschland, Europa, Festschrift für Hans Peter Ipsen, Tübingen, S. 219f, 228ff; Steinbach, in: Hauck/Noftz, SGB I, Kommentar, § 1 Rn. 1

[130] Bley, in: SGB – SozVers – GesKomm, I § 1 Nr. 4.2.1; Zacher, Hans, Sozialrecht und Gerechtigkeit, in: von Maydell/Eichenhofer (Hrsg.), Abhandlungen zum Sozialrecht, S. 319; siehe hierzu die rechtsphilosophischen Aspekte oben, gerade in der Sozialversicherung treten beide Formen der Gerechtigkeit auf

[131] Bley, in: SGB – SozVers – GesKomm, I § 1 Nr. 4.2.2; Gröschner, in: Dreier H. (Hrsg.), Band 2, GG Kommentar, Art. 20 Rn. 49ff

Sozialleistungen etc., sicherzustellen.[132] Problematisch bleibt trotz dieser pragmatischen Vorgehensweise an der Schaffung sozialer Gerechtigkeit, dass sie letztlich aus einem Bündel von Gerechtigkeiten besteht. Genannt werden die Bedarfs-, Leistungs-, Chancen- und Besitzstandsgerechtigkeit, die zueinander in Spannung und Widerspruch stehen können. Wie misst man Bedarf, welche Leistungen honoriert man oder welchen Besitzstand schützt man, den besten, den letzten oder nur den durchschnittlichen? Die Literatur findet hierzu gar sechs verschiedene Gerechtigkeitskriterien: jedem das Gleiche, jedem gemäß seinen Verdiensten, jedem gemäß seinen Werken, jedem gemäß seinen Bedürfnissen, jedem gemäß seinem Rang und jedem gemäß dem ihm durch Gesetz Zugeteilten.[133] Unser Staat bedient sich neben der (austeilenden) Leistungsverwaltung aber auch der sozialen Umverteilung, indem allzu massive Wohlstandsdifferenzen dadurch abgemildert werden, dass Vermögensmassen wohlhabenderer Gesellschaftsangehöriger zugunsten wirtschaftlich schwächerer „umdisponiert" werden. Deshalb sind die Beitragssätze der Sozialverbände einkommensunabhängig konstant. In der Politik des Einkommensteuerrechts hingegen wird durch die Steuerprogression steuerlich genommen und sozialrechtlich gegeben – man spricht dann von staatlicher Umverteilung.[134] Indem dadurch vermögendere Gruppen verstärkt staatlicherseits in Anspruch genommen werden, tritt die soziale Gerechtigkeit auch in der Form der „iustitia commutativa" auf.[135]

3. Soziale Sicherheit

a. Gesetzgeber als Adressat sozialer Sicherheit

Im Gegensatz zur sozialen Gerechtigkeit ist die soziale Sicherheit auch inhaltlich weithin anerkannt und international verbreitet – sie geht auf den Social Security Act *Roosevelts* 1935 zurück.[136] Sie ist nicht von Verfassungs wegen konkretisiert, wenngleich die Einführung eines entsprechenden Artikels seitens der Politik durchaus beabsichtigt war[137], sondern wird ebenfalls aus dem Sozialstaatsprinzip abgeleitet. Die Befürworter einer Kodifizierung beriefen sich auf

---

[132] Bley, ebda; Stein, Ekkehart/Frank, Götz, Staatsrecht, S. 162f; Schulin/Igl, Sozialrecht, Rn. 20ff; Huber, Ernst Rudolf, Rechtsstaat und Sozialstaat, in: Forsthoff, Ernst (Hrsg.), Rechtsstaatlichkeit und Sozialstaatlichkeit, S. 606ff

[133] Zacher, Hans, Sozialrecht und Gerechtigkeit, in: von Maydell/Eichenhofer (Hrsg.), Abhandlungen zum Sozialrecht, S. 321; Eichenhofer, Eberhard, Zum System des Sozialrechts, in: SGb 1998, S. 290

[134] Schulin/Igl, Sozialrecht, Rn. 8; Zacher, Hans, Zur Rechtsdogmatik sozialer Umverteilung, in: DÖV 1970, S. 4f; ders, Zur Rechtsdogmatik sozialer Umverteilung, in: von Maydell/Eichenhofer (Hrsg.), Abhandlungen zum Sozialrecht, S. 283; Eichenhofer, Eberhard, Sozialrecht, Rn. 54; massive Kritik gegenüber staatlicher Umverteilung: Hayek, Friedrich August von, Die Verfassung der Freiheit, S. 366; detailliert zur Umverteilung Hase, Friedhelm, Versicherungsprinzip und sozialer Ausgleich, S. 252ff

[135] BVerfGE 27, 253 (283); Bley, ebda, Nr. 4.3; Wannagat, Georg, Lehrbuch des Sozialversicherungsrechts, S. 156ff; Bley, Helmar, Sozialrecht, S. 23

[136] Eichenhofer, Eberhard, Fünfzig Jahre Social Security Act, in: SGb 1984, 568; Schulin/Igl, Sozialrecht, Rn. 10

[137] BT – Drucksache 12 / 6000, S. 76

die Grundbedürfnisse des Menschen, die verfassungsrechtlich verankert sein müssten, damit jene sich mit ihren Sorgen darin wiedererkennen könnten.[138] Dies hat sich nicht durchgesetzt, weil das Sozialstaatsprinzip zum einen als (offene) Zielbestimmung fungiere und zum anderen die Ausfüllung des Prinzips dem einfachen, aber flexiblen Gesetzgeber obliege.[139]

b. Soziale Sicherheit im Grundgesetz

Die soziale Sicherheit ist mit der sozialen Gerechtigkeit eng verwoben. Sie zielt auf die soziale Sicherung der Gesellschaft durch den Versuch ab, in einem sich auf das neue stets konstituierenden Unsicherheitsfeld Bereiche relativer Sicherheit zu schaffen, etwa durch die Bereitstellung von Sozialleistungen. Diese beseitigen die Unsicherheit im Bestand lebenswichtiger Rechtsgüter und kompensieren die Gefahren lebens- oder existenzgefährdender Ereignisse.[140] Sie ist Ausdruck der Solidarität gegenüber dem einzelnen wirtschaftlich Unterlegenen, zielt aber nicht darauf ab, soziale Gleichheit herzustellen, weil es diese im freiheitlich-demokratischen System weder geben kann noch darf. Daher wird eine Mindestsicherung zur Erhaltung des individuellen ökonomischen und sozialen Status gewährt[141], die sich aus der Menschenwürde im Sozialstaat ergibt. Im Unterschied zum Obrigkeitsstaat ist der Sozialstaat ein solcher der Daseinsvorsorge und der Leistung. Der Mensch lebe nicht nur im Staat, sondern auch vom Staat; er trage seine Bedürfnisse nach Sicherung und Gewährleistung seiner Existenz an ihn heran, die er im labilen Individualbereich nicht mehr befriedigt finde.[142]

c. Soziale Sicherheit und das Strafvollzugsgesetz

Die Haftstrafe ist eine besondere Beeinträchtigung der „sozialen Umwelt", da hierdurch viele Bestandseinbußen an ökonomischen und sozialen Rechtsgütern eintreten, z.B. Vermögenseinbußen, Rücklagenaufzehrung, gesellschaftlicher Abstieg. Gerade in diesem Bereich wirkt sich das Postulat der sozialen Sicherheit besonders aus: Aus Art. 103 III GG („ne bis in idem") ergibt sich, dass ein Straftäter nur einmal zu bestrafen ist. Soll ein Verlust an elementarer sozialer Sicherung nicht *faktisch* wie eine „resozialisierungsfeindliche Spätfolge der

---

[138] BT – Drucksache 12 / 6000, S. 78

[139] Schulin/Igl, Sozialrecht, Rn. 28f; Steinbach, in: Hauck/Noftz, SGB I, Kommentar, § 1 Rn. 11a; Nick, Franz/Ehreiser, Hans Jörg/Müller, Joachim, Sozialstaat und soziale Sicherung, S. 23

[140] Bley, in: SozVers – GesKomm, Band I, § 1 Nr. 5.1, 5.2; Schulin/Igl, Sozialrecht, Rn. 9ff; Wannagat, Georg, Die Bedeutung des Allgemeinen Teils..., in: Müller, Klaus (Hrsg.), S. 351

[141] Bley, ebda, Nr. 5.4; Eichenhofer, Eberhard, Sozialrecht, Rn. 9; Hauck/Noftz, SGB I, Kommentar, § 1 Rn. 11; Wannagat, Georg, Lehrbuch des Sozialversicherungsrechts, Band I, S. 34; Nick, Franz/Ehreiser, Hans Jörg/Müller, Joachim, Sozialstaat und soziale Sicherung, S. 23

[142] Forsthoff, Ernst, Verfassungsprobleme des Sozialstaats, in: Rechtsstaatlichkeit und Sozialstaatlichkeit, S. 149; ders, Begriff und Wesen des sozialen Rechtsstaates, in: Rechtsstaatlichkeit und Sozialstaatlichkeit, S. 178

Freiheitsstrafe"[143] oder gar wie eine „doppelte Strafe"[144] wirken, so muss der Gedanke der sozialen Sicherheit zu einer vollständigen Kompensation der durch den Vollzug erlittenen Einbußen führen – dies geben im Übrigen auch §§ 2, 3 StVollzG unmissverständlich vor.[145] Denn wenn der Staat wegen einer Straftat in das höchste Gut des Menschen, die Freiheit, eingreife, übernehme er damit die Verantwortung, das Ziel dieses Eingriffs möglichst wirkungsvoll zu erreichen, d.h. also die Basis für einen erfolgreichen neuen Anfang möglichst breit und sicher zu machen.[146] Zu fragen ist also, ob der soziale Ausgleich des Sozialrechts um den Sozialversicherungsschutz auch auf die Strafgefangenen ausgedehnt werden kann.[147]

IV. Das Sozialversicherungsrecht als Disziplin des Sozialrechts

1. Systematik des Sozialrechts

In der ersten Hälfte des 20. Jahrhunderts hat man das Sozialrecht in drei Teile eingeteilt: Die Fürsorge, die Versorgung und die Versicherung, wobei nur die Versicherung gegenleistungsabhängig war.[148] Diese Dreiteilung deckte die Risiken Alter, Tod, Krankheit, Unfall, Invalidität, Niederkunft etc. ab.[149] Doch versagte dieses System unter dem permanenten Wandel schnell.[150] Mittlerweile verklammert das System alle gegenwärtig existierendenden Sozialleistungszweige, §§ 3ff SGB I, und besteht aus sozialer Vorsorge, Entschädigung, Förderung und Hilfe.[151] Diese Unterscheidung genügt auch dem Postulat sozialer Gerechtigkeit, indem „die Vorsorge (...) dem Ideal der Leistungsgerechtigkeit, die Entschädigung der Besitzstandsgerechtigkeit und die Hilfs- und Förderungssys-

---

[143] Rotthaus, Karl Peter, Die Bedeutung des Strafvollzugsgesetzes für die Reform des Strafvollzuges, in: NStZ 1987, S. 4

[144] Hartmann, Jürgen, Keine Einbeziehung von Strafgefangenen in die gesetzliche Rentenversicherung, in: SozVers 1993, S. 199

[145] BT – Drucksache 7 / 3998, S. 18; Mênil du, Beatrice, Die Resozialisierungsidee im Strafvollzug, S. 170; Grosser, Rudolf, Sozialarbeit für Strafgefangene, in: BewHi 1991, S. 251

[146] Pröbsting, Karl, Der Weg zurück in die Freiheit, in: BArbBl 1973, S. 287

[147] Mrozynski, Peter, Resozialisierung und soziales Betreuungsverhältnis, S. 154; Müller-Dietz, Strafvollzugsrecht, S. 167

[148] Eichenhofer, Eberhard, Sozialrecht, Rn. 10; Gitter, Wolfgang/Schmitt, Jochem, Sozialrecht, Rn. 9; Wannagat, Georg, Lehrbuch des Sozialversicherungsrechts, Band I, S. 1, 31; Huber, Ernst Rudolf, Rechtsstaat und Sozialstaat, in: Rechtsstaatlichkeit und Sozialstaatlichkeit, S. 609f

[149] Bogs, Walter, Grundfragen des Rechts der sozialen Sicherheit und seiner Reform, S. 1ff, 72; Wannagat, Georg, Lehrbuch..., S. 1ff, 31; vgl. Nick, Franz/Ehreiser, Hans Jörg/Müller, Joachim, Sozialstaat und soziale Sicherung, S. 28f

[150] Wannagat, Georg, Die Bedeutung des Allgemeinen Teils des Sozialgesetzbuches..., in: Müller, Klaus (Hrsg.), Sozialrecht in Wissenschaft und Praxis, Festschrift für Horst Schieckel, S. 347

[151] Eichenhofer, Eberhard, Sozialrecht, Rn. 12; Gitter/Schmitt, Sozialrecht, Rn. 11; Schulin/Igl, Sozialrecht, Rn. 75; Kreßel, Eckhard/Wollenschläger, Michael, Leitfaden zum Sozialversicherungsrecht, S. 5; Zacher, Hans, Grundtypen des Sozialrechts, in: von Maydell/Eichenhofer (Hrsg.), Abhandlungen zum Sozialrecht, S. 268ff

teme dem Ideal der Bedarfsgerechtigkeit"[152] Rechnung tragen. Der von den Kritikern des Sozialstaates geächtete Begriff der sozialen Gerechtigkeit erlangt hierdurch Gestalt und Anschaulichkeit, was letztlich zu einem Ertrag für die Rechtspraxis, die Rechtspolitik und die Vermittlung von Sozialrecht führt.

2. Die Sozialversicherung als Ausfluss sozialer Vorsorge

a. Die Versicherungsqualität der Sozialversicherung

Unter der Sozialversicherung versteht man „eine staatlich organisierte, nach den Grundsätzen der Selbstverwaltung aufgebaute öffentlich-rechtliche, vorwiegend auf Zwang beruhende Versicherung großer Teile der arbeitenden Bevölkerung für den Fall der Beeinträchtigung der Erwerbsfähigkeit und des Todes sowie des Eintritts der Arbeitslosigkeit."[153] Das Wesen einer Versicherung im allgemeinen Sinne besteht in der Erkenntnis der statistischen Wahrscheinlichkeit schädigender Ereignisse und im deswegen erfolgten Zusammenschluss der Gefährdeten in Gefahrengemeinschaften, in denen das Risiko auf die Mitglieder verteilt wird. Für den Versicherer muss eine Verhältnismäßigkeit zwischen Leistung und Gegenleistung bestehen (versicherungstechnisches Äquivalenzprinzip).[154] Die Meinungen gehen auseinander, ob die Sozialversicherung ihrem Wesen nach überhaupt der Versicherung zuzurechnen ist.[155]

aa. Fürsorgetheorie

Die Sozialversicherung sei der öffentlichen Fürsorge zuzurechnen, weil es sich nicht um ein einheitliches und zweiseitiges, sondern um zwei einseitige Rechtsverhältnisse handele, von denen das eine die von Staats wegen zugesagte Fürsorge, die andere eine davon rechtlich unabhängige Beitragsleistung der Verpflichteten darstelle.[156] Es existiere kein auf der freien Willensbestimmung beruhender Versicherungsvertrag, da schon die ausgetauschten Leistungen nicht um der anderen willen erfolgten.[157] Das Argument wird der früher geltenden Rechtslage entlehnt, wonach allein der Arbeitgeber die Beiträge zu Unfall- und Krankenversicherung abführte. Im Bereich der Rentenversicherung zahlte der

[152] Eichenhofer, Eberhard, Zum System des Sozialrechts, in: SGb 1998, 290f; Zacher, Hans, Das soziale Staatsziel, in: Abhandlungen zum Sozialrecht, S. 3, 37

[153] Wannagat, Georg, Lehrbuch des Sozialversicherungsrechts, Band I, S. 25; Gitter/Schmitt, Sozialrecht, S. 4, 33; vgl. Leisner, Walter, Sozialversicherung und Privatversicherung, S. 52

[154] Wannagat, Georg, Lehrbuch..., S. 2f; Hax, Karl, Grundlagen des Versicherungswesens, S. 22; Gitter/Schmitt, Sozialrecht, S. 33f; Bogs, Walter, Grundfragen des Rechts der sozialen Sicherheit und seiner Reform, S. 1ff; Hase, Friedhelm, Versicherungsprinzip und sozialer Ausgleich, S. 71ff

[155] Ausführlich Hase, Friedhelm, Versicherungsprinzip und sozialer Ausgleich, S. 18ff; Storr, Stefan, „Neuorganisation der Sozialen Sicherungssysteme"..., in: SGb 2004, S. 280

[156] Rosin, Heinrich, Die Rechtsnatur der Arbeiterversicherung, in: Staatsrechtliche Abhandlungen, Festgabe für Laband, S. 52

[157] Wannagat, Georg, Lehrbuch..., S. 9ff; Rosin, Heinrich, Das Recht der Arbeiterversicherung, S. 255f; Kleeis, Friedrich, Die Geschichte der sozialen Versicherung in Deutschland, S. 15

Staat einen wesentlichen Zuschuss zu den Beiträgen.[158] Die Leistung des Versicherungsträgers an den Berechtigten ist also rein wirtschaftlicher Natur, zumal die Konstruktion der „Versicherung zugunsten Dritter" mangels vertraglicher Einigung nicht gangbar erscheint. Doch auch die Fiktion einer gesetzlichen Voraussetzung der Prämienzahlung für die Versicherungsleistung sei nicht erfolgversprechend, weil eine solche nur für die Rentenversicherung, nicht aber für die Kranken- und Unfallversicherung bestehe.[159] Die Leistungen der Versicherungsträger haben nicht den Charakter einer Schadenskompensation, wie es typisch für eine Versicherung ist. Als Anknüpfungspunkt der Ersatzleistung fungieren die durchschnittlichen Löhne vergleichbarer Gruppen. Jene wird selbst dann entrichtet, wenn das schädigende Ereignis auf der Schuld des Versicherten beruht, wobei nur in der Unfallversicherung Leistungen versagt werden können, wenn der Versicherungsfall bei einer Handlung eingetreten ist, der nach rechtskräftigem strafgerichtlichen Urteil ein Verbrechen oder vorsätzliches Vergehen darstellt, § 101 II 1 SGB VII. Das schädigende Ereignis werde nicht zum Gegenstand einer Risikoanalyse mit Wirkung auf die Prämienhöhe gemacht, da sich Prämie und Leistung versicherungsatypisch abstrakt gegenüberstünden.[160]

bb. Versicherungstheorie

Nach der Versicherungstheorie ist die Sozialversicherung juristisch der Versicherung zuzuordnen.[161] Zwar trifft § 1 I VVG lediglich eine Aussage über die Unterscheidung zwischen Personen- und Schadenversicherung, eine Definition über das Versicherungsgeschäft existiert aber nicht. Dieser Begriff wird auch von § 1 VAG nur stillschweigend verwendet, nicht aber konkretisiert. Das BVerwG definiert: Das Versicherungsgeschäft sei ein Geschäft, bei dem gegen Entgelt Leistungen für den Fall eines ungewissen Ereignisses übernommen werden, wobei das Risiko auf eine Vielzahl von Personen, die durch die gleiche Gefahr verbunden sind, verteilt ist, und dem eine Kalkulation auf der Basis des Gesetzes der großen Zahl, d.h. eine Risikoprognose zugrunde liegt.[162] Mithin handelt es sich beim Versicherungsgeschäft wie auch bei der Sozialversicherung um eine Absicherung und Vorsorge gegen Gefahren.[163] Nach der Definition der Gefahrengemeinschaft, die durch die Beitragszahlung Rechtsansprüche im Falle

---

[158] Kleeis, Friedrich, Die Geschichte der sozialen Versicherung in Deutschland, S. 16f; siehe auch oben A.

[159] Rosin, Heinrich, Das Recht der Arbeiterversicherung, S. 261

[160] Wannagat, Georg, Lehrbuch..., S. 10ff; Rosin, Heinrich, Das Recht der Arbeiterversicherung, S. 264ff

[161] Siehe hierzu BK/Dörner, Einl VVG Rn. 15ff

[162] BVerwGE 75, 155; Hofmann, Edgar, Privatversicherungsrecht, S. 4; BK/Dörner, Einl VVG Rn. 41; BK/Schwintowski, § 1 VVG Rn. 19

[163] BK/Schwintowski, § 1 VVG Rn. 18; Hax, Karl, Grundlagen des Versicherungswesens, S. 10; Möller, Hans, Gemeinsame Begriffe der Sozial- und Privatversicherung, in: Aktuelle Fragen der Individual- und Sozialversicherung, Festgabe für Erich Roehrbein, S. 138; Hofmann, Edgar, Privatversicherungsrecht, S. 5; vgl. Berne, Annegret, Die Aufgaben der Arbeitslosenversicherung..., S. 156

der Verwirklichung von Risiken erwerben kann, liegt zweifellos eine Versicherung im Sinne der Versicherungstheorie vor.[164] Es fragt sich dann aber, wo die („begrifflich unklare“)[165] Abgrenzung zur Sozialversicherung liegt.

b. Abgrenzung der Privatversicherung zur Sozialversicherung

Materielle Unterschiede zwischen beiden Formen von Versicherung existieren nicht, vielmehr bestehen insoweit zahlreiche Gemeinsamkeiten mit der Individualversicherung. Abzugrenzen gilt es daher über formelle Kriterien[166]:
Das versicherungstechnische Äquivalenzprinzip wird als Abgrenzungskriterium herangezogen, weil die Beitragsbildung im Sozialversicherungsrecht nicht am Umfang der potentiellen Risikoverwirklichung, sondern am Gesamtetat der Versicherungsträger ausgerichtet wird, mithin bei vielen Beitragszahlern eine Unausgeglichenheit zwischen Prämien und Leistung festzustellen ist.[167] Sicherlich steht die Beitragsleistung von Geringverdienern in keinem Verhältnis zur Risikoabdeckung des Versicherungsträgers, doch handelt es dabei um kein rechtliches, sondern um ein rein ökonomisches Unterscheidungsmerkmal, welches in der unterschiedlichen Zwecksetzung, hier betriebswirtschaftlicher Profit und da soziale Sicherheit nach dem solidarischen Gedanken, begründet liegt.[168] Hauptabgrenzungskriterium ist das Zustandekommen des Versicherungsverhältnisses zum Versicherer: Während es bei der Privatversicherung eines Vertrages „sui generis“ bedarf, der nach dem allgemeinen Teil des BGB zustande kommt, entsteht das Sozialversicherungsverhältnis kraft Gesetzes, also ipso iure, und zwar selbst dann, wenn kein Antrag gestellt und keine Beiträge abgeführt wurden, §§ 2, 7 I SGB IV. Ferner unterliegt die Sozialversicherung nicht der Privatautonomie, sondern stellt öffentlich-rechtliches ius cogens dar. Dementsprechend sind die Wahlrechte der Mitglieder über die Krankenkasse als solche (§§ 173ff SGB V) öffentlich-rechtliche Willenserklärungen.

---

[164] Möller, Hans, Gemeinsame Begriffe der Sozial- und Privatversicherung, in: Aktuelle Fragen der Individual- und Sozialversicherung, Festgabe für Erich Roehrbein, S. 135f; Pickel, Harald, Das Sozialrecht im Wandel der Zeit, in: Müller, Klaus (Hrsg.), Sozialrecht in Wissenschaft und Praxis, Festschrift für Horst Schieckel, S. 224

[165] Bogs, Walter, Gegenwartsfragen sozialer Versicherung, S. 74ff

[166] BK/Schwintowski § 1 VVG Rn. 3; Möller, Hans, S. 140ff; vgl. auch Storr, Stefan, „Neuorganisation...“,in: SGb 2004, S. 281ff

[167] Bogs, Walter, Gegenwartsfragen sozialer Versicherung, S. 89f; so auch schon Rosin, Heinrich, S. 265

[168] Wannagat, Georg, Lehrbuch..., S. 27f; Hofmann, Edgar, Privatversicherungsrecht, S. 3; Storr, Stefan, S. 282

Die Träger treten als öffentlich-rechtliche Selbstverwaltungskörperschaften (§ 29 SGB IV) und nicht wie bei der Privatversicherung in der Form der Aktiengesellschaft oder der GmbH auf.[169]

c. Nebeneinander von Sozial- und Privatversicherung

Die Frage des Nebeneinanders von Sozial- und Privatversicherung stellt sich insbesondere dann, wenn die staatliche Versorgung unzureichend ist, weil das Verhältnis von Einzahlern und Versorgungsbedürftigen nicht mehr stimmt.[170] Die Politik hat längst erkannt, dass die Solidarität der in der Zwangsgemeinschaft zusammengeschlossenen Personen abnimmt, je weiter das Äquivalenzprinzip verlassen wird und sich die Leistungen des Trägers nicht mehr als Produkt der eigenen Beitragsleistung darstellen. Denn der moderne Sozialstaat hat sich zur Aufgabe gemacht, die Bürger umfassend gegen die Grundrisiken des Lebens abzusichern.

Es bleibt die Frage nach dem Verhältnis zur Privatversicherung.[171] Ein echtes Zusammenwirken im Sinne einer umfänglichen Ergänzung resultiert nicht aus den bestehenden Wahlrechten, weil die Sozialversicherung bereits nach der Verfassung ganz andere Aufgaben (Art. 20, 28 I GG) hat, nämlich den solidarischen Sicherungsgedanken umzusetzen, und der Gesetzgeber aus sozialpolitischen oder versicherungstechnischen Gründen ggf. gezwungen sein würde die Sozialversicherung zu stärken, um sie in ihrem Bestand zu erhalten.[172] Zwar gibt es im Rahmen der Normen der besonderen Teile des SGB Ausnahmeregelungen von der Sozialversicherungspflicht, z.B. für Selbständige oder über der Beitragbemessungsgrenze Verdienende.[173] Ein freies Wahlrecht jedoch existiert zu Recht nicht: Risikobehaftete Gruppen würden die privaten Versicherer meiden, weil sie aufgrund der Privatautonomie in der Versicherungswirtschaft mit hohen Beiträgen zu rechnen hätten, während die Sozialversicherung nur festgelegte Beiträge erheben darf, aber dem erhöhten Risiko des Versicherungsnehmers ausgeliefert wäre.[174] Privat Krankenversicherte wiederum sind sogar gemäß § 23 I SGB XI verpflichtet, eine (private) Pflegeversicherung abzuschließen. Es wird danach gestrebt (und die Rechtswirklichkeit nähert sich dem auch mehr und mehr an), dass sich die Sozialversicherungen auf eine bestimmte Form der Basissicherung beschränken und der Privatversicherung den darüber hinaus gehen-

---

[169] BSGE 14,104 (107); Wannagat, Georg, S. 26, 30, 193ff; BK/Schwintowski § 1 VVG Rn. 5ff, 35; Hofmann, Edgar, Privatversicherungsrecht, S. 10; Hax, Karl, Grundlagen des Versicherungswesens, S. 51ff; Pickel, Harald, Das Sozialrecht im Wandel der Zeit, in: Müller, Klaus (Hrsg.), S. 225; vgl. auch Berne, Annegret, Die Aufgaben der Arbeitslosenversicherung..., S. 159

[170] Vgl. Schreiber, Wilfrid, Zum System sozialer Sicherung, S. 62

[171] Rolfs, Christian, Das Versicherungsprinzip im Sozialversicherungsrecht, S. 2f

[172] Leisner, Walter, Privatversicherung und Sozialversicherung, S. 179f; Schreiber, Wilfrid, Zum System sozialer Sicherung, S. 74

[173] Rolfs, Christian, S. 261

[174] Bogs, Walter, Verfassungsrechtliche Fragen zur Aufhebung der Jahresarbeitsverdienstgrenze..., in: DVBl. 1969, S. 339

den Bereich der „Feinsicherung“ überlassen.[175] In diese Basissicherung müssen nicht alle Gesellschaftsgruppen integriert werden, und sie kann auch dynamisch entsprechend dem Entwicklungsstand der Gesellschaft ausgestaltet sein. Für weitergehende Sicherungsbedürfnisse ist Raum in der Privatversicherung. Es bleibt festzuhalten, dass die Bedeutung der Privatversicherung bei verringerter Grundsicherung durch die Sozialversicherung zunimmt.
Dies gilt besonders für de lege lata „unterversicherte“ Gruppen, zu denen auch Strafgefangene gehören könnten, wie die weitere Untersuchung zeigen soll.

2. Kapitel: Erwerbstätigkeit im Strafvollzug als Versicherungsgrundlage

Die tägliche Verrichtung von Arbeit stellt daher das notwendige Bindeglied zwischen dem Strafvollzug und der Frage eines Sozialversicherungsschutzes dar – ferner knüpfen die besonderen Teile des SGB wie auch § 7 I SGB IV an den Beschäftigtenbegriff an. Es fragt sich bereits, ob die täglichen Verrichtungen der Strafgefangenen überhaupt als Arbeit qualifiziert werden können.

A. Die Arbeit im Strafvollzug

I. Abgrenzung zu anderen Haftformen

Vorliegend soll ausschließlich die Haftform der Freiheitsstrafe im Sinne des § 38 StGB und der §§ 2 – 126 StVollzG zugrunde gelegt werden. Andere Haftformen wie die Maßregeln der Besserung und Sicherung (§§ 61ff StGB, 129ff StVollzG), die Jugendstrafe (§§ 91ff JGG, 176 StVollzG), die Untersuchungshaft (§§ 119 StPO, 177 StVollzG), die Abschiebungshaft, der militärische Strafarrest und die Zivilhaft (§§ 171 – 175 StVollzG) bleiben aufgrund ihrer teilweise stark divergierenden Vollzugszwecke außer Betracht.

II. Arbeit in sozioökonomischer Hinsicht

1. Begriff der Arbeit

Die Definition der Arbeit bereitet Schwierigkeiten, da man philologisch, naturwissenschaftlich, juristisch, sozial- oder wirtschaftswissenschaftlich abgrenzen kann. Ohne auf diese Disziplinen näher einzugehen, lässt sich allerdings allgemeingültig formulieren, dass unter Arbeit subjektiv jede fortgesetzte, angespannte und geordnete Art von Tätigkeit zur Verteilung, Erzeugung und Benutzung von Daseinsgütern zu verstehen ist, die objektiv ein Ergebnis bringt oder bringen soll.[176] Geboten erscheint es die (wirtschaftliche)[177] finale Komponente der Arbeit stärker zu betonen, indem man den zielgerichteten, bewussten, der Befriedigung von Bedürfnissen oder Verwirklichung von Werten dienenden

---

[175] Leisner, Walter, Privatversicherung und Sozialversicherung, S. 181f spricht dann von einer Komplementärsicherung; Bogs, Walter, ebda

[176] Koch, Paul, Gefangenenarbeit und Resozialisierung, S. 5; Dörschel, Alfons, Arbeit und Beruf, S. 89; Chun- Tai Lee, Zur Kritik des unmittelbaren und mittelbaren Arbeitszwanges im Strafvollzug, S. 87

[177] BSGE 10, 96; Dylla, Christoph, Strafhaft und Arbeitsrecht, S. 15; Fahsel, Jörg, Das Recht des Gefangenen auf Arbeit und Entlohnung, S. 10

Einsatz körperlicher und geistiger Kräfte herausstellt[178], der über einen materiellen Aspekt hinausgeht und das Leben lebenswert macht, mithin ethische und metaphysische Aufgaben übernimmt, indem sich der Mensch sozial aufgewertet fühlt.[179]

2. Abgrenzung der Arbeit zu ähnlichen Tätigkeiten

a. Arbeit – Spiel

Neben den elementaren Gemeinfunktionen wie Essen, Schlafen oder Körperpflege bleibt das Gegensatzpaar Arbeit und Spiel. Die Arbeit unterscheidet sich vom Spiel nicht durch die Art der bestimmten Tätigkeit, sondern rein durch die Finalität, d.h. das Spiel verfolgt keine außerhalb seiner selbst liegenden Zwecke, das Ziel liegt beim Spiel in der Verrichtung und dem daraus resultierenden Lustgewinn selbst. Dabei kann sowohl die Arbeit als auch das Spiel lustgewinnend sein, was im Wesentlichen von der Qualität und Quantität der aufgewendeten Energie abhängt.[180]

b. Arbeit – Beruf

Die Begriffe Arbeit und Beruf stehen in einem Über-/Unterordnungsverhältnis, indem die Arbeit den Oberbegriff und der Beruf die spezifische Ausübungsform des Tätigen darstellt.[181] Man kann arbeiten ohne einen Beruf zu haben, und einen Beruf haben ohne zu arbeiten. Danach versteht man unter einem Beruf eine freie, möglichst kontinuierlich ausgeübte, vorwiegend auf Eignung und Neigung begründete erlernte und spezialisierte sowie entgeltliche Dienstleistung, die als Funktion einer arbeitsteilig organisierten Wirtschaft der Befriedigung materieller oder geistiger Bedürfnisse dient.[182] Gewichtiger Unterschied zur Arbeit ist das Vorhandensein gewisser Wertvorstellungen, wie schon der Begriff Beruf eine „Berufung" ausdrückt. Idealerweise verrichtet man Arbeit in seinem Beruf, doch hat sich die moderne Betriebssoziologie von diesen Komplementärbegriffen freigemacht, weil die von Rationalisierung geprägte moderne Industriegesellschaft Berufe vielfach zu Jobs verkommen lässt, die lediglich um des Lohnes willen verrichtet werden.[183]

c. Arbeit – Leistung

Da der Arbeit ein starkes finales Element inhärent ist, weil sie nicht zum Selbstzweck verrichtet wird, spielt die Leistung eine große Rolle: Der Arbeitende muss zur Leistung im Sinne eines Energieaufwands bereit sein, die stete Übung

---

178 Hoffmeister, Johannes (Hrsg.), Wörterbuch der philosophischen Begriffe, S. 73

179 Koch, Paul, S. 7, Dörschel, Alfons, S. 89; Fahsel, Jörg, S. 19; Chun-Tai Lee, S. 88

180 Koch, Paul, S. 8; vgl. Fahsel, Jörg, Das Recht des Gefangenen auf Arbeit und Entlohnung, S. 12

181 Koch, Paul, S. 6; Dörschel, Alfons, S. 81

182 Scharmann, Theodor, Arbeit und Beruf, S. 2; Daheim, Hansjürgen, Der Beruf in der modernen Gesellschaft, S. 25, 27; Fahsel, Jörg, S. 23; Leder, Hans-Claus, Arbeitsentgelt im Strafvollzug..., S. 15f

183 Daheim, Hansjürgen, S. 26, 37; Koch, Paul, S.6

in bestimmten Lebensphasen benötigt, um zur vollen Funktionsreife zu gelangen[184], und die über die allgemeine Lebenserhaltung hinausgeht. Zum zweiten muss er die geistigen, körperlichen und seelischen Voraussetzungen für die Arbeit mitbringen, damit es nicht zu einer geistig – seelischen Überforderung im Sinne einer seelischen Gleichgewichtsstörung kommt[185], d.h. er muss geeignet sein. Drittens muss der Arbeitende über eine entsprechende Ausbildung verfügen, um die an ihn gestellten Erwartungen zu erfüllen.[186] Diese Leistungsanforderungen sind ihrerseits abhängig von der technischen, wirtschaftlichen und sozialen Organisation des Arbeitsplatzes und werden darüber hinaus beeinflusst von der allgemeinen Wirtschaftslage oder der familiären Situation des Arbeitenden.[187]

3. Auswirkungen der Arbeit in verschiedenen wissenschaftlichen Disziplinen

Im rein ökonomischen Sektor stellt die Arbeit neben Kapital und Boden einen Produktions- und Kostenfaktor dar, deren Einsatz in Betrieben der freien Wirtschaft daher optimal bemessen sein muss.[188] In physiologischer Hinsicht wird festgestellt, dass gerade bei jüngeren Menschen die Berufsarbeit negative Auswirkungen auf die körperliche Entwicklung haben kann, woraus später Berufskrankheiten resultieren können.[189] Im psychologischen Kontext wirft Arbeit häufig auf der Rhythmisierung der Arbeitsbewegungen beruhende Probleme in Form von Ermüdungserscheinungen wie z.B. Monotonie, Übersättigung, Antriebsermüdung, Überanstrengung oder Erschöpfung auf, die es gerade in einer pädagogisch geprägten Arbeitsausbildung zu vermeiden gilt.[190] In der Soziologie diskutiert man die Arbeit als der Gruppenpflege dienliches Phänomen, weil die Gruppenarbeit der Einzelarbeit überlegen ist, indem Fertigungszeiten verkürzt und Leistung sowie Verantwortungsbewusstsein gesteigert werden, so dass der betriebliche Lebens- und Arbeitsstil („Betriebsklima“) ebenso wie die persönliche Produktionseffektivität eine Verbesserung erfahren.[191]

III. Gesetzliche Grundlagen

1. Vollzugliche Arbeitspflicht

Gem. § 41 I StVollzG besteht im Vollzug eine generelle gesetzliche Arbeitspflicht der Strafgefangenen, wenn die Arbeit den körperlichen Fähigkeiten angemessen ist.[192] Der Gesetzgeber erwog zunächst nur eine ins Ermessen der Vollzugsbehörde gestellte Arbeitspflicht abhängig vom Einzelfall, entschied

[184] Dörschel, Alfons, S. 116
[185] Dörschel, Alfons, S. 117
[186] Rüssel, Arnulf, Arbeitspsychologie, S.16f; Koch, Paul, S. 6
[187] Lipmann, Otto, Lehrbuch der Arbeitswissenschaft, S. 7; Koch, Paul, S. 7
[188] Koch, Paul, ebda; vgl. Fahsel, Jörg, S. 13
[189] Dörschel, Alfons, S. 94
[190] Dörschel, Alfons, S. 118f; Fahsel, Jörg, S. 21
[191] Dörschel, Alfons, S. 128f
[192] Laubenthal, Strafvollzug, Rn. 401; Walter, Strafvollzug, Rn. 458

sich aber letztlich für die generelle Arbeitspflicht, jedoch unter der Prämisse der Absprache mit dem Insassen gemäß §§ 6 III, 7 StVollzG. Hierdurch ist der Subjektsstellung[193] des Gefangenen im Vollzug Rechnung getragen. Die Bedeutung der Arbeit wurde als so wichtig eingestuft, dass die Arbeitpflicht normativ generalisiert wurde, ohne auf Verwaltungsvorschriften[194] zurückzugreifen.[195] Die genaueren Anforderungen an die Arbeit gibt § 37 StVollzG vor – in jedem Falle aber soll die Arbeit wirtschaftlich ergiebig sein, d.h. abstumpfende und unproduktive Tätigkeiten[196] sind auszuschließen, um Neurosen oder andere psychische Verhaltensauffälligkeiten zu vermeiden.[197] Ferner sollen individuelle Fähigkeiten und Bedürfnisse des Gefangenen berücksichtigt werden.

2. Verfassungsmäßige Rechtfertigung

Es handelt sich bei der in § 41 StVollzG angeordneten Beschäftigung um verfassungsrechtlich zulässige Zwangsarbeit[198], die gem. Art. 12 III GG von der Verfassung gedeckt ist. Dies gilt jedoch nicht uneingeschränkt: Das BVerfG knüpft an die Arbeitspflicht eine besondere Sachdienlichkeit bezüglich der Erreichung des Vollzugszieles und fordert eine angemessene Anerkennung, die nicht zwangsläufig in Geld bestehen muss.[199]

3. Kein Recht auf Arbeit

Zwar betont das Bundesverfassungsgericht, dass der Staat den Strafvollzug so ausgestalten müsse, wie es zur Realisierung des Vollzugsziels erforderlich sei, d.h. er hat „(...) alle gesetzlichen Maßnahmen zu treffen, die geeignet und nötig sind, (...) und die erforderlichen Mittel für den Personal- und Sachbedarf bereitzustellen".[200] Allerdings richtet sich dieses Postulat nur an den Gesetzgeber, der im Rahmen seiner Einschätzungsprärogative auch Kostenfolgen oder andere Umstände berücksichtigen kann.

---

193 BT – Drucksache 7 / 3998, S. 6f; Calliess/Müller-Dietz, § 4 Rn. 2; Schwind/Böhm-Böhm, § 4 Rn. 6

194 Vgl. die frühere Dienst- und Vollzugsordnung Nr. 80 II, wonach sich die Arbeitspflicht „nach Kräften" ergab

195 AK-StVollzG-Däubler/Spaniol, § 41 Rn. 2; Calliess/Müller-Dietz, StVollzG, § 41 Rn. 1f; Schwind/Böhm-Matzke, § 41 Rn. 2, 5f; BT – Drucksache 7 / 3998, S. 20

196 BT – Drucksache 7 / 918, S. 65; Müller-Dietz, Strafvollzugsrecht, S. 147

197 AK-StVollzG-Däubler/Spaniol, § 41 Rn. 4; Calliess/Müller-Dietz, StVollzG, § 41 Rn. 1; Schwind/Böhm-Matzke, § 41 Rn. 5

198 Allerdings keine Zwangsarbeit im Sinne des Übereinkommens Nr. 29 der Internationalen Arbeitsorganisation, hierzu näher im 3. Kapitel

199 Vgl. BVerfGE 74, 102 (115); 83, 119 (126f); 98, 169 (172ff); vgl. Lohmann, Arbeit und Arbeitsentgelt der Strafgefangenen, S. 60; hierzu näher im 4. Kapitel

200 BVerfGE 40, 276 (284)

Deshalb erwachsen dem Gefangenen grundsätzlich keine Individualrechte auf angemessene Arbeit.[201] Solche stehen ihm auch nicht aus den §§ 148, 149 StVollzG zu: Diese stellen lediglich Soll – Vorschriften dar, die Vollzugsbehörden bzw. den Haushaltsgesetzgeber dazu anhalten, in Richtung Arbeitsbeschaffung und Bildung tätig zu werden, nicht jedoch den Gefangenen subjektive Rechte verleihen.[202] Anders liegt der Fall indes bei der Frage, ob ein Strafgefangener Anspruch auf Gewährung eines vorhandenen, nicht mit einem anderen Gefangenen besetzten Arbeitsplatzes hat: Steht Arbeit zur Verfügung, so steht dem Gefangenen ein Anspruch auf Zuteilung von Arbeit zu.[203] Dies ergibt sich vor dem Hintergrund von Art. 12 I GG oder aus der Ermessensreduktion auf Null, da der Strafgefangene eine ermessensfehlerfreie Entscheidung beanspruchen darf.[204]

4. Ausnahmen von der gesetzlichen Arbeitspflicht

Gem. § 41 I S. 3 StVollzG trifft Gefangene, die älter als 65 Jahre sind, keine Pflicht zu arbeiten. Selbiges gilt für Erwerbsunfähige im Sinne des Rentenversicherungsrechts, § 43 SGB VI.[205] Dies folgt letztlich aus dem vollzuglichen Angleichungsgrundsatz des § 3 StVollzG, wonach die Ausgestaltung des Vollzugs sich soweit wie möglich den Zuständen in der Freiheit angleichen soll.[206] § 41 I S. 3 StVollzG befreit auch werdende und stillenden Mütter[207] von der Arbeitspflicht, soweit gesetzliche Beschäftigungsverbote bestehen. Der Gesetzgeber hat sich hierbei ausdrücklich für die Übernahme der §§ 3, 4, 6 MuSchG entschieden.[208] Gefangene müssen ferner nicht arbeiten, wenn die Qualität der Arbeit nicht den gesetzlichen Voraussetzungen entspricht, etwa die geistigen Fähigkeiten des Gefangenen nicht angemessen berücksichtigt werden.[209] Schließlich und endlich besteht ein Arbeitsverweigerungsrecht aus Gewissensgründen, falls die

---

[201] AK-StVollzG-Däubler/Spaniol, § 37 Rn. 22; Schwind/Böhm-Matzke, StVollzG, § 37 Rn. 10; Müller-Dietz, Strafvollzugsrecht, S. 148; Walter, Strafvollzug, Rn. 460; Calliess/Müller-Dietz, StVollzG, § 37 Rn. 3; Laubenthal, Strafvollzug, Rn. 401; Cornel/Kögler/Laubenstein/Manns, Frühere und jetzige Regelung der Gefangenenarbeit...,in: Lüderssen/Schumann/Weiss (Hrsg.), Gewerkschaften und Strafvollzug, S. 55

[202] AK-StVollzG-Däubler/Spaniol, § 37 Rn. 22; AK-StVollzG-Huchting/Lehmann, §§ 148 Rn. 10, 149 Rn. 8

[203] LG Mannheim ZfStrVo 1985, 255; für Ausbildungsplätze Anmerkung Rotthaus, NStZ 1983, 381 (383)

[204] OLG Nürnberg 1981, 200; OLG Frankfurt ZfStrVo 1983, 245; Calliess/Müller-Dietz, § 37 Rn. 3

[205] OLG Frankfurt NStZ 1985, 429; indifferent OLG Koblenz NStZ 1987, 429

[206] BT – Drucksache 7 / 3998, S. 20; Calliess/Müller-Dietz, § 41 Rn. 5

[207] Zum Themenkomplex Mutter – Kind vgl. Einsele, Helga/Rothe, Gisela, Frauen im Strafvollzug, S. 16ff, 21ff

[208] AK-StVollzG-Däubler/Spaniol, § 41 Rn. 10; AK-StVollzG-Bammann/Quensel, § 76 Rn. 2

[209] AK-StVollzG-Däubler/Spaniol, § 41 Rn. 11; Calliess/Müller-Dietz, § 41 Rn. 5; Schwind/Böhm-Matzke, § 41 Rn. 5

Art oder die Ausübung der Arbeit mit von Art. 4 I GG geschützten Rechtsgütern unvereinbar kollidieren.[210]

5. Rechtsfolgen der Arbeit unter besonderer Berücksichtigung des Arbeitsentgelts

Obwohl die rechtswidrige Ablehnung einer zugewiesenen Arbeit nach § 41 I 1 StVollzG eine nach §§ 102 ff StVollzG zu ahndende Pflichtverletzung darstellt[211], sind mit der auf der Arbeitspflicht beruhenden Tätigkeit auch zahlreiche Vergünstigungen verbunden, wie z.B. finanzielle Leistungen an den Gefangenen in Form von Arbeitsentgelt (§ 43 StVollzG), Ausbildungsbeihilfe (§ 44 StVollzG), Taschengeld (§ 46 StVollzG) sowie der Urlaub (§ 42 StVollzG).[212] Das hier vornehmlich interessierende Arbeitsentgelt stellt jedoch bei näherer Betrachtung nur noch bedingt eine Vergünstigung dar. Das Arbeitsentgelt betrug bis zum Ende des Jahres 2000 gem. §§ 200 I, 43 I StVollzG lediglich 5% der in § 18 SGB IV iVm § 2 Sozialversicherungsrechengrößenverordnung genannten Bezugsgröße.[213] Das BVerfG sah diese Praxis bereits in seinem Urteil vom 1.7.1998 als verfassungswidrig an, weil hierdurch der Gefangene den Wert der Arbeit nicht schätzen lernen könne.[214] Am 27.12.2000 kam mit dem 5. StVollzÄndG eine Erhöhung auf 9% der Bezugsgröße, sodass der durchschnittliche Tagessatz gem. § 43 I 2 StVollzG im Jahr 2004 bei 100%iger Eckvergütung 10, 43 € beträgt.[215]

IV. Die Funktion der Arbeit im Lichte des Vollzugsziels

1. Das Vollzugsziel

Die Antwort auf die Frage, worin das Vollzugsziel besteht, gibt § 2 S. 1 StVollzG: der Resozialisierung des Täters. Für diese Untersuchung interessiert damit der (spezialpräventive) Resozialisierungsgedanke.

a. Verfassungsrechtliche Wurzeln der Resozialisierung

Die Resozialisierung von Strafgefangenen beruht in erster Linie auf dem Sozialstaatsprinzip, Art. 20, 28 GG (siehe oben 1. Kapitel), das den Gesetzgeber verpflichtet, die Rahmenbedingungen für eine (Wieder-) Eingliederung des Straf-

---

210 OLG Koblenz NStZ 1986, 238

211 Schöch, in: Kaiser/Schöch, Strafvollzug, S. 302; BVerfG ZfStrVo 1995, S. 95; gem. § 103 I Nr. 7 StVollzG können Pflichtverletzungen auch durch Arbeitsentzug geahndet werden, vgl. hierzu Walter, Strafvollzug, Rn. 470

212 Vgl. Laubenthal, Strafvollzug, Rn. 439ff; Müller-Dietz, Strafvollzugsrecht, S. 156ff; Böhm, Alexander, Strafvollzug, Rn. 313 - 322

213 Schwind, Hans-Dieter/Blau, Günter, Strafvollzug in der Praxis, S. 293f; Müller-Dietz, Strafvollzugsrecht, S. 157

214 BVerfGE 98, 169, 212; vgl. auch Schöch, in: Kaiser/Schöch, Strafvollzug, S. 300f; hierzu näher im 4. Kapitel

215 Vgl. Laubenthal, Strafvollzug, Rn. 449; Walter, Strafvollzug, Rn. 463; Böhm, Alexander, Strafvollzug, Rn. 319

fälligen zu schaffen und soziale Gerechtigkeit zu verwirklichen.[216] Ferner ist die Resozialisierung auf die Menschenwürde der Art. 1 I, 2 I GG zurückzuführen, weil es dem Selbstverständnis unserer Gemeinschaft entspricht, die Menschenwürde in den Mittelpunkt der Gesellschaft zu stellen und den am Rande der Gesellschaft stehenden Menschen wieder in die Gemeinschaft einzuordnen.[217] Während das Sozialstaatsgebot auf Leistung des Einzelnen angelegt ist, welche sich z.B. im Vollzugsplan niederschlägt, wirkt die Menschenwürde gewissermaßen als regulierende Grenze der Resozialisierung unter Achtung der Individuumsqualität.[218]

b. Zweck der Resozialisierung

Das Vollzugsziel der Resozialisierung wurde jahrzehntelang in rechtlich und praktisch verwertbare Formen zu pressen versucht (Nr. 57 I DVollzO vor Inkrafttreten des StVollzG), und noch immer herrscht keine wirkliche Übereinstimmung in der Zwecksetzung des Begriffes.[219] Das Gesetz selbst gebraucht den Begriff selten, so z.B. in § 9 II S. 1 StVollzG, es spricht meistens von „Behandlung", vgl. §§ 4 I, 6 II, III, 7 II, 8 I Nr.1 StVollzG, was aufgrund des starken sozialwissenschaftlichen Bezugs des Begriffes mit dessen divergierenden Erklärungsansätzen zwar gerechtfertigt erscheint [220], aber mangels therapeutisch – medizinischen Inhalts der „Behandlung" im Vollzug und deren Unterordnung unter Sicherheitsaspekte der Anstalt die Problemlösung nicht unbedingt erleichtert.[221]

---

[216] Leyendecker, Natalie, (Re-) Sozialisierung und Verfassungsrecht, S. 95 mwN; Laubenthal, Strafvollzug, Rn. 142f

[217] BVerfGE 35, 202 (235); 66, 337 (360); 86, 288 (312); Blau, Günter, Arbeit im Gefängnis, in: Rollmann, Dietrich (Hrsg.), Strafvollzug in Deutschland, S. 75

[218] Leyendecker, Natalie, S. 101 mwN; Müller-Dietz, Strafvollzugsrecht, S. 61

[219] Schüler-Springorum, Horst, Strafvollzug im Übergang, S. 158; Lichtenberger, Gustav, Die Arbeitsentlohnung im Strafvollzug..., S. 27

[220] Schöch, in: Kaiser/Schöch, Strafvollzug, Rn. 232f; Laubenthal, Strafvollzug, Rn. 137; Müller-Dietz, Strafvollzugsrecht, S. 78

[221] AK-StVollzG-Feest/Lesting, § 4 Rn. 2; Cornel, Heinz, Resozialisierung..., in: ders/Maelicke/Sonnen (Hrsg.), Handbuch der Resozialisierung, S. 30ff; Schöch, in: Kaiser/Schöch, Strafvollzug, S. 161; Mayer, Hellmuth, Resozialisierungsbedürftigkeit, -willigkeit und -fähigkeit, in: ZfStrVo 1966, S. 332

Soll der Täter nur zu rein äußerlichem Wohlverhalten[222], zu positiver Rechtseinstellung oder gar zu sittlich fundierter Werthaltung[223] im Sinne eines Ausdrucks ethisch zu begründender und zu verantwortender persönlicher Grundhaltung gegenüber Gesellschaft, Staat und Mitmensch geführt werden[224]? Um den Täter dauerhaft von der Verübung von Straftaten abzuhalten ist es zweifelsohne geboten, ihn gerade zu ethisch geprägtem Denken zu bewegen, so dass die Resozialisierung streng an § 2 StVollzG angelehnt als Summe aller Bemühungen im Strafvollzug zum Zweck einer Befähigung des Gefangenen, künftig in sozialer Verantwortung ein Leben ohne Straftaten zu führen, zu verstehen ist.[225]
Zwar wird hierin die Gefahr einer mit der Menschenwürde kollidierenden Verobjektivierung des Straffälligen gesehen[226], doch muss es Ziel sein, dass er willentlich und eigenständig lernt, nach seiner Entlassung ein selbstgesteuertes Leben innerhalb der Gesellschaft zu führen[227] – dafür aber muss der Straffällige intellektuell einsehen, dass sich Straftaten nicht lohnen, damit er langfristig kriminogenen Momenten in „sozialer Verantwortung" widerstehen kann; diese Verantwortung erfordert das Erlernen zwischenmenschlicher sozialer Kompetenz, die Akzeptanz der gesellschaftlichen Normen- und Wertevorstellungen sowie die kritische Auseinandersetzung mit ihnen und sich selbst.[228]
Von dieser sog. Gefangenensphäre der Resozialisierung unterscheidet man die Gesellschaftssphäre, die auf die (Wieder-) Aufnahme des Gefangenen in die Gemeinschaft ohne soziale Ächtung und Stigmatisierung gerichtet ist.[229]

---

222 BGHSt 6, 7ff; Würtenberger, Thomas, Strafvollzug im sozialen Rechtsstaat, in: Kaufmann, Arthur (Hrsg.), Die Strafvollzugsreform, S. 14

223 Eser, Albin, Resozialisierung in der Krise?, in: Baumann, Jürgen/Tiedemann, Klaus (Hrsg.), Einheit und Vielfalt des Strafrechts, Festschrift für Karl Peters, S. 509

224 Deimling, Gerhard, Neue Möglichkeiten der Wiedereingliederung Straffälliger in die Gesellschaft, in: ZfStrVo 1978, S. 7f; Müller-Dietz, Strafvollzugsrecht, S. 77f; Peters, Karl, Die ethischen Voraussetzungen des Resozialisierungs- und Erziehungsvollzuges, in: Lüttger, Hans/Blei, Hermann/Hanau, Peter (Hrsg.), Festschrift für Ernst Heinitz, S. 505, 509

225 Laubenthal, Strafvollzug, Rn. 137; Seebode, Manfred, Strafvollzug I, S. 100, 104; Leyendecker, Natalie, (Re-) Sozialisierung und Verfassungsrecht, S. 36

226 Leyendecker, Natalie, S. 36; Calliess/Müller-Dietz, StVollzG, § 4 Rn. 3; Calliess, Rolf-Peter, Theorie der Strafe im demokratischen und sozialen Rechtstaat, S. 160

227 Eser, Albin, S. 512; Dylla, Christoph, Strafhaft und Arbeitsrecht, S. 6; Neulandt, Günther, Zum Problem der sogenannten Resozialisierung, in: ZfStrVo 1961, S. 329; Mayer, Hellmuth, Resozialisierungsbedürftigkeit, -willigkeit und -fähigkeit, in: ZfStrVo 1966, S. 334; Cornel/Kögler/Laubenstein/Manns, Frühere und jetzige Regelung der Gefangenenarbeit..., in: Lüderssen/Schumann/Weiss (Hrsg.), Gewerkschaften und Strafvollzug, S. 70

228 Laubenthal, Strafvollzug, Rn. 152f; Müller-Dietz, Strafvollzugsrecht, S. 79; Cornel, Heinz, Resozialisierung..., in: ders/Maelicke/Sonnen (Hrsg.), Handbuch der Resozialisierung, S. 40f; Lichtenberger, Gustav, S. 29, 31; Koch, Paul, S. 67; Cornel, Heinz/Kögler, Matthias/Laubenstein, Claus/Manns, Winfried, Frühere und jetzige Regelung der Gefangenenarbeit – ihre Entwicklung und deren Grenzen, in: Lüderssen/Schumann/Weiss (Hrsg.), Gewerkschaften und Strafvollzug, S. 70

229 Lichtenberger, Gustav, S. 27f; Koch, Paul, S. 113f; Leyendecker, Natalie, S. 35

Eine derartige Integration eines „Randstehenden“ in die Gesellschaft[230] suggeriert damit, dass der zu Sozialisierende überhaupt schon einmal gesellschaftlich integriert war, was in vielen Fällen gerade nicht der Fall ist, so dass eine (Re-) Sozialisierung im Sinne einer sozialen Integration oder gar einer „Ersatz-Sozialisation“ stattfinden müsste, um Sozialisationsversäumnisse aus der Kindheit und Jugend aufzufangen.[231]

2. Arbeit, Bildung und Weiterbildung als Resozialisationsfaktoren

Betrachtet man die Funktion der Arbeit in den Zuchthäusern der letzten Jahrhunderte, so stellt man fest, dass Läuterung, Sühne, Zerknirschung im Vordergrund der schweren und qualvollen Arbeit standen, die vornehmlich als Zuchtmittel diente.[232] Dies hat sich vor dem Hintergrund des heutigen Resozialisierungsverständnisses grundlegend geändert, nachdem die Arbeit einen „Resozialisierungsfaktor ersten Ranges“ darstellt und ihr (teilweise) Auswirkungen auf Straffälligkeit bzw. Rückfälligkeit beigemessen werden.[233]

a. Resozialisationsfördernde Faktoren der Arbeit

aa. Soziale Aspekte

Gemeinsames und leistungsorientiertes Arbeiten innerhalb der Gruppe stellt ein wirksames Kontakt- und Belastungstraining für die Gefangenen dar. Man kann unterscheiden zwischen dem individuellen und dem mitmenschlichen Bereich. Im individuellen Bereich ist eine Förderung der Leistungsbereitschaft durch Verbesserung der Motivation und der Einstellung zur Arbeit durch das Erleben von Erfolgen sowie das Erlangen von beruflicher Praxis möglich. Im mitmenschlichen Bereich können Kommunikations- und Konfliktfähigkeit, soziale Verantwortung, Frustrationstoleranz, körperliche und geistige Leistungsfähig-

---

230 AK-StVollzG-Feest/Lesting, vor § 2 Rn. 5; Schöch, in: Kaiser/Schöch, Strafvollzug, S. 159; Cornel, Heinz, Resozialisierung – Klärung des Begriffs, seines Inhalts und seiner Verwendung, in: Cornel/Maelicke/Sonnen (Hrsg.), Handbuch der Resozialisierung, S. 26ff; Heierli, Urs, Gefangenenarbeit, Entlöhnung und Sozialisation, S. 30f

231 Leyendecker, Natalie, S. 39f; Schöch, in: Kaiser/Schöch, Strafvollzug, S. 160, 233f; Laubenthal, Klaus, Rn. 140; Cornel, Heinz, Resozialisierung..., in: ders/Maelicke/Sonnen (Hrsg.), Handbuch der Resozialisierung, S. 33; Seebode, Strafvollzug I, S. 104f; Schüler-Springorum, Horst, Strafvollzug im Übergang, S. 159ff; Koch, Paul, S. 66; Neulandt, Günther, Zum Problem der sogenannten Resozialisierung, in: ZfStrVo 1961, S. 325; vgl. auch Walter, Herrmann, Freizeit und Bildung im Strafvollzug, in: Rollmann, Dietrich (Hrsg.), Strafvollzug in Deutschland, S. 87

232 Dylla, Christoph, Strafhaft und Arbeitsrecht, S. 7; Radbruch, Gustav, Elegantiae Juris Criminalis, S. 128; Preusker, Harald, Zur Situation der Gefängnisarbeit, in: ZfStrVo 1988, S. 92; Koch, Paul, S. 70; Blau, Günter, Arbeit im Gefängnis, in: Rollmann, Dietrich (Hrsg.), Strafvollzug in Deutschland, S. 74

233 Blau, Günter, Arbeit im Gefängnis, in: Rollmann, Dietrich (Hrsg.), Strafvollzug in Deutschland, S. 75; Stentzel, Michael, Berufserziehung straffälliger Jugendlicher und Heranwachsender, S. 10; Leder, Hans-Claus, Arbeitsentgelt im Strafvollzug..., S. 14, 17

keit sowie Selbstbewusstsein trainiert werden.[234] Da diese Eigenschaften jedoch nicht bei allen Gefangenen existent sind, ist es vonnöten zu differenzieren, Leistungsfähige und Unwillige zu motivieren, Leistungsunfähige und Willige fachlich zu verbessern sowie Leistungsunfähige und Unwillige zu therapieren.[235] Dahinter steckt die Überlegung, dass die Arbeit die einzige Möglichkeit für breite Bevölkerungskreise darstellt, einen angemessenen Lebensunterhalt zu verdienen und sie in die gesellschaftlichen Strukturen einzubinden. Dieser soziale Statusfaktor beruht letztlich auf der starken berufs- und leistungsorientierten Haltung der Gesellschaft.[236] Zu sog. kriminovalenten Konstellationen gehören insbesondere neben der Vernachlässigung im Arbeits- und Leistungsbereich und fehlender Lebensplanung das mangelnde Verhältnis zu Geld und Eigentum. Umgekehrt fördert eine geordnete Arbeit mit Bezugspersonen unter Erlernen des Umgangs mit Geld die sozialen Haltpunkte in der modernen Gesellschaft – eine Studie, die Arbeitslose, Rentner und Pensionäre zum Gegenstand hatte, stellte Desorganisationserscheinungen und soziale Isolation fest, Phänomene, wie sie gerade die Gruppenarbeit im Vollzug verhindern kann.[237]

bb. Ökonomische Aspekte

Neben dem ökonomischen Aspekt der Deckung des finanziellen Bedarfs im Vollzug zum Zwecke der Verwendung in der Freizeit des Gefangenen bzw. zur Unterstützung von Familienangehörigen[238] kann die Arbeit auch einer nahtlos an die Entlassung erfolgenden Arbeitsplatzvermittlung in der freien Wirtschaft dienen. Dies ist zum einen durch die Kontaktgewinnung zwischen Gefangenem und Unternehmer im Fremdbetrieb möglich, wenn sich der Gefangene im Vollzug bewährt hat. Zum anderen pflegen die Werkmeister durch Mitgliedschaften in Innungen und Handwerkskammern Kontakte zu Betrieben der freien Wirtschaft, so dass auch hierdurch ggf. die Vermittlung eines Arbeitsplatzes im Anschluss

---

[234] Preusker, Harald, Zur Situation der Gefängnisarbeit, in: ZfStrVo 1988, S. 93; Heierli, Urs, Gefangenenarbeit..., S. 74; Bundesvereinigung der Anstaltsleiter im Strafvollzug, S. 180; Chun-Tai, Lee, Zur Kritik..., S. 93; Fahsel, Jörg, Das Recht des Gefangenen..., S. 29f; Pendon, Manuel, Die Rolle berufsbildender Maßnahmen im Vollzug..., in: ZfStrVo 1992, S. 31

[235] Preusker, Harald, S. 94; Schweinhagen, Klaus, Arbeitstherapie im geschlossenen Erwachsenenvollzug, in: ZfStrVo 1987, S.95f; Olbrück, Claudia, Anspruch und Wirklichkeit des Strafvollzugsgesetzes, S. 19; Fahsel, Jörg, S. 193f

[236] Koch, Paul, S. 76f; Pendon, Manuel, Die Rolle berufsbildender Maßnahmen im Vollzug – Bedeutung und Erfolg im Hinblick auf die Wiedereingliederung Straffälliger, in: ZfStrVo 1992, S. 31; Stentzel, Michael, Berufserziehung straffälliger Jugendlicher und Heranwachsender, S. 11; Leder, Hans-Claus, Arbeitsentgelt im Strafvollzug der Bundesrepublik Deutschland, S. 12

[237] Koch, Paul, S. 78, 87, 97f; Pendon, Manuel, S. 31; Olbrück, Claudia, S. 18f; Jehle, Jörg-Martin, Arbeit und Entlohnung von Strafgefangenen, in: ZfStrVo 1994, S. 260; Laubenthal, Klaus, Arbeitsverpflichtung und Arbeitsentlohnung des Strafgefangenen, in: Schlüchter, Ellen (Hrsg.), Kriminalistik und Strafrecht, S. 338; ders, Strafvollzug, Rn. 398

[238] Kimpel, Karl, Die Arbeit der Gefangenen, in: ZfStrVo 1966, S. 201f; Schwind/Böhm-Matzke, StVollzG, § 37 Rn.7; Fahsel, Jörg, Das Recht des Gefangenen auf Arbeit und Entlohnung, S. 104

an die Entlassung zustande kommen kann.[239] Auf der anderen Seite besteht freilich die Möglichkeit der Justizverwaltungen durch den gewinnbringenden Einsatz von Gefangenen in Eigen- oder Fremdbetrieben Überschüsse zu erwirtschaften, die zur Senkung der Haftkosten genutzt werden können. Allerdings ist dieser Aspekt hinsichtlich der nur geringen Produktivität der Anstaltsbetriebe aufgrund der oft beschränkten Fähigkeiten der Gefangenen und der unwirtschaftlichen Führung der Betriebe nicht zu überschätzen.[240]

cc. Persönlichkeitsformende Aspekte

Arbeit hat neben den wirtschaftlichen Zwecken auch eine ethische, lebensfüllende Funktion. Sie verleiht dem Leben Sinn, Richtung und Ziel, weil sie dem Arbeitenden eine Aufgabe gibt, in der er sich selbst verwirklichen kann und die ihn zeitlich, räumlich sowie gedanklich „fesselt", so dass man von der Arbeit als der „besten Erzieherin der Menschheit" spricht.[241]

Je vollkommener die berufliche Sozialisation sich bei jemandem entwickelt, desto günstiger gestaltet sich auch bei ihm die Bildung einer positiven Individualität im Sinne von innerer Zufriedenheit und Stabilität.[242] Da aber viele Strafgefangene wegen ihrer sozialen Desintegration nicht über die nötige Kraft bzw. Ausdauer für einen solchen geregelten Tagesablauf verfügen, müssen sie erst einmal an eine geregelte und dauernde Arbeit gewöhnt werden.[243] Hierzu prägte der englische Gefängnisreformer John Howard die Worte „Make men diligent, and they will be honest"[244].

---

239 Sigel, Walter, Die Bedeutung der Gefangenenarbeit und ihr Verhältnis zu Markt und Wettbewerb, in: ZfStrVo 1990, S. 266f; Schwind/Böhm-Matzke, StVollzG, § 37 Rn. 4; Mênil du, Beatrice, Die Resozialisierungsidee im Strafvollzug, S. 171

240 Koch, Paul, S. 70f; Ruprecht, Werner, Die Bedeutung der Arbeit in der Resozialisierung Straffälliger, in: BewHi 1964, S. 300; Kimpel, Karl, Die Arbeit der Gefangenen, in: ZfStrVo 1966, S. 198; Cornel/Kögler/Laubenstein/Manns, Frühere und jetzige Regelung der Gefangenenarbeit..., in: Lüderssen/Schumann/Weiss (Hrsg.), Gewerkschaften und Strafvollzug, S. 52; hierzu näher im 5. Kapitel

241 Meffert, Heinrich, Hat die Beschäftigung einen Sinn?, in: ZfStrVo 1952, S. 33; Reiser, Die Arbeit des Gefangenen – Vorbereitung der Entlassung, in: BewHi 1955, S. 3; Steinmetz, Bernd, Schwitzen statt Sitzen – Arbeit als strafrechtliche Sanktion und als menschliche Seinserfüllung, in: Krell, Wolfgang (Hrsg.), Schwitzen statt Sitzen, S. 32

242 Pendon, Manuel, S. 31 ; Fahsel, Jörg, Das Recht des Gefangenen…, S. 27ff; Leder, Hans-Claus, Arbeitsentgelt im Strafvollzug..., S. 23; Koch, Paul, Gefangenenarbeit..., S. 74f

243 Reiser, S. 4; Meffert, Heinrich, S. 34; Leder, Hans-Claus, Arbeitsentgelt im Strafvollzug..., S. 13; Koch, Paul, S. 87f

244 Vgl. Blau, Günter, Arbeit im Gefängnis, in: Rollmann, Dietrich (Hrsg.), Strafvollzug in Deutschland – Situation und Reform, S. 74; Lohmann, Hans Christian, Arbeit und Arbeitsentgelt..., S. 33

Dies erfordert das Erlernen von Pünktlichkeit, Pflichtbewusstsein, Fleiß und Sorgfalt, weshalb der Arbeitsalltag im Vollzug demjenigen in Freiheit so weit wie möglich angeglichen ist.[245]

b. Resozialisationsfördernde Faktoren der Aus- und Weiterbildung

Ein hoher Stellenwert wird bei Rückfalluntersuchungen von Entlassenen auch der schulischen bzw. beruflichen Aus- und Weiterbildung beigemessen. Rein rechtlich steht gem. § 37 III, IV StVollzG die Bildung der zugewiesenen Arbeit gleich und sie genießt sogar Vorrang vor der angemessenen Beschäftigung.[246] Eine arbeitsmarktorientierte, auf den technischen Fortschritt abgestimmte Berufsausbildung im Strafvollzug verbessert die Startbedingungen entlassener Strafgefangener und gibt ihnen eine Chance, ihren Weg zurück in die Gesellschaft zu finden, wenn auch Maßnahmen erforderlich sind, die in der Ausbildung erworbenen Kenntnisse zu vertiefen und auszubauen. Wie bei der Arbeit auch ist hier eine auf die besonderen Lernbedürfnisse zugeschnittene und zu anerkannten Abschlüssen führende Berufsaubildung erforderlich, die neben den verbesserten Chancen am Arbeitsmarkt auch zu Vertrauen in die eigene Leistungsfähigkeit und Persönlichkeitsstärkung[247] führt – allerdings werden mangelnde Intelligenz der Gefangenen und äußere soziale Störstrukturen häufig als hinderlicher Umstand für Bildungsmaßnahmen gesehen.[248] Der beruflichen Weiterbildung vorgeschaltet ist die schulische Bildung gerade dann, wenn es um das spätere Erlernen qualifizierter Erwerbstätigkeiten in der Freiheit geht.[249]

c. Bedenken gegenüber der Arbeit bzw. Bildung als Resozialisationsfaktoren

Die geschilderten Zielvorstellungen sind in der Wissenschaft nicht unumstritten. Ohne nunmehr auf die Bedeutung der Arbeit im Rahmen der kriminologischen Erklärungsansätze einzugehen – diese ist einem eigenen Thema vorbehalten –

---

[245] Koch, Paul, S. 70, 88, 91f; Meffert, Heinrich, S. 35f; Blau, Günter, Arbeit im Gefängnis, in: Rollmann, Dietrich (Hrsg.), Strafvollzug in Deutschland, S. 74, 80; vgl. zur Bedeutung sinnvoller Arbeitsgestaltung Heierli, Urs, Gefangenenarbeit, Entlöhnung und Sozialisation, S. 74f, 95f; Leder, Hans-Claus, Arbeitsentgelt im Strafvollzug..., S. 58

[246] Mênil du, Beatrice, S. 173; Pendon, Manuel, Berufliche Weiterbildung im Strafvollzug, in: ZfStrVo 1990, S. 268

[247] Hardes, Manfred, Gesetzliche Grundlagen der beruflichen Bildung für Gefangene, in: ZfStrVo 1995, S. 273; Koch, Paul, Gefangenenarbeit..., S. 81f, 94f; Neu, Axel, Arbeitsentgelte, Surrogatleistungen und Verwendungsauflagen..., S. 2

[248] Pendon, Manuel, Die Rolle berufsbildender Maßnahmen im Vollzug..., in: ZfStrVo 1992, S. 33; Hilkenbach, Herbert, Schule und berufliche Bildung im Strafvollzug, in: ZfStrVo 1987, S. 51; Koch, Paul, S. 96; zur Intelligenzstruktur vgl. Heierli, Urs, S. 78; Quensel, Stephan, Zur Arbeits- und Ausbildungssituation der Strafgefangenen und Entlassenen: Störung, Behandlung, Erwartung, in: Lüderssen/Schumann/Weiss (Hrsg.), Gewerkschaften und Strafvollzug, S. 94f

[249] Matzke, Michael, Der Leistungsbereich bei Jugendstrafgefangenen, S. 12; Mey, Hans-Georg, Auswirkungen schulischer und beruflicher Bildungsmaßnahmen während des Strafvollzuges, in: ZfStrVo 1986, S. 268; Stentzel, Michael, S. 12; Koch, Paul, S. 95

sollen vorliegend knapp einige Einwände gegen die resozialisierungsfördernde Wirkung der Arbeit aufgezeigt werden.

aa. Arbeitszwang als zusätzliches Strafübel

Da die Arbeit aber mit dem Freiheitsentzug nichts zu tun hat, stellt sie ein zusätzliches, repressives und unserem heutigen Strafvollzug nicht mehr adäquates Strafübel dar[250], nicht zuletzt wegen der noch immer tradierten konventionellen Ausgestaltung.[251] Dies folgt aus dem Gedanken, dass die Resozialisierung nicht gegen den Willen des Gefangenen erfolgen kann und darf (vgl. § 4 StVollzG), weil dies sowohl aussichtslos sei als auch gegen die Menschwürde verstoße, indem der Gefangene zum Objekt degradiert würde – soll er doch im Gegenteil ungezwungen an der „Behandlung" mitwirken, denn nur dann kann eine positive Persönlichkeitsveränderung eintreten.[252] Demnach stellt die Arbeit ein dem Freiheitsentzug hinzutretendes Strafübel dar, weil „das gewaltsame Abtrainieren der Arbeitsscheu" durch „Zwang zu schlechterer Arbeit"[253] die Lebenseinstellung des Gefangenen nicht tangiert.[254] Teilweise wird daher sogar gemeinnützige Arbeit innerhalb des freien und sozialen Lebens als wesentlich geeigneter zur Resozialisierung erachtet.[255]

bb. Arbeit als taugliches Mittel zur Kriminalitätsprävention

Die These, dass Delinquenz wesentlich ihren Ursprung in beruflichen Fehlentwicklungen habe, bildet oft die Grundlage für die Forderung nach Arbeit im Strafvollzug.[256] Sie ist aber weder ausreichend empirisch abgesichert noch theoretisch schlüssig begründet. In der kriminologischen Wissenschaft herrscht Uneinigkeit über die Rolle der Arbeit bei der Entstehung von Kriminalität, ein kau-

---

250 Bemmann, Günter, Zur Frage der Arbeitspflicht des Strafgefangenen, in: Samson/Dencker/Frisch/Frister/Reiß (Hrsg.), Festschrift für Gerald Grünwald, S. 69; Böhm, Alexander, Strafvollzug, Rn. 291; Baechtold, Andrea, Gefangenenarbeit und Arbeitszwang – ein kriminalpolitisch funktionales Instrument?, in: Hammerschick, Walter/Pilgram, Arno (Hrsg.), Arbeitsmarkt, Strafvollzug und Gefangenenarbeit, S. 89; Leder, Hans-Claus, Arbeitsentgelt im Strafvollzug..., S. 17f; hierzu ferner Feilcke, Claus Hinrich, Arbeitszwang und Zwangsarbeit, in: MschrKrim 1967, S. 298

251 Cornel/ Kögler/Laubenstein/Manns, Frühere und jetzige Regelung der Gefangenenarbeit – ihre Entwicklung und deren Grenzen, in: Lüderssen/Schumann/Weiss (Hrsg.), Gewerkschaften und Strafvollzug, S. 52

252 Bemmann, Günter, S. 71; Kunz, Karl-Ludwig, Soziales Lernen ohne Zwang, in: ZStW 1989, S. 87f

253 AK-StVollzG-Däubler/Spaniol, Vor § 37, Rn. 19

254 Kunz, Karl-Ludwig, S. 101; Böhm, Alexander, Strafvollzug, Rn. 295; Seebode, Manfred, Strafvollzug I, S. 87f; Leder, Hans-Claus, Arbeitsentgelt im Strafvollzug..., S. 18; Koch, Paul, Gefangenenarbeit..., S. 102f

255 Steinmetz, Bernd, Schwitzen statt Sitzen..., in: Krell, Wolfgang (Hrsg.), Schwitzen statt Sitzen, S. 39

256 Vgl. nur Koch, Paul, Gefangenenarbeit und Resozialisierung, S. 80

saler Zusammenhang wird gar meist verneint.[257] Ähnliches gilt für die Bildungsmaßnahmen: Es gibt keine wissenschaftlich exakten Nachweise der Rückfallverhinderung durch schulische oder berufliche Bildungsmaßnahmen im Strafvollzug. Ein solcher Nachweis lasse sich aus ethischen, rechtlichen und praktischen Gründen kaum führen, es seien lediglich vereinzelte Ergebnisse gefunden worden, die diese Behauptungen stützen können.[258] Erfolgreiche Teilnehmer an Bildungsmaßnahmen haben zwar eine geringere Rückfallwahrscheinlichkeit. Hieraus lässt sich allerdings nicht ableiten, dass Bildungsmaßnahmen Rückfälle verhindern. Dies ist nur eine von mehreren plausiblen Erklärungsmöglichkeiten; eine andere wäre z.B., dass die erfolgreichen Teilnehmer aufgrund ihrer Persönlichkeitsmerkmale, Vorgeschichte etc. von vorneherein eine geringere Rückfallwahrscheinlichkeit hatten.[259]

cc. Rechtliche Bedenken

Die vom StVollzG angeordnete Arbeitspflicht soll nicht von Art. 12 III GG gedeckt sein. Das BVerfG habe in seiner Entscheidung verkannt, dass der Verfassungsgeber seinerzeit das Bild des Vergeltungsstrafvollzuges vor Auge hatte, in dem das Strafübel der Zwangsarbeit als durchaus zweckdienlich angesehen wurde. Wenn sich aber das Resozialisierungsgebot aus derart fundamentalen Verfassungsnormen ergibt, wie oben bereits untersucht, dann ist Art. 12 III GG eine „verfassungswidrige und damit ungültige Verfassungsnorm".[260] Die minimale Entlohnung, die mehr als „Belohnung" angesehen werden muss, macht beinahe jeglichen Resozialisierungswert der Arbeit zunichte, indem dem Gefangenen mehr als nur deutlich vor Augen geführt wird: Arbeit lohnt sich nicht.[261]

dd. Vollzugsorganisatorische Bedenken

Man darf schließlich nicht vergessen, dass die Produktivität und Effektivität von Gefängnisbetrieben angesichts schlecht oder gar nicht ausgebildeter Häftlinge, mangelhafter Arbeitsorganisation der Anstalten, unzureichender technischer Ausrüstung und der aufgrund der minimalen Entlohnung niedrigen Arbeitsmoral der Gefangenen nur sehr beschränkt sind, worunter wiederum die Arbeitsergeb-

---

[257] Pendon, Manuel, Die Rolle berufsbildender Maßnahmen im Vollzug, in: ZfStrVo 1992, S. 31f; Stentzel, Michael, Berufserziehung straffälliger Jugendlicher und Heranwachsender, S. 10f; Olbrück, Claudia, S. 17

[258] Berckhauer, Friedhelm/Hasenpusch, Burkhard, Legalbewährung nach Strafvollzug, in: Schwind/Steinhilper (Hrsg.), Modelle zur Kriminalitätsvorbeugung und Resozialisierung, S. 319f; Leder, Hans-Claus, Arbeitsentgelt im Strafvollzug..., S. 17f

[259] Berckhauer, Friedhelm/Hasenpusch, Burkhard, ebda, S. 322; vgl. die statistischen Daten hierzu bei Baumann, Karl-Heinz/Maetze, Winfried/Mey, Hans Georg, Zur Rückfälligkeit nach Strafvollzug, in: MSchrKrim 1983, S. 142f

[260] Bemmann, Günter, S. 72f; Bachof, Otto, Verfassungswidrige Verfassungsnormen?, S. 36ff

[261] Laubenthal, Klaus, Arbeitsverpflichtung und Arbeitsentlohnung des Strafgefangenen, in: Schlüchter, Ellen (Hrsg.), Kriminalistik und Strafrecht, Festschrift für Friedrich Geerds, S. 345; vgl. Mênil du, Beatrice, Die Resozialisierungsidee im Strafvollzug, S. 193; hierzu näher im 4. Kapitel

nisse leiden müssen, weshalb den Gefangenen häufig „nur" Sekundärtugenden wie Pünktlichkeit, Fleiß etc. vermittelt werden können.[262] Weil gerade Gefangene mit kurzen Strafen ohne zeitaufwendige Einarbeitung eingesetzt werden müssen, kann auf ein gewisses Maß an einfachsten Arbeiten nicht verzichtet werden, was wiederum zu Langeweile und Monotonie führt.[263] Dabei wird bei den Gefangenen auch der Eindruck erweckt, um die Arbeit kümmere sich der Staat und Arbeit sei leicht zu bekommen, wenn man will – dass die Arbeit ein immer stärker technologiebedingt sich verknappendes Gut darstellt, wird freilich nicht vermittelt.[264] Schließlich mindern anstaltsorganisatorische Zwänge die Produktivität.[265]

V. Gefangenenarbeit als echte Arbeitsleistung

Zu prüfen ist, ob es sich bei den Tätigkeiten der Gefangenen um Arbeit handelt oder ob die Gefangenenbeschäftigung diesen Namen zu Unrecht trägt. Wenn man von Arbeit sprechen kann, ist die weitere Diskussion um eine Sozialversicherungspflicht gerechtfertigt und auch angezeigt.

1. Abgrenzung Arbeit – Arbeitsverhältnis

Klargestellt sei vorab, dass es nicht um die Frage geht, ob die Gefangenenarbeit ein Arbeitsverhältnis im arbeitsrechtlichen Sinne darstellt. Diese Frage lässt sich relativ leicht mit Nein beantworten, weil der Gefangene nicht aufgrund privatrechtlichen Vertrages im Dienst eines anderen zur Arbeit verpflichtet ist, sondern aufgrund der Arbeitspflicht des § 41 StVollzG tätig wird, mithin zur Erfüllung des Strafzwecks[266], was bei Nichtbeachtung disziplinarische Maßnahmen nach sich ziehen kann.

---

[262] Blau, Günter, Arbeit im Gefängnis, in: Rollmann, Dietrich (Hrsg.), S. 80; AK-StVollzG-Däubler/Spaniol, Vor § 37, Rn. 16; Steinmetz, Bernd, S. 41; Neu, Axel, Produktivität der Gefangenenarbeit: eingemauert auf bescheidenem Niveau?, in: Hammerschick/Pilgram (Hrsg.), Arbeitsmarkt, Strafvollzug und Gefangenenarbeit, S. 99f; Laubenthal, Klaus, Arbeitsverpflichtung..., in: Schlüchter, Ellen (Hrsg.), S. 344; Leder, Hans-Claus, Arbeitsentgelt im Strafvollzug..., S. 22f; hierzu näher im 5. Kapitel

[263] Schwind/Blau, Strafvollzug in der Praxis, S. 286; Böhm, Alexander, Strafvollzug, Rn. 302; AK-StVollzG-Däubler/Spaniol, Vor § 37, Rn. 19; Leder, Hans-Claus, Arbeitsentgelt im Strafvollzug..., S. 23f; Koch, Paul, S. 108, 111

[264] Baechtold, Andrea, Gefangenenarbeit und Arbeitszwang..., in: Hammerschick/Pilgram (Hrsg.), S. 90, 92

[265] Schwind/Blau, S. 287; Hammerschick, Walter, Arbeit im Strafvollzug – Rechtslage und Realität im europäischen Vergleich, in: Hammerschick/Pilgram (Hrsg.), Arbeitsmarkt, Strafvollzug und Gefangenenarbeit, S. 75f; hierzu näher im 5. Kapitel

[266] Cornel/Kögler/Laubenstein/Manns, Frühere und jetzige Regelung der Gefangenenarbeit – ihre Entwicklung und deren Grenzen, in: Lüderssen/Schumann/Weiss (Hrsg.), Gewerkschaften und Strafvollzug, S. 48

Inhaftierte sind noch nicht einmal arbeitnehmerähnliche Personen, für die sich die Anwendung arbeitsrechtlicher Vorschriften aufgedrängt hätte.[267] Durch die Forderung nach einem privatrechtlichen Vertrag für die Eigenschaft des Arbeitnehmers soll klargestellt werden, dass sich dieser freiwillig in den Dienst eines anderen begeben hat und den Willen zur Beschäftigung haben muss.[268] Davon kann man bei Strafgefangen nicht ausgehen, sie befinden sich in einem öffentlich-rechtlichen Beschäftigungsverhältnis sui generis.[269] Daran vermag auch die Tatsache nichts zu ändern, dass Teilbereiche des Arbeitrechts auf die Gefangenenarbeit angewendet werden können, insbesondere solche des Arbeitnehmerschutzrechts, z.B. die Gewerbeordnung.[270] Die Strafgefangenen sind also weder Arbeitnehmer noch sog. arbeitnehmerähnliche Personen, weil die Leistungen nach ihrer soziologischen Typik – Pflichtarbeit – mit jener der Arbeitnehmer – freiwillige Arbeit – nicht vergleichbar bleiben.[271] Nach Ansicht des BAG haben die Regelungen über die Verwendung des Arbeitsentgelts, die Bestimmungen über Sicherheit und Ordnung und die Regelung der Disziplinarmaßnahmen Auswirkungen auf die Beschäftigungsverhältnisse der Gefangenen, so dass von einer vollständigen Überlagerung durch öffentlich-rechtliche Normen gesprochen werden müsse, die ein Gleichordnungsverhältnis zwingend ausschließen und mit privatrechtlichen, auf Gleichordnungsebene begründeten Positionen unüberbrückbar kollidieren.[272] Es geht in vorliegendem Kapitel erst einmal darum, ob man von Gefangenenarbeit sprechen kann, während das nächste Kapitel den Beschäftigungsbegriff behandelt (§ 7 SGB IV), der mit demjenigen des Arbeitnehmerbegriffs gerade nicht identisch ist.[273]

2. Abgrenzbarkeit der Arbeit von der Freizeit im Vollzug als formelles Kriterium

Da Arbeit nicht als spielerische oder sportliche Betätigung zu verstehen ist, sondern als wirtschaftliche Betätigung zur Befriedigung eines Bedürfnisses[274], muss die Gefangenenarbeit als solche eindeutig vom Freizeitprogramm und psycho-

---

[267] Weiss, Manfred, Arbeitsrechtliche Möglichkeiten eines normalen Arbeitnehmerstatus für Gefangene und der Sicherung des Arbeitsplatzes für Entlassene, in: Lüderssen/Schumann/Weiss (Hrsg.), Gewerkschaften und Strafvollzug, S. 160, vgl. S. 162ff bzgl. einer Analoganwendung arbeitsrechtlicher Vorschriften

[268] Schaub, Günter, in: ders u.a., Arbeitsrechtshandbuch, § 8 Rn. 2, 12, 13; Dylla, Christoph, Strafhaft und Arbeitsrecht, S. 19; Steffens, Kurt, Das Arbeitsverhältnis des Strafgefangenen, S. 127ff

[269] Schaub, Günter, Rn. 15; AK-StVollzG-Däubler/Spaniol, Vor § 37, Rn. 30; Calliess/Müller-Dietz, StVollzG, § 41 Rn. 1; OLG Celle ZfStrVo 1980, 253

[270] Dylla, Christoph, S. 92ff

[271] Schaub, Günter, § 9 Rn. 2; vgl. auch Steffens, Kurt, Das Arbeitsverhältnis des Strafgefangenen, S. 148f

[272] Sigel, Walter, Beschäftigungs- und Berufsausbildungsverhältnis zwischen Vollzugsanstalt und Gefangenen, Besprechung von BAG, Beschl. vom 18.11.1986, in: NStZ 1987, S. 544f

[273] Schaub, Günter, § 30 Rn. 12

[274] Schaub, Günter, § 8 Rn. 10f; vgl. oben II 1., 2.

therapeutischen Maßnahmen abgrenzbar sein. Gem. § 82 I 1 StVollzG hat sich der Gefangene nach der Tageseinteilung der Anstalt, Arbeits-, Frei- und Ruhezeit, zu richten. Dem Tagesablauf in der Anstalt liegt ein bestimmter Rhythmus zugrunde, der jedem Tagesabschnitt einen Inhalt zuweist, was letztlich Ausfluss des Angleichungs- und Eingliederungsgrundsatzes ist, § 3 StVollzG. Die präzise Einhaltung der Arbeitszeiten entspricht den Anforderungen, denen jeder arbeitende Mensch unterworfen ist, wobei den Gefangenen neben den feststehenden Arbeitszeiten noch individuelle Handlungsspielräume, z.B. zum Aufstehen oder Frühstücken, verbleiben.[275] Die neben der Arbeit verbleibende Zeit ist die Freizeit und Ruhezeit; wie erstere verbracht wird, hängt von individuellen Neigungen und vom sozialen Umfeld ab. Dies kann u.a. mit Lesen, Sport oder Gesprächsgruppen geschehen.[276] Man sieht also, dass eine deutliche formelle Trennung der Arbeit von der Freizeit im Vollzug vorherrscht und eine Vermischung nicht stattfindet.

3. Inhaltliche Ausgestaltung der Vollzugsarbeit als materielles Kriterium

Die von den Gefangenen verrichteten Tätigkeiten gilt es auch dann als Arbeit zu qualifizieren, wenn sie nur von sehr einfacher Natur sind, z.B. Steckdosen zusammensetzen, Beete jäten etc., und die Gefangenen über keine nennenswerte Berufsausbildung verfügen – beides ist, wie erörtert, kein Bestandteil des Arbeitsbegriffes, solange die Gefangenen mit ihrer Tätigkeit nur *fremde Bedürfnisse* befriedigen und *(auch) wirtschaftliche Zwecke* verfolgen. Möglichen gesundheitsschädigenden Auswirkungen der Arbeit in physiologischer Hinsicht wird durch die Anwendung von gesundheitsschützenden Maßnahmen Rechnung getragen – dies folgt letztlich aus dem Angleichungsgrundsatz, § 3 I StVollzG. Sicherlich entfernt man sich durch die Anwendung dieses eher pragmatischen und wenig leistungsorientierten Arbeitsbegriffs von der sinnbringenden Auffassung des soziologischen Begriffes, doch ist ersterer für vorliegende Untersuchung insofern geboten, als die Gefangenen in aller Regel zu sinnvollerer und anspruchsvollerer Tätigkeit bereit wären, wenn es solche gäbe und sie von ihnen auch verrichtet werden könnte.[277]

4. Entgegenstehen von Vollzugszwecken der Arbeit?

Fraglich ist, ob das Bündel an Arbeitsfunktionen im Resozialisierungsprozess Auswirkungen auf die Arbeitsqualität der Gefangenentätigkeit hat. Zwar deckt der Gefangene mit der Arbeit einen – wenn auch kleinen – Teil seines Lebensunterhalts, jedoch stellt die Arbeit, wie erörtert, eine wichtige Vollzugsmaßnahme auf dem Weg der Resozialisierung des Gefangenen dar.

---

[275] AK-StVollzG-Brühl, § 82 Rn. 3; Calliess/Müller-Dietz, StVollzG, § 82 Rn. 2; Müller-Dietz, Strafvollzugsrecht, S. 191

[276] AK-StVollzG-Brühl, § 82 Rn. 4; Müller-Dietz, Strafvollzugsrecht, S. 179; Calliess/Müller-Dietz, StVollzG, § 67 Rn. 3ff; Mênil du, Beatrice, Die Resozialisierungsidee im Strafvollzug, S. 199f

[277] Vgl. Koch, Paul, Gefangenenarbeit..., S. 111f

Zum Vergleich sei das Ausbildungsverhältnis herangezogen: Ziel des Berufsbildungsverhältnisses ist es, eine breit angelegte Grundbildung und die für die Ausübung einer qualifizierten beruflichen Tätigkeit notwendigen fachlichen Fähigkeiten in einem geordneten Ausbildungsgang zu vermitteln.[278] Deshalb vertreten Teile der Literatur, es handele sich um gar kein Arbeitsverhältnis, da es auch Elemente eines Erziehungsverhältnisses enthalte.[279] Das BAG ging in einem Urteil wohl stillschweigend von einem Arbeitsverhältnis aus, wohingegen es in einem weiteren ein Ausbildungsverhältnis eindeutig als Arbeitsverhältnis bezeichnet hat.[280] Das BVerwG führt aus, dass bei einem Lehrverhältnis zwar der Ausbildungszweck im Vordergrund stehe, gleichwohl aber sogar ein echtes Arbeitsverhältnis vorliege, in dem Arbeit geschuldet werde.[281] Der Grund für diese Ansicht besteht darin, dass der Auszubildende betrieblich eingegliedert und weisungsgebunden ist und – wenn auch anfangs nur bedingt ertragreiche – Arbeitsleistungen für seinen Arbeitgeber erbringt. Der Vergleich zeigt, dass die Frage einer Arbeitsleistung abstrakt von weiteren Zwecken der Verrichtung sein kann, mithin die Arbeit als solche nicht monokausal für die Zielsetzung des „Arbeitsverhältnisses" sein muss.[282] Dementsprechend kann – wie es das BVerwG sieht – gerade auch die vollzugsinterne Ausbildungsmaßnahme Arbeit darstellen.

B. Die Arten der Beschäftigung

Es bestehen mehrere Möglichkeiten, die Beschäftigungsarten untereinander zu gliedern. So gibt eine gängige Gliederung § 37 StVollzG selbst vor.[283] In vorliegender Untersuchung wird eine Unterscheidung in intra- und extramurale Arbeit vorgenommen, weil dadurch die sozialversicherungsrechtlichen Konsequenzen am ehesten deutlich werden.

1. Intramurale Arbeitsmöglichkeiten

§ 37 StVollzG geht zunächst von der Zuweisung einer Arbeit innerhalb der Anstalt aus. § 37 II StVollzG normiert den Vorrang wirtschaftlich ergiebiger Arbeit im Vollzug, weil der Gefangene seinen (Familien-) Unterhalt sichern und seine Fähigkeiten erhalten bzw. ausbauen soll (Individualisierungsgebot).[284] Die zu-

---

[278] Schaub, Günter, in: ders u.a., § 174 Rn. 3; Leinemann, Wolfgang/Taubert, Thomas, BBiG – Kommentar, § 6 Rn. 4

[279] Leinemann, Wolfgang/Taubert, Thomas, § 3 Rn. 3 mwN; vgl. auch Steffens, Kurt, Das Arbeitsverhältnis..., S. 72f

[280] BAG AP Nr. 3 zu § 3 BAT bzw. AP Nr. 26 zu § 611 BGB

[281] AP Nr. 32 zu § 9 MuSchG; aA Leinemann/Taubert, § 3 Rn. 6

[282] Dylla, Christoph, S. 16f

[283] Vgl. Laubenthal, Klaus, Arbeitsverpflichtung..., in: Schlüchter, Ellen (Hrsg.), Kriminalistik und Strafrecht, S. 338; Calliess, Rolf-Peter, Die Neuregelung des Arbeitsentgelts im Strafvollzug, in: NJW 2001, S. 1693

[284] Laubenthal, Klaus, Arbeitsverpflichtung und Arbeitsentlohnung des Strafgefangenen, in: Schlüchter, Ellen (Hrsg.), S. 339; ders, Strafvollzug, Rn. 402ff; Mênil du, Beatrice, Die Resozialisierungsidee im Strafvollzug, S. 171

gewiesene Arbeit wird entweder in Eigenbetrieben oder in Unternehmerbetrieben verrichtet. § 149 I, II StVollzG verpflichtet die Anstalten zur Errichtung von Eigenbetrieben, die den Verhältnissen außerhalb der Anstalt anzugleichen sind und von den Anstalten selbst unterhalten werden. Beim Unternehmerbetrieb (§ 149 IV StVollzG) liegt das wirtschaftliche Risiko bei einem externen Arbeitgeber, der in von der Anstalt zur Verfügung gestellten Räumlichkeiten seine Fabrikation errichtet und dessen Personal die technische und fachliche Leitung übernimmt.[285] Prinzipiell gleichrangig zur Arbeit ist nach § 37 III StVollzG die aus- oder weiterbildende Berufsmaßnahme, was aus der gemeinsamen Normierung im fünften Titel des StVollzG und der in § 7 II Nr. 4, 5 StVollzG hervorgehobenen Stellung folgt.[286] Als subsidiäre Tätigkeit wird eine angemessene Beschäftigung im Sinne des § 37 IV StVollzG zugeteilt, wenn dem Gefangenen aufgrund Kapazitätsschwierigkeiten keine wirtschaftlich ergiebige Arbeit oder keine Teilnahme an Aus- und Weiterbildungsmaßnahmen zugewiesen werden kann. Dies soll einer Arbeitslosigkeit im Vollzug entgegenwirken. Bei Unfähigkeit des Insassen zu wirtschaftlich ergiebiger Arbeit sehen §§ 37 V, 149 III StVollzG eine arbeitstherapeutische Beschäftigung vor, die dazu dient, an einen geregelten Tagesablauf herangeführt zu werden, Begabungen sowie manuelle Fähigkeiten zu entdecken.[287] Nach § 41 I 2 StVollzG kann der Insasse maximal drei Monate lang zu Hilfstätigkeiten in der Anstalt, z.B. Essens-, Wäscheausgabe, Reinigungsarbeiten, verpflichtet werden. Dies ist nur begrenzt möglich, da es sich um keine behandlungsorientierte Maßnahme handelt und eine solche Verrichtung auch nicht die Anforderungen der wirtschaftlich ergiebigen Arbeit erfüllt.[288] Die Hilfstätigkeiten können allerdings als angemessene Beschäftigung im Sinne des § 37 IV StVollzG zugewiesen werden. Gemäß § 39 II StVollzG darf dem Gefangenen auch gestattet werden sich selbst zu beschäftigen. Hierunter fallen freiberuflich Tätige, wie z.B. Künstler, Wissenschaftler oder Schriftsteller, denen sonst keine sinnvolle Arbeit zugewiesen werden kann.[289]

2. Extramurale Arbeitsmöglichkeiten

Der Zuteilung einer Arbeit nach § 37 bzw. § 41 I 2 StVollzG stellt § 39 I StVollzG das freie Beschäftigungsverhältnis gleich (sog. echter Freigänger). Dem Gefangenen wird ermöglicht durch Abschluss eines privatrechtlichen Vertrages ein Arbeits- oder Aus- bzw. Weiterbildungsverhältnis außerhalb der Anstalt einzugehen. Zusätzlich bedarf es einer Prüfung des § 11 I Nr. 1, II StVollzG. Liegen danach die Voraussetzungen vor, kommt dem freien Beschäf-

---

[285] Laubenthal, Klaus, Strafvollzug, Rn. 405f; Calliess/Müller-Dietz, StVollzG, § 41 Rn. 7; Schwind/Böhm-Matzke, StVollzG, § 41 Rn. 15; Laubenthal, Klaus, Arbeitsverpflichtung und Arbeitsentlohnung des Strafgefangenen, in: Schlüchter, Ellen (Hrsg.), S. 340

[286] Mênil du, Beatrice, S. 173 ; Laubenthal, Klaus, Strafvollzug, Rn. 399

[287] Laubenthal, Klaus, Strafvollzug, Rn. 410f; Calliess/Müller-Dietz, StVollzG, § 37 Rn. 6f; Schweinhagen, Klaus, Arbeitstherapie im geschlossenen Erwachsenenvollzug, in: ZfStrVo 1987, S. 95f

[288] Schwind/Böhm-Matzke, StVollzG, § 41 Rn. 9

[289] OLG Hamm NStZ 1993, S. 208; vgl. auch Laubenthal, Klaus, Strafvollzug, Rn. 423

tigungsverhältnis Vorrang vor der Zuweisung von Tätigkeiten nach § 37 StVollzG zu.[290]
Man spricht vom sog. unechten Freigang, wenn der Gefangene einer ihm zugewiesenen Arbeit außerhalb der Anstalt nachkommt, allerdings nicht auf der Grundlage eines privatrechtlichen Vertrages, sondern als öffentlich-rechtliches Beschäftigungsverhältnis. Dieser kommt nur in Betracht, wenn die Voraussetzungen eines freien Beschäftigungsverhältnisses vorliegen, ein solches aber nicht gefunden wird. Nach § 11 II StVollzG ist die Zustimmung des Gefangenen erforderlich, das BVerfG fordert ein Mindestmaß von organisierter öffentlich-rechtlicher Verantwortung für den Inhaftierten, um nicht gegen das Verbot der Verdingung von Arbeitskräften zu verstoßen.[291] Mit der überwiegenden Ansicht kann eine freiberufliche Tätigkeit als Selbstbeschäftigung auch unter den Voraussetzungen des Freiganges gestattet werden, obwohl das Gesetz dies nicht ausdrücklich regelt.[292] Dies ergibt sich im Hinblick auf Art. 12 I GG, indem eine Beschäftigung nicht allein wegen ihrer Selbständigkeit ausgeschlossen werden darf. Neben klassischen selbständigen Tätigkeiten kommen hierbei auch der Besuch einer Universität oder einer Schule in Betracht.[293]

3. Kapitel: Bestandsaufnahme des sozialversicherungsrechtlichen Schutzes unter vollzugsspezifischem Blickwinkel

Zu prüfen bleibt, inwieweit der Sozialversicherungsschutz im Vollzug gegeben ist, ehe sich Lücken im System aufdecken lassen. Im Rahmen dieser Bestandsaufnahme gilt es auch eine Darstellung der für den Vollzug relevanten Normen vorzunehmen. Zunächst werden die Zuweisungen spezialgesetzlicher Normen untersucht und anschließend, im Falle des Auffindens einer Lücke im Versicherungsschutz, allgemeine Grundsätze zur Begründung eines Sozialversicherungsverhältnisses herangezogen.

A. Sozialversicherungsschutz kraft gesetzlicher Anordnung

I. Unfallversicherung

Gemäß § 190 Nr. 1 StVollzG in Verbindung mit § 2 II 2, 1, I Nr. 1 SGB VII sind Personen, die während einer aufgrund eines Gesetzes angeordneten Freiheitsentziehung wie Beschäftigte tätig werden, kraft Gesetzes unfallversichert. Diese Formulierung könnte auch die Strafgefangenen einbeziehen, wie die weitere Prüfung zeigen wird.

---

[290] BT – Drucksache 7 / 918, S. 66; Laubenthal, Klaus, Strafvollzug, Rn. 419f; ders, Arbeitsverpflichtung..., in: Schlüchter, Ellen (Hrsg.), Kriminalistik und Strafrecht, S. 341; Mênil du, Die Resozialisierungsidee im Strafvollzug, S. 172

[291] BVerfGE 98, 169 (211); Laubenthal, Klaus, Strafvollzug, Rn. 409; Calliess/Müller-Dietz, StVollzG, § 39 Rn. 4; hierzu näher II., 2., c.

[292] Laubenthal, Klaus, Strafvollzug, Rn. 423f; Mênil du, Beatrice, S. 172f; Calliess/Müller-Dietz, StVollzG, § 39 Rn. 5; AK-StVollzG-Däubler-Spaniol, § 39 Rn. 26ff

[293] BT –Drucksache 11 / 3694, S. 4f, 10; Laubenthal, Klaus, Rn. 425; Mênil du, Beatrice, S. 173

1. Organisation der gesetzlichen Unfallversicherung

Die gesetzliche Unfallversicherung ist gegliedert in die allgemeine, die landwirtschaftliche und die Seeunfallversicherung. Die allgemeine Unfallversicherung umfasst alle Unternehmen, die nicht der landwirtschaftlichen oder der Seeunfallversicherung unterliegen, sodass der wesentliche Anteil der gewerblichen Unternehmen in ihre – die allgemeine – Zuständigkeit fällt.[294] Getragen wird die allgemeine Unfallversicherung in erster Linie von den Berufgenossenschaften, § 114 I Nr. 1 – 9 SGB VII. In der weiteren Aufzählung kommen auch der Bund, die Länder und die Gemeindeunfallversicherungsverbände als Unfallversicherungsträger in Betracht.[295] Der Bund ist Träger der Unfallversicherung,.wenn ein Gericht des Bundes eine Freiheitsentziehung verhängt und der Gefangene im Rahmen seiner Arbeitsleistung einen Arbeitsunfall erleidet.[296] Die Bundesagentur für Arbeit kann zuständig sein, wenn sie im Rahmen des Vollzugs Maßnahmen der beruflichen Bildung eigenständig durchführt, d.h. das Personal stellt und die Unfallverhütungsvorschriften überwacht.[297] Die Länder sind Träger der Unfallversicherung für die Versicherten in ihren Unternehmen, d.h. regelmäßig für die Gefangenen, die Freiheitsstrafen verbüßen und entsprechende Unfälle o.ä. erleiden, weil die Justizvollzugsanstalten den Landesjustizverwaltungen der Länder unterstehen.

2. Aufgaben der gesetzlichen Unfallversicherung

a. Prävention

Nach § 1 Nr. 1 SGB VII ist die Aufgabe der gesetzlichen Unfallversicherung nach Maßgabe des SGB VII die Verhütung von Arbeitsunfällen (§ 14 SGB VII). Um das Ziel der Prävention wirkungsvoll zu erreichen, erlaubt § 15 SGB VII den Unfallversicherungsträgern Unfallverhütungsvorschriften zu erlassen, die Gesetze im materiellen Sinne und unmittelbar verbindliche Verhaltensmaßregeln für die Arbeitnehmer und Arbeitgeber darstellen.[298]

b. Entschädigung

Nach § 1 Nr. 2 SGB VII erhält der Versicherte bei Eintritt des Leistungsfalles eine Entschädigung (§§ 26ff SGB VII), bei der die Wiederherstellung der Erwerbsfähigkeit im Vordergrund steht und die erst bei deren Scheitern einen finanziellen Ausgleich gewährt („Reha vor Rente", vgl. § 26 III SGB VII). Wichtigste Mittel der Entschädigung sind die Heilbehandlung, das Verletztengeld, die

---

[294] Kreßel/Wollenschläger, Leitfaden zum Sozialversicherungsrecht, S. 189; Wannagat, Georg, Lehrbuch des Sozialversicherungsrechts, S. 67f

[295] Kreßel/Wollenschläger, Leitfaden zum Sozialversicherungsrecht, S. 190; Hardes, Manfred, Die Unfallversicherung der Gefangenen, in: ZfStrVo 1984, S. 6; Schmitt, Jochem, SGB VII Kommentar, § 114 Rn. 2ff

[296] Hardes, Manfred, Die Unfallversicherung..., S. 7

[297] Hardes, Manfred, ebda; zur Umbenennung der Bundesanstalt für Arbeit infolge des Dritten Gesetzes für moderne Dienstleistungen am Arbeitsmarkt vgl. unten II.

[298] Kreßel/Wollenschläger, S. 186; Schmitt, Jochem, SGB VII Kommentar, § 15 Rn. 3; Gitter, Wolfgang/Schmitt, Jochem, Sozialrecht, S. 153

Leistungen zur Teilhabe am Arbeitsleben, die Verletztenrente, Sterbegeld und die Rente an die Hinterbliebenen, wobei die Ausgestaltung der jeweiligen Institute gesonderten Regelungen, §§ 27ff, 35ff etc SGB VII, vorbehalten bleibt.[299]

c. Versicherungsfall des Arbeitsunfalls

§ 7 I SGB VII unterscheidet die Versicherungsfälle der Arbeitsunfälle von den Berufskrankheiten, wobei für den Arbeitsunfall erneut zwischen einem solchen im engeren und im weiteren Sinne differenziert wird. Nach § 8 I 1 SGB VII sind Arbeitsunfälle (im engeren Sinne) Unfälle von Versicherten, die infolge einer den Versicherungsschutz begründenden Tätigkeit eintreten.[300] Kraft gesetzlicher Fiktion des § 8 II Nr. 1 – 4 SGB VII ist der Wegeunfall und kraft des § 8 II Nr. 5 SGB VII ist der Unfall mit dem Arbeitsgerät dem Arbeitsunfall gleichgestellt, sog. Arbeitsunfälle im weiteren Sinne.[301] Nach § 7 I 2. A. SGB VII stellt auch die Berufskrankheit einen Versicherungsfall dar; wann eine Berufskrankheit vorliegt, gibt gemäß § 9 I SGB VII ein Katalog prinzipiell abschließend vor.[302] Eine gesetzliche Legaldefinition des Unfalls enthält § 8 I 2 SGB VII, wonach Unfälle zeitlich begrenzte, von außen auf den Körper einwirkende Ereignisse sind, die zu einem Gesundheitsschaden oder zum Tod führen.[303]

aa. Äußerliche Einwirkung auf den Körper

Das Erfordernis der äußerlichen Einwirkung auf den Körper bringt zum Ausdruck, dass ein Unfall aufgrund innerer Ursache nicht als Arbeitsunfall anzusehen ist, wobei Beleidigungen als äußerliche Einwirkungen in Betracht kommen, wenn sie beim Versicherten einen seelischen Schock sowie einen Gesundheitsschaden hervorrufen.[304]

bb. Zeitliche Begrenzung

Um die Berufskrankheit vom Arbeitsunfall abzutrennen, muss die Einwirkung innerhalb eines kurzen, begrenzten Zeitraumes erfolgen, wobei längstens eine Einwirkung innerhalb einer Arbeitsschicht vorliegen darf.[305]

cc. Ereignis

Anknüpfend an die äußerliche Körpereinwirkung setzt der Begriff des Ereignisses nicht voraus, dass es sich bei dem Unfall um einen außergewöhnlichen oder besonders untypischen Vorgang handeln muss, vielmehr genügen auch einfachs-

---

[299] Kreßel/Wollenschläger, S. 187; Schmitt, Jochem, SGB VII..., § 26 Rn. 4; Hardes, Manfred, Die Unfallversicherung..., S. 7; Gitter/Schmitt, S. 155
[300] Detailliert Kreßel/Wollenschläger, S. 226ff
[301] Kreßel/Wollenschläger, S. 188; Schmitt, Jochem, SGB VII..., § 8 Rn. 136ff bzw. 244ff; Hardes, Manfred, Die Unfallversicherung..., S. 7; Müller-Dietz, S. 169
[302] Schmitt, Jochem, SGB VII..., § 9 Rn. 49
[303] Schmitt, Jochem, § 8 Rn. 108; Gitter/Schmitt, S. 155f
[304] Schmitt, Jochem, § 8 Rn. 109; BVerwGE 35, 133
[305] Schmitt, Jochem, § 8 Rn. 110ff; BSGE 15, 41 (45); 112 (113)

te Vorgänge des täglichen Lebens, z.B. Ausrutschen, Verschlucken.[306] Von einem Ereignis kann man hingegen nicht mehr sprechen, wenn der Versicherte den Arbeitsunfall freiwillig herbeigeführt hat[307], wobei dann schon eine nicht geschützte vorsätzliche Herbeiführung vorliegt.[308]

dd. Gesundheitsschaden oder Tod

Als Gesundheitsschaden ist jeder regelwidrige körperliche, geistige oder seelische Zustand anzusehen. Ein bestimmter Mindestumfang des Schadens ist für die Anerkennung eines Arbeitsunfalls nicht erforderlich.[309]

ee. Doppelte Kausalität

In der gesetzlichen Unfallversicherung wird für die Annahme eines Arbeitsunfalls ein Ursachenzusammenhang in doppelter Beziehung gefordert. Zum einen muss die versicherte Tätigkeit das Unfallereignis bedingt haben, d.h. beide müssen in zeitlicher, örtlicher und innerer Beziehung stehen, sog. haftungsbegründende Kausalität, um solche Unfälle auszugliedern, die ihre Ursache in einem Verhalten haben, das der Privatsphäre des Versicherten zuzuordnen ist.[310] Zu beachten gilt es, dass auch die Handlung mit der versicherten Tätigkeit in innerem Zusammenhang stehen und dieser wesentlich dienen muss, was sich nicht nach der objektiven Eignung zur Förderung des Unternehmenszweckes beurteilt, sondern nach der subjektiven Ansicht des Versicherten, die Tätigkeit scheine geeignet, den Interessen des Unternehmens zu dienen.[311] Ob die versicherte Tätigkeit im unfallversicherungsrechtlichen Sinne kausal geworden ist für den Unfall des Versicherten, beurteilt sich nach der vom BSG aufgestellten Theorie der wesentlichen Bedingung.[312] Als Ursachen und Mitursachen hat man danach nur jene Bedingungen anzusehen, die wegen ihrer besonderen Bedeutung für den Erfolg zu dessen Eintritt wesentlich beigetragen haben. Zur Beurteilung dieser Frage bleibt im Einzelfall auf die Auffassung des täglichen Lebens abzustellen.[313] Zum anderen muss zwischen dem Unfallereignis und dem eingetretenen Körperschaden oder der Tötung ein Ursachenzusammenhang bestehen, eine so genannte haftungsausfüllende Kausalität. Auch sie richtet sich nach der Theorie der wesentlichen Bedingung und dient der Abgrenzung zwischen der betrieblichen und der persönlichen Risikosphäre im Hinblick auf den Schaden in seiner

306 Schmitt, Jochem, SGB VII..., § 8 Rn. 114
307 Kreßel/Wollenschläger, S. 229
308 Hardes, Manfred, Die Unfallversicherung..., S. 7
309 BSGE 18, 173; 61, 113 (116); Schmitt, Jochem, § 8 Rn. 115
310 Hardes, Manfred, Die Unfallversicherung..., S. 7; Schmitt, Jochem, § 8 Rn. 85; Gitter/Schmitt, S. 160
311 Schmitt, Jochem, SGB VII..., § 8 Rn. 11f
312 BSGE 1,72 (76); 6, 164 (169); 12, 242 (245)
313 Schmitt, Jochem, SGB VII..., § 8 Rn. 86; Gitter/Schmitt, S. 161; Kreßel/Wollenschläger, S. 252f

Beziehung zum Unfallereignis. Der Unfall ist demnach als kausal anzusehen, wenn er die wesentliche Bedingung für den Schadenseintritt war.[314]

3. Kreis der versicherten Personen

Gemäß § 2 II, I Nr. 1 SGB VII sind Strafgefangene kraft Gesetzes versichert, wenn sie *wie Beschäftigte* tätig werden. Der Beschäftigungsbegriff als zentraler Anknüpfungspunkt des Sozialversicherungsrechts findet sich in § 7 I, II SGB IV geregelt, einer intensiveren Begutachtung bedarf es aber (noch) nicht, weil die Strafgefangenen ja nur „wie" Beschäftigte tätig werden müssen. Nach der Legaldefinition ist Beschäftigung die nichtselbständige Arbeit, insbesondere in einem Arbeitsverhältnis.[315] Wie im 2. Kapitel gesehen sind die arbeitenden Strafgefangenen aufgrund des Zwangscharakters der Arbeit nicht als vollwertige Arbeitnehmer zu qualifizieren, obwohl sie ansonsten alle Voraussetzungen erfüllen und echte Arbeit leisten. § 2 II SGB VII erfüllt eine Auffangfunktion gegenüber Absatz 1 insoweit, als keinerlei Abhängigkeitsverhältnisse erforderlich sind.[316] Da die Gefangenen somit arbeitend in einem „unvollkommenen" Arbeitsverhältnis stehen, werden sie *wie* Beschäftigte tätig.[317] Dies betrifft alle einer zugewiesenen Arbeit nachgehenden Gefangenen[318] sowie diejenigen, die an beruflichen Bildungsmaßnahmen auf Kosten der Bundesagentur für Arbeit teilnehmen, § 2 I Nr. 15b SGB VII.[319]

4. Leistungen der gesetzlichen Unfallversicherung

§ 26 SGB VII gibt als Grundnorm die Leistungen der gesetzlichen Unfallversicherung im Falle eines Arbeitsunfalls vor, wobei er nur als Orientierungslinie entsprechend §§ 22 I, 38 SGB I dient und daher keine Ansprüche an Betroffene verleiht. Diese ergeben sich aus den speziellen Unterabschnitten des dritten Kapitels des SGB VII.[320]

---

314 Schmitt, Jochem, § 8 Rn. 116f; Gitter/Schmitt, S. 163; Kreßel/Wollenschläger, S. 254ff

315 Hierzu Schmitt, Jochem, SGB VII..., § 2 Rn. 5; Gitter/Schmitt, S. 48; Kreßel/Wollenschläger, S. 51f

316 Gitter/Schmitt, S. 147; Kreßel/Wollenschläger, S. 214f

317 Lohmann, Hans Christian, S. 115; Götte, Sabine, Die Mitbetroffenheit der Kinder und Ehegatten von Strafgefangenen, S. 127

318 Schmitt, Jochem, SGB VII..., § 2 Rn. 143; Kreßel/Wollenschläger, S. 221; Laubenthal, Klaus, Strafvollzug, Rn. 481; Mrozynski, Peter, Resozialisierung und soziales Betreuungsverhältnis, S. 162; Rosenthal, Michael, Arbeitslohn im Strafvollzug, in: NK 1998, S. 14; Götte, Sabine, S. 127

319 Hardes, Manfred, Die Unfallversicherung..., S. 7; AK-StVollzG-Brühl, vor § 190 Rn. 3; zur Umbenennung der Bundesanstalt für Arbeit infolge des Dritten Gesetzes für moderne Dienstleistungen am Arbeitsmarkt, vgl. unten II.

320 Schmitt, Jochem, SGB VII..., § 26 Rn. 4

a. Heilbehandlung

aa. Besonderheiten der Heilbehandlung gegenüber normaler Krankenbehandlung

Die Heilbehandlung umfasst nach § 27 I SGB VII im wesentlichen Erstversorgung (Nr. 1), ärztliche und zahnärztliche Behandlung (Nr. 2, 3), Arznei- und Verbandmittel, Heilmittel einschließlich Krankengymnastik (Nr. 4, 7), Bewegungstherapie sowie Ausstattung mit Körperersatzstücken.[321] Nach § 26 II Nr. 1 SGB VII ist es Ziel der Heilbehandlung, die Gesundheitsbeeinträchtigung möglichst umfassend zu beseitigen und die Erwerbsfähigkeit wieder voll herzustellen oder zumindest eine weitere Verschlechterung der geminderten Erwerbsfähigkeit zu verhindern.[322] Gemäß § 11 IV SGB V ist die gesetzliche Unfallversicherung alleiniger Leistungserbringer gegenüber der Krankenversicherung, wenn es sich um einen Arbeitsunfall oder eine Berufskrankheit handelt.[323] Die Durchführung der Heilbehandlung erfährt einige spezifische Besonderheiten gegenüber normalen Krankheitsbehandlungen:

Nach § 34 I 1 SGB VII haben die Unfallversicherungsträger grundsätzlich alle Maßnahmen zu treffen, durch die eine möglichst frühzeitig nach dem Versicherungsfall einsetzende und sachgemäße Heilbehandlung und, soweit erforderlich, besondere unfallmedizinische oder Berufskrankheiten – Behandlung gewährleistet wird. Die nähere Ausgestaltung richtet sich dabei nach dem sog. Ärzteabkommen zwischen den Ärzten und den Unfallversicherungsträgern, § 34 III 1 SGB VII. Erleidet der Versicherte einen Unfall, so kann er zunächst den an der Behandlung beteiligten Arzt oder den Durchgangsarzt aufsuchen, führt die Verletzung hingegen zur Arbeitsunfähigkeit, so muss der Durchgangsarzt aufgesucht werden.[324] Dabei handelt es sich um einen Arzt, der als Chirurg oder Orthopäde niedergelassen oder an einer Klinik tätig ist; ihm allein obliegt die Beurteilung und Entscheidung darüber, ob besondere Maßnahmen der Heilbehandlung angezeigt sind, die er letztlich selbst oder durch einen anderen (Durchgangs-)Arzt durchführen lassen kann.[325]

Bei bestimmten in einem Katalog enthaltenen Verletzungsarten muss die Behandlung in einem speziell zugelassenen Unfallkrankenhaus erfolgen[326], liegen Verletzungen der Haut[327], des Hals-, Nasen- und Ohrenbereiches vor, ist der Verletzte einem Facharzt vorzustellen, die Pflicht zur Vorstellung beim Durchgangsarzt entfällt.[328] Gilt es eine besondere Heilbehandlung („H-Arzt-Verfahren“) durchzuführen, sind unbeschadet der vorgenannten Verfahren auch

[321] Hardes, Manfred, Die Unfallversicherung..., S. 8
[322] Kreßel/Wollenschläger, S. 283
[323] Kreßel/Wollenschläger, S. 284f; Gitter/Schmitt, S. 174
[324] Ärzteabkommen Nr. 29; Hardes, Manfred, Die Unfallversicherung..., S. 8; Schmitt, Jochem, § 34 Rn. 10, 12; Kreßel/Wollenschläger, S. 285
[325] Ärzteabkommen Nr. 33; Schmitt, Jochem, § 34 Rn. 11, 13
[326] Ärzteabkommen Nr. 45f; Schmitt, Jochem, § 34 Rn. 15f
[327] Ärzteabkommen Nr. 59 – 62
[328] Ärzteabkommen Nr. 47 – 49

diejenigen Ärzte zu beteiligen, die dazu fachlich befähigt, entsprechend ausgestattet und bereit sind („H-Ärzte“).[329]

bb. Vollzugsspezifische Besonderheiten

Der Umfang der Heilbehandlung erfährt gemäß § 27 III SGB VII eine vollzugsspezifische Einschränkung im Falle einer angeordneten Freiheitsentziehung.[330] Unabhängig davon, ob der die Heilbehandlung auslösende Versicherungsfall vor oder während der Freiheitsentziehung eingetreten ist, kommt es nur darauf an, ob noch weitere Maßnahmen der Heilbehandlung durchgeführt werden müssen.[331] Dann sind die Interessen der Heilbehandlung gegen die Belange der Freiheitsentziehung abzuwägen. Nach einer Ansicht besteht insoweit kein genereller Vorrang des Freiheitsentzuges gegenüber der Notwendigkeit der Heilbehandlung, obwohl eine Rücksichtnahme auf die Belange des Vollzuges stattfinden muss – allerdings könne den Vollzugsbehörden zugemutet werden, zusätzliche Sicherungsmaßnahmen in Kauf zu nehmen, um eine gebotene Heilbehandlung durchzuführen.[332] Nach anderer Ansicht ist den Vollzugsinteressen stets der Vorrang einzuräumen.[333] Eine weitere Auffassung fragt, ob eine Heilbehandlung im Rahmen des Strafvollzuges möglich ist.[334] Angesichts des überragenden Stellenwerts der körperlichen Integrität, Art. 1, 2 II 1 GG, sind in die Entscheidung nur sicherheitsrelevante Bedenken einzustellen.[335] Die Vollzugsbehörde entscheidet dabei, ob eine Krankenhausbehandlung den Belangen des Vollzuges entgegensteht. In der Regel werden, falls geboten, Maßnahmen der Heilbehandlung im Gefängniskrankenhaus erbracht.[336]

b. Verletztengeld

aa. Auswirkungen der Vollzugsbelange

Gemäß § 45 I SGB VII erhält der Versicherte Verletztengeld, wenn er infolge des Versicherungsfalls arbeitsunfähig ist oder wegen einer Maßnahme der Heilbehandlung eine ganztätige Erwerbstätigkeit nicht ausüben kann (Nr. 1) und er unmittelbar vor Beginn der Arbeitsunfähigkeit Anspruch auf Arbeitsentgelt, Verletztengeld, Übergangsgeld etc hatte (Nr. 2). Die Norm hat Entgeltersatzfunktion und ist im Falle des § 45 III SGB VII gegenüber dem Übergangsgeld vorrangig.[337] Arbeitsunfähigkeit liegt nach dem Recht der gesetzlichen Krankenversicherung vor, wenn der Versicherte nicht mehr oder nur unter der Gefahr der Verschlechterung seiner Gesundheit seine vertraglich geschuldete Leistung

---

[329] Ärzteabkommen Nr. 50 – 58 ; Schmitt, Jochem, SGB VII..., § 34 Rn. 20
[330] Lohmann, Hans Christian, S. 115
[331] Schmitt, Jochem, § 28 Rn. 12
[332] Brackmann-Krasney, § 27 Rn. 6
[333] Bereiter-Hahn/Mehrtens, § 27 Rn. 12
[334] Gitter, in: SozVers-GesKomm-, Band 6, § 566 Rn. 3
[335] Schmitt, Jochem, § 28 Rn. 13
[336] Jahn SGB VII § 27 Rn. 7 (Kroll)
[337] Schmitt, Jochem, SGB VII..., § 45 Rn. 3; Hardes, Manfred, Die Unfallversicherung..., S. 8; Kreßel/Wollenschläger, S. 287; Schulin/Igl, Sozialrecht, Rn. 507

erbringen kann.[338] Das bedeutet, dass ein Anspruch auf Verletztengeld auch dann besteht, wenn eine Heilbehandlung vom Träger der gesetzlichen Unfallversicherung nur deswegen nicht gewährt wird, weil dem die Belange des Vollzuges entgegenstehen.

bb. Vollzugsspezifische Besonderheiten
(1) Während der Inhaftierung
§ 47 I S. 1 und S. 2 SGB VII geben vor, dass sich das Verletztengeld entsprechend § 47 I, II SGB V mit der Maßgabe errechnet, dass das Regelentgelt aus dem Gesamtbetrag des regelmäßigen Arbeitsentgelts und des Arbeitseinkommens zu berechnen und bis zu einem Betrag in Höhe des 360. Teils des Höchstjahresarbeitsverdienstes zu berücksichtigen ist (Nr. 1) und dass das Verletztengeld 80% des Regelentgelts beträgt (Nr. 2), wobei das Arbeitseinkommen bei der Ermittlung des Regelentgelts mit dem 360. Teil des vor Beginn der Arbeitsunfähigkeit erzielten Arbeitseinkommens zugrunde zu legen ist. Diese Regelung gilt über § 47 VI 1. HS SGB VII trotz des Umstandes, dass wegen § 82 III SGB VII Arbeitsentgelt und Ausbildungsbeihilfe nach §§ 43, 44, 200 StVollzG gar nicht als Entgelt im Sinne des § 82 I, II SGB VII anzusehen sind.[339]

(2) Nach der Haftentlassung
Nach der Entlassung hingegen erhalten die Versicherten Verletztengeld je Kalendertag in Höhe des 450. Teils des Jahresarbeitsverdienstes, wenn dies für den Versicherten günstiger ist,
§ 47 VI 2. HS SGB VII. Jedoch besteht weiterhin die Besonderheit, dass wegen § 82 III SGB VII das Arbeitsentgelt und die Ausbildungsbeihilfe nicht als Entgelt angesehen werden und keine Norm entsprechend § 47 VI 1. HS SGB VII existiert. Dies trägt dem Umstand Rechnung, dass Arbeitsentgelt und Ausbildungsvergütung, die während des Vollzuges erzielt werden, niedriger sind als die vergleichbaren Entgelte außerhalb der Freiheitsentziehung und daher § 82 I, II SGB VII keine Anwendung finden sollen.[340] Welche Regeln man stattdessen zugrunde zu legen hat, ist nicht bestimmt, so dass nur eine Berechnung nach dem Mindestjahresarbeitsverdienst in Betracht gezogen wird.[341] Dies erscheint auch geboten, weil § 85 I SGB VII nach teleologischer Auslegung einen gewissen Mindestlebensstandard gewährleisten soll, der bei der hier gegebenen Konstellation gefährdet ist.[342] Nach § 85 I Nr. 2 SGB VII beträgt der fingierte Jahresarbeitsverdienst mindestens 60% der im Zeitpunkt des Versicherungsfalles maß-

[338] BSGE 19, 179 (182); 57, 227 (228); 61, 66; Kreßel/Wollenschläger, S. 285
[339] Schmitt, Jochem, § 47 Rn. 30; Mrozynski, Peter, Resozialisierung..., S. 162; Rosenthal, Michael, S. 14; Götte, Sabine, Die Mitbetroffenheit..., S. 128; vgl. das praktische Rechenbeispiel bei Hardes, Manfred, Die Unfallversicherung..., S. 8f oder Kreßel/Wollenschläger, S. 289
[340] Schmitt, Jochem, SGB VII..., § 83 Rn. 18; Gitter/Schmitt, S. 178
[341] Schmitt, Jochem, § 83 Rn. 19; Jahn SGB VII § 82 Rn. 11 (Groß)
[342] Schmitt, Jochem, § 85 Rn. 2; Rosenthal, Michael, S. 14

gebenden Bezugsgröße. Bemerkenswert erscheint, dass nach alter Rechtslage, §§ 576 VI, 571 I 2 RVO a.F., eine Berechnung nach dem Arbeitseinkommen vor der Strafhaft oder zumindest nach dem zum Zeitpunkt des Arbeitsunfalls geltenden Lohntarif stattgefunden hat, wäre die Strafe nicht angetreten worden.[343]

c. Leistungen zur Teilhabe am Arbeitsleben

aa. Besonderheiten während der Inhaftierung

§ 35 I SGB VII verweist bezüglich der Leistungen zur Teilhabe am Arbeitsleben auf §§ 33ff SGB IX. § 33 III SGB IX zählt beispielhaft[344] die Maßnahmen der Leistungen zur Teilhabe am Arbeitsleben auf, wird aber durch den Grundsatz des § 26 II Nr. 4 SGB VII ergänzt, wonach die Rehabilitation „mit allen geeigneten Mitteln" betrieben werden kann. Letztlich sind damit auch weitergehende Leistungen möglich, wenn die Folgen eines Versicherungsfalles (nur) auf diese Weise erleichtert werden können.[345] Sie umfasst im Wesentlichen Hilfe zur Erhaltung oder Erlangung eines Arbeitsplatzes, Berufsvorbereitungsfindung, berufliche Anpassung und Weiterbildung. Die Maßnahmen sollten frühzeitig, möglichst bereits während der Heilbehandlung einsetzen, damit der Verletzte befähigt und ermutigt wird, bald dauerhaft in das Erwerbsleben zurückzukehren.[346] Nach § 35 IV SGB VII werden während einer aufgrund Gesetzes angeordneten Freiheitsentziehung berufsfördernde Leistungen zur Rehabilitation erbracht, soweit Belange des Vollzuges nicht entgegenstehen. Anders als bei der Heilbehandlung wird dem Strafvollzug oder den sonstigen Interessen der Freiheitsentziehung prinzipiell Vorrang gegenüber dem Interesse an beruflicher Rehabilitation eingeräumt.[347] Dennoch wird richtigerweise im Grundsatz geschlossen, dass die berufsfördernden Maßnahmen zunächst vom Träger der Unfallversicherung zu übernehmen sind. Bei der Durchführung hingegen sind die Belange des Vollzuges zu berücksichtigen – diese Entscheidung obliegt ausschließlich der Strafvollzugsbehörde, so dass sich die Reichweite der Maßnahmen des Unfallversicherungsträgers nach der Beurteilung der Vollzugsbehörde richtet.[348] Allerdings ist hierdurch kein Rechtsverlust der Gefangenen zu befürchten, da die Vollzugsbehörden die Leistungen zur Teilhabe am Arbeitsleben, wie andere Berufsförderungswerke auch, in den hauseigenen Werkstätten selbst durchführen können. Vielleicht sind auch deshalb solche Einrichtungen bereits nach §§ 148, 149 StVollzG in den Anstalten zu fordern. Es wird deutlich, dass sich

---

343 Mrozynski, Peter, Resozialisierung..., S. 162; vgl. das praktische Rechenbeispiel hierzu bei Hardes, Manfred, Die Unfallversicherung..., S. 9

344 Bereiter-Hahn/Mehrtens, UV Handkommentar, § 35 Rn 3.6; Brackmann/Krasney, Handbuch der Sozialversicherung, UV, § 35 Rn. 6; Mrozynski, Peter, SGB IX Teil 1 Kommentar, § 33 Rn. 15

345 Schmitt, Jochem, § 35 Rn. 3; Schulin/Igl, Rn. 509; Mrozynski, Peter, SGB IX Kommentar, § 33 Rn. 17

346 Gitter/Schmitt, S. 174; Mrozynski, Peter, SGB IX Teil 1 Kommentar, § 33 Rn. 5

347 Lauterbach-Watermann, UV-SGB VII, § 35 Rn. 81; Jahn SGB VII § 35 Rn. 24 (Kroll); Bereiter-Hahn/Mehrtens, UV Handkommentar, § 35 Rn. 28; Lohmann, Hans Christian, S. 115

348 Mrozynski, Peter, Resozialisierung..., S. 163

Gesichtspunkte des sozialen Ausgleichsgedankens mit solchen der Vollzugsbelange berühren, wobei sich letztere regelmäßig auf Kosten ersterer durchsetzen.[349] Nicht umsonst spricht man daher vom Strafvollzug als gegenwärtig bedeutsamster Berührungszone zwischen Sozialrecht und Strafrecht.[350] Bezüglich der zeitlichen Reihenfolge von Versicherungsfall und Freiheitsentziehung sowie der Interessenabwägung zwischen den Belangen der Rehabilitation und der Freiheitsentziehung gelten die Grundsätze für die Heilbehandlung entsprechend.[351]

bb. Übergangsgeld

Eng mit den Leistungen zur Teilhabe am Arbeitsleben verknüpft ist das Übergangsgeld, § 49 SGB VII, welches erbracht wird, wenn Versicherte infolge des Versicherungsfalles Leistungen nach §§ 35 I SGB VII, 33 SGB IX erhalten und wegen dieser Leistungen eine ganztägige Erwerbstätigkeit nicht ausüben können.[352] Das Übergangsgeld soll den Verletzten während der Durchführung von Maßnahmen zur beruflichen Rehabilitation wirtschaftlich absichern und tritt mit Beginn der beruflichen Rehabilitation an die Stelle des Verletztengeldes.[353] Werden allerdings Leistungen zur Teilhabe am Berufsleben wegen der Belange des Vollzuges nicht erbracht, so erhält der Gefangene kein Übergangsgeld, weil die Zahlung des Übergangsgeldes von der Teilnahme an einer berufsfördernden Maßnahme abhängt.[354] Die Höhe des Übergangsgeldes, §§ 50 SGB VII, 46ff SGB IX, richtet sich je nach Familienstand und liegt bei 75% bzw. 68% des regelmäßigen Arbeitsentgelts. Da wegen § 82 III SGB VII die Vergütung im Vollzug nicht als relevantes Arbeitsentgelt angesehen werden kann, beträgt nach § 48 Nr. 2 SGB IX das Übergangsgeld 65% des tariflich bzw. ortsüblich vorgesehenen Arbeitsentgelts.[355]

d. Verletztenrente

Der Verletzte erhält eine Rente, wenn seine Erwerbsfähigkeit infolge des Versicherungsfalles über die 26. Woche nach dem Versicherungsfall hinausgeht und um wenigstens 20% gemindert ist, § 56 I SGB VII. Die Rente soll den Schaden, der durch die unfallbedingte eingeschränkte Einsatzfähigkeit auf dem allgemeinen Arbeitsmarkt entsteht, kompensieren, so dass sie folgerichtig keinen Einkommensverlust voraussetzt, sondern sich nach der Höhe der unfallbedingten Minderung der Erwerbsfähigkeit richtet.[356] Erwerbsfähigkeit ist anders als die

---

[349] Mrozynski, Peter, ebda

[350] Stolleis, Michael, Strafrecht und Sozialrecht, in: ZSR 1979, S. 273

[351] Schmitt, Jochem, SGB VII..., § 35 Rn. 36; näher oben 4. a.

[352] Schmitt, Jochem, § 49 Rn. 3; Gitter/Schmitt, S. 175

[353] Schmitt, Jochem, § 49 Rn. 2

[354] Mrozynski, Peter, Resozialisierung..., S. 162; vgl. näher ders, SGB IX Teil 1 Kommentar, § 45 Rn. 1ff

[355] Schmitt, Jochem, § 51 Rn. 10; Mrozynski, Peter, SGB IX Teil 1 Kommentar, § 48 Rn. 5; vgl. das praktische Rechenbeispiel bei Hardes, Manfred, Die Unfallversicherung..., S. 10

[356] Hardes, Manfred, S. 10; Schulin/Igl, Rn. 512

Arbeitsfähigkeit die Fähigkeit des Versicherten, sich unter Ausnutzung der Arbeitsgelegenheiten, die sich ihm nach seinen Kenntnissen, seinen körperlichen und geistigen Fähigkeiten im gesamten Bereich des wirtschaftlichen Lebens bieten, einen Erwerb zu verschaffen.[357] Die Beurteilung des Grades der Minderung der Erwerbsfähigkeit ist eine Rechtsfrage[358], zu deren Beantwortung sich der Unfallversicherungsträger medizinischer Gutachten bedient. An diese ist er aber im Rahmen einer Toleranzbreite nicht gebunden, weil sich die Feststellung des Umfanges der dem Verletzten auf dem allgemeinen Arbeitsmarkt verbleibenden Erwerbsmöglichkeiten nicht mit völliger Gewissheit vorhersagen lässt, mithin letztlich auf einer Schätzung beruht.[359] Die Verletztenrente beträgt bei Verlust der Erwerbsfähigkeit zwei Drittel des Jahresarbeitsverdienstes, bei einer Minderung den Prozentsatz, der dem Grad der Minderung der Erwerbsfähigkeit entspricht, § 56 III SGB VII. Zu beachten ist, dass man bei Strafgefangenen erneut den fiktiven Jahresarbeitsverdienst des § 85 I Nr. 2 SGB VII zugrunde zu legen hat.[360]

e. Sterbegeld und Hinterbliebenenrente

Bei Tod infolge eines Arbeitsunfalls erhalten die Hinterbliebenen Ansprüche auf Sterbegeld, Erstattung der Kosten der Überführung an den Ort der Bestattung, Hinterbliebenenrenten und Beihilfen. Die nähere Ausgestaltung ist in den §§ 64ff SGB VII geregelt.[361]

II. Arbeitslosenversicherung

Gemäß § 26 I Nr. 4 SGB III in Verbindung mit § 190 StVollzG sind Gefangene, die Arbeitsentgelt, Ausbildungsbeihilfe oder Ausfallentschädigung erhalten (§§ 43 – 45, 176 StVollzG) gesetzlich in der Arbeitslosenversicherung pflichtversichert.[362] Keine Versicherungszeiten sind solche, für die kein Arbeitsentgelt und keine Ausbildungsbeihilfe gezahlt werden, z.B. wegen Krankheit, Urlaub, Arbeitsmangel, Vollzug einer Disziplinarmaßnahme, Teilnahme an einem Gerichtstermin, Transport etc.[363] Im Gegensatz zu den herkömmlichen Sozialversicherungen setzt die Inanspruchnahme der Leistungen an Arbeitnehmer nach dem SGB III nicht in jedem Falle das Bestehen eines sozialversicherungsrechtli-

---

[357] Hardes, Manfred, ebda; Kreßel/Wollenschläger, S. 293; Schulin/Igl, Rn. 513

[358] Als solche ist diese auch (sozial-)gerichtlich voll überprüfbar

[359] Gitter/Schmitt, S. 176; Hardes, Manfred, Die Unfallversicherung..., S. 10; Kreßel/Wollenschläger, S. 294

[360] Götte, Sabine, S. 128; vgl. das praktische Rechenbeispiel bei Hardes, Manfred, Die Unfallversicherung..., S. 10

[361] Hardes, Manfred, Die Unfallversicherung..., S. 11; Schulin/Igl, Rn. 521ff; ; Kreßel/Wollenschläger, S. 302ff; Lohmann, Hans Christian, S. 115

[362] Hardes, Manfred, Förderung der beruflichen Weiterbildung im Justizvollzug nach den Vorschriften des SGB III, in: ZfStrVo 1998, S. 148; Lohmann, Hans Christian, Arbeit und Arbeitsentlohnung der Strafgefangenen, S. 113f; Ohle, Carsten Detlev, Arbeitsentlohnung und Arbeitsbelohnung im Gefangenenarbeitswesen, S. 109; Götte, Sabine, S. 128

[363] Hardes, Manfred, ebda

chen Verhältnisses voraus. Einige der Leistungen können auch von Personen in Anspruch genommen werden, die keine Beiträge abführen.[364] So sind gerade Berufsberatung und Arbeitsvermittlung für Strafgefangene interessante berufsfördernde Leistungen, die in jedem Falle beansprucht werden können.[365] Auch kommt es auf die Höhe des Arbeitsentgelts nicht an. Die Beiträge werden von den Justizverwaltungen der Länder getragen und errechnen sich nach den §§ 341 II, 345 Nr. 3 SGB III auf der Grundlage der Versicherungstage. Als Arbeitsentgelt werden 90% der Bezugsgröße des
§ 18 SGB IV zugrundegelegt, d.h. die Berechnungsgrundlage der Beiträge beträgt das zehnfache des tatsächlich ausgezahlten Arbeitsentgelts aus §§ 43 II, 200 StVollzG, § 18 SGB IV.[366]
Nach § 195 StVollzG in Verbindung mit § 341 II SGB III kann der Arbeitnehmeranteil von derzeit 3,25% von den Gefangenen einbehalten werden, was nach der bundeseinheitlichen Verwaltungsvorschrift von allen Bundesländern so gehandhabt wird.[367]

1. Organisation der Arbeitslosenversicherung
Die Erfüllung der Aufgaben der Arbeitsförderung obliegt den Trägern der Arbeitsförderung, namentlich der Bundesagentur für Arbeit und den Unterbehörden, den Regionaldirektionen und den Arbeitsagenturen, §§ 367, 368 SGB III.[368] Entgegen dem Wortlaut des § 367 Satz 1 SGB III ist die Bundesagentur für Arbeit nicht körperschaftlich, sondern anstaltsrechtlich organisiert.[369] Aus § 1 SGB III ergibt sich, dass der Gesetzgeber die Maßnahmen der Arbeitsförderung als Arbeitsmarktpolitikinstrument versteht, so dass die Bundesagentur im Gegensatz zu den Unfallversicherungsträgern sehr eng an den Staat gebunden ist.[370] Für den Gefangenen ist die örtliche Zuständigkeit der Arbeitsagentur maßgebend, in

---

[364] Gitter/Schmitt, S. 246
[365] Berne, Annegret, Die Aufgaben der Arbeitslosenversicherung..., S. 345f
[366] Hardes, Manfred, Leistungen für Gefangene bei Arbeitslosigkeit, in: ZfStrVo 2001, S. 139f; Rosenthal, Michael, Arbeitslohn im Strafvollzug, in: NK 1998, S. 14; Lohmann, Hans Christian, S. 114; vgl. Mrozynski, Peter, Zur Frage der Arbeitslosenversicherungspflicht der im Maßregevollzug Untergebrachten, in: ZfStrVo 1986, S. 288f
[367] Hardes, Manfred, Leistungen für Gefangene..., S. 140; vgl. das praktische Rechenbeispiel zur Beitragshöhe bei Maldener, Josef, Die Beitragspflicht der Gefangenen zur Arbeitslosenversicherung, in: ZfStrVo 1996, S. 15f; BVerfG ZfStrVo 1995, S. 313f; LSG Baden-Württemberg ZfStrVo 1993, S. 378; OLG Hamburg ZfStrVo 1992, S. 329; Lohmann, Hans Christian, S. 114; vgl. allgemein zur Finanzierung der Arbeitslosenversicherung Berne, Annegret, Die Aufgaben der Arbeitslosenversicherung..., S. 223ff
[368] Beachte die Umbennenung der Bundesanstalt für Arbeit, der Landesarbeitsämter und der Arbeitsämter in Agenturen zum 1.1.2004 durch das „Dritte Gesetz für moderne Dienstleistungen am Arbeitsmarkt" vom 23.12.2003, BGBl. 2003, 2848; vgl. hierzu Heller, Bernd/Stosberg, Rainer, Das Dritte und das Vierte Gesetz für moderne Dienstleistungen am Arbeitsmarkt, in: DAngVers 2004, S. 100
[369] Strittig, vgl. Niesel, Klaus, Arbeitsförderung – SGB III –, Kommentar, § 367 Rn. 1
[370] Schulin/Igl, Rn. 804

dessen Bezirk der Gefangene seinen gewöhnlichen Aufenthalt hat, sprich seine Anstalt liegt.

2. Aufgaben der Bundesagentur für Arbeit

Die Bundesagentur für Arbeit hat durch ihre Leistungen der Arbeitsförderung vor allem den Ausgleich am Arbeitsmarkt zu unterstützen, indem Ausbildungs- und Arbeitsuchende über Lage und Entwicklung des Arbeitsmarktes und der Berufe beraten, offene Stellen zügig besetzt und die Chancen der benachteiligten Ausbildungs- und Arbeitssuchenden für eine Erwerbstätigkeit verbessert werden.[371] Bei den Aufgaben der Bundesagentur für Arbeit trifft die klassische Sozialleistungsverwaltung subjektiv-öffentlicher Ansprüche zusammen mit der Bereithaltung von Leistungsangeboten wie z.B. Beratung und Vermittlung. Darüber hinaus hat sie eine Reihe weiterer Aufgaben zu erfüllen, die im Bereich der Verfolgung illegaler Beschäftigung und in der Arbeitsmarktforschung angelegt sind.[372] Untersucht werden hier nur die im Vollzug bzw. nach der Haftentlassung relevanten Leistungen für Strafgefangene.

3. Voraussetzungen und Leistungen der Arbeitsförderung

a. Intramural

aa. Beratung und Vermittlung

(1) Ausgestaltung

Streng genommen ist die Berufsberatung und Vermittlung sowohl intra- als auch extramural denkbar, sie ist jedoch wegen der großen Relevanz für die Strafgefangenen im Hinblick auf die Vorbereitung der Freiheit während der Verbüßung der Freiheitsstrafe und einer möglichen Kollision zwischen Strafvollzugs- und Sozialrecht bereits an dieser Stelle darzustellen. Die Berufsberatung gem. § 29 I SGB III umfasst die Erteilung von Auskunft und Rat zur Berufswahl und zum Berufswechsel, zur Lage und Entwicklung des Arbeitsmarktes, zu den Möglichkeiten der beruflichen Bildung, zur Ausbildung und Arbeitsplatzsuche und zu den Leistungen der Arbeitsförderung. Dabei sind insbesondere die Neigung, Eignung und Leistungsfähigkeit des Ratsuchenden sowie die Beschäftigungsmöglichkeiten zu berücksichtigen. Die Ausbildungs- bzw. Arbeitsvermittlung umfasst alle Tätigkeiten, die darauf gerichtet sind, Ausbildungs- bzw. Arbeitssuchende mit Arbeitgebern zur Begründung von Beschäftigungsverhältnissen zusammenzuführen.[373] Zwar ist die Beratung eine Ermessensleistung der aktiven Arbeitsmarktförderung , §§ 3 V, IV, I Nr. 1, II Nr. 1 SGB III, mit der Konsequenz, dass kein Anspruch auf Beratung besteht, jedoch ist Absatz 1 als Pflichtaufgabe ausgestaltet mit der Folge, dass ein Beratungsangebot weder aus finan-

371 Jäger, Horst, Einführung in die Sozialversicherung, S. 121; Erlenkämper, Arnold/Fichte, Wolfgang, Sozialrecht, S. 212f

372 Schulin/Igl, Rn. 753; Jäger, Horst, S.122; Ohle, Carsten Detlev, Arbeitsentlohnung und Arbeitsbelohnung..., S. 109

373 Gitter/Schmitt, S. 248f; Schulin/Igl, Rn. 759ff; Jäger, Horst, Einführung..., S. 126; Hardes, Manfred, Die Förderung der beruflichen Weiterbildung..., S. 148

ziellen noch aus anderen Gründen abgelehnt werden darf. Die Vorschrift hat ermessensreduzierenden Charakter.[374] Die Beratung ist für Arbeitnehmer unentgeltlich, § 43 I SGB III.

(2) Umsetzung während der Inhaftierung

Fraglich ist, inwiefern Strafgefangene von dem für die Berufsplanung bzw. -fortsetzung nach der Haftentlassung wichtigen Instrument der Berufsberatung profitieren können. Weder im SGB III noch im StVollzG sind Regelungen über die Inanspruchnahme der Beratung durch Strafgefangene vorgesehen. Auch die Kommentarliteratur äußert sich hierzu nicht. Welche Konsequenzen dies hat, ist zu prüfen. Der Gesetzgeber hat in § 24 II StVollzG geregelt, dass Besucher über das normale Maß hinaus zugelassen werden sollen, wenn sie die Eingliederung des Gefangen fördern oder rechtlichen Angelegenheiten dienen, die nicht vom Gefangenen schriftlich erledigt, durch Dritte wahrgenommen oder bis zur Entlassung des Gefangenen aufgeschoben werden können. Die erste Fallgruppe betrifft die persönlichen Kontakte des Gefangenen familiärer Art; was der Gesetzgeber hingegen mit rechtlichen, persönlichen oder geschäftlichen Gründen gemeint hat, ist nicht klar erkennbar.[375] Mit Blick auf die Voraussetzung des § 24 II a.E. StVollzG, in dem auf die höchstpersönliche Kontaktaufnahme und die Nichterledigbarkeit auf schriftlichem Wege Bezug genommen wird, wird man sagen können, dass hierunter alle Besuche fallen, die keine Besuche im Sinne des § 26 StVollzG sind, aber aufgrund des Erfordernisses eines persönlichen Gespräches dennoch die direkte Begegnung mit dem Besucher erfordern, insbesondere um behördliche Angelegenheiten von nicht unerheblicher Bedeutung zu regeln. Die Unterredung mit einem Berufsberater der Arbeitsagentur zur Beratung und Abstimmung der weiteren beruflichen Zukunft des Gefangenen muss einen solchen rechtlichen Grund darstellen, der dem Gefangenen zu einem zusätzlichen Besuchsrecht verhilft, weil eine Beratung gerade nicht auf schriftlichem Wege oder durch Dritte im Wege der Stellvertretung erledigt werden kann. Eine Beratung impliziert zahlreiche Fragen und Antworten zu verschiedensten Problemstellungen, die nur direkt vom Gefangenen geklärt werden können, gerade wenn es um eine völlige berufliche Neuorientierung geht.[376] In diesem Sinne ist auch § 7 III 1 StVollzG auszulegen, wonach der Vollzugsplan mit der Entwicklung des Gefangenen in Einklang zu bringen ist, die u.a. Fragen des Berufswechsels beinhaltet. Der Vollzugsplan als Rahmenplan muss variabel bleiben und mit den Ergebnissen der Persönlichkeitsforschung in Einklang gebracht werden[377] – dies hat gerade für die berufliche Orientierung zu gelten. Zwar gibt die Regelung keinen Anspruch auf die Erteilung zusätzlicher Be-

[374] Niewald in Gagel, SGB III, § 29 Rn. 2

[375] AK-StVollzG-Joester/Wegner, § 24 Rn. 17; Schwind/Böhm-Schwind, StVollzG, § 24 Rn. 14

[376] Hardes, Manfred, Förderung der beruflichen Weiterbildung..., S. 148

[377] Calliess/Müller-Dietz, StVollzG, § 7 Rn. 8; Schwind/Böhm-Mey, StVollzG, § 7 Rn. 13; Mrozynski, Peter, Resozialisierung..., S. 167

suchszeit, sondern nur auf fehlerfreie Ermessensausübung[378] – mit Blick auf Art. 12 I GG und die Notwendigkeit der Beratung zur beruflichen Wiedereingliederung, § 3 III StVollzG, dürfte in so gelagerten Fällen aber wohl von einer Ermessensreduktion auf Null gesprochen werden. Abgesehen davon existiert mit § 148 II StVollzG eine Vorschrift, die die Vollzugsbehörden anhält durch geeignete Maßnahmen sicherzustellen, dass die Arbeitsagenturen die Berufsberatung möglichst wirksam durchführen können. Dies geschieht in der Praxis dadurch, dass die Strafanstalten Beratungsstunden für die Arbeitsagenturen einrichten.[379] Es soll dadurch die Verzahnung mit den außerhalb des Vollzugs bestehenden Ausbildungsmöglichkeiten nach dem SGB III und effektiver Beratung gewährleistet werden.[380] Die nähere Ausgestaltung der Berufsberatung ergibt sich aus den §§ 30, 31 SGB III. Wichtig ist hierbei, dass die Beratung individuell ausgerichtet sein muss und sich an der Neigung, Eignung und Leistungsfähigkeit des Gefangenen zu orientieren hat.[381]

(3) Beschränkbarkeit der Beratung durch das StVollzG

Problematisch ist die Frage, ob der Strafgefangene unter Berufung auf die Geheimhaltungspflicht des § 35 SGB I verlangen kann, dass der Besuch des Berufsberaters nicht überwacht wird, § 27 I StVollzG. Es ergibt sich eine stark konträre Beziehung beider Regelungskomplexe, weil die Verwertung von Sozialdaten ausschließlich nach den §§ 35 II SGB I, 67 ff SGB X erfolgt. Erwägt die Anstalt eine Überwachung nach § 27 I StVollzG, so muss der Gefangene nach § 67b I 1 SGB X in die Weitergabe einwilligen – tut er es nicht, müsste die Beratung eigentlich scheitern.[382] Auf der einen Seite kann eine Überwachung in den meisten Fällen des § 27 I 2 StVollzG der Behandlung und damit individual- und sozialtherapeutischen Maßnahmen oder der Vermittlung sozialer Handlungskompetenz dienen, wenn es für das „Behandlungsklima von Bedeutung ist“.[383] Darüber hinaus kann in sicherheits- und ordnungspolitischer Hinsicht eine Überwachung geboten sein, wenn Leben, Gesundheit, Sachwerte oder der sichere Gewahrsam d r Gefangenen auf dem Spiel stehen.[384] Auf der anderen Sei-

---

[378] AK-StVollzG-Joester/Wegner, § 24 Rn. 13; Schwind/Böhm-Schwind, § 24 Rn. 13

[379] Hardes, Manfred, Förderung der beruflichen Weiterbildung, S. 148; Mrozynski, Peter, ebda; AK-StVollzG-Huchting/Lehmann, § 148 Rn. 8; Calliess/Müller-Dietz, StVollzG, § 149 Rn. 4

[380] AK-StVollzG-Huchting/Lehmann, § 148 Rn. 7; Calliess/Müller-Dietz, StVollzG, § 148 Rn. 3

[381] Niewald in Gagel, SGB III, § 31 Rn. 1; Erlenkämper, Arnold/Fichte, Wolfgang, Sozialrecht, S. 221f

[382] Mrozynski, Peter, Resozialisierung..., S. 167; auf diese Konstellation ist der Gefangene nach § 14 S. 1 SGB I hinzuweisen

[383] BT – Drucksache 7 / 918, S. 59; Calliess/Müller-Dietz, StVollzG, § 27 Rn. 3; Schwind/Böhm-Schwind, StVollzG, § 27 Rn. 8

[384] Calliess/Müller-Dietz, StVollzG, § 27 Rn. 2; AK-StVollzG-Joester/Wegner, StVollzG, § 27 Rn. 5

te spricht die Existenz der §§ 35 SGB I, 67ff SGB X für eine Geheimhaltung der persönlichen Sozialdaten.
Zur Lösung des Widerspruches wird vorgeschlagen, dem Strafgefangenen die Vollzugslockerung des Freigangs zu gewähren, § 11 I Nr. 2 StVollzG, um die Arbeitsagentur aufzusuchen, ihm aber gleichzeitig die Weisung zu erteilen, § 14 I StVollzG, den Träger der Arbeitsagenturen von der Einhaltung des Sozialgeheimnisses zu entbinden.[385] Ein derartiges Vorgehen ist allerdings strikt abzulehnen: Es würde einen Missbrauch der Normen über die Vollzugslockerungen darstellen, zöge man sie man sie zur Umgehung der Geheimhaltungspflicht des Sozialrechts heran. § 14 I StVollzG dient ausschließlich der Vermeidung von Missbrauch des Freigangs und nicht dazu, der Vollzugsanstalt geschützte Informationen zu verschaffen, die über die §§ 67ff SGB X als Ausfluss des individuellen Persönlichkeitsrechts in Form der informationellen Selbstbestimmung, Art. 1 I, 2 I GG[386], ausdrücklich unter den Schutz der Vertraulichkeit gestellt sind.[387] Es wird erneut deutlich, dass das Sozialrecht durch die Anwendung im Vollzug nicht unerhebliche Einschränkungen erfährt.

bb. Aktive Arbeitsförderung

(1) Anforderungen der aktiven Arbeitsförderung

Zentral im Katalog der Leistungen der aktiven Arbeitsmarktförderung, die überragende Bedeutung für die vollzugliche Bildungsarbeit hat, steht die Förderung der beruflichen Weiterbildung. Gemäß § 77 SGB III kann eine Förderung nur dann erfolgen, wenn die Teilnahme notwendig ist, um arbeitslose Arbeitnehmer einzugliedern, drohende Arbeitslosigkeit nicht eintreten zu lassen oder Arbeitnehmer ohne Berufsabschluss zu qualifizieren.[388] Die Notwendigkeit der Weiterbildung wird gemäß § 77 II Nr. 1 SGB III auch dann anerkannt, wenn Gefangene zwar über einen Berufsabschluss verfügen, in diesem aber voraussichtlich keine Beschäftigung mehr finden, weil sie mehr als vier Jahre an- oder ungelernte Beschäftigungen ausgeübt haben, sog. Berufsentfremdung. Der Teilnehmer muss grundsätzlich die sog. Vorbeschäftigungszeit erfüllt haben, d.h. innerhalb der letzten drei Jahre vor der Teilnahme muss er mindestens 12 Monate in einem Versicherungspflichtverhältnis gestanden oder die Voraussetzungen für einen Anspruch auf Arbeitslosengeld oder Arbeitslosenhilfe mit Anschluss an den Bezug von Arbeitslosengeld erfüllt und Leistungen beantragt haben, §§ 77 I Nr. 2, 78 S. 1 SGB III. Abweichungen hiervon sind bei Berufsrückkehrern (§ 20 SGB III) und im Ausland tätigen Arbeitnehmern möglich, § 78 S. 2, 3 SGB III.[389] Erfüllt ein Gefangener die Vorbeschäftigungszeit nicht, können Weiterbildungs-

---

[385] Mrozynski, Peter, S. 168
[386] von Wulffen/Roos, SGB X, vor § 67 Rn. 1; BVerfGE 65, 1 (41); 78, 77 (84)
[387] So letztlich auch Mrozynski, Peter, Resozialisierung..., S. 168
[388] Vgl. Hardes, Manfred, Förderung der beruflichen Weiterbildung..., S. 147; Gitter/Schmitt, S. 251f; Schulin/Igl, Rn. 764f; Fichte/Erlenkämper, S. 231f; vgl. im Einzelnen Belle, Frieder, Die Maßnahmen der beruflichen Bildung im Arbeitsförderungsgesetz..., S. 54ff
[389] Vgl. Hardes, Manfred, Förderung der beruflichen Weiterbildung..., S. 147

kosten ohne die Leistung von Unterhaltsgeld übernommen werden, § 77 I 2 SGB III.[390] Gefangene ohne Berufsabschluss können an beruflichen Weiterbildungsmaßnahmen teilnehmen, wenn sie zuvor drei Jahre beruflich tätig gewesen sind, wobei hierfür jede Art von Tätigkeit[391] in Betracht kommt, z.B. auch Hausmann, Soldat, Strafgefangener etc, und eine berufliche Ausbildung nicht möglich oder nicht zumutbar ist, § 77 II Nr. 2 SGB III. Eine Förderung kommt immer nur in Betracht, wenn vor Beginn der Maßnahme eine Beratung durchgeführt, der Teilnahme zugestimmt und die Maßnahme anerkannt wurde, § 77 I Nr. 3, 4 SGB III.[392] Die Zustimmung der Arbeitsagentur zur Teilnahme an einer Maßnahme der beruflichen Weiterbildung setzt voraus, dass der Arbeitnehmer geeignet ist, vgl. § 32 SGB III, und im Anschluss an die Maßnahme voraussichtlich innerhalb angemessener Zeit eine dem Maßnahmeziel entsprechende Beschäftigung finden kann. Unter Eignung versteht man die körperlichen und geistigen Fähigkeiten, die erforderlich sind, um eine bestimmte berufliche Tätigkeit auszuüben.[393] Maßgebend sind hier allein berufsbezogene Kriterien und nicht etwa Eigenschaften, die den Gefangenen unter Vollzugsgesichtspunkten als ungeeignet ausweisen würden – die Gefahr einer anderweitigen Argumentation besteht, wenn die Arbeitsagenturen die Vollzugsbehörden im Wege der Amtshilfe um Informationen über einen Gefangenen ersuchen.[394] Die Maßnahme wird anerkannt, wenn sie den Zielen der Weiterbildungsförderung entspricht, die sich aus § 85 SGB III ergeben. Dabei spielt hauptsächlich der Nutzen für den Arbeitsmarkt eine Rolle, § 85 I Nr. 1 SGB III.[395]

(2) Leistungen der aktiven Arbeitsförderung

(a) Weiterbildungskosten

§ 77 I Nr. 1 SGB III stellt bei der Teilnahme an Weiterbildungsmaßnahmen die Übernahme von Weiterbildungskosten und die Leistung von Unterhaltsgeld ins Ermessen der Bundesagentur für Arbeit, §§ 39 SGB I, 35 I SGB X.[396] Die Bundesagentur verfügt über ein doppeltes Auswahlermessen, nämlich einerseits, ob

---

[390] Vgl. die früher engeren Voraussetzungen unter der Verpflichtung einer mindestens dreijährigen versicherungspflichtigen Beschäftigung, dazu Fichte/Erlenkämper, Sozialrecht, S. 232; Niewald in Gagel, SGB III, § 80 Rn. 6f

[391] Hardes, Manfred, Berufliche Bildung der Gefangenen nach dem AFG unter Berücksichtigung der durch das AFKG bedingten Änderungen, in: ZfStrVo 1982, S. 168

[392] Zu den Voraussetzungen der Anerkennung ebenso Hardes, Manfred, Förderung der beruflichen Weiterbildung..., S. 148; vgl. Mrozynski, Peter, S. 171

[393] Niewald in Gagel, SGB III, § 32 Rn. 4; Niewald sieht in systematischer Hinsicht die Eignung als Merkmal der Notwendigkeit der Bildungsmaßnahme iSd § 77 I Nr. 1 SGB III an, vgl. Niewald in Gagel, § 77 Rn. 9

[394] Franke, Dietmar, Rechtsanspruch des Gefangenen auf Maßnahmen der beruflichen Bildung?, in: ZfStrVo 1979, S. 74

[395] Vgl. zu den leistungsrechtlichen Voraussetzungen (beachte die Unterschiede zur alten Rechtslage) zusammenfassend Mrozynski, Peter, S. 170f

[396] Niewald in Gagel, SGB III, § 77 Rn. 84; vgl. Belle, Frieder, Die Maßnahmen der beruflichen Bildung..., S. 85ff

sie den Arbeitnehmer als Person fördern möchte, und andererseits, ob sie die Teilnahme des Arbeitnehmers an einer bestimmten Maßnahme fördern möchte. Sind diese Entscheidungen getroffen, muss noch das Auswahlermessen unter den in Betracht kommenden Leistungen ausgeübt werden.[397]
§§ 80ff SGB III zählen die Kosten, die im Rahmen der Weiterbildung übernommen werden können, abschließend auf: Lehrgangskosten und Kosten für die Eignungsfeststellung, Fahrtkosten, Kosten für die auswärtige Unterbringung und Verpflegung und Kosten für die Betreuung von Kindern.[398]

(b) Unterhaltsgeld
§§ 153ff SGB III regeln die Gewährung von Unterhaltsgeld, worüber die Arbeitsagentur nach pflichtgemäßen Ermessen entscheidet, wenn die Voraussetzungen vorliegen, §§ 39 SGB I, 35 I SGB X. Gefangene können Unterhaltsgeld erhalten, wenn sie die allgemeinen Fördervoraussetzungen und die Vorbeschäftigungszeit erfüllen.[399] Das Unterhaltsgeld errechnet sich auf der Grundlage des Bruttojahresarbeitsentgelts der Rentenversicherung gem. §§ 153ff, 129ff SGB III iVm §§ 43, 44, 48, 200 StVollzG, § 17 SGB IV, §§ 1, 2, 4 StVollzVergO und wird kalendertäglich gewährt, sog. kleines Unterhaltsgeld.[400] Zu beachten gilt es, dass aus Gründen der Verwaltungsvereinfachung und der Beschleunigung der Leistungsbewilligung das Unterhaltsgeld zum 1.1.2005 mit dem Arbeitslosengeld zusammengeführt wird, da beide bisher in der Höhe identisch waren.[401]

(3) Beschränkbarkeit der Arbeitsförderung durch das StVollzG
Fraglich ist erneut, inwiefern die Rechte der Arbeitsförderung auch im Vollzug gewahrt werden. Fest steht zunächst, dass der Gefangene im Falle des Erfüllens obiger Voraussetzungen einen Rechtsanspruch (auf fehlerfreie Ermessensausübung) nur gegenüber der Bundesagentur für Arbeit hinsichtlich Förderung der beruflichen Bildung hat.

---

[397] Niewald in Gagel, SGB III, § 77 Rn. 87
[398] Im Einzelnen Hardes, Manfred, Förderung der beruflichen Weiterbildung..., S. 148f; ders, Gesetzliche Grundlagen..., in: ZfStrVo 1995, S.277; Fichte/Erlenkämper, Sozialrecht, S. 233; Schulin/Igl, Rn. 765
[399] Niewald in Gagel, SGB III, § 153 Rn. 3; Fichte/Erlenkämper, Sozialrecht, S. 235f; Hardes, Manfred, Förderung der beruflichen Weiterbildung..., S. 149; vgl. Belle, Frieder, Die Maßnahmen..., S. 73ff
[400] Vgl. die praktischen Rechenbeispiele, auch für Beschäftigte im freien Beschäftigungsverhältnis unter Berücksichtigung des Haftkostenbeitrages bei Hardes, Manfred, Förderung..., S. 149f; ders, Gesetzliche Grundlagen..., in: ZfStrVo 1995, S. 277; ders, Berufliche Bildung der Gefangenen nach dem AFG..., in: ZfStrVo 1982, S. 169
[401] BGBl. 2003, S. 2863; vgl. Heller, Bernd/Stosberg, Rainer, Das Dritte und das Vierte Gesetz für moderne Dienstleistungen am Arbeitsmarkt, in: DAngVers 2004, S. 101

Ob eine Modifikation durch den Strafvollzug eintritt, bleibt zu prüfen.[402] Es ist zu untersuchen, wie der Begriff der Eignung in § 37 III StVollzG auszulegen ist und welche Maßstäbe die Vollzugsbehörde im Gegensatz zur Arbeitsverwaltung anzulegen hat. Eine Auffassung will den Begriff der Eignung verhaltenstypisch auslegen und damit die Förderungswürdigkeit in vollzugsspezifischer Hinsicht prüfen. Dies hätte den Vorteil, dass man einen im Vergleich zum SGB III alternativen Prüfungsmaßstab anlegen und dadurch verhaltensorientierte Belange abdecken würde.[403] Auf der anderen Seite wird argumentiert, es sei verfehlt, gute Führung und Weiterbildung dergestalt miteinander zu verquicken, dass man sich die Teilnahme an der Weiterbildung erst durch gute Führung verdienen müsse und disziplinarische Verstöße ohne weiteres zum Anlass genommen würden, den Gefangenen von einer Weiterbildungsmaßnahme zu suspendieren. Disziplinarverstöße könnten und müssten anders geahndet werden.[404] Darüber hinaus werden gesetzessystematische Argumente ins Feld geführt. Der Eignungsbegriff im StVollzG soll danach nur eine Wiederholung des im SGB III bereits enthaltenen Begriffs sein. Zwar enthält § 77 SGB III mehr als nur dieses eine Tatbestandsmerkmal, was gegen die angesprochenen Gesetzesparallelen spräche. Berücksichtigt werden müssen jedoch historische Umstände: Zur Zeit des Regierungsentwurfes[405] des § 37 III StVollzG war der Eignungsbegriff die einzige persönliche Voraussetzung des § 36 AFG a.F., eine Anpassung des § 37 III StVollzG an die Voraussetzungen des § 36 AFG n.F. hat nicht stattgefunden. Mit der heutigen Formulierung des § 77 SGB III hat sich die Diskussion weitgehend erledigt, weil auch er keine weiteren persönlichen Voraussetzungen fordert. Daraus folgt, dass die Aufnahme der Eignung in § 37 III StVollzG rein deklaratorischen Charakter trägt und die Entscheidung der Arbeitsverwaltung über die Eignung des Gefangenen Tatbestandswirkung entfaltet, d.h. die Vollzugsbehörde ist an die von der Arbeitsagentur festgestellten Tatsachen gebunden.[406]
§ 37 III StVollzG ist eine Sollvorschrift, welche besagt, dass die Rechtsfolge in allen typischen Fällen eintreten muss, dem Normadressaten aber gestattet wird, in atypischen, ungewöhnlichen Fällen von der Verwirklichung der Rechtsfolge abzusehen. Welche Fälle dies sein können, beantwortet sich nach einer teleologischen und systematischen Auslegung des § 37 III StVollzG. Die in § 37 III

---

402 Franke, Dietmar, Rechtsanspruch des Gefangenen auf Maßnahmen der beruflichen Bildung?, S. 74, der im Übrigen die Rechtslage vor Inkrafttreten des § 37 III StVollzG anhand der einschlägigen Verwaltungsvorschriften untersucht; Hilkenbach, Herbert, Schule und berufliche Bildung im Strafvollzug, in: ZfStrVo 1987, S. 49

403 Franke, Dietmar, S. 75

404 Jung, Heike, Weiterbildung der Gefangenen – eine Aufgabe des Vollzugs, in: ZfStrVo 1975, S. 140

405 BT – Drucksache 7 / 918, S. 15

406 Franke, Dietmar, S. 75; Calliess/Müller-Dietz, StVollzG, § 37 Rn. 5; nach AK-StVollzG-Däubler/Spaniol, § 37 Rn. 14f und Schwind/Böhm-Matzke, StVollzG, § 37 Rn. 17 wird die fachliche Eignung um die persönliche und vollzugliche Eignung ergänzt, wobei ersterer Bedenken im Hinblick auf Art. 12 I GG, § 2 S. 1 StVollzG anmeldet; Hardes, Manfred, Gesetzliche Grundlagen der beruflichen Bildung für Gefangene, in: ZfStrVo 1995, S. 273

StVollzG genannten Maßnahmen stehen gleichwertig neben der Zuweisung wirtschaftlich ergiebiger Arbeit, d.h. Gefangene sind nach Maßgabe ihrer Eignung zu fördern, die Bildungsmaßnahmen stellen gegenüber der Arbeit gleichwertige Betätigungsformen dar.[407] Damit drängt sich der Schluss auf, dass die Vollzugsbehörde wirtschaftlich ergiebige Arbeit und berufsfördernde Maßnahmen anhand gleicher Ermessenskriterien beurteilen muss, wie sich dies auch aus § 37 IV StVollzG ergibt, wonach dem Gefangenen angemesse Beschäftigung zugeteilt wird, wenn ihm weder wirtschaftlich ergiebige Arbeit noch die Teilnahme an einer berufsfördernden Maßnahme vermittelt werden kann. Hierbei wird die Vorrangstellung berufsbildender Maßnahmen gegenüber der subsidiären angemessenen Beschäftigung deutlich.[408] Gleichzeitig wird am Gesetzeswortlaut „kann" erkennbar, dass nur kapazitätsbezogene Gründe die Ablehnung einer berufsbildenden Maßnahme begründen können. Bestehen Kapazitäten und Vakanzen, muss die Vollzugsbehörde den Gefangenen Gelegenheit zu Maßnahmen im Sinne des § 37 III StVollzG geben.[409] Eine Ablehnung ist nur dann ermessensfehlerfrei möglich, wenn Belange des Vollzuges, § 4 II S. 2 StVollzG, oder fehlende sachliche Organisationseinheiten sie gebieten. In allen anderen Fällen reduziert sich das Ermessen der Vollzugsbehörde auf Null, und die weitere Entscheidung liegt in den Händen der Arbeitsverwaltung, §§ 77 ff SGB III.[410]
Eine andere Frage ist die der finanziellen Unterstützung des Gefangenen während der Bildungsmaßnahme. Grundsätzlich erhält der Gefangene im Falle seiner Teilnahme an einer Bildungsmaßnahme die Ausbildungsbeihilfe gemäß § 44 StVollzG. § 22 III 1 SGB III bestimmt nunmehr: Soweit Leistungen zur Förderung der Berufsausbildung und zur Förderung der beruflichen Weiterbildung der Sicherung des Lebensunterhalts dienen, gehen sie der Ausbildungsbeihilfe nach § 44 des StVollzG vor. Soweit der Gefangene Ansprüche nach dem SGB III hat, wird die Bundesagentur anstelle des Landes verpflichtet, die Leistungen zu zahlen, die zur Sicherung des Lebensunterhalts dienen.[411] Daraus folgt, dass der Vorrang lediglich für die Berufsausbildungsbeihilfe, § 59 SGB III, und das Unterhaltsgeld, §§ 153ff SGB III, gilt, nicht aber für die Sachkosten, § 67ff SGB III. Letztere werden in der Regel von den Anstalten getragen bzw. den Gefangenen rückerstattet.[412] Ferner sind gemäß § 22 III 2 SGB III der Vorrang und die Zahlungspflicht der Bundesagentur begrenzt bis zu der Höhe, in der andernfalls der Gefangene in den Genuss von Ausbildungsbeihilfe kommen würde. Nur in

[407] BT – Drucksache 7 / 3998, S. 19; Calliess/Müller-Dietz, StVollzG, § 37 Rn. 4
[408] Calliess/Müller-Dietz, StVollzG, § 37 Rn. 6
[409] BT – Drucksache 7 / 918, S. 15; 7 / 3998, S. 19; Franke, Dietmar, S. 76; Calliess/Müller-Dietz, ebda; Hilkenbach, Herbert, Schule und berufliche Bildung im Strafvollzug, in: ZfStrVo 1987, S. 50
[410] Calliess/Müller-Dietz, StVollzG, § 37 Rn. 5; Franke, Dietmar, S.76; Hardes, Manfred, Gesetzliche Grundlagen..., in: ZfStrVo 1995, S. 274
[411] Steinmeyer in Gagel, SGB III, § 22 Rn. 59
[412] Steinmeyer in Gagel, SGB III, § 22 Rn. 60

diesem Umfang kann ihm auch ein Verdienst entgehen.[413] § 22 III SGB III regelt also abschließend nur das Verhältnis der finanziellen Leistungen zur Sicherung des Lebensunterhalts, ansonsten bestimmt sich die Rechtslage nach den allgemeinen Grundsätzen über die Förderung der beruflichen Bildung.[414] Die Anstalt verschafft somit die praktischen Möglichkeiten, während der Träger der Arbeitsförderung die Finanzierung übernimmt, die sich vorrangig auf die Sicherung des Lebensunterhaltes während der Bildungsmaßnahme erstreckt. Im Übrigen greift der Nachranggrundsatz des § 22 I SGB III, um eine Doppelförderung des Antragstellers zu Lasten der Bundesagentur für Arbeit zu vermeiden (Grundsatz der Einheitlichkeit der Trägerschaft).[415]

b. Extramural

aa. Arbeitslosengeld

Die Anspruchsgrundlage auf Arbeitslosengeld ergibt sich aus § 117 SGB III. Anspruch hat, wer arbeitslos ist, sich bei der Arbeitsagentur arbeitslos meldet[416] und die Anwartschaftszeit erfüllt. Arbeitslos ist ein Arbeitnehmer, der vorübergehend nicht in einem Beschäftigungsverhältnis steht (Beschäftigungslosigkeit) und eine versicherungspflichtige, mindestens 15 Stunden wöchentlich umfassende Beschäftigung sucht (Beschäftigungssuche, § 118 I SGB III). Eine Beschäftigung sucht, wer alle Möglichkeiten nutzt und nutzen will, um seine Beschäftigungslosigkeit zu beenden, und den Vermittlungsbemühungen der Arbeitsagentur zur Verfügung steht, § 119 I SGB III.[417]

(1) Relevanz nach Haftentlassung

Aus dieser Definition wird klar, dass das Arbeitslosengeld nur als extramurale Förderungsmöglichkeit denkbar ist, weil die Inhaftierung als solche bereits die Bemühungen um eine Beschäftigung in alle Richtungen unterbindet – selbiges gilt auch für den Freigänger, nachdem die Voraussetzungen dieser Lockerung nach § 11 StVollzG relativ eng sind und den Anforderungen an eine Beschäftigungssuche nicht genügen.

---

[413] Steinmeyer in Gagel, SGB III, § 22 Rn. 61; Mrozynski, Peter, Resozialisierung..., S. 169; Hardes, Manfred, Gesetzliche Grundlagen..., in: ZfStrVo 1995, S. 274

[414] Mrozynski, Peter, S. 170

[415] Mrozynski, Peter, S. 169; Steinmeyer in Gagel, SGB III, § 22 Rn. 11

[416] Die Arbeitslosmeldung kann in Anlehnung an § 37b SGB III seit 1.1.2004 bereits drei Monate vor Eintritt der Arbeitslosigkeit erfolgen, § 122 I SGB III, vgl. BGBl. 2003, S. 2858

[417] Hardes, Manfred, Leistungen für Gefangene bei Arbeitslosigkeit, in: ZfStrVo 2001, S. 140; Henkes, Andreas/ Baur, Ulrich/Kopp, Joachim/Polduwe, Christiane, Handbuch Arbeitsförderung SGB III, S. 96ff; Erlenkämper/Fichte, Sozialrecht, S. 241; Schulin/Igl, Sozialrecht, Rn.772ff; Gitter/Schmitt, S. 253ff

Anders verhält es sich indes dann, wenn dem Freigänger nach dem Arbeitsförderungsrecht ohnehin kein Wohnortwechsel o.ä. zugemutet werden kann.[418] Erst nach der Entlassung stehen dem Gefangenen die oben dargestellten finanziellen Unterstützungsmechanismen uneingeschränkt zur Verfügung. Allgemein gilt für die Arbeitssuche (insbesondere für die Gefangenen nach der Haftentlassung), dass durch die verschärften Zumutbarkeitsregelungen der §§ 119, 121 SGB III eine verstärkte Eigenverantwortung des Arbeitslosen für seine berufliche Eingliederung begründet wurde.[419] Die Anwartschaftszeit hat erfüllt, wer u.a. in der Rahmenfrist mindestens 12 Monate in einem versicherungspflichtigen Verhältnis gestanden hat, vgl. § 339 SGB III. Die Berechnung der Rahmenfrist folgt aus § 124 SGB III.[420]

(2) Quantitative Aspekte des Arbeitslosengeldes

Die Höhe des Arbeitslosengeldes – das Bemessungsrecht beruht mit zahlreichen Variationen auf dem Grundgedanken des Ausfallprinzips[421] – beträgt gem. § 129 SGB III für Arbeitslose mit Kindern 67% und für die übrigen Arbeitslosen 60% des pauschalierten Nettoentgelts (Leistungsentgelt), das sich aus dem Bruttoentgelt ergibt, welches der Arbeitslose im Bemessungszeitraum erzielt hat (Bemessungsentgelt).[422] Nach § 136 SGB III versteht man unter Leistungsentgelt das um Steuern und Sozialversicherungsbeiträge geminderte Bemessungsentgelt, welches in den letzten 52 Wochen vor der Entstehung des Anspruchs, in denen Versicherungspflicht bestand, erzielt und beim Ausscheiden der Arbeitslosen aus dem Versicherungspflichtverhältnis vor der Entstehung des Anspruchs abgerechnet war, § 130 SGB III.[423]

Anknüpfend an die Regelung des § 112 VII AFG a.F.[424] kann der nach § 130 I SGB III ermittelte Bemessungszeitraum auf den Zeitraum von zwei Jahren vor dem Ende des Bemessungszeitraumes erweitert werden, wenn es mit Rücksicht auf das Entgelt, das der Arbeitslose in Zeiten der Versicherungspflichtverhältnisse in den letzten zwei Jahren vor dem Ende des Bemessessungszeitraumes erzielt hat, unbillig hart wäre, von dem Entgelt im eigentlichen Bemessungszeitraum auszugehen, § 131 SGB III. Der Arbeitslose muss dies verlangen und die

[418] Mrozynski, Peter, Resozialisierung..., S. 173; vgl. Hardes, Manfred, Die Arbeitslosenversicherung für Gefangene..., in: ZfStrVo 1986, S. 286; Götte, Sabine, S. 129, die vorschlägt, dass die Verfügbarkeit der Gefangenen im Freigang unter Berücksichtigung des Resozialisierungsgedankens zu bestimmen sein sollte

[419] Steinmeyer in Gagel, SGB III, § 121 Rn. 19; Hardes, Manfred, Leistungen für Gefangene..., in: ZfStrVo 2001, S. 140

[420] Nach § 312 IV SGB III erhält der Gefangene bei Entlassung eine Bescheinigung, aus der sich seine versicherungspflichtige Tätigkeit ergibt, vgl. Lohmann, Hans Christian, S. 114

[421] Henkes/Baur/Kopp/Polduwe, S. 104; Hardes, Manfred, Die Arbeitslosenversicherung für Gefangene..., in: ZfStrVo 1986, S. 284

[422] Hardes, Manfred, Leistungen für Gefangene..., S. 140

[423] Hardes, Manfred, Leistungen für Gefangene, S. 140; Henkes/Baur/Kopp/Polduwe, S. 97f; Erlenkämper/Fichte, S. 247ff; Schulin/Igl, Rn. 778

[424] Hardes, Manfred, Die Arbeitslosenversicherung für Gefangene..., in: ZfStrVo 1986, S. 287

erforderlichen Unterlagen vorlegen. § 131 SGB III regelt die Fälle, in denen § 130 SGB III zu nicht sachgerechten Ergebnissen führen würde, weil das Entgelt im 52 – wöchigen Bemessungszeitraum ungewöhnlich niedrig gewesen ist.[425] Es erfolgt dann eine weiträumigere Durchschnittsberechnung, was sich aber nur dann als hilfreich erweist, wenn der weiter zurückliegende Verdienst tatsächlich höher gewesen ist.[426] Indes entfaltet die Norm bei Strafentlassenen nur geringe Bedeutung, weil seit 1.8.1999 die Situation der Betroffenen dahingehend verbessert wurde, dass zwar noch immer nicht das der Beitragsberechnung zugrundeliegende Arbeitsentgelt maßgeblich ist, § 345 Nr. 3 SGB III, jedoch auch nicht das tatsächlich Ausbezahlte nach § 43 StVollzG, sondern jener Betrag, welchen der Gefangene verdient hätte, wäre er nicht in Haft gewesen, § 135 Nr. 3 SGB III. Damit findet eine (begrüßenswerte) Orientierung an den beruflichen Fähigkeiten und Qualifikationen statt.[427] Als Entgelt wird dann das tarifliche Arbeitsentgelt derjenigen Beschäftigung zugrunde gelegt, auf die die Arbeitsagentur die Vermittlungsbemühungen in erster Linie zu erstrecken hat. Tarifliches Arbeitsentgelt ist das auf Dauer erzielbare versicherungspflichtige Entgelt ohne Einmalzahlungen nach Ablauf einer Probezeit. Dahinter steht der Gedanke, dass der Strafgefangene nach der Entlassung über ein Arbeitslosengeld verfügen soll, das die angestrebte Resozialisierung unterstützt.[428] Die Anspruchsdauer ist aus § 127 SGB III zu entnehmen, sie wurde allerdings zum 1.1.2004 auf höchstens 12 Monate bzw. bei Arbeitnehmern nach Vollendung des 55. Lebensjahres auf maximal 18 Monate reduziert[429], was gerade bei den älteren Strafgefangenen von Bedeutung ist.

(3) Modifikation durch das „Dritte Gesetz für moderne Dienstleistungen am Arbeitsmarkt“

Eine weitere Verfestigung der Orientierung an der beruflichen Qualifikation des Arbeitslosen stellt § 132 II SGB III n.F. dar, der ab 1.1.2005 das Arbeitsentgelt jener Beschäftigung, auf die die Arbeitsagentur ihre Vermittlungsbemühungen erstreckt, abhängig von der jeweiligen Qualifikation in vier verschiedene Kategorien einteilt. Auch diese Neuerung dient der Verwaltungsvereinfachung; die momentan gültigen §§ 135ff SGB werden aufgehoben.[430]

---

[425] Rolfs in Gagel, SGB III, § 131 Rn. 1; Erlenkämper/Fichte, S. 248

[426] Rolfs in Gagel, SGB III, § 131 Rn. 2

[427] BT – Drucksache 14 / 873, S. 14; Hardes, Manfred, Leistungen für Gefangene..., S. 141 vgl. dort auch die praktischen Rechenbeispiele; Gagel in ders, SGB III, § 135 Rn. 11

[428] Gagel, ebda; Hardes, Manfred, ebda; Lohmann, Hans Christian, S. 114; vgl. Ohle, Carsten Detlev, S. 110

[429] „Gesetz zur Reform am Arbeitsmarkt“ BGBl. 2003, S. 3004; vgl. Heller, Bernd/Stosberg, Rainer, Das Dritte..., S. 101f

[430] BGBl. 2003, S. 2860; vgl. Heller, Bernd/Stosberg, Rainer, Das Dritte..., S. 102

bb. Arbeitslosenhilfe

(1) Bisherige Rechtslage

Die Arbeitslosenhilfe ist in den §§ 190ff SGB III geregelt und nach dessen Absatz 1 Nr. 3 grundsätzlich subsidiär zum Arbeitslosengeld. Gäbe es keine Arbeitslosenhilfe, müssten die Bezieher von den Sozialämtern betreut werden, was die Wiedereingliederung der Arbeitslosen in das Erwerbsleben erschweren und die Finanzkraft der Kommunen bzw. Landkreise als Sozialhilfeträger überfordern würde.[431] Wesentlicher Unterschied zum Arbeitslosengeld ist, dass die Arbeitslosenhilfe eine Bedürftigkeit voraussetzt, § 193 SGB III, für deren Feststellung das Vermögen des Arbeitslosen und seines Ehegatten bzw. seines in eheähnlicher Lebensgemeinschaft lebenden Partners ausschlaggebend ist. Die Arbeitslosenhilfe beträgt abhängig vom Familienstand 57% (erhöhter Leistungssatz) bzw. 53% (allgemeiner Leistungssatz) des Bemessungsentgelts, § 195 SGB III. Im Übrigen gelten die Ausführungen zum Arbeitslosengeld entsprechend.[432]

(2) Das neue Arbeitslosengeld II – „Viertes Gesetz für moderne Dienstleistungen am Arbeitsmarkt"[433]

Arbeitslosen- und Sozialhilfe werden ab dem 1.1.2005 in einem Gesetz zusammengefasst, in dem der Grundsatz des Forderns und Förderns (§§ 2, 14 SGB II) gilt, wobei das Nachrangprinzip deutlich verstärkt wird, § 5 SGB II. Das nicht mehr der eingeschränkten Lebensstandardsicherung wie die Arbeitslosenhilfe, sondern mittels einer Grundsicherung der Armutsvermeidung dienende Instrument des Arbeitslosengeldes II (§ 19 SGB II) richtet sich an erwerbsfähige Personen zwischen 15 und 65 Jahren, die hilfebedürftig sind und ihren gewöhnlichen Aufenthalt in der Bundesrepublik Deutschland haben, § 7 I SGB II. Demnach sieht § 20 SGB II Regelleistungen in Höhe von 345 Euro (West) und 331 Euro (Ost) vor, die um maximal 160 Euro erhöht werden können, wenn der Hilfebedürftige innerhalb von zwei Jahren nach dem Ende des Arbeitslosengeldes das Arbeitslosengeld II bezieht, § 24 SGB II.[434] Des weiteren können sämtliche Leistungen der Arbeitsförderung des SGB III nach Ermessen in Anspruch genommen werden. Die Bezieher von Arbeitslosengeld II sind in der Sozialversicherung pflichtversichert.[435] Beziehen entlassene Strafgefangene Arbeitslosen-

---

431 Hardes, Manfred, Die Arbeitslosenversicherung für Gefangene..., in: ZfStrVo 1986, S. 286

432 Vgl. Hardes, Manfred, Leistungen für Gefangene..., S. 141; Henkes/Baur/Kopp/Polduwe, S. 113ff; Erlenkämper/Fichte, S. 259ff; Gitter/Schmitt, S. 261ff; Schulin/Igl, Rn. 784ff

433 BGBl. 2003, 2954 (2961), das Gesetz gilt gem. § 134 SGB XII n.F. (BGBl. 2003, 3053) spätestens ab 1.1.2006, für Neubezieher vom 1.1.2005 an schon ab diesem Zeitpunkt, vgl. auch Winkel, Rolf/Nakielski, Hans, Die wichtigsten Änderungen im Jahr 2004, in: SozSich 2004, S. 24

434 Heller, Bernd/Stosberg, Rainer, Das Dritte und das Vierte..., S. 107f; nicht erwerbsfähige Personen erhalten gem. § 28 I SGB II das (reduzierte) Sozialgeld

435 Bäcker, Gerhard/Koch, Angelika, Unterschiede zwischen zukünftigem Arbeitslosengeld II und bisheriger Arbeitslosen- und Sozialhilfe, in: SozSich 2004, S. 88ff; Heller, Bernd/Stosberg, Rainer, Das Dritte und das Vierte..., S. 108; zu den Auswirkungen vgl. das vierte Kapitel

geld II, so gilt künftig (wie für andere auch), dass jede Tätigkeit zumutbar ist, nicht wie von der Regierung einst vorgesehen nur solche mit ortsüblichem oder tariflichem Lohn.[436] Das Gesetz sieht wahlweise zwei Trägermodelle vor: Trägerschaft der Bundesagentur für Arbeit mit den Kommunen in einer Arbeitsgemeinschaft und alleinige kommunale Trägerschaft durch Option. Die Einzelheiten bleiben einem besonderen Bundesgesetz vorbehalten, § 6a SGB II.[437]

III. Suspendierung der Kranken- und Rentenversicherung

Die mit dem Strafvollzugsgesetz begonnene Reform blieb mit der nur unzureichenden Gefangenenentlohnung und der Suspendierung der Kranken- und Rentenversicherungspflicht in den Anfängen stecken. Insbesondere für die Bereiche der Arbeit und Sozialversicherung hatte der Gesetzgeber in den §§ 190ff, 198f StVollzG einen Stufenplan für das stückweise Inkrafttreten sozialrechtlicher Vorschriften aufgestellt und Übergangsregelungen verabschiedet.[438]
Trotz verschiedener Gesetzesinitiativen sind alle Verbesserungsvorschläge an fiskalischen Interessen aufgrund der massiven finanziellen Belastungen der Länderhaushalte gescheitert, so dass nach § 198 III StVollzG die Einbeziehung in sämtliche Sozialversicherungszweige mangels besonderen Bundesgesetzes noch immer suspendiert ist.[439] Im Klartext heißt das, dass der Gesetzgeber die Strafgefangenen zwar für die Kranken- und Rentenversicherung vorgesehen, die Vorschriften aber nicht in Kraft gesetzt hat und sich mit einer derartigen „Minimallösung" offenbar zufrieden gibt.[440] Da also keine spezialgesetzliche Zuweisung zur gesamten Sozialversicherung existiert, mithin der Schutz lückenhaft geblieben ist, bleiben für die weitere Untersuchung nur noch allgemeine Regelungen des Sozialversicherungsrechts maßgebend.[441] Die Verschiedenartigkeit der Tätigkeitsformen im Strafvollzug gebietet dabei eine differenzierte Beurtei-

---

[436] Winkel, Rolf/Nakielski, Hans, Die wichtigsten Änderungen im Jahr 2004, in: SozSich 2004, S. 19

[437] Pfohl, Gerhard, Zusammenführung von Arbeitslosen- und Sozialhilfe für Erwerbsfähige, in: ZFSH/SGB 2004, S. 167ff; vgl. auch Vetter, Stefan, Wer ist verantwortlich für Arbeitslosengeld II?, in: MAIN POST vom 3.4.2004, S. 5

[438] Pawlita, Cornelius, Die Gefangenenentlohnung und ihre Bedeutung für das Sozialrecht, in: ZFSH/SGB 1999, S. 67; Rosenthal, Michael, S.14; Stellungnahme des Verbandes deutscher Rentenversicherungsträger VDR, Einbeziehung von Strafgefangenen in die gesetzliche Rentenversicherung, in: SozVers 1993, S. 44f

[439] AK-StVollzG-Brühl, Vor § 190 Rn. 1; Calliess/Müller-Dietz, StVollzG, § 193 Rn. 1; Schwind/Böhm-Matzke, StVollzG, § 193 Rn. 1; Pawlita, Cornelius, Die Gefangenenentlohnung..., S.68; Müller-Dietz, Heinz, Strafvollzugsrecht, S. 171; Lohmann, Hans Christian, Arbeit und Arbeitsentlohnung der Strafgefangenen, S. 113

[440] Hartmann, Jürgen, Keine Einbeziehung von Strafgefangenen in die gesetzliche Rentenversicherung, in: SozVers 1993, 198f; vgl. auch Mrozynski, Peter, Zur Pflichtversicherung Gefangener im Straf- und Maßregelvollzug, in: SGb 1990, S. 315; Müller-Dietz, Heinz, Strafvollzugsrecht, S. 170

[441] Lohmann, Hans Christian, S. 116

lung der Versicherungspflicht. Im Mittelpunkt wird der Beschäftigungsbegriff des § 7 SGB IV stehen.[442]

B. Sozialversicherung intramuraler Tätigkeiten in Eigenbetrieben

I. Der Beschäftigungsbegriff des SGB IV

Dem Beschäftigungsbegriff kommt für das gesamte Sozialversicherungsrecht wesentliche Bedeutung zu, weil sich hieran häufig eine Einbeziehung in Versicherungszweige knüpft, vgl. z.B. § 1 Nr. 1 SGB VI für die Rentenversicherung. § 7 I SGB IV definiert Beschäftigung als nicht selbständige Arbeit, insbesondere in einem Arbeitsverhältnis. Die Beschäftigung bildet damit den Gegensatz zur normalerweise nicht der Versicherungspflicht unterliegenden selbständigen Tätigkeit.[443] Bei der Prüfung der Voraussetzungen ist maßgeblich auf die tatsächlichen, nicht auf die rechtlichen Verhältnisse abzustellen. Daher ist nicht einmal ein wirksames Arbeitsverhältnis erforderlich.[444]

1. Arbeitsleistung

Nach der Rechtsprechung des Bundessozialgerichts liegt eine Beschäftigung im Sinne des § 7 I SGB IV vor, wenn Arbeit in persönlicher Abhängigkeit von einem Dritten geleistet wird.[445]
In Anknüpfung an die Untersuchung des Arbeitsbegriffes sieht das Bundessozialgericht als Arbeit jegliches menschliches Verhalten, das auf die Erreichung eines nicht nur eigennützigen, typischerweise erwerbswirtschaftlichen, aber auch ideellen Zwecks gerichtet ist. Ausschlaggebend ist die Befriedigung eines fremden Bedürfnisses, selbst wenn der Handelnde damit unmittelbar oder mittelbar eigennützige Zwecke verfolgt.[446] Wie bereits geprüft erfüllt die Tätigkeit der Gefangenen den Arbeitsbegriff.

2. Persönliche Abhängigkeit

Eine persönliche Abhängigkeit ist zu bejahen, wenn der Betroffene in einen fremden Betrieb eingegliedert und dem Weisungs- bzw. Direktionsrecht seines Arbeitgebers in Bezug auf Zeit, Dauer, Ort und Inhalt der geleisteten Tätigkeit unterworfen ist, sog. Verfügungsmacht des Arbeitgebers.[447] Anhaltspunkte für die Abgrenzung von abhängiger Arbeit und selbständiger Tätigkeit sind u.a. das Unternehmensrisiko, die Gestaltung der Arbeitszeit und die Verfügungsmög-

---

[442] Schorn, Ulrich, Sozialversicherung im Strafvollzug, in: NZS 1995, S. 444

[443] Schulin/Igl, Rn. 130ff; Brandenburg/Woltjen, in: Wannagat, Kommentar zum Recht des Sozialgesetzbuches, SGB IV, § 7 Rn. 1ff; Kreßel/Wollenschläger, S. 51; Mrozynski, Peter, Resozialisierung..., S. 145

[444] Kreßel/Wollenschläger, S. 52; Brandenburg/Woltjen, § 7 Rn. 27; Gitter/Schmitt, S. 50; Mrozynski, Peter, Resozialisierung..., S. 146; kritisch zum Beschäftigungsbegriff Müller-Dietz, Heinz, Zur Problematik..., in: ZRP 1974, S. 253

[445] BSGE 36, 262 (263); 47, 201 (204); 50, 231; 51, 164; 72, 105 (107)

[446] BSGE 25, 102; 42, 36; Brandenburg/Woltjen, in: Wannagat, SGB IV, § 7 Rn. 16

[447] Mrozynski, Peter, Resozialisierung..., S. 145; Schulin/Igl, Rn. 142; Gitter/Schmitt, S. 48; Brandenburg/Woltjen, § 7 Rn. 28

lichkeit über die eigene Arbeitskraft, die letztlich über das Weisungsrecht des § 315 BGB mehr oder weniger dem Arbeitgeber zugeteilt wird.[448] Es bedarf keiner intensiven dogmatischen Auseinandersetzung, um zu erkennen, dass die persönliche Abhängigkeit intramural arbeitender Strafgefangener aufgrund eines sehr intensiv ausgeprägten Weisungsrechts des Werkdienstes oder sonstiger Anstaltsangehöriger und darüber hinaus aufgrund einer stringenten zeitlichen Eingliederung sehr stark verwirklicht ist.

3. Freiwilligkeit

Schließlich bedarf es für ein Beschäftigungsverhältnis eines freiwilligen Tätigwerdens des Arbeitnehmers, das sich in seiner potentiellen Arbeitsbereitschaft ausdrückt. Arbeitnehmer zeichnen sich dadurch aus, dass sie aufgrund freier Bereitschaft für einen anderen im Wesentlichen von diesem bestimmte Arbeit leisten.[449] An diesem Tatbestandsmerkmal scheitert der Beschäftigungsbegriff im Vollzug. Nur die freiwillig, in der Regel aufgrund eines Arbeitsverhältnisses erbrachte nichtselbständige Arbeit gilt als eine Beschäftigung im Sinne des § 7 I SGB IV.[450] Nach allgemeiner Auffassung ist die Gefangenenarbeit nicht durch den freien Austausch von Lohn und Arbeit geprägt, sondern beruht auf der gesetzlichen Arbeitspflicht des § 41 StVollzG, der ein öffentlich – rechtliches Beschäftigungsverhältnis sui generis begründet.[451] Selbiges gilt für die sog. „unechten Freigänger“, die mit Zustimmung, § 11 II StVollzG, im Auftrag der Anstalt von Privatunternehmen für bestimmte Aufgaben eingesetzt und nach §§ 43, 200 StVollzG entlohnt werden. Dies ist neuerdings aber nur zulässig, wenn es – nach Bemühungen der Anstalt – zu keinem freien Beschäftigungsverhältnis kommt und „ein Mindestmaß organisierter öffentlich – rechtlicher Verantwortlichkeit der Anstalt für den Gefangenen(...)“ verbleibt.[452] Eine andere Sichtweise gebietet möglicherweise die Arbeit des (echten) Freigängers oder auch die nicht unstrittige Variante des in einem Unternehmerbetrieb Beschäftigten.[453] Im hier untersuchten Fall jedoch muss festgehalten werden, dass eine Sozialversiche-

---

[448] Brandenburg/Woltjen, § 7 Rn. 17f; Gitter/Schmitt, S. 49; Kreßel/Wollenschläger, S. 53; Mrozynski, Peter, ebda

[449] Brandenburg/Woltjen, SGB IV, § 7 Rn. 15, 19; Mrozynski, Peter, Resozialisierung..., S. 147

[450] Schorn, Ulrich, Sozialversicherung im Strafvollzug, in: NZS 1995, S. 445; Sehnert in Hauck/Noftz, SGB IV, Kommentar, § 7 Rn. 20; Lohmann Hans Christian, S. 116

[451] Schorn, Ulrich, ebda; Mrozynski, Peter, Zur Pflichtversicherung..., in: SGb 1990, S. 315; Pawlita, Cornelius, Die Gefangenenentlohnung..., in: ZFSH/SGB 1999, S. 67; Brandenburg/Woltjen, § 7 Rn. 65

[452] BVerfGE 98, 169 (209, 211); AK-StVollzG-Däubler-Spaniol, § 39 Rn. 24; Calliess/Müller-Dietz, StVollzG, § 39 Rn. 4; Laubenthal, Klaus, Rn. 409

[453] Mrozynski, Peter, Resozialisierung..., S. 146f; ders, Zur Frage der Arbeitslosenversicherung der im Maßregelvollzug Untergebrachten, in: ZfStrVo 1986, S. 288; Hartmann, Jürgen, Keine Einbeziehung von Strafgefangenen..., in: SozVers 1993, S. 198

rungspflicht mangels Beschäftigung nicht zu konstruieren ist. Dies zieht vielfältige Konsequenzen nach sich.[454]

II. Gesundheitsfürsorge als Äquivalent der Krankenversicherung

Da die Strafgefangenen bei intramuraler Arbeit keine Beschäftigten im Sinne des Sozialrechts sind, werden sie auch nicht in der gesetzlichen Krankenversicherung versichert.[455] Das StVollzG bietet in den §§ 56ff StVollzG eine eigene Gesundheitsfürsorge für die Gefangenen an, die jedoch eben gerade keine Maßnahme des Sozialversicherungsrechts darstellt, aufgrund ihrer Äquivalenzwirkung indes trotzdem näher beleuchtet werden soll; da es sich um ein der Krankenversicherung sehr ähnliches Institut handelt, bleibt eine nähere Betrachtung sogar unerlässlich. Die Normen des StVollzG geben dem Inhaftierten gesetzliche Leistungsansprüche auf Gesundheitsuntersuchungen, medizinische Vorsorgeleistungen, Krankenbehandlung und Versorgung mit Hilfsmitteln. Sollte ein Strafgefangener freiwillig seine gesetzliche Krankenversicherung auch während der Haftzeit aufrechterhalten haben, weil er über die finanziellen Mittel verfügt, so ruhen seine Ansprüche gegen den Krankenversicherungsträger im Krankheitsfall nach § 16 I Nr. 4 SGB V.[456] Ob die §§ 56ff StVollzG dem Inhaftierten tatsächlich einen Anspruch gegen die Vollzugsbehörde auf umfassende Sorge für seine körperliche und geistige Gesundheit geben[457], soll in der folgenden Untersuchung aufgezeigt werden.

1. Grundsätze der vollzuglichen Gesundheitsfürsorge

a. Fürsorgeprinzip

Die Gesundheitsfürsorgepflicht der Vollzugsanstalten liegt in der allgemeinen Obhut- und Fürsorgepflicht des öffentlich-rechtlichen Vollzugsverhältnisses begründet und trägt der Tatsache Rechnung, dass der Gefangene aufgrund des Freiheitsentzuges nicht in gleicher Weise wie ein freier Bürger Beeinträchtigungen seiner Gesundheit begegnen kann.[458] Die Obhut- und Fürsorgepflicht wiederum ist Ausfluss des Sozialstaatsprinzips.[459] Der Gesetzgeber sieht in § 101 StVollzG als Ausdruck der Fürsorgepflicht sogar die zwangsweise Behandlung

---

[454] Vgl. zum Beschäftigungsbegriff im Maßregelvollzug Mrozynski, Peter, Zur Frage der Arbeitslosenversicherungspflicht der im Maßregelvollzug Untergebrachten, in: ZfStrVo 1986, S. 289f

[455] Vgl. Olbrück, Claudia, Anspruch und Wirklichkeit des Strafvollzugsgesetzes, S. 64f

[456] Vgl. Laubenthal, Klaus, Rn. 636; bzgl. alter Rechtslage nach § 216 RVO vgl. Savigny, Michael von, Gesundheitsfürsorge im Strafvollzug..., S. 40; Schwind/Böhm-Romkopf-Rieckenbrauck, StVollzG, § 56 Rn. 12

[457] Laubenthal, Klaus, Rn. 635

[458] Savigny, Michael von, Gesundheitsfürsorge im Strafvollzug, S. 39; Dargel, Helmut, Kostentragungspflicht der Vollzugsbehörde für die Heilbehandlung kranker Gefangener, in: ZfStrVo 1983, S. 333; Hauf, Claus-Jürgen, Die Reichweite des Gefangenschaftsverhältnisses unter besonderer Berücksichtigung des Vollzugsverhältnisses, in: ZfStrVo 1994, S. 140

[459] BVerfGE 35, 202 (235); vgl. Savigny, Michael von, S. 42

von Gefangenen vor.[460] Gleichzeitig berücksichtigt die vollzugliche Gesundheitsfürsorge den Umstand, dass medizinischer Versorgung angesichts vieler auf engstem Raum miteinander lebenden Menschen eine besondere Bedeutung für die Gesundheit der Insassen zukommt[461] – hinzu tritt die Erkenntnis, wonach der Strafvollzug selbst aufgrund seiner eingeschränkten Lebensbedingungen und Entscheidungs- und Wahlmöglichkeiten tendenziell als gesundheitlich riskant und sozial desintegrierend bezeichnet werden muss.[462] So kommt die WHO 1998 in einem Bericht über „Mental Health Promotion in Prisons" zu einem alarmierenden Ergebnis: „The WHO Health in Prisons Project, aware that, in the absence of positive counter-measures, deprivation of freedom is intrinsically bad for mental health, and that imprisonment has the potential to cause significant mental harm (...)".[463] Ihrer Fürsorgepflicht zur Erhaltung der Gefangenengesundheit kommt die Vollzugsbehörde vor allem durch Einrichtung und Unterhaltung der ärztlichen Versorgung und durch Maßnahmen der Gesundheitsfürsorge nach, vgl. § 158 StVollzG.[464] Die Heilbehandlung findet grundsätzlich innerhalb der Vollzugsanstalten statt, um Missbrauch durch Simulation[465] zu verhindern; demgemäß wird auch die stationäre Behandlung in erster Linie in Vollzugskrankenhäusern durchgeführt. Im Rahmen des § 65 II StVollzG dürfen Gefangene auch in vollzugsfremden medizinischen Einrichtungen versorgt werden, wenn die vollzugseigenen Einrichtungen aus fachlichen oder kapazitären Gründen nicht zur Verfügung stehen können.[466] Da gemäß § 16 I Nr. 4 SGB V Ansprüche gegen die Krankenversicherungsträger ruhen, solange der Berechtigte Strafgefangener ist, erlangt es Bedeutung, dass mit Strafantritt bis zur Entlassung aus dem Vollzug, § 16 I StVollzG, bzw. bis zur Unterbrechung der Strafvollstreckung die Vollzugsbehörde für die gesundheitliche Betreuung zuständig ist.[467] Weil Urlaub und Ausgang die Strafvollstreckung nicht unterbrechen, bleibt die Verpflichtung der Vollzugsanstalt zur Gesundheitsfürsorge auch in diesen Fällen bestehen, § 60 StVollzG.

---

[460] Calliess/Müller-Dietz, StVollzG, § 101 Rn. 2; § 56 Rn. 1

[461] BT – Drucksache 7/918, S.72; Müller-Dietz, Heinz, S. 174; Schwind/Böhm-Romkopf/Rieckenbrauck, StVollzG, § 56 Rn. 3

[462] Stöver, Heino, Healthy Prisons, in: Strategien der Gesundheitsförderung im Justizvollzug, S. 284

[463] Zitat aus: Stöver, Heino, S. 285 „Die Weltgesundheitsorganisation „Gesundheit im Strafvollzug" ist sich bewusst, dass sich, ohne auf entsprechende Studien zurückgreifen zu können, Freiheitsentzug schädlich auf die mentale Verfassung niederschlägt und die Inhaftierung auch signifikante geistige Schäden verursachen kann"; vgl. auch AK-StVollzG-Boetticher/Stoever, vor § 56 Rn. 9

[464] Calliess/Müller-Dietz, StVollzG, § 56 Rn. 1

[465] Husen, Jan-Hinnerk, Kritische Bemerkungen zum vollzugsärztlichen Dienst, in: ZfStrVo 1974, S. 207

[466] Dargel, Helmut, S. 333f; Husen, Jan-Hinnerk, S. 208

[467] Savigny, Michael von, S. 45f; Dargel, Helmut, Kostentragungspflicht der Vollzugsbehörde..., in: ZfStrVo 1983, S. 333, 335f, wo auch die Problematik der Kostentragung während einer Flucht behandelt wird

b. Äquivalenzprinzip

Trotz der außergewöhnlichen Bedingungen im Vollzug gilt das Äquivalenzprinzip, welches besagt, dass die Angleichung medizinischer Versorgung innerhalb des Vollzugs an die Lebensverhältnisse in Freiheit gewährleistet wird.[468] Das Äquivalenzprinzip gebietet die medizinische Orientierung an der gesamten Entwicklung des öffentlichen Gesundheitswesens und umfasst mithin das medizinisch und allgemein übliche Maß an Aufwendungen, wie es dem Patienten in Freiheit normalerweise zur Verfügung steht.[469]

c. Kein Recht auf freie Arztwahl

Eine wesentliche Einschränkung des Äquivalenzprinzips stellt die nicht existierende freie Arztwahl dar, da der Kostenträger nicht die Krankenversicherung, sondern die Vollzugsbehörde ist.[470] Überdies haben auch vollzugsspezifische Gründe dazu geführt, dass die Gefahr des Missbrauchs einer andersartigen Regelung als zu gravierend angesehen wurde.[471]

Es bestünde die Gefahr, dass über vollzugsfremde, freie Ärzte Privilegien erschlichen werden könnten, wie z.B. verbesserte Kost, Verkürzung des Arbeitspensums etc., die der Anstaltsarzt verweigert hatte bzw. hätte. Dies gilt im Besonderen für das Verschreiben von Medikamenten und einen daraus folgenden Arzneimittelmissbrauch oder gar aufkommenden Arzneimittelhandel innerhalb der Anstalt.[472] Damit ist der Anstaltsarzt nach § 58 StVollzG während des Freiheitsentzuges selbst dann allein für die ärztliche Betreuung zuständig und verantwortlich, wenn das ohnehin belastete Vertrauensverhältnis zwischen Anstaltsarzt als Organ der Vollzugsbehörde und Häftling vollkommen zerrüttet sein sollte, wie es in der Praxis nicht selten vorkommt.[473] Allerdings ermöglichen es die Verwaltungsvorschriften Nr. 2 und Nr. 3 zu § 58 StVollzG als Ausnahme von diesem Grundsatz in den Fällen der Nichterreichbarkeit des Anstaltsarztes bei Notfall bzw. auf Wunsch des Gefangenen einen beratenden Arzt hinzuzuziehen. Letzteres ist nur nach anstaltsärztlicher Untersuchung und Stellungnahme[474] sowie nach Ermessen des Anstaltsleiters[475] denkbar.

---

[468] BT – Drucksache 7 / 3998, S. 25; Calliess/Müller-Dietz, StVollzG, § 56 Rn. 1; AK-StVollzG-Boetticher/Stoever, § 56 Rn. 6; Schwind/Böhm-Romkopf/Rieckenbrauck, StVollzG, § 56 Rn.12

[469] AK-StVollzG, ebda; Dargel, Helmut, S. 333; Lohmann, Hans Christian, S. 116

[470] AK-StVollzG-Boetticher/Stoever, StVollzG, vor § 56 Rn. 6; Dargel, Helmut, S. 334; Savigny, Michael von, S. 66; Hauf, Claus-Jürgen, Die Reichweite des Gefangenschaftsverhältnisses..., S. 141

[471] KG ZfStrVo SH 79, 65; KG NStZ 1985, 45; BT – Drucksache 7 / 3998, S. 25f; Calliess/Müller-Dietz, StVollzG, § 58 Rn. 5; Savigny, Michael von, S. 74

[472] Calliess/Müller-Dietz, ebda

[473] Savigny, Michael von, S. 67; Schwind/Böhm-Romkopf/Rieckenbrauck, StVollzG, § 56 Rn. 2; AK-StVollzG-Boetticher/Stoever, vor § 56 Rn. 8, 11

[474] Husen, Jan-Hinnerk, Kritische Bemerkungen zum vollzugsärztlichen Dienst, in: ZfStrVo 1974, S. 206

[475] OLG Hamm MDR 1979, 428

2. Leistungsvergleich zwischen den §§ 56ff StVollzG und §§ 20ff SGB V

Angesichts der Bedeutung der Gesundheitsfürsorge im Vollzug für die Gefangenen, wie sie bereits die WHO in ihrem Bericht betont hat, bleibt zu prüfen, ob die medizinische Versorgung im Vollzug mit der im SGB V vorgesehenen mithalten kann oder ob den Gefangenen wichtige ärztliche Betreuungsleistungen (möglicherweise gerechtfertigt) vorenthalten bleiben.

a. Prävention und Selbsthilfe

Nach der Neufassung des § 20 I SGB V haben die Versicherten zwar keinen Anspruch auf Aufklärung und Beratung mehr durch die Krankenkassen, jedoch sollen die Krankenkassen weiterhin Leistungen zur primären Prävention anbieten, die den allgemeinen Gesundheitszustand verbessern und insbesondere einen Beitrag zur Verminderung sozial bedingter Ungleichheit von Gesundheitschancen erbringen.

Prävention hat den (noch) nicht erkrankten Menschen im Blick, sie greift also ein, bevor eine behandlungsbedürftige Krankheit eingetreten ist[476], und soll verhüten, dass eine Krankheit überhaupt ausbricht.[477] Die Literatur nimmt eine Dreiteilung in Primär- , Sekundär- und Tertiärprävention abhängig davon vor, in welchem Stadium die Maßnahme eingreifen soll, wobei die Primärprävention auf den Gesunden und die Tertiärprävention auf den bereits leicht Erkrankten abzielt.[478] Dem schließt sich das BSG nicht an: Es unterscheidet vom Gesetzeswortlaut her zwischen Maßnahmen zur Früherkennung von Krankheiten und solchen zur Verhütung von Krankheiten. Erstere sind rein diagnostischer Natur und als solche nicht auf Änderung des festgestellten Zustands des Versicherten gerichtet.[479] Wenn bei einer Maßnahme zur Früherkennung von Krankheiten eine Krankheit im Anfangsstadium erkannt wird, handelt es sich begrifflich schon um den Anfang einer Heilbehandlung, nicht um eine präventive Maßnahme.[480] Demgemäß sollen die Leistungen an einen nicht optimalen Gesundheitszustand der Versicherten anknüpfen und geeignet sein, ihn zu verbessern. Sozial bedingte Ungleichheiten der Gesundheitschancen sollen durch die verstärkte Inanspruchnahme solcher Leistungen durch sozial benachteiligte Bevölkerungsgruppen kompensiert werden.[481] Dies könne wesentlich durch entsprechende Aufklärungsmaßnahmen geschehen.[482] Eine vergleichbare Regelung ist dem Katalog des StVollzG nicht zu entnehmen, obwohl gerade im Vollzug HIV und andere hochinfektiöse Krankheiten zusammen mit den beengten Verhältnissen ein großes Problem darstellen. Der Gefangene wird gemäß § 56 II StVollzG verpflichtet, die notwendigen Maßnahmen des Gesundheitsschutzes und der Hygiene zu

---

476 BSGE 50, 44
477 Adelt in LPK-SGB V, § 20 Rn. 4f
478 Adelt in LPK-SGB V, § 20 Rn. 6ff
479 BSGE 51, 115 (117)
480 Adelt in LPK-SGB V, § 20 Rn. 11
481 BT – Drucksache 14 / 1977, S. 160
482 Adelt in LPK-SGB V, § 20 Rn. 18

unterstützen, hat aber keinen rechtlichen Anspruch auf Aufklärung und Beratung durch Fachleute. Dieser könnte als „minus“ zu den Maßnahmen des § 57 StVollzG ohne weiteres normiert werden, zumal dagegen sprechende Vollzugsbelange nicht ersichtlich sind und medizinisch geschultes Personal ohnehin vor Ort ist.[483] Ein solches Beratungsrecht könnte auch im Rahmen von Selbsthilfegruppen in Anspruch genommen werden und würde das diesbezügliche Problembewusstsein drastisch erhöhen.

b. Leistungen zur Verhütung von Krankheiten

§ 21 SGB V beinhaltet die zahnmedizinische Gruppenprophylaxe von Versicherten, die das 12. Lebensjahr noch nicht vollendet haben, insbesondere in Schulen und Kindergärten. Eine solche Regelung ist im StVollzG entbehrlich, weil wegen § 80 StVollzG nur Mütter mit Kindern gemeinsam untergebracht werden können, wenn Letztere noch nicht schulpflichtig sind. Dann ist ohnehin § 57 VI Nr. 2 StVollzG einschlägig.

§ 22 SGB V ist deckungsgleich mit § 57 V StVollzG, die Altersverschiebungen im StVollzG sind auf § 19 StGB, §§ 1ff JGG zurückzuführen.

§ 23 I SGB V entspricht weitgehend § 57 VI StVollzG. Die Maßnahmen nach § 23 SGB V setzen grundsätzlich keine Krankheit voraus, indem sie rein präventive Vorsorgeleistungen darstellen.[484] Dies wird in § 23 I Nr. 1 SGB V deutlich, wonach eine Schwächung der Gesundheit (Vorstadium der Krankheit), die in absehbarer Zeit voraussichtlich zu einer Krankheit führen würde, zu beseitigen ist.[485] Nach der Gesundheitsreform 2000 haben die Maßnahmen des § 23 I Nr. 3 SGB V als medizinische Vorsorgeleistungen das Ziel, auf der Basis der Tertiärprävention die Verschlimmerung von Krankheiten zu vermeiden. Krankheit in diesem Sinne ist nach der Rechtsprechung des BSG ein regelwidriger Körper- oder Geisteszustand, der entweder Behandlungsbedürftigkeit oder zugleich oder allein Arbeitsunfähigkeit zur Folge hat.[486] Diese Art von Krankheitsprävention gemäß § 23 I Nr. 3 SGB V bildet somit ein Plus zu dem ansonsten mit § 57 VI StVollzG deckungsgleichen Katalog, so dass letztlich doch das Vorliegen einer möglicherweise noch nicht erkannten Krankheit gefordert wird und rechtssystematisch der Übergang zur Krankenbehandlung nach § 27 SGB V verschwimmt.[487]

Eine weitere Einschränkung des Vorsorgeschutzes stellt das Fehlen einer § 23 II, IV SGB V ebenbürtigen Vorschrift dar, wonach eine ambulante Vorsorgekur bzw. eine Behandlung mit Unterkunft und Verpflegung in einer Vorsorgeeinrichtung gewährt werden können, wenn die sonstigen Maßnahmen nicht ausrei-

[483] So auch Savigny, Michael von, S. 245

[484] Adelt in LPK-SGB V, § 23 Rn. 1

[485] Adelt in LPK-SGB V, § 23 Rn. 11

[486] BSGE 33, 202; 35, 10 (12); 39, 167 (168); 59, 119 (121); vgl. Literaturmeinung bei Adelt in LPK-SGB V, § 27 Rn. 10f

[487] Adelt in LPK-SGB V, § 23 Rn. 18

chend sein sollten.[488] Für die Beschränkungen in der medizinischen Krankheitsprävention sind keine Gründe ersichtlich. Kuraufenthalte bleiben zwar grundsätzlich vollzugsbedingt nicht möglich, weil der Freiheitsentzug entgegensteht. Allerdings könnten sie an die Voraussetzungen des Freigangs, des Ausgangs oder des Urlaubs geknüpft werden und in eine Ermessensentscheidung der Anstaltsleitung münden. Außer den Kostenerwägungen spricht nichts dafür, dem Strafgefangenen diese Präventionsmaßnahme zu verwehren, denn Belange des Vollzuges sind bei der Gewährung von Hafterleichterungen ebenso wenig oder stark betroffen wie bei der Gewährung eines stationären Kuraufenthaltes.[489] Das Fehlen einer § 23 I Nr. 3 SGB V ebenbürtigen Vorschrift bildet zwar de jure eine Schlechterstellung – de facto aber sind die gleichen Maßnahmen im Rahmen der Krankenbehandlung durchzuführen, weil bei Vermeidung der Verschlimmerung einer Krankheit stets eine nach § 58 StVollzG behandelbare Krankheit vorliegt.

c. Leistungen zur Früherkennung

§§ 25, 26 SGB V decken sich mit § 57 I – III StVollzG. Insbesondere steht jeweils die Früherkennung von Krebserkrankungen unter der Prämisse, dass genügend Ärzte und Einrichtungen vorhanden sind, um die aufgefundenen Verdachtsfälle eingehend zu diagnostizieren und zu behandeln. Damit findet zwar eine Entwertung der deutlichen Leistungsverbesserung im Bereich der Vorsorge statt[490], die Gefangenen haben aber letztlich die gleichen Ansprüche gegen die Vollzugsbehörde wie die Versicherten gegen die Krankenkasse. Dies gilt auch für die Leistungen nach § 26 SGB V und § 57 IV StVollzG.[491]

d. Krankenbehandlung

aa. Ärztliche Behandlung

Die ärztliche Behandlung deckt sich nach § 58 Nr. 1 StVollzG und 27 I Nr. 1, 28 SGB V, so dass die Krankenbehandlung jener in Freiheit gleicht.[492]

bb. Zahnärztliche Behandlung

Die zahnärztliche Behandlung stimmt in SGB V und StVollzG überein, vgl. § 28 II SGB V und § 61 StVollzG. Gemäß § 62 StVollzG bestimmen die Landesjustizverwaltungen die Höhe der Zuschüsse bei der Versorgung mit Zahnersatz. Insoweit wurde bewusst eine Angleichung an die Regeln des § 30 II SGB V vorgenommen.[493] Im Rahmen des § 29 I SGB V wird ein umfangreicher Anspruch

---

[488] Savigny, Michael von, S. 246
[489] So auch Savigny, Michael von, S. 247f
[490] Calliess/Müller-Dietz, StVollzG, § 57 Rn. 2
[491] Savigny, Michael von, S. 248f
[492] BT - Drucksache 11 / 2237, S. 268; Calliess/Müller-Dietz, StVollzG, § 58 Rn.1; Schwind/Böhm-Romkopf-Rieckenbrauck, § 58 Rn. 1; AK-StVollzG-Boetticher/Stoever, § 58 Rn. 2f; vgl. Mrozynski, Peter, Resozialisierung..., S. 159 zum Problem von Transsexualität als Krankheit und der Kritik an OLG Frankfurt, ZfStrVo 1981, S. 382
[493] Calliess/Müller-Dietz, StVollzG, § 62 Rn. 2

auf kieferorthopädische Behandlung gewährt, die, abgesehen von § 63 StVollzG, im Vollzug nicht existiert. Dies ist eine Benachteiligung der Gefangenen, weil die Maßnahmen zur sozialen Eingliederung des § 63 StVollzG körperliche Missbildungen und Behinderungen voraussetzen und die Norm ermessensabhängig ist[494], während § 29 I SGB V nur einfache Zahn- oder Kieferfehlstellungen, die Kauen, Beißen, Sprechen oder Atmen erheblich beeinträchtigen oder zu beeinträchtigen drohen, fordert und einen Anspruch verleiht.[495] Eine solche Regelung geht zu Lasten der Gefangenen, ohne dass ein sachlicher Grund hierfür besteht. Da entgegenstehende Belange des Vollzuges prinzipiell nicht ersichtlich sind, wäre die Statuierung spezieller Ausschlussklauseln ähnlich der des § 65 II oder § 57 III Nr. 4 StVollzG geboten gewesen.

cc. Arznei- , Verband- , Heil- und Hilfsmittel

Bezüglich der Versorgung mit Arznei- , Verband- , Heil- und Hilfsmitteln sind die Gefangenen gegenüber den Versicherten besser gestellt, da der Ausschluss des § 34 SGB V in den §§ 58 Nr.3, 59 StVollzG keine Entsprechung findet. Dies wird zutreffend damit begründet, dass dem Gefangenen die finanziellen Mittel zum Erwerb dieser Gegenstände fehlen.[496] Gemäß § 59 S. 1 StVollzG steht die Versorgung mit medizinischen Hilfsmitteln, z.B. Seh- und Hörhilfen, Körperersatzstücken, unter der Prämisse der Rechtfertigung des Hilfsmitteleinsatzes bezogen auf die Länge der Haftdauer. Im Falle einer Freiheitsstrafe von unter sechs Monaten (§ 47 StGB) beispielsweise[497] kann die Ausstattung aus Kostengründen abgelehnt werden, nach § 19 II SGB V besteht aber sogar bis zu vier Wochen nach Ausscheiden aus dem Versicherungsverhältnis Versicherungsschutz, welcher auch mangels Konkurrenzverhältnisses nicht vom Ruhenstatbestand des § 16 I Nr. 4 SGB V erfasst wird.[498]

Die Ausbildung im Gebrauch der Hilfsmittel wird nach § 59 S. 2 StVollzG nur unter dem Vorbehalt gewährt, dass Belange des Vollzuges nicht entgegenstehen. Dabei handelt es sich um eine Beschneidung sozialer Rechte nach § 33 SGB I.

---

[494] Calliess/Müller-Dietz, StVollzG, § 63 Rn. 1
[495] Adelt in LPK-SGB V, § 29 Rn. 5
[496] Savigny, Michael von, S. 250
[497] Calliess/Müller-Dietz, StVollzG, § 59 Rn. 3
[498] Vgl. den Wortlaut der Norm des § 16 I Nr. 4 SGB V „...soweit..."

dd. Häusliche Krankenpflege und Haushaltshilfe

Den Gefangenen steht weder ein Anspruch auf häusliche Krankenpflege, § 37 SGB V, noch ein solcher auf Haushaltshilfe, § 38 SGB V, zu. Dies ist allerdings eine Folge der mit dem Strafvollzug verbundenen Freiheitsentziehung.[499]

ee. Krankenhaus

Sowohl Gefangene als auch Versicherte haben Anspruch auf Krankenhausbehandlung, § 65 StVollzG bzw. § 39 SGB V. Den Versicherten wird sogar nach § 39 II SGB V eine Einschränkung der freien Arzt- bzw. Krankenhauswahl auferlegt. Damit besteht sogar de jure eine weitgehende Deckungsgleichheit mit § 65 StVollzG.[500]

ff. Rehabilitationsleistungen

Gemäß § 58 Nr. 4 StVollzG umfasst die Krankenbehandlung auch Maßnahmen der Rehabilitation, vgl. §§ 40 – 43 SGB V. Rechtssystematisch gehören sie zur Krankenbehandlung.[501] Anspruchsvoraussetzung ist die Notwendigkeit der Maßnahme zur Erreichung eines der Behandlungsziele des § 27 I 1 SGB V oder eines der Rehabilitationsziele des § 11 II SGB V, d.h. einer drohenden Behinderung oder Pflegebedürftigkeit vorzubeugen, sie nach Eintritt zu beseitigen, zu bessern oder eine Verschlimmerung zu verhüten.[502] Der Gefangene kann eine derartige Leistung nur beanspruchen, wenn Belange des Vollzuges nicht entgegenstehen. Diese Beschränkung erscheint aufgrund der Tatsache, dass es sich bei Rehabilitationsmaßnahmen um solche medizinischer Natur handelt, und in Anbetracht des hohen Stellenwerts der Gesundheit des Menschen (Art. 1 I, 2 I GG), nicht angebracht. Denn Vollzugsbelange dürfen und können keinen Ausschlag geben. Ambulante Maßnahmen könnten vielmehr innerhalb der Anstalt durch Ärzte oder nichtärztliche Fachkräfte erbracht werden[503] und Ansprüche hierauf auf die vorhanden Kapazitäten beschränkt werden. Dies ließe sich gerade für die Bereiche Belastungserprobung, Krankengymnastik und Arbeitstherapie räumlich gut organisieren. Da stationäre Rehabilitationskuren nur in Rehabilitationseinrichtungen durchgeführt werden können, müssten jene im Rahmen des Urlaubs des Gefangenen oder entsprechend § 65 StVolllzG in externen Einrichtungen erfolgen.[504] Begrüßenswert ist zumindest, dass die Einschränkung durch das mögliche Entgegenstehen von Vollzugsbelangen im Zuge der Angleichung an die Entwicklung des Gesundheitswesens „zur Zeit bedeutungslos" ist.[505]

---

499 Savigny, Michael von, S. 251; vgl. zu den Leistungen bei häuslicher Pflege und Haushaltshilfe, §§ 37f SGB V, ders, S. 253

500 Näher hierzu Savigny, Michael von, S. 252

501 Adelt in LPK-SGB V, § 40 Rn. 1

502 Ders, § 40 Rn. 3

503 Ders, § 40 Rn. 7

504 Ähnlich Savigny, Michael von, S. 253

505 AK-StVollzG-Boetticher/Stoever, § 58 Rn. 32

e. Krankengeld

Eine massive Benachteiligung der Gefangenen ist im Bereich des Krankengeldes zu erkennen. Es tritt an die Stelle der Entgeltzahlung durch den Arbeitgeber, wenn der Versicherte krankheitsbedingt seiner Arbeit nicht nachkommt und kein Anspruch auf Lohnfortzahlung durch den Arbeitgeber besteht, § 44 SGB V.[506] § 45 II StVollzG sieht zwar eine Ausfallentschädigung vor, falls ein Gefangener mehr als eine Woche ohne sein Verschulden an der Arbeitsleistung gehindert ist. Dann beträgt die Entschädigung mindestens 60% der Eckvergütung in § 43 I StVollzG, während sich nach § 47 I SGB V das Krankengeld auf 70% des regelmäßig erzielten Arbeitsentgelts des zuletzt abgelaufenen und abgerechneten Lohnabrechnungszeitraums beläuft.[507] Damit beträgt die vollzugliche Ausfallentschädigung zum einen nur 5,4% der Bezugsgröße des § 18 SGB IV. Zum anderen ist die Anwendung der Norm des § 45 StVollzG ohnehin gemäß § 198 III StVollzG suspendiert. Es bedarf erst eines besonderen Bundesgesetzes, so dass de jure überhaupt keine Ausfallentschädigung existiert und § 45 StVollzG nicht mehr als nur eine „Absichtserklärung des Gesetzgebers“ darstellt.[508] Die Literatur sieht hierdurch zu Recht aus Kostenerwägungen den Angleichungsgrundsatz verletzt[509]; allerdings gilt es zu bedenken, dass der Vergleich zwischen § 45 StVollzG und § 44 SGB V ohnehin hinkt, weil wegen § 45 V StVollzG eher eine Beziehung zu § 3 EFZG als zu einer darüber hinausgehenden (krankenversicherungsorientierten) Entschädigung besteht. Selbst wenn es zu einer Inkraftsetzung der Norm kommen sollte, so wirft die Höhe der Entschädigung an sich hinsichtlich ihrer Funktion als Entgeltsurrogat schwerwiegende Bedenken auf.[510]

f. Mutterschaftsgeld

Gefangene Frauen erhalten kein Mutterschaftsgeld im Gegensatz zu solchen in Freiheit.[511] Zwar sieht § 45 III StVollzG eine solche Regelung vor, doch ist auch diese nach § 198 III StVollzG suspendiert.

g. Empfängnisverhütung, Schwangerschaftsabbruch und Sterilisation

Das StVollzG enthält keine den §§ 24a, b SGB V vergleichbaren Regelungen. Ansprüche auf ärztliche Beratung zu Fragen der Empfängnisverhütung und auf Durchführung einer durch Krankheit erforderlichen Sterilisation erscheinen nicht zwingend im Vollzug erforderlich zu sein, da sexuelle Kontakte zwischen männlichen und weiblichen Gefangenen ohnehin nicht zu befürchten stehen.[512] Anders sieht dies bei der Frage eines Schwangerschaftsabbruches einer im Zeit-

---

506 Kruse in LPK-SGB V, § 44 Rn. 3
507 Kruse in LPK-SGB V, § 47 Rn. 1
508 Savigny, Michael von, S. 256
509 AK-StVollzG-Däubler/Spaniol, § 45 Rn. 1; Calliess/Müller-Dietz, StVollzG, § 45 Rn. 1; Schwind/Böhm-Matzke, StVollzG, § 45 Rn. 1
510 So auch Savigny, Michael von, S. 256
511 Vgl. hierzu Kruse in LPK-SGB V, Anhang 6 zu § 24a, b, Rn. 11ff
512 Anderer Ansicht Mrozynski, Peter, Resozialisierung..., S. 161

punkt des Strafantritts bereits Schwangeren aus: In dieser Konstellation liegt eine Parallelität zur Rechtslage in Freiheit vor, d.h. die Möglichkeit zum Schwangerschaftsabbruch besteht im Rahmen des nach § 218a StGB Zulässigen. Hiervon zu unterscheiden ist die Kostenfrage, die sich ebenfalls nach allgemeinen Vorschriften richtet, §§ 58, 61, 65 StVollzG. Im Falle einer medizinischen oder kriminologischen Indikation[513] besteht ein Leistungsanspruch auf Abbruch der Schwangerschaft, vgl. § 24b I, II SGB V, d.h. die Kosten der medizinischen Behandlung und Krankenpflege sind auch im Vollzug gedeckt.[514] Beim rechtswidrigen, aber straffreien Abbruch nach § 218a I StGB besteht (auch im Vollzug) ein Ausschluss der Leistungspflicht hinsichtlich des Schwangerschaftsabbruches und der medizinischen Nachsorge, § 24b III, IV SGB V.[515] Sind einer Patientin die diesbezüglichen Kosten einer privatärztlichen Behandlung nicht zuzumuten, hat sie gemäß §§ 1ff SchwHG dennoch einen Anspruch auf Behandlung nach dem Sachleistungsprinzip durch die Krankenkassen, denen ihre Kosten wiederum von den Ländern als Träger rückerstattet werden, § 4 SchwHG.[516]
Ist die Anstalt tatsächlich daran gehindert, den Eingriff vorzunehmen, so wird eine Verlegung nach § 8 II StVollzG vorgeschlagen – allerdings stellt § 65 II StVollzG keine taugliche Rechtsgrundlage hierfür dar, weil eine Schwangerschaft bekanntlich keine Krankheit ist.[517] Die VV 1 I d) zu § 8 StVollzG sieht hingegen nur Begutachtung und ärztliche Untersuchung als wichtigen Grund vor[518], ein Schwangerschaftsabbruch stellt aber bereits eine (schwere) medizinische Behandlungsmaßnahme dar. Deshalb erscheint es angebracht, § 65 II StVollzG analog anzuwenden, um diese offenbar nicht gewollte Regelungslücke auszufüllen. Dann kann eine zügige Verlegung in eine Fachklinik erfolgen, ohne die Frau ihrer Rechte zu berauben. Praktikabel erscheint ferner die Ausführung der Gefangenen gemäß § 11 I Nr. 2 StVollzG.
Für die Sterilisation wird ebenfalls der Weg über §§ 8 II, 7 II StVollzG vorgeschlagen[519], doch ist eine derartige Maßnahme zum einen nicht im Katalog des § 7 II StVollzG enthalten und zum anderen dient der Vollzugsplan als Orientierungsrahmen für den Ablauf des Vollzuges und die Ausgestaltung der einzelnen Behandlungsmaßnahmen.[520] Eine Sterilisation hat nichts mit dem Ablauf des Vollzuges zu tun und ist auch nicht besonders eilbedürftig, so dass insofern die Sterilisation an den tatsächlichen Bedingungen des Vollzugs scheitern muss.

---

[513] Kruse in LPK-SGB V, § 24b Rn. 8
[514] Kruse in LPK-SGB V, § 24b Rn. 11; vgl. Igl, in: von Maydell (Hrsg.), GK-SGB V, § 16 Rn. 53
[515] Kruse in LPK-SGB V, § 24b Rn. 13ff
[516] Kruse in LPK-SGB V, § 24b Rn. 16ff; vgl. zu allem Schwind/Böhm-Steinhilper, § 76 Rn. 11; Calliess/Müller-Dietz, StVollzG, § 76 Rn. 2; AK-StVollzG-Bammann/Quensel, § 76 Rn. 5
[517] Mrozynski, Peter, Resozialisierung..., S. 161
[518] Calliess/Müller-Dietz, StVollzG, § 8 Rn. 11
[519] Mrozynski, Peter, ebda
[520] Calliess/Müller-Dietz, StVollzG, § 7 Rn. 1

h. Kritische Stellungnahme

Wie gesehen ist der gesundheitliche Schutz des Strafgefangenen entgegen der Ansicht der „(...) unzureichenden anstaltsärztlichen Versorgung (...)“[521] weitgehend verwirklicht[522], wenn auch an manchen Stellen gesetzgeberischer Nachbesserungsbedarf besteht. Einen weiteren Gesichtspunkt der Gewährleistung der Gefangenengesundheit stellt § 61 StVollzG dar, der Ausfluss des Angleichungsgrundsatzes ist und besagt, dass die Krankenbehandlung ausreichend und zweckmäßig sein muss, aus Gründen der Wirtschaftlichkeit das Maß des Notwendigen aber nicht überschreiten darf – Maßstab hierfür bilden die „Regeln der ärztlichen Kunst“, wie sie auch im SGB V Anwendung finden.[523] Eine andere Frage ist, inwieweit der Ruhenstatbestand des § 16 I Nr. 4 SGB V eingreift. Die Antwort hierauf hängt maßgeblich von der Auslegung des Tatbestandmerkmals „soweit“ ab. Das Problem stellt sich auch nur im Rahmen der vierwöchigen Nachfrist des § 19 II SGB V oder wenn der Gefangene die Krankenversicherung freiwillig aufrechterhält. In der Literatur wird teilweise vertreten, dass § 16 I Nr. 4 SGB V nur greift, wenn die fragliche Leistung von der Vollzugsanstalt erbracht wird. Ist dies nicht der Fall, komme ein Ruhen der Leistungen nicht in Betracht, weil es schon zu keiner Doppelleistung kommen könne.[524] Anders hingegen und meines Erachtens zu Recht entscheidet die Rechtsprechung: Da das StVollzG dem SGB V gleichartige Leistungen vorsieht (sie müssen sich nicht vollständig entsprechen), sind die Ansprüche des Gefangenen gegenüber der Krankenkasse zum Ruhen zu bringen. Die umfassende Zuständigkeit der Vollzugsbehörden schließt diejenige der Krankenkasse aus.[525] Der Vorbehalt „soweit“ bezieht sich lediglich auf den Rechtsanspruch auf den tatsächlichen Erhalt von Gesundheitsfürsorge, nicht auf deren Umfang.[526] Als systematisches Argument kann man auch die leges-speciales-Qualität der §§ 56ff StVollzG anführen. Schließlich sei erwähnt, dass die alternative Auffassung[527] völlig unpraktikabel ist und sich in der Vollzugspraxis nur unter größtem Verwaltungsaufwand durchführen ließe. Die Maßnahmen der Gesundheitsfürsorge sollen aber gerade unkompliziert und zügig abgewickelt werden. Fraglich bleibt, ob die Rechtsprechung des BSG auch den Zeitraum des § 19 II SGB V erfassen soll. Wie bereits oben dargelegt befürworte ich innerhalb der Frist des § 19 II SGB V

---

[521] So Olbrück, Claudia, Anspruch und Wirklichkeit des Strafvollzugsgesetzes, S. 64

[522] Vgl. Lohmann, Hans Christian, S. 121; Ohle, Carsten Detlev, Arbeitsentlohnung und Arbeitsbelohnung im Gefangenenarbeitswesen, S. 108; Neu, Axel, Der Gesetzgeber bleibt gefragt, in: NK 1998, S. 17

[523] Calliess/Müller-Dietz, StVollzG, § 61; AK-StVollzG-Boetticher/Stoever, § 61 Rn. 1; Schwind/Böhm-Romkopf/Rieckenbrauck, § 61 Rn. 2, 4

[524] Neumann-Duesberg, Rüdiger, Gesundheitsfürsorge sowie Sozial- und Arbeitslosenversicherung nach dem neuen Strafvollzugsgesetz, in: DOK 1977, S. 12; Mrozynski, Peter, Resozialisierung..., S. 156

[525] BSG ZfStrVo 1983, S. 312; Heinze, in: SozVers-GesKom, § 16 Rn. 6; Mrozynski, Peter, S. 157; Igl, in: von Maydell (Hrsg.), GK-SGB V, § 16 Rn. 52f

[526] Noftz, in: Hauck/Noftz, SGB V, Kommentar, § 16 Rn. 44

[527] So auch Kruse in LPK-SGB V, § 16 Rn. 11

eine Ausnahme dahingehend, dass die Krankenversicherungsträger weiterhin in Anspruch genommen werden können. Normzweck des § 19 II SGB V ist eine spezifische Fürsorge der Solidargemeinschaft für ihre bisherigen Mitglieder. Die Legitimation dafür liegt in der besonderen Schutzbedürftigkeit dieses Personenkreises und der engen zeitlichen Versicherungsnähe.[528] Im Übrigen stünden die Gefangenen bei einer divergierenden Betrachtung trotz Gesundheitsfürsorge im Vollzug ggf. schlechter als sonstige „normale" aus dem Versicherungsverhältnis ausscheidende Versicherte.

III. Renten- und Pflegeversicherung

Da gemäß § 20 I SGB XI die Pflegeversicherung an die Krankenversicherung gekoppelt ist, sind Strafgefangene nicht in den Schutz der sozialen Pflegeversicherung einbezogen.[529] Mangels Vorliegens einer Beschäftigung sind sie ebenfalls nicht rentenversichert.[530]

C. Streitfall: Keine Sozialversicherungspflicht bei intramuralen Tätigkeiten in Fremdbetrieben

Eine in sozialrechtlicher Hinsicht nicht unstrittige Zwischenform stellt die Arbeit der Gefangenen in Fremdbetrieben innerhalb der Anstalt dar. Auf der Grundlage des § 149 StVollzG können die Vollzugsbehörden privaten Unternehmern die Möglichkeit einräumen, innerhalb der Strafanstalten Produktionsstätten zu errichten. Nach § 149 IV StVollzG kann die technische und fachliche Leitung Angehörigen dieser Unternehmen übertragen werden.[531] Es fragt sich, ob der in einem Betrieb tätige Gefangene Beschäftigter im Sinne des § 7 SGB IV ist. Nachdem das BSG bei Strafgefangenen das Vorliegen einer Beschäftigung in diesem Sinne aufgrund fehlender Freiwilligkeit abgelehnt hat[532], wird vereinzelt erwogen, die Freiwilligkeit bei der Arbeit in Unternehmerbetrieben gleichwohl zu bejahen, weil gemäß § 41 III StVollzG die Zustimmung des Gefangenen erforderlich wird, mithin kein Zwang zur Arbeit mehr bestehe – allerdings ist § 41 III StVollzG wegen § 198 III suspendiert, die Argumentation versagt folglich.[533] Die Freiwilligkeit der Arbeitsleistung bleibt jedoch Gegenstand der Diskussion.

---

[528] Noftz, in: Hauck/Noftz, SGB V Kommentar, § 19 Rn. 24

[529] Udsching, Peter, SGB XI Kommentar, § 20 Rn. 2f; Neu, Axel, Der Gesetzgeber bleibt gefragt, in: NK 1998, S. 17; Götte, Sabine, Die Mitbetroffenheit..., S. 122

[530] Vgl. Mênil du, Beatrice, Die Resozialisierungsidee im Strafvollzug, S. 184; Rosenthal, Michael, Arbeitslohn im Strafvollzug, S. 14; Lohmann, Hans Christian, S. 115; Götte, Sabine, S. 123

[531] Calliess/Müller-Dietz, StVollzG, § 149 Rn. 2

[532] BSGE 12, 71 (73); 27, 197; zur Vereinbarkeit des § 198 III, IV StVollzG mit Art. 3 GG vgl. BSG NJW 1989, S. 191; siehe auch BSGE 18, 246 (251)

[533] Mrozynski, Peter, Zur Pflichtversicherung Gefangener im Straf- und Maßregelvollzug, in: SGb 1990, S. 316; ders, Resozialisierung..., S. 147

I. Auffassung der Rechtsprechung des BAG: Zwangsverhältnis

1. Öffentlich – rechtlicher Charakter jeglicher Gefangenenarbeit

Die Rechtsprechung, insbesondere die des BAG, sieht jede Art von intramuraler Tätigkeit als öffentlich – rechtliches Verhältnis an, welches es der Vollzugsbehörde verwehre, mit Gefangenen privatrechtliche (Ausbildungs-) Verträge zu schließen.[534] Das besondere Gewaltverhältnis verbiete den Vollzugsbehörden durch den Abschluss privatrechtlicher Verträge Gleichordnungsverhältnisse zu schaffen. Dies gelte unabhängig davon, ob der Gefangene in einem Eigen- oder einem Fremdbetrieb innerhalb oder außerhalb der Anstalt arbeite.[535]

2. Gleichbehandlung

Das BAG führt weiter aus, dass die Begründung von Beschäftigungsverhältnissen privatrechtlicher Art zu einer Zwei – Klassen Gesellschaft und damit zu anstaltsinternen Unruhen führen könnte. Das Funktionieren der Anstaltsarbeitsbetriebe beruhe maßgeblich auf der Möglichkeit des vollzugs- oder neigungsbedingten Austauschs der Gefangenen, gerade mit Blick auf die knappen Kapazitäten qualifizierter Arbeitsplätze.[536] Dies gelte im Falle unterschiedlicher Entlohnung unter den Gefangenen umso mehr, so dass die Konsequenzen verschiedenartiger Beschäftigung im Hinblick auf Gleichbehandlungsprobleme abzulehnen seien.[537]

3. Verpflichtung zur Arbeit nur gegenüber der Vollzugsbehörde

Das letzte Argument des BAG beschäftigt sich mit der Frage, wem der Gefangene die Arbeitsleistung schuldet. Es kommt zum Ergebnis, dass die Arbeitsleistung ausschließlich der Strafanstalt geschuldet werde, weshalb der Unternehmer nicht berechtigt sei, die Arbeit einzufordern.[538] Weil ausschließlicher „Gläubiger" der Arbeitsleistung jedoch die Behörde ist, könne auch kein privatrechtliches Arbeits- bzw. Beschäftigungsverhältnis vorliegen.[539]

II. Kritik der Literatur

1. Lehre von der Doppelspurigkeit

Grundsätzlich finde die vollzugliche Ausbildung und Arbeit in hoheitlicher Form statt, § 37 I, II StVollzG. § 39 I StVollzG erlaube es dem Gefangenen unter bestimmten Voraussetzungen einem freien Beschäftigungsverhältnis außerhalb der Anstalt nachzugehen. Das StVollzG gehe stillschweigend davon aus, dass die normalen gesetzlichen Regelungen außerhalb des Vollzuges ihre Gül-

---

[534] BAG ZfStrVo 1987, S. 300 = BAGE 53, 336 (340); Sigel, Walter, Beschäftigungs- und Berufsausbildungsverhältnis zwischen Vollzugsanstalt und Gefangenen, in: NStZ 1987, S. 544

[535] So auch LAG Hamm NStZ 1991, S. 456

[536] Sigel, Walter, Beschäftigungs- und AusbildungsverhältniS..., S. 545

[537] BAG ZfStrVo 1987, S. 302; Sigel, Walter, ebda

[538] BAG ZfStrVo 1987, S. 302; vgl. zu allem Mrozynski, Peter, Zur Pflichtversicherung..., in: SGb 1990, S. 317; Schorn, Ulrich, Sozialversicherung im Strafvollzug, in: NZS 1995, S. 446

[539] BT – Drucksache 7 / 3998, S. 21; 7 / 918, S. 64; so auch Laubenthal, Klaus, Rn. 407

tigkeit behalten, was sich aus § 39 III und § 42 IV StVollzG ergebe. Zwar bleibe der Gefangene weiterhin vollzugsspezifischen Regelungen unterworfen, allerdings ändere dies nichts an der wirksamen Entfaltung privatrechtlicher Normen.[540] Hier werde eine „Doppelspurigkeit“ in privatrechtlicher und öffentlich – rechtlicher Form deutlich, die nicht nur im Freigang, sondern auch im Rahmen von Privatunternehmen im Inneren der Anstalt durchführbar sei. Es gebe keinen Grund den Abschluss eines privaten (Ausbildungs-) Vertrages abzulehnen. Dies gelte darüber hinaus sogar in Eigenbetrieben der Anstalt, dort habe sie ein Wahlrecht bezüglich der öffentlich – rechtlichen und privatrechtlichen Gestaltung, was sich abhängig von der Entscheidung auch im Beschäftigungsbegriff niederschlage.[541]

2. Annahme eines Beschäftigungsverhältnisses

Eine gewichtige Literaturmeinung *Mrozynskis* tritt der BAG–Auffassung vehement entgegen und sieht bei der Tätigkeit eines Gefangenen in einem Unternehmerbetrieb ausschließlich ein versicherungspflichtiges Beschäftigungsverhältnis als gegeben. Ausschlaggebendes Argument ist u.a. letztlich Nr. 29 des Übereinkommens der Internationalen Arbeitsorganisation. Es handelt sich hierbei um einen völkerrechtlichen Vertrag im Sinne des Art. 25 GG.

a. Gesetzesvorbehalt

Zunächst wird bemängelt, dass das BAG keine Rechtsgrundlage benennen könne, welche es dem Gefangenen verbiete, in privatrechtlicher Form tätig zu werden. Das StVollzG enthalte ein solches Verbot jedenfalls nicht. Im Gegenteil: Wenn die Strafanstalten schon private Unternehmer produzieren lassen, wieso sollten dann keine privatrechtlichen Arbeitsverhältnisse möglich sein? Derartige Ansprüche ließen sich zwar letztlich nicht aus §§ 39ff StVollzG ableiten – ihre Begründbarkeit beruhe aber auf der überholten Konstruktion des besonderen Gewaltverhältnisses.[542] Die Arbeitspflicht ergebe sich aus § 41 StVollzG, das Verbot privatrechtliche Verträge mit Unternehmern zu schließen könne hingegen nach der Aufgabe des besonderen Gewaltverhältnisses nicht aufrechterhalten werden. Da es sich um eine weitere Beschränkung der Freiheit des Gefangenen handele, verlange § 4 II 1 StVollzG eine ausdrückliche gesetzliche Grundlage.[543] Nachdem eine solche nicht existiere, stehe es im Belieben des Gefangenen seine Rechtsbeziehungen privatrechtlich zu gestalten.[544] Dies werde aus anderen Normenkomplexen des StVollzG deutlich: Gemäß §§ 11, 24, 35 StVollzG kann das eheliche Leben des Gefangenen beeinflusst werden – trotzdem ist die Ehe

---

[540] Fredebeul, Franz Heinz, Zur Vertragsfrage bei überbetrieblicher Berufsausbildung, in: BB 1983, S. 974

[541] Fredebeul, Franz Heinz, S. 974, 975; vgl. Sigel, Walter, S. 544

[542] BVerfGE 33, 1 (10)

[543] Mrozynski, Peter, Zur Pflichtversicherung..., S. 316, 320

[544] Vgl. die Rechtsprechung in ähnlich öffentlich – rechtlich geprägten Fällen: BVerfGE 70, 138 (166); OVG Lüneburg, NVwZ 1989, S. 881

weiterhin ein bürgerlich – rechtliches Geschäft. Nach §§ 28 II Nr. 1, 29, 84 StVollzG kann die Strafanstalt eine weitgehende Kontrolle über die Kontenbewegungen des Gefangenen ausüben[545] – trotzdem bleibt das Verhältnis des Gefangenen zu seiner Bank privatrechtlich. Die Annahme einer öffentlich – rechtlichen Arbeitspflicht gegenüber einem Privaten verlange jedenfalls die Auseinandersetzung mit dem Verbot der Zwangsarbeit in Nr. 29 des Übereinkommens der IAO.

b. Gleichbehandlung

Die Gefahr einer anstaltsinternen Zwei – Klassengesellschaft wird nicht gesehen. Zum einen müsste dieses Argument auch gegenüber den Freigängern als schon jetzt privilegierten Gefangenen greifen. Zum anderen könne anfangs eine allgemeine Arbeitspflicht in herkömmlichen Betrieben gelten, später je nach Entwicklung des Gefangenen im Unternehmerbetrieb oder als Freigänger gearbeitet werden. Die unterschiedliche Entlohnung entfalte sogar positive Wirkungen durch den gesteigerten Arbeitsanreiz für die Gefangenen. Über § 39 III StVollzG könnten Löhne treuhänderisch den Vollzugsbehörden überwiesen werden, um eine anstaltsinterne finanzielle Ausgewogenheit unter den Gefangenen zu gewährleisten.[546]

c. Nr. 29 Internationales Arbeitsübereinkommen[547]

Da ein Unternehmer keine Arbeitspflicht der Gefangenen einfordern darf, sondern nur die Vollzugsbehörde, arbeite der Gefangene für den Unternehmer freiwillig. Indem er dies tue, folge er zudem einer öffentlich – rechtlichen Arbeitspflicht. Die Verpflichtung gegenüber der Vollzugsbehörde für einen Privaten zu arbeiten, löse die Problematik des Verbotes der Zwangsarbeit aus, womit sich das BAG nicht auseinandergesetzt hat. Nach dem Abkommen Art. 2 I ist Zwangsarbeit jene, die unter Androhung einer Strafe und unfreiwillig verrichtet wird. Art. 2 II macht eine Ausnahme für Strafgefangene, wenn die Arbeit unter Behördenüberwachung erfolgt und wenn der Gefangene nicht an Private verdingt oder ihnen sonst zur Verfügung gestellt wird. Das OLG Hamm hat in einem Fall entschieden, dass keine Verdingung oder sonstiges Zur-Verfügung-Stellen vorliege, weil die Benutzung der Anstaltsräume und die Arbeitsbedingungen zwischen JVA und Unternehmer vertraglich geregelt waren sowie sich die JVA das Recht vorbehalten hat, Gefangene nach ihrem Ermessen aus dem Betrieb zu entfernen, Überprüfungen bezüglich der Arbeit vorzunehmen und die festgestellten Mängel dem Unternehmer zu melden sowie dem Unternehmerpersonal anstaltsinterne (hauspolizeiliche) Weisungen der Verwaltung zu ertei-

---

[545] Nach bedenklicher Ansicht des OLG Nürnberg ZfStrVo 1981, S. 57 kann sogar die Kontoführung untersagt werden, zustimmend vgl. Hauf, Claus-Jürgen, Die Reichweite des Gefangenschaftsverhältnisses unter besonderer Berücksichtigung des Vollzugsverhältnisses, in: ZfStrVo 1994, S. 142

[546] Mrozynski, Peter, Zur Pflichtversicherung..., S. 317

[547] BGBl. II 1956, S. 640; BGBl. II 1957, S. 1694; vgl. auch Laubenthal, Klaus, Rn. 408

len.[548] Die Literatur sieht in dieser Regelung dennoch ein Zur-Verfügung-Stellen der Gefangenen, zumal das Weisungsrecht des Arbeitgebers trotz Kontrollrecht inhaltlich nicht tangiert werde.[549] Selbst die ermessensgebundene Herausnahme eines Gefangenen aus einem Betrieb stelle im Endeffekt nichts anderes dar als die Kündigung des Arbeitverhältnisses eines Freigängers, wenn die Voraussetzungen des § 11 II StVollzG nicht mehr vorliegen. Das Beanstandungsrecht der Anstalt ersetze bzw. beschneide regelmäßig nicht das Weisungsrecht des Arbeitgebers und die betriebliche Eingliederung des Gefangenen.[550] Dafür spreche auch die gesetzliche Regelung in § 149 IV StVollzG und im noch suspendierten § 41 III 2 StVollzG, wonach der Arbeitgeber in seinem (berechtigten) Verfügungsrecht über Gefangene eindeutig geschützt werde. Und da keine Zustimmung des Gefangenen im Sinne des § 41 III StVollzG vorliege, arbeite dieser gerade freiwillig[551], mithin als Beschäftigter im Sinne des § 7 SGB IV.[552] Gemäß Art. 25 Satz 2 GG gehe das Abkommen Nr. 29 als völkerrechtlicher Vertrag § 198 III, IV StVollzG vor, so dass § 41 III StVollzG anzuwenden sei.[553] Die obergerichtliche Rechtsprechung erkennt im Gegensatz zur Literatur[554] keinen Verstoß gegen Nr. 29 IAO-Übereinkommen, weil sie „zur Verfügung stellen“ sehr eng auslegt, indem dies entweder bei gewisser Dauerhaftigkeit und ohne öffentliche Kontrolle zutreffe oder gar nur, wenn der Gefangene außerhalb der Strafanstalt arbeite.[555] Das OLG Hamburg führt aus, dass der Gefangene „im Unternehmerbetrieb weder dem Unternehmer noch dem Werkbeamten zu deren freien Verfügung unterworfen wird. Seine Rechte und Pflichten richten sich weiterhin nach dem StVollzG. Fürsorge und Verantwortung der Anstaltsleitung für ihn werden nicht eingeschränkt (§ 156 II 2 StVollzG). Das von § 41 III StVollzG verfolgte Ziel wird deshalb im vorliegenden Fall durch Arbeit des Antragstellers in einem Unternehmerbetrieb (...) nicht in Frage gestellt.“[556] An diese Argumentationslinie knüpft das BVerfG in seiner zuletzt ergangenen Entscheidung an und negiert das Erfordernis einer Zustimmung trotz Suspendierung des § 41 III StVollzG: „Der Gefangene bleibt (...) unbeschadet einer möglichen technischen und fachlichen Betriebsleitung durch Unternehmensangehörige unter der öffentlich – rechtlichen Verantwortung der Vollzugsbehörden, nicht anders als bei einem Einsatz in Eigenbetrieben der Anstalt oder bei einer Befas-

---

548 OLG Hamm NJW 1973, S. 2169f

549 Mrozynski, Peter, Zur Pflichtversicherung..., S. 318; Smolka, Peter, Der Freigang im Strafvollzug, S. 19

550 Klesczewski, D., Disziplinarmaßnahmen wegen Arbeitsverweigerung, Anmerkung zum Beschluss des OLG Hamburg vom 23.9.1991, in: NStZ 1992, S. 351

551 Vgl. hierzu BSGE 12, 71; 27, 198 (199); Mrozynski, Peter, Resozialisierung..., S. 147f

552 So auch Schorn, Ulrich, Sozialversicherung..., in: NZS 1995, S. 447

553 Klesczewski, D., S. 352, der auf die Frage des Erfordernisses einer innerstaatlichen Umsetzung des völkerrechtlichen Vertrages nicht eingeht

554 Zurückhaltend, aber einen Verstoß eher bejahend Schorn, Ulrich, S. 446

555 OLG Hamm NJW 1973, S. 2169f; LSG Baden Württemberg, Breithaupt, 1979, S. 593

556 OLG Hamburg NStZ 1992, S. 54

sung mit sonstigen Beschäftigungen oder Hilfsdiensten innerhalb der Anstalt."[557]

d. Allgemeine Rechtsgrundsätze

Schließlich sei auf § 2 II SGB I hinzuweisen, wonach bei der Auslegung sozialrechtlicher Vorschriften sicherzustellen bleibe, dass die sozialen Rechte bestmöglich verwirklicht werden. Es handelt sich bei dieser Norm jedoch nur um einen Fall des intendierten Ermessens, bei dem die Richtung der Ermessensausübung im Hinblick auf bestehende soziale Rechte vorgegeben wird.[558] Ferner gebiete § 3 I StVollzG die Angleichung des Vollzugslebens an die allgemeinen Lebensverhältnisse.[559]

III. Kritische Stellungnahme

1. Rechtsverhältnis zwischen Anstalt und Unternehmer

Der Auffassung in der Literatur ist nicht zuzustimmen.[560] Die Arbeit in einem Fremdbetrieb innerhalb der Anstalt erfüllt weder die Anforderungen des § 7 I SGB IV noch verstößt sie gegen das Abkommen Nr. 29. Die Arbeit wird ausschließlich aufgrund einer öffentlich – rechtlichen Arbeitspflicht erbracht, es kann aus Sicht des Gefangenen keinen Unterschied machen, ob er in einem Eigen- oder einem Unternehmerbetrieb arbeitet. Die Möglichkeit der Heranziehung privater Unternehmer in § 149 III StVollzG dient zum einen der Kontaktherstellung zur freien Wirtschaft im Sinne eines Erfahrungsaustauschs und zum anderen der finanziellen Mittelbeschaffung durch die Anstalt – beide Umstände betreffen das Innenverhältnis zwischen Anstalt und Privatunternehmer. Freilich erscheint es nicht unangebracht, das Tatbestandsmerkmal „zur Verfügung stellen" im tatsächlichen Sinne zu verstehen, indem auf die Arbeitsleistung zu Gunsten eines Privaten abgehoben wird.

2. Teleologische Auslegung des Übereinkommens Nr. 29 IAO

Doch ergibt die teleologische Auslegung, dass darin nur die Übertragung der disziplinarischen Gewalt zu verstehen ist, also das Recht, gegen den Gefangenen mit Disziplinarmaßnahmen nach §§ 102ff StVollzG vorzugehen, um zu verhindern, dass er neben den Repressalien des StVollzG weitere Rechtsbeeinträchtigungen erleiden könnte. Dies dient letztlich der Erhaltung und Sicherung des Grundsatzes vom Gesetzesvorbehalt, Art. 20 III GG, der als Verfassungsrecht durch den Abschluss völkerrechtlicher Verträge nicht relativiert werden darf.[561] Da aber nach § 149 IV StVollzG nur die technische und fachliche Leitung übertragen werden *können*[562], steht der Gefangene weiterhin unter öffentlich – recht-

[557] BVerfGE 98, 169 (211)
[558] Mrozynski, Peter, SGB I Kommentar, § 2 Rn. 15
[559] Mrozynski, Peter, Zur Pflichtversicherung..., S. 320
[560] So auch Laubenthal, Klaus, Rn. 407
[561] Hofmann, in: Umbach/Clemens (Hrsg.), GG, Art. 25 Rn. 22
[562] Hervorhebung durch den Verfasser

licher Obhut und damit nicht unter dem Schutz von Nr. 29 IAO.[563] Die in einem Unternehmerbetrieb tätigen Strafgefangenen sind folglich ebenso wie die in Eigenbetrieben Tätigen zu Recht nicht aufgrund allgemeiner Vorschriften kranken- , renten- und pflegeversichert.[564]

D. Sozialversicherungspflicht im freien Beschäftigungsverhältnis

Voraussetzung für ein freies Beschäftigungsverhältnis ist, dass der Gefangene neben § 39 I 1 StVollzG selbständig die Anforderungen des § 11 I, II Nr. 1 StVollzG erfüllt.[565] Allerdings folgt aus § 39 I 1 StVollzG kein Anspruch auf Gestattung, sondern nur ein Recht auf fehlerfreie Ermessensausübung.[566] Freigang ist nicht nur zur Ausübung eines freien Beschäftigungsverhältnisses im Sinne des § 39 I StVollzG zulässig, ein freies Beschäftigungsverhältnis setzt Freigang jedoch zwingend voraus. Im freien Beschäftigungsverhältnis ist eine unmittelbare vertragliche Beziehung zwischen Gefangenem und privatem Unternehmer erforderlich. Es handelt sich um ein gewöhnliches Arbeits- oder Anstellungsverhältnis mit allen Rechten und Pflichten.[567] Insbesondere besteht Sozialversicherungspflicht in der Renten- , Kranken- , Unfall- , Arbeitslosen- und Pflegeversicherung, weil der im freien Beschäftigungsverhältnis arbeitende Gefangene Beschäftigter im Sinne des § 7 SGB IV ist.[568] Als maßgebliches Argument dient hierfür, dass der Gefangene freiwillig arbeite, nachdem § 39 I StVollzG das Eingehen eines freien Beschäftigungsverhältnisses nur gestatte, es aber nicht verlange.[569] Da der Gefangene Beiträge an die gesetzliche Krankenversicherung abführt, erhält er auch deren Leistungen; gemäß § 62a StVollzG ruhen die Ansprüche gegen die Vollzugsbehörde auf Gesundheitsfürsorge, um Doppelleistungen zu vermeiden.[570]

E. Sozialversicherungsfreiheit bei der Selbstbeschäftigung

Nach § 39 II StVollzG kann dem Gefangenen gestattet werden, sich selbst zu beschäftigen. Selbstbeschäftigung stellt eine freiberufliche Tätigkeit des Gefangenen dar, die weder in zugewiesener Arbeit, § 41 I StVollzG, besteht noch im

---

563 Anderer Ansicht wohl Mrozynski, Peter, Resozialisierung..., S. 149

564 Zur Weitergewährung bereits erworbener Renten und Rehabilitationsleistungen Mrozynski, Peter, Resozialisierung..., S. 163ff; Neu, Axel, Der Gesetzgeber bleibt gefragt, in: NK 1998, S. 17

565 Laubenthal, Klaus, Rn. 420; Savigny, Michael von, Die Gesundheitsfürsorge im Strafvollzug, S. 83; Calliess/Müller-Dietz, StVollzG, § 39 Rn. 2; AK-StVollzG-Däubler/Spaniol, § 39 Rn. 6; Schwind/Böhm-Matzke, StVollzG, § 39 Rn. 8

566 Laubenthal, Klaus, Rn. 421

567 Vgl. hierzu LAG Hamm NStZ 1991, S. 456

568 Laubenthal, Klaus, Rn. 422, 480; Savigny, Michael von, S. 90; Schorn, Ulrich, Sozialversicherung im Strafvollzug, S. 445; AK-StVollzG-Brühl, vor § 190 Rn. 1; Schwind/Böhm-Matzke, StVollzG, § 195 Rn. 2; Calliess/Müller-Dietz, StVollzG, § 39 Rn. 3

569 Mrozynski, Peter, Zur Pflichtversicherung..., in: SGb 1990, S. 316

570 Kritisch gegenüber der Einbindung in die gesetzliche Krankenversicherung Hauf, Claus-Jürgen, Die Reichweite des VollzugsverhältnisseS..., in: ZfStrVo 1994, S. 143

Rahmen eines freien Beschäftigungsverhältnisses ausgeübt wird, § 39 I StVollzG. Da die Selbstbeschäftigung nur bei freiberuflichen Tätigkeiten denkbar bleibt, sind die betroffenen Gefangenen wie in Freiheit grundsätzlich nicht sozialversicherungspflichtig, vgl. z.B. § 2 SGB VI. Während der Begriff der Beschäftigung im wesentlichen von persönlicher Abhängigkeit geprägt ist, wird die Selbständigkeit durch das eigene Unternehmerrisiko, den Kapitaleinsatz und die Möglichkeit frei über Arbeitsmodalitäten zu bestimmen, gekennzeichnet.[571] Nichts anderes gilt im Strafvollzug, wobei natürlich die Merkmale vollzugsspezifische Modifikationen erfahren können, indem z.B. nach § 39 III StVollzG getätigte Gewinne, Erlöse oder sonstige Zuwendungen zur Gutschrift für den Inhaftierten auf ein besonderes Konto der Anstalt überwiesen werden müssen.[572]

F. Ergebnis des 3. Kapitels

Die Untersuchung im 3. Kapitel hat gezeigt, dass der Sozialversicherungsschutz insbesondere der intramural arbeitenden Gefangenen nur sehr rudimentär entwickelt ist. Wichtige Sozialversicherungszweige wie die Renten- oder die Krankenversicherung sind nicht abgedeckt, nur die im freien Beschäftigungsverhältnis tätigen Gefangenen gelten als Versicherungspflichtigen in der Freiheit gleichgestellt, wenngleich man dennoch festhalten muss, dass die Einbeziehung in die Arbeitslosen- und Unfallversicherung erfreulicherweise verwirklicht wurde. Diesen insgesamt nicht begrüßenswerten Allgemeinzustand hat man darauf zurückzuführen, dass der Gesetzgeber seinem eigenen Postulat in den 1970er Jahren bis heute nicht nachgekommen ist und die Strafgefangenen auch nicht aufgrund allgemeiner Vorschriften in die Sozialversicherung einzubeziehen sind.[573] Dies ist mit zahlreichen Folgeproblemen verbunden.

4. Kapitel: Folgeprobleme der gegenwärtigen Situation

Die erörterte Rechtslage löst zahlreiche Folgeprobleme und rechtliche Diskussionen aus, die in sozialversicherungsrechtliche, grundrechtliche und staatsorganisationsrechtliche Fragestellungen untergliedert werden können – manch vermeintliche Problempunkte wurden bereits in der Literatur (zu Unrecht) kritisiert, andere hingegen trotz ihrer Brisanz gänzlich übersehen.

A. Sozialversicherungsrechtliche Folgen

I. Haftzeit als rentenrechtlich anrechnungslose Zeit

1. Rentenversicherungsrechtliche Ausgangslage

Gemäß § 33 I SGB VI werden Renten - unterschieden nach dem Grund der Gewährung - wegen Alters, wegen verminderter Erwerbsfähigkeit oder wegen Todes geleistet.[574] In § 33 II – IV SGB VI werden die jeweiligen Rententypen

---

[571] BSGE 13, 196 (201); 16, 289 (293); 35, 20 (21); 38, 53 (57)

[572] Laubenthal, Klaus, Rn. 426

[573] Lohmann, Hans Christian, Arbeit und Arbeitsentlohnung des Strafgefangenen, S. 113; Smolka, Peter, Der Freigang im Strafvollzug, S. 67

[574] Löns in Kreikebohm, SGB VI Kommentar, § 33 Rn. 2

der drei Rentenarten aufgezählt. Sicherlich gehört die Altersrente zu den bedeutendsten Leistungen des Sozialversicherungssystems, weil die meisten Versicherten nach Abschluss ihres Arbeitslebens in den Genuss dieser Altersversorgung kommen können und dadurch der bisherige Lebensstandard aufrechterhalten werden kann. Doch auch die Rente wegen verminderter Erwerbsfähigkeit und die Rente wegen Todes haben angesichts ihrer existenzsichernden Funktion in der jeweiligen bedrohten Lage des Versicherten bzw. der Hinterbliebenen einen großen Stellenwert sowohl für die Betroffenen als auch für die Solidargemeinschaft als „Ultima – Ratio – Versorgung".[575]

a. Wartezeit

Nach § 34 I SGB VI wird ein Anspruch auf Rentengewährung erworben, wenn die erforderliche Mindestversicherungszeit (Wartezeit) als anspruchsbegründende Voraussetzung[576] sowie die besonderen persönlichen und versicherungsrechtlichen Voraussetzungen erfüllt sind. Während die Wartezeiten in §§ 50 – 53 SGB VI geregelt sind, hat man die besonderen persönlichen und versicherungsrechtlichen Voraussetzungen den Bestimmungen über die jeweilige Rentenart selbst zu entnehmen.[577] Die Wartezeit als Mindestversicherungszeit stellt eine Karenzzeit dar, die den – nicht notwendigerweise zusammenhängenden – Zeitraum vorgibt, in dem der Versicherte zur Versichertengemeinschaft gehören muss.[578] Die Wartezeitenregelungen sind ferner spezifischer Ausdruck des auch das Rentenversicherungsverhältnis prägenden Versicherungsprinzips, das ein Gleichgewicht zwischen Vorleistung und Leistung voraussetzt. Sie tragen dem Umstand Rechnung, dass die Versicherung unabhängig vom individuellen Wagnis durchgeführt wird. Allerdings genügen sie aufgrund ihrer Länge auch dem Gedanken der Billigkeit und des sozialen Ausgleichs.[579]

Die Regelaltersrente wird danach gewährt, wenn der Versicherte das 65. Lebensjahr vollendet, § 35 Nr. 1 SGB VI, und die allgemeine Wartezeit erfüllt hat, § 35 Nr. 2 SGB VI. Die Regelaltersrente wird wie alle Renten nur auf Antrag gewährt.[580] Für die Strafgefangenen erweisen sich die Wartezeitenregelungen als problematisch, wobei dies bei der Regelaltersrente im konkreten Fall noch weniger gravierend ist. Die allgemeine Wartezeit beträgt nach § 50 I SGB VI (nur) fünf Jahre, auf die nach § 51 I SGB VI Beitragszeiten und nach §§ 51 IV, 250ff SGB VI Ersatzzeiten sowie nach § 52 SGB VI Zeiten aus einem durchgeführten Versorgungsausgleich und aus einer geringfügigen versicherungsfreien Beschäf-

[575] Kreßel/Wollenschläger, S. 390; Ohle, Carsten Detlev, S. 110f; Götte, Sabine, Die Mitbetroffenheit der Kinder und Ehepartner von Strafgefangenen, S. 123
[576] Löns in Kreikebohm, SGB VI Kommentar, § 50 Rn. 3
[577] Löns in Kreikebohm, SGB VI Kommentar, § 34 Rn. 3
[578] Klattenhoff in Hauck/Noftz, SGB VI Kommentar, § 50 Rn. 1
[579] Klattenhoff, in: Hauck/Noftz, SGB VI Kommentar, § 50 Rn. 3; vgl. zur Problematik des sozialen Ausgleichs oben 1. Kapitel
[580] Löns in Kreikebohm, § 35 Rn. 7

tigung angerechnet werden.[581] Gravierender ist die Problematik bei der Altersrente für langjährig Versicherte, die es sogleich zu untersuchen gilt.

b. Rentenhöhe

Ferner ist aus strafvollzugsrechtlicher Perspektive nicht unproblematisch, dass im deutschen Rentenrecht der Grundsatz der Beitragsbezogenheit gilt. § 63 I SGB VI bestimmt, dass sich die Höhe der Rente primär nach der Höhe des Arbeitsentgelts richtet, das während des Versicherungslebens der Beitragsberechnung zugrunde lag.[582] Sie ist damit lohn- und beitragsbezogen und soll einen Lebensstandard im Alter sicherstellen, der sich am Lebensstandard während der gesamten Erwerbsphase orientiert und damit die individuelle Lebensarbeitsleistung widerspiegelt.[583] Das soziale Element dieses Systems kommt darin zum Ausdruck, dass die Rentenleistungen dynamisch wachsen und die Rentenempfänger so am Lebensstandard der übrigen Bevölkerung partizipieren, § 65 SGB VI.[584]

2. Auswirkungen des Strafvollzugs

a. Wartezeit

Höchst problematisch ist, dass die Altersrente für langjährig Versicherte neben der Vollendung des 62. Lebensjahres die Wartezeit von 35 Jahren voraussetzt, § 36 Nr. 2 SGB VI.

Die Altersrente für langjährig unter Tage beschäftigte Bergleute erfordert die Vollendung des 60. Lebensjahres und eine Wartezeit von 25 Jahren, § 40 SGB VI. Zwar werden gemäß §§ 51ff SGB VI zahlreiche rentenrechtliche Zeiten angerechnet – hierdurch entschädigt der Gesetzgeber Gruppen, die aufgrund besonderer Umstände, die z.B. auf staatliche Veranlassung zurückgehen oder anderweitig billigenswert sind, soziale Härten (auch für die Gesellschaft) erlitten haben.[585] Doch ist die Dauer der Strafhaft keine in der Rentenversicherung berücksichtigungswürdige Zeit, was trotz Heranziehung zur Arbeit dazu führt, dass u.U. ein erheblicher Teil der Lebensarbeitszeit für die Alters- , Invaliditäts- und Hinterbliebenensicherung ausfällt.[586] Es findet keine Anrechnung auf Wartezeiten statt. Mit anderen Worten: Zeiten der Haft sind in vollem Umfang rentenversicherungslose Zeiten. Die Alterssicherung ist der persönlichen Vorsorge über-

---

[581] Löns in Kreikebohm, § 35 Rn. 5; Plagemann, Hermann, in: ders (Hrsg.), Münchener Anwaltshandbuch Sozialrecht, S. 522ff

[582] Kreßel/Wollenschläger, S. 411

[583] Löns in Kreikebohm, § 63 Rn. 3, vgl. die Rentenformel unter § 64 Rn. 3; Stahl, in: Hauck/Noftz, SGB VI Kommentar, § 63 Rn. 24;

[584] Kreßel/Wollenschläger, S. 388;

[585] Klattenhoff in Hauck/Noftz, SGB VI Kommentar, § 51 Rn. 2, 15

[586] Schorn, Ulrich, Sozialversicherung im Strafvollzug, in: NZS 1995, S. 445; Hartmann, Jürgen, Keine Einbeziehung von Strafgefangenen in die gesetzliche Rentenversicherung, in: SozVers 1993, S. 199; Lohmann, Hans Christian, S. 116; Smolka, Peter, Der Freigang im Strafvollzug, S. 68; Götte, Sabine, Die Mitbetroffenheit der Kinder und Ehegatten von Strafgefangenen, S. 124f; Neu, Axel, Arbeitsentgelte, Surrogatleistungen..., S. 24

lassen, es sei denn, der Strafgefangene kann an einer Weiterbildungsmaßnahme durch die Bundesagentur für Arbeit teilnehmen und Unterhaltsgeld beziehen, was zu einer Beitragsentrichtung zur gesetzlichen Rentenversicherung durch die Bundesagentur führt.[587] Von dieser rentenrechtlich „verlorenen" Zeit ist nicht nur der Gefangene betroffen, sondern im Falle seines Ablebens auch seine Hinterbliebenen, die schon allein infolge des Ausfalles des Ernährers[588] wegen des Freiheitsentzuges vielfältige Schwierigkeiten im Alltag zu bewältigen haben.[589]

b. Rentenhöhe

Auch wenn der Gefangene trotz Verbüßung der Haftstrafe die gesetzlich vorgeschriebenen Wartezeiten erfüllen konnte, wirkt sich die Regelung in der Rentenhöhe drastisch aus:

Während der Haftdauer wurden keinerlei Beiträge an die Rentenversicherungsträger (Bundesversicherungsanstalt für Angestellte, § 132 SGB VI, und die Rentenversicherung für Arbeiter, § 127 SGB VI) abgeführt, womit der Grundsatz der Beitragsbezogenheit dazu führt, dass das zugrundezulegende Arbeitseinkommen als persönlicher Vomhundertsatz im Verhältnis zum Durchschnittsverdienst sehr gering ausfällt und damit die Rentenhöhe je nach Dauer der Haftstrafe massiv nach unten drückt.[590] Dadurch steht zu befürchten, dass der entlassene Gefangene trotz grundsätzlichem Rentenanspruch seine Lebenshaltungskosten nicht decken kann, insbesondere wenn man die oben bereits angesprochene Bildungs- und Arbeitssituation vieler Gefangener betrachtet, die in der freien Wirtschaft überwiegend ohnehin nur relativ niedrige Löhne zu erzielen imstande sind. Sie werden trotz eines langen „Arbeitslebens" auf eine grundsichernde Unterstützung angewiesen sein[591], ebenso wie die Angehörigen bereits während der Haftzeit.[592]

---

[587] Pawlita, Cornelius, Die Gefangenenentlohnung und ihre Bedeutung für das Sozialrecht, in: ZFSH/SGB 1999, S. 68; Rosenthal, Michael, Arbeitslohn im Strafvollzug, in: NK 1998, S. 14; Calliess/Müller-Dietz, StVollzG, § 193 Rn. 3

[588] Olbrück, Claudia, Anspruch und Wirklichkeit des Strafvollzugsgesetzes, S. 62f; Götte, Sabine, Die Mitbetroffenheit..., S. 40

[589] Rosenthal, Michael, ebda; Olbrück, Claudia, Anspruch und Wirklichkeit des Strafvollzugsgesetzes, S. 65f; Laubenthal, Klaus, Arbeitsverpflichtung..., in: Schlüchter, Ellen (Hrsg.), S. 346

[590] Schorn, Ulrich, S. 445; Lohmann, Hans Christian, S. 116; Smolka, Peter, Der Freigang im Strafvollzug, S. 68; vgl. die Rentenberechnung bei Kreikebohm in ders, SGB VI Kommentar, § 64 Rn. 3; Laubenthal, Klaus, Arbeitsverpflichtung..., S. 346; vgl. Marburger, Horst, Sozialversicherung und Freiheitsentzug, in: SozArb 1973, S. 69f

[591] Hartmann, Jürgen, Keine Einbeziehung von Strafgefangenen..., in: SozVers 1993, S. 199; Ohle, Carsten Detlev, S. 111; Götte, Sabine, Die Mitbetroffenheit..., S. 125f; Mett, Dietrich, Tarifgerechte Entlohnung der Gefangenenarbeit, in: SchlHA 2000, S. 122

[592] Brühl, Albrecht, Sozialhilfe für Strafgefangene und ihre Angehörigen, in: ZfStrVo 1986, S. 296; Olbrück, Claudia, Anspruch und Wirklichkeit des Strafvollzugsgesetzes, S. 62

II. Haftzeit als rentenanwartschaftszerstörende Zeit der Berufsunfähigkeitsrente

1. Rentenversicherungsrechtliche Ausgangslage

Ein wichtiges sozialversicherungsrechtliches Instrument, um den Ausgleich wirtschaftlicher Einbußen bei gesundheitsbedingten Einschränkungen der Erwerbsfähigkeit zu gewähren, ist die Rente wegen Erwerbsminderung.[593] Nach § 43 I, II SGB VI erhalten Versicherte wegen teilweiser oder voller Erwerbsminderung eine Rente, wenn sie die allgemeine Wartezeit erfüllt haben, teilweise oder voll erwerbsgemindert sind und in den letzten fünf Jahren vor Eintritt der Erwerbsminderung drei Jahre Pflichtbeiträge für eine versicherte Beschäftigung oder Tätigkeit abgeführt haben. § 43 I 2, II 2 SGB VI bestimmen, dass Versicherte teilweise bzw. voll erwerbsgemindert sind, wenn sie wegen Krankheit oder Behinderung auf nicht absehbare Zeit außerstande sind, unter den üblichen Bedingungen des allgemeinen Arbeitsmarktes mindestens sechs bzw. drei Stunden täglich erwerbstätig zu sein. Die Anwendung des Begriffes „Erwerbsminderung" erfordert also eine Einschätzung des individuellen Leistungsvermögens des Versicherten und eine Prognose darüber, wieweit dieses individuelle Leistungsvermögen „unter den üblichen Bedingungen des allgemeinen Arbeitsmarktes" verwertbar ist. Es geht um körperliche und geistige Beeinträchtigungen der Funktionsfähigkeit bezogen auf das Arbeitsleben unter Berücksichtigung berufskundlicher und sozialmedizinischer Erkenntnisse.[594] Seit dem Haushaltsbegleitgesetz 1984[595] muss der Versicherte gemäß § 43 I Nr. 2, II Nr. 2 SGB VI die sog. 3/5 – Belegung erfüllt, d.h. er muss in den letzten fünf Jahren vor Eintritt der Erwerbsminderung mindestens drei Jahre Pflichtbeiträge für eine versicherte Tätigkeit oder eine gleichgestellte Zeit, § 55 II SGB VI, abgeführt haben, wobei der Fünf – Jahres – Zeitraum am Tag vor Eintritt der Erwerbsminderung endet, § 26 I SGB X, §§ 187 I, 188 II BGB.[596] Im Rahmen des § 43 IV SGB VI kann sich der Fünf – Jahres – Zeitraum um sog. Aufschubzeiten, die nicht mit Pflichtbeiträgen belegt sind, verlängern.[597] Sinn und Zweck dieser 3/5 – Vorversicherungszeit ist, nur für den, der einen engen zeitlichen Bezug zu einer pflichtversicherten Erwerbstätigkeit hat, die Notwendigkeit von Lohnersatz durch Rente anzuerkennen.[598] Diese Regelung ist in der Literatur auf Kritik gestoßen, weil die soziale Lücke von 2/5 innerhalb der Vorversicherungszeit verschiedene Problemgruppen, so z.B. Sozialhilfeempfänger, aus der Sozialversicherung hinausdrängt, nachdem Sozialämter nicht selten von einer Meldung bei

---

[593] Jörg in Kreikebohm, SGB VI Kommentar, § 43 Rn. 4

[594] Plagemann, in: ders (Hrsg.), Münchener Anwaltshandbuch Sozialrecht, S. 441; Jörg in Kreikebohm,
§ 43 Rn. 19ff, 40ff

[595] BGBl. 1983, 1532, Art. 1 Nr. 32; vgl. Pawlita, Cornelius, Ausgrenzung durch Sozialrecht, in: ZRP 1995, S. 88

[596] Jörg in Kreikebohm, § 43 Rn. 9

[597] Vgl. Plagemann, in: ders (Hrsg.), Münchener Anwaltshandbuch Sozialrecht, S. 439; Jörg in Kreikebohm, § 43 Rn. 10f

[598] Plagemann, in: ders (Hrsg.), S. 437

den Arbeitsämtern absehen, da weder ein Leistungsanspruch noch eine Vermittlungschance bestehen, und dadurch mangels Beitragszahlung durch die Arbeitsämter die Beitragslücke entstehen kann.[599] Allerdings gewährt das Gesetz in § 241 II SGB VI einen Bestandsschutz für diejenigen Versicherten, die vor dem 1.1.1984 die Wartezeit von 60 Monaten erfüllt haben und seitdem der gesetzlichen Rentenversicherung angehören.[600]

2. Auswirkungen des Strafvollzugs

Trotz der Tatsache, dass ein Versicherter nach drei Jahren pflichtversicherter Tätigkeit und ggf. nach Erfüllen der Wartezeit eine Anwartschaft auf Rente wegen verminderter Erwerbsfähigkeit innehat, geht diese nach einer Haftzeit von mehr als zwei Jahren unwiederbringlich verloren, weil keine Rentenbeitragszeiten erworben werden und die Strafhaft keinen Aufschubtatbestand abgibt.[601] Die Möglichkeit einer freiwilligen Aufrechterhaltung der Rentenversicherung scheitert an der häufig sich im Vollzug noch verschärfenden Überschuldung[602] Inhaftierter und der viel zu geringen Entlohnung im Vollzug.[603] Die Übernahme der Beiträge durch die Sozialhilfeträger ist nach §§ 11, 14 BSHG[604] als Hilfe zum Lebensunterhalt zwar grundsätzlich denkbar, soweit eine Anwartschaft in Höhe der Sozialhilfeleistung besteht[605]. Doch ist fraglich und nicht minder umstritten, ob dies nur die Kosten umfasst, die erforderlich sind, um die Voraussetzungen eines Anspruchs auf eine angemessene *Alterssicherung* zu erfüllen. Zu Recht wird vorgebracht, dass das pflichtgemäße Ermessen der Sozialhilfebehörden bei Gefangenen, die die Wartezeit für die *Altersrente* beinahe erfüllen und erst nach Erreichen des 65. Lebensjahres aus der Haft entlassen werden, zur Kostenübernahme führen muss.[606] Bei der Rente wegen *Erwerbsminderung* ist die Situation hingegen anders zu beurteilen:

---

[599] Pawlita, Cornelius, Ausgrenzung durch Sozialrecht, S. 90f

[600] Vgl. die Einzelheiten hierzu bei Plagemann, in: ders (Hrsg.), Münchener Handbuch Sozialrecht, S. 440; Jörg in Kreikebohm, § 241 Rn. 4

[601] Pawlita, Cornelius, Die Gefangenenentlohnung..., in: ZFSH/SGB 1999, S. 70; ders, Ausgrenzung durch Sozialrecht, in: ZRP 1995, S. 90; Schorn, Ulrich, Sozialversicherung..., in: NZS 1995, S. 445; Rosenthal, Michael, Arbeitslohn im Strafvollzug, in: NK 1998, S. 16; Lohmann, Hans Christian, S. 116f; AK-StVollzG-Brühl, vor § 190 Rn. 5

[602] Vgl. hierzu ausführlich Baumeister, Rudolf, Schuldnerberatung und Schuldenregulierung im Strafvollzug, in: ZfStrVo 1988, S. 323; hierzu näher 5. Kapitel

[603] Pawlita, Cornelius, Die Gefangenenentlohnung..., S. 70; Wrage, Nikolaus, Die ökonomische Situation der Strafgefangenen oder: Die Achillesferse des Resozialisierungsvollzuges, in: ZRP 1997, S. 435; Calliess/Müller-Dietz, StVollzG, § 193 Rn. 3

[604] Beachte: Gesetz zur Einordnung des Sozialhilferechts in das Sozialgesetzbuch BGBl. 2003 I S. 3023, ab 1.1.2005 wird aus dem BSHG das SGB XII; vgl. die Parallelvorschrift § 33 SGB XII n.F.

[605] BVerwGE 56, 85 (86, 91)

[606] Brühl, Albrecht, Sozialhilfe für Strafgefangene und ihre Angehörigen, in: ZfStrVo 1986, S. 293; Mrozynski, Peter, Resozialisierung und soziales Betreuungsverhältnis, S. 188; vgl. Wenzel, in: Fichtner, Otto (Hrsg.), Bundessozialhilfegesetz, § 14 Rn. 1ff; Götte, Sabine, Die Mitbetroffenheit..., S. 125

Umstritten ist bereits, ob die Regelung in § 14 BSHG[607] überhaupt Beiträge zum Erhalt der Anwartschaft auf den Versicherungsschutz bei Erwerbsunfähigkeit umfassen soll, was nach dem Wortlaut „Alterssicherung" mehr als zweifelhaft erscheint. Dies wird deshalb in einer Entscheidung des BayVGH auch verneint, weil Altersvorsorge nicht mit der Gefahr einer verminderten Erwerbsfähigkeit gleichgesetzt werden könne, mithin unterschiedliche Lebensumstände zugrunde lägen. Ein Anspruch könne daher auch nicht aus den Bedarfsgruppen der §§ 11, 12 BSHG abgeleitet werden, da die §§ 13, 14 BSHG abschließende Regelungen für die Erstattung von Versicherungsbeiträgen enthielten.[608] Selbiges gelte für § 6 I 1 BSHG, nach dem das Versicherungsrisiko Berufs- oder Erwerbsunfähigkeit nicht als „drohende Notlage" angesehen werden könne.[609] In inhaltlich ähnlicher Weise äußerte die Bundesregierung 1986 vor dem Bundestag die Ansicht, Erwerbsunfähigkeitsrenten sicherten das Risiko der Invalidität ab und könnten nicht zur Alterssicherung gerechnet werden. Falls also z.B. auf Grund von Mindestbeiträgen zwar ein Invaliditätsschutz, aber keine angemessene Alterssicherung erreichbar sei, könnten nach § 14 BSHG keine Kosten übernommen werden. Sei dagegen eine angemessene Alterssicherung erreichbar, komme eine Übernahme von Beiträgen nach § 14 BSHG in Betracht mit der Folge der gleichzeitigen Abdeckung der Invalidität.[610] In der Literatur wird das Problem kontrovers diskutiert[611], wobei eine Auffassung die Übernahme der Kosten zur Erhaltung der Anwartschaft auf eine Rente wegen Erwerbsminderung für zweckmäßig erachtet, weil sich diese Beiträge bei einer späteren Altersrente rentenerhöhend auswirken würden. Im Gegensatz zur Rechtsprechung des BayVGH handele es sich bei der Erwerbsunfähigkeitsrente auch um eine solche der Alterssicherung im Sinne des § 14 BSHG.[612] Letztlich dürften betroffene Strafgefangene jedoch mit der Durchsetzung der nicht zu vernachlässigenden Auffassung des BayVGH und damit mit einer Verweigerung einer Beitragsübernahme durch die Sozialhilfeträger zu rechnen haben.

---

[607] § 33 SGB XII in der Fassung ab 1.1.2005

[608] BayVGH, FEVS 42, 48 (50); vgl. Lohmann, Hans Christian, S. 117; vgl. erneut §§ 27ff SGB XII n.F.

[609] BayVGH, FEVS 42, 48 (52)

[610] BT – Drucksache 10 / 5249, S. 23; allerdings erwägt die Bundesregierung die Übernahme von freiwilligen Rentenversicherungsbeiträgen als eine vorbeugende Hilfe im Sinne des § 6 I BSHG; vgl. Pawlita, Cornelius, Ausgrenzung durch Sozialrecht, S. 90

[611] Wenzel, in: Fichtner, Otto (Hrsg.), Bundessozialhilfegesetz, § 14, schweigt zum Problemkreis; Linhart in Linhart/Adolph/Gröschel-Gundermann, BSHG, § 14 Rn. 2 bejaht eine Übernahme zur Erfüllung der Wartezeit bei einer nicht in allzu weiter Ferne liegenden Rente wegen Berufs- oder Erwerbsunfähigkeit

[612] W. Schellhorn/H. Schellhorn, BSHG, § 15 Rn. 7

III. Haftzeit als krankenversicherungsbedingte Benachteiligung

Strafgefangene sind nicht gesetzlich krankenversichert. Obwohl dies in gesundheitsfürsorglicher Hinsicht aufgrund der weitgehenden Parallelität mit den Normen des SGB V keinen (eminenten) Nachteil bedeutet, wie im 2. Kapitel zu Tage getreten ist, enstehen aufgrund dieses Umstandes dennoch Schutzlücken für die Gefangenen und deren Angehörigen.[613]

1. Angehörigenversicherung

Gemäß § 10 I 1 Nr. 1, II SGB V sind der Ehegatte und die Kinder des gesetzlich Krankenversicherten in die Krankenversicherung mit einbezogen.[614] Sie haben leistungsrechtlich einen selbständigen Versichertenstatus, ohne allerdings die Stellung eines „vollwertigen“ Mitglieds zu erhalten.[615] Sie sind in der Lage, die ihnen zustehenden Rechte selbst und ohne Tätigwerden des Stammversicherten auszuüben.[616] Der Umfang der Leistungen in der Heilfürsorge richtet sich dabei danach, wie sie dem Stammversicherten zustehen. Da die Gefangenen aber nicht krankenversichert sind, trifft die Benachteiligung die Angehörigen, die deswegen keinen Anspruch auf Familienversicherung haben.[617] Eine freiwillige Versicherung des Strafgefangenen zwecks Einbeziehung der Angehörigen scheitert an der mangelnden finanziellen Leistungsfähigkeit zur Beitragsaufbringung und die Übernahme durch die Sozialhilfe nach § 13 I BSHG am Nachrangprinzip des § 2 BSHG, da der Gefangene Gesundheitsfürsorge nach §§ 56ff StVollzG erhält und die Familienversicherten ein eigenes Beitrittsrecht haben.[618] Sollten sie sich eine freiwillige Krankenversicherung nicht leisten können, kann wiederum nur an § 12 BSHG gedacht werden. Die Freiheitsstrafe schlägt dadurch gravierend auf den sozialen Schutz der Familienangehörigen durch, insbesondere dann, wenn der Ehegatte in Freiheit wegen einer Kinderbetreuung keiner eigenen Beschäftigung nachgehen kann.[619] § 264 SGB V stellt lediglich eine ermessensabhängige Möglichkeit der Gewährung einer Krankenbehandlung für Erwerbslose

---

[613] AK-StVollzG-Brühl, vor § 190 Rn. 4; Ohle, Carsten Detlev, Arbeitsbelohnung und Arbeitsentlohnung im Gefangenenarbeitswesen, S. 108; Götte, Sabine, Die Mitbetroffenheit..., S. 117ff; vgl. Marburger, Horst, Sozialversicherung und Freiheitsentzug, in: SozArb 1973, S. 68

[614] Kruse in LPK-SGB V, § 10 Rn. 6ff; Götte, Sabine, Die Mitbetroffenheit..., S. 118

[615] BT – Drucksache 11 / 2237, S. 161

[616] Kruse in LPK-SGB V, § 10 Rn. 1; Gerlach in: Hauck/Noftz, SGB V Kommentar, § 10 Rn. 9

[617] Pawlita, Cornelius, Die Gefangenenentlohnung..., in: ZFSH/SGB 1999, S. 68; Schorn, Ulrich, S. 445; Rosenthal, Michael, S. 14f; Lohmann, Hans Christian, S. 121

[618] Götte, Sabine, S. 120f; Laubenthal, Klaus, Arbeitsverpflichtung..., in: Schlüchter, Ellen (Hrsg.), S. 346

[619] Lohmann, Hans Christian, S. 116; Smolka, Peter, Der Freigang im Strafvollzug, S. 68; Ohle, Carsten Detlev, Arbeitsbelohnung und Arbeitsentlohnung im Gefangenenarbeitswesen, S. 108; Götte, Sabine, S. 119; zu den günstigen Auswirkungen der „Hartz – Gesetze“ auf diese Problematik vgl. unten V. 2.

durch die Krankenkasse dar, die aber u.a. an den Ersatz von Aufwendungen geknüpft ist, und sich damit gleichsam als kostspielig erweist.

2. Fortsetzung der Mitgliedschaft infolge Krankengeldbezug

Im 3. Kapitel wurde ausgeführt, dass dem Strafgefangenen im Vollzug kein Krankengeld zusteht, insbesondere weil die § 44 SGB V entsprechende Norm des § 45 II StVollzG nach § 198 III StVollzG suspendiert ist.[620] Eine weitere Schutzlosstellung des Gefangenen ist aber auch dann zu befürchten, wenn er die Haftanstalt im Zustand der Arbeitsunfähigkeit aufgrund von Krankheit verlässt. Da er in keinem Arbeitsverhältnis steht bzw. die vierwöchige Wartezeit des § 3 III EFZG regelmäßig nicht erreicht hat, vgl. § 44 III SGB V, erhält er keine Entgelt ersetzenden Leistungen in Form des Krankengeldes durch die gesetzliche Krankenversicherung.[621] Damit nicht genug: Die Mitgliedschaft wird normalerweise sogar gemäß § 192 I Nr. 2 SGB V während des Bezuges von Krankengeld gänzlich aufrechterhalten.[622] In dieser Mitgliedschaft setzt sich die bisherige Mitgliedschaft unverändert, als vollwertiges Mitgliedschaftsverhältnis fort.[623] Solange der Versicherte aufgrund dieser Tatbestände weiterversichert ist, ist er gemäß § 224 I SGB V von der Beitragspflicht vollständig befreit. Indem der (entlassene) Gefangene aus diesem sozialen Schutzpaket vollkommen ausgeklammert ist, erfährt er gerade nach der Entlassung aus der Haft noch massiv andauernde (finanzielle und soziale) Belastungen, so dass die Beantragung von Sozialhilfe erneut den einzigen Ausweg aus der Situation darstellt.[624] Die Finanzierung einer Krankenversicherung durch die Arbeitsagenturen bleibt nicht möglich, weil der Entlassene infolge seiner Krankheit für den Arbeitsmarkt nicht verfügbar ist.

3. Nachgehende Leistungen der Krankenversicherung

Nach § 19 II SGB V hat ein Versicherter längstens einen Monat nach Beendigung der Mitgliedschaft Anspruch auf Leistungen, wenn er keine Erwerbstätigkeit ausübt. Es spielt keine Rolle, ob die auslösenden Versicherungsfälle noch vor oder erst nach dem Ende der Mitgliedschaft eingetreten sind, oder ob auf die Leistungen ein Rechtsanspruch besteht oder nur eine Ermessensleistung vorliegt. Die Regelungen gelten auch für die Familienversicherten, die ihre Stellung vom Stammversicherten abgeleitet haben.[625] § 19 III SGB V gewährt Familienversicherten die gleichen Leistungen einen Monat nach dem Tod des Stammversicherten. All diese Leistungen stehen aufgrund der unterbliebenen Einbezie-

---

[620] Zu den Voraussetzungen und Sinn und Zweck des Krankengeldes vgl. 3. Kapitel

[621] Schorn, Ulrich, Sozialversicherung..., S. 445; Savigny, Michael von, Die Gesundheitsfürsorge im Strafvollzug..., S. 256; Lohmann, Hans Christian, Arbeit und Arbeitsentgelt..., S. 122

[622] Schorn, Ulrich, ebda

[623] Hänlein in LPK-SGB V, § 192 Rn. 4

[624] So auch Lohmann, Hans Christian, S. 123; Smolka, Peter, Der Freigang im Strafvollzug, S. 68

[625] Kruse in LPK-SGB V, § 19 Rn. 4

hung in die Krankenversicherung weder dem entlassenen Gefangenen noch seinen Familienangehörigen zu, so dass man gerade bezüglich Letzteren auch mit Blick auf den ermessensabhängigen und an Aufwendungsersatz geknüpften § 264 SGB V von einer nahezu vollkommenen Ausklammerung aus der Gesundheitsfürsorge des Staates sprechen kann und muss.[626]

4. Vorversicherungszeit der Rentnerkrankenversicherung

Nach § 5 I Nr. 11 SGB V besteht Versicherungspflicht für Personen, die die Voraussetzungen für den Anspruch auf eine Rente aus der gesetzlichen Rentenversicherung erfüllen und diese Rente beantragt haben, wenn sie seit der erstmaligen Aufnahme einer Erwerbstätigkeit bis zur Stellung des Rentenantrags mindestens neun Zehntel der zweiten Hälfte des Zeitraums aufgrund einer Pflichtversicherung versichert waren. Die Vorschrift bezweckt die Stärkung des Solidaritätsgedankens, indem vermieden werden soll, dass die Versichertengemeinschaft mit Krankheitskosten von Personen belastet wird, die über einen längeren Zeitraum ihres Erwerbslebens nicht Mitglied der gesetzlichen Krankenversicherung waren.[627] Dabei dient insbesondere die Vorversicherungszeit der Beteiligung am Solidarausgleich für die Krankenversicherung der Rentner.[628] Der Vorteil, Mitglied in der Krankenversicherung für Rentner zu werden, besteht darin, dass gemäß § 249a SGB V die Beitragslast zur Krankenversicherung je zur Hälfte von den Rentenversicherungsträgern und den versicherungspflichtigen Rentnern getragen wird.[629] Da Rentner infolge fehlender Erwerbstätigkeit kein Krankengeld beziehen können, gilt für sie der ermäßigte Beitragssatz nach § 243 SGB V. Die Höhe des Beitrages orientiert sich an der Rentenhöhe, § 237 Nr. 1 SGB V. Weil 9/10 der zweiten Hälfte des Zeitraums von der Aufnahme der Erwerbstätigkeit bis zur Rentenantragstellung eine pflichtversicherte Tätigkeit gewesen sein muss, findet gerade bei länger Verurteilten eine folgenschwere „Verwässerung" dieses Zeitraums statt, indem der Strafgefangene innerhalb der Anstalt einer Arbeit nachgeht, diese jedoch bei der Berechnung des 9/10 – Zeitraumes außer Betracht bleibt und der nach vielen Jahren entlassene Strafgefangene im höheren Alter keine Möglichkeit mehr erhält, in die Krankenversicherung für Rentner zu gelangen.[630] Eine freiwillige Versicherung kommt nach § 9 I Nr. 1 SGB V in Betracht, wenn der Versicherte vor dem Ausscheiden aus der

---

[626] Schorn, Ulrich, Die Sozialversicherung..., S. 445; Lohmann, Hans Christian, Arbeit und Arbeitsentgelt...,
S. 122; Smolka, Peter, Der Freigang..., S. 68; Neu, Axel, Arbeitsentgelte, Surrogatleistungen und Verwendungsauflagen..., S. 23f; zu den Auswirkungen des Arbeitslosengeldes II vgl. unten V. 2.

[627] Gerlach in: Hauck/Noftz, SGB V Kommentar, § 5 Rn. 412; Kreßel/Wollenschläger, S. 73

[628] Gerlach in: Hauck/Noftz, SGB V Kommentar, § 5 Rn. 434

[629] Vgl. die Parallelvorschrift § 106 I 2 SGB VI, wonach anders als bei der freiwilligen oder privaten Krankenversicherung kein Zuschuss für die gesetzliche Krankenversicherung durch die Rentenversicherungsträger möglich ist

[630] Schorn, Ulrich, Die Sozialversicherung..., S. 445; Lohmann, Hans Christian, Arbeit und Arbeitsentgelt..., S. 122

Krankenversicherung mindestens 12 Monate ununterbrochen oder fünf Jahre vor dem Ausscheiden insgesamt 24 Monate krankenversichert war. Die Regelung erweist sich gerade bei Inhaftierten im Zweitvollzug als problematisch, weil hierdurch ein Nichterreichen der relevanten Zeiten droht. Abgesehen vom nicht unwesentlichen finanziellen Aufwand einer freiwilligen Versicherung im Sinne des § 9 I Nr. 1 SGB V kommt bei Nichtvorliegen von dessen Tatbestandsmerkmalen als Alternative die noch teurere private Krankenversicherung in Betracht. Dabei ist schon unwahrscheinlich, dass Letztere den sich im Rentenalter befindlichen entlassenen Strafgefangenen überhaupt versichern würde – private Krankenversicherungen führen wie alle Versicherungen der Privatwirtschaft eine strenge Abwägung zwischen Beitragsaufkommen und Risiko durch, sog. Äquivalenzprinzip[631]. Diese Abwägung dürfte regelmäßig aufgrund höheren Krankheitsrisikos und vorangeschrittenen Alters zu Lasten des Antragstellers gehen.[632] Schließlich und endlich würde daher auch in diesem Falle nur noch die Übernahme von Krankenversicherungsbeiträgen durch die Sozialhilfeträger helfen.

5. Vorversicherungszeit der sozialen Pflegeversicherung

Gemäß §§ 20, 21 SGB XI sind Strafgefangene nicht in die soziale Pflegeversicherung einbezogen. Diese deckt die Risiken einer Pflegebedürftigkeit entweder durch die Erbringung von Pflegesachleistungen, § 36 SGB XI, oder durch Pflegegeld, § 37 SGB XI, ab.[633] Pflegebedürftig sind Personen, die wegen einer körperlichen, geistigen oder seelischen Krankheit oder Behinderung für die gewöhnlichen und regelmäßig wiederkehrenden Verrichtungen im Ablauf des täglichen Lebens auf Dauer, voraussichtlich für mindestens sechs Monate, in erheblichem oder höherem Maße der Hilfe bedürfen, § 14 SGB XI.

Wie die bisher untersuchten Sozialversicherungszweige verfügt auch die soziale Pflegeversicherung als Leistungsvoraussetzung über eine Vorversicherungszeit, die sich aus § 33 II SGB XI ergibt. Hiernach ist für die Zeit ab 1.1.2000 erforderlich, dass der Versicherte in den letzten 10 Jahren vor der Antragstellung mindestens fünf Jahre als Mitglied pflegeversichert war, § 33 II 1 Nr. 5 SGB XI. Auch diese Regelung stellt für Strafgefangene eine massive Sicherheitslücke dar, indem die krankenversicherungslose Haftzeit nicht zur Erfüllung des Zeitraumes der Versicherungspflicht zur Verfügung steht und darüber hinaus bereits erworbene Anwartschaften infolge der Versicherungslücke verloren gehen. Davon werden insbesondere die in der beitragsfreien, § 56 I SGB XI, Familienversicherung einbezogenen Angehörigen im Sinne des § 25 I Nr. 1 SGB XI betroffen, deren Leistungsrechte sich nach denen des Hauptversicherten richten[634]. Eine Einbeziehung des sich im Rentenalter befindlichen entlassenen Strafgefange-

---

[631] Zur Beitragsberechnung Kulbe, Arthur, Die gesetzliche und private Krankenversicherung, S. 164ff; vgl. hierzu 1. Kapitel

[632] Kulbe, Arthur, Die gesetzliche und private Krankenversicherung, S. 26; vgl. auch hierzu die Ausführungen im 1. Kapitel

[633] Vgl. im Einzelnen Kreßel/Wollenschläger, S. 181ff

[634] Udsching, Peter, SGB XI Kommentar, § 25 Rn. 2

nen in die soziale Pflegeversicherung kann sich zwar grundsätzlich aus § 20 I Nr. 11 SGB XI ergeben. Hiernach ist Voraussetzung, dass der Versicherte Anspruch auf eine Rente aus der gesetzlichen Rentenversicherung hat und nach § 5 I Nr. 11 SGB V krankenversicherungspflichtig ist. Insoweit kann bezüglich der Schwierigkeiten zur Erfüllung dieser Voraussetzungen auf obige Ausführungen verwiesen und festgestellt werden, dass sich die renten-[635] und krankenversicherungsrechtlichen[636] Schutzlücken de lege lata pflegeversicherungsrechtlich fortsetzen mit der Folge, dass die (unerfreulichen) Schwierigkeiten zur Erlangung erstgenannten Versicherungsschutzes entsprechend auch für die Ansprüche aus der Pflegeversicherung gelten.[637] De lege ferenda ist hier gesetzgeberischer Nachbesserungsbedarf gegeben.

IV. Verwaltungs- und Klageverfahren

Im Gegensatz zur gängigen Praxis im Vollzugsalltag ist gem. §§ 28h II, 28i SGB IV die Einzugsstelle der zuständigen Krankenkasse für die Fragen der Versicherungspflicht und Beitragshöhe zuständig, selbiges gilt für diesbezügliche Widerspruchsbescheide. Justizvollzugsbehörden sind für eine Entscheidung über die Versicherungs- und Beitragspflicht sachlich unzuständig und haben entsprechende Anträge an die Krankenkassen weiterzuleiten. Dies gilt auch dann, wenn der potentielle Arbeitgeber öffentlich – rechtlich organisiert ist.[638] Dementsprechend sind etwaige Klagen gegen das Bundesland als Rechtsträger der Justizverwaltungen unter Außerachtlassung des in § 78 I 1 SGG vorgeschriebenen Widerspruchsverfahrens unzulässig, woran auch die notwendige Beiladung der Einzugsstelle, §§ 75 II, V SGG, nichts ändert.

---

635 Vgl. die Problematik zu Wartezeit und Anwartschaftsverfall

636 Vgl. die 9/10 Regelung für die Krankenversicherung der Rentner

637 Götte, Sabine, Die Mitbetroffenheit..., S. 122f

638 BSGE 41, 297 (298f); 45, 296 (299)

V. Kritische Stellungnahme

1. Bisherige Rechtslage

Die Untersuchung hat vielfältige und elementare Schutzlücken aufgezeigt – die Befunde sprechen für sich. Das sozialversicherungsrechtliche Vorsorgeinstrumentarium ist in vielerlei Hinsicht verkümmert. Absicherungs- und Vorsorgemöglichkeiten sind infolge der Suspendierung der einschlägigen Vorschriften derart beschränkt, dass eine sinnvolle Prävention nicht möglich ist und „im Fall der Fälle" die Sozialhilfe die einzige „Absicherung" des Strafgefangenen und seiner Angehörigen darstellt.[639] Dies gilt für die Renten- und die Krankenversicherung gleichsam. Als besonders tückisch erweist sich die Lage für die Gefangenen nach der Entlassung, im Rentenalter und für die Familienangehörigen, denen verschiedenste Schutzmechanismen unserer Rechtsordnung in nicht nachvollziehbarer Weise vorenthalten werden. Die Gesundheits- und Alterssicherung sowie die Absicherung wegen Pflegebedürftigkeit werden weitgehend in die Hände der Sozialhilfeträger gelegt.[640] Abgesehen von der gesellschaftsausgrenzenden Wirkung auf die Strafgefangenen ist ökonomisch von Bedeutung, dass die Höhe der Leistungssätze der Sozialhilfe erheblich unter denen der Sozialversicherung liegt.[641] Für die kreisfreien Städte und Landkreise als Träger der Sozialhilfe resultieren daraus massive finanzielle Belastungen – allein im Jahre 2000 wurden in der Bundesrepublik Deutschland über 1,2 Milliarden Euro Krankenhilfezahlungen gewährt.[642]

2. Entschärfung der Angehörigensituation durch neue „Hartz – Gesetze"?

Man kann durchaus von einer Entschärfung der Situation für die Angehörigen seit Verabschiedung des 4. Gesetzes für moderne Dienstleistungen am Arbeitsmarkt sprechen, wenn dies auch nur mittels eines Rechtsreflexes der Arbeitsmarktpolitik geschieht statt durch eine vollzugliche Reformmaßnahme. Die fehlende Mitgliedschaft von Sozialhilfeempfängern in der gesetzlichen Krankenversicherung (vgl. erneut § 264 SGB V) wurde schon lange als stigmatisierend angesehen, was nicht selten dazu führte, dass Betroffene ärztliche Behandlungen ablehnten, obwohl sie dringend medizinisch indiziert waren. Dies ist besonders bedenklich, wenn davon Kleinkinder von Sozialhilfeempfängern betroffen sind,

---

[639] Mênil du, Beatrice, Die Resozialisierungsidee..., S. 195; Stellungnahme der Arbeiterwohlfahrt: Zur Situation des Strafvollzuges, in: ZfStrVo 1989, S. 47; Bundesarbeitsgemeinschaft der Sozialarbeiter/Sozialpädagogen bei den Justizvollzuganstalten e.V., Stellungnahme zum Gesetzentwurf des Bundesrates zur Änderung des StVollzG, in: ZfStrVo 1989, S. 113; Stellungnahme der Bundesarbeitsgemeinschaft für Straffälligenhilfe e.V., Tarifgerechte Entlohnung für Inhaftierte, in: ZfStrVo 1993, S.177; Lohmann, Hans Christian, S. 116; Olbrück, Claudia, Anspruch und Wirklichkeit des Strafvollzugsgesetzes, S. 62f, 67; Smolka, Peter, Der Freigang im Strafvollzug, S. 67; Götte, Sabine, Die Mitbetroffenheit..., S. 122, 124, 132

[640] Vgl. Götte, Sabine, S. 159ff; Laubenthal, Klaus, Arbeitsverpflichtung..., in: Schlüchter, Ellen (Hrsg.), S. 346

[641] Walter, Michael, Strafvollzug, Rn. 461

[642] Hohmann, Roger, Einbeziehung von Sozialhilfeempfängern in die gesetzliche Krankenversicherung?..., in: SGb 2003, S. 501

deren Ehegatten eine Haftstrafe absitzen. Dieses „Outing“ beim Arztbesuch ließ sich überdies mit dem Recht auf informationelle Selbstbestimmung nach §§ 67, 67a SGB X nicht vereinbaren.[643] Zwar wurden im Zuge der Reformen auch die SGB V, VI, XI mit der Maßgabe formuliert, dass Bezieher von Arbeitslosengeld II in die gesetzliche Renten-, Kranken- und Pflegeversicherung einbezogen sind, §§ 5 I Nr. 2a SGB V, 3 Satz 1 Nr. 3a SGB VI, 20 I Nr. 2a SGB XI n.F.[644] Dadurch tritt eine Abdämpfung der Folgen für nichtfamilienversicherte Angehörige von Strafgefangenen ein, indem sie einen eigenen Sozialversichertenstatus erlangen. Allerdings steht diese Besserstellung mit Blick auf die strengen Zumutbarkeitsmaßstäbe bezüglich anzunehmender Arbeiten (§ 10 I SGB II n.F.) auf wackeligen Beinen, denn nur Tätigkeiten z.B. unter sittenwidrigen Arbeitslöhnen dürfen von den Beziehern des Arbeitslosengeldes II abgelehnt werden[645] und auch der Bezug von Sozialgeld bzw. Sozialhilfe (§ 28 I, II SGB II bzw. § 41 I SGB XII) im Falle der fehlenden Erwerbsfähigkeit wird einer Sozialversicherungseinbeziehung entgegenstehen, so dass die Problematik nicht deutlich an Brisanz verloren hat. Zwar sieht § 264 II SGB V n.F.[646] erstmals einen Anspruch auf Krankenbehandlung von Sozialhilfeempfängern gegen die Krankenkasse vor, doch handelt es sich hierbei nicht um eine Mitgliedschaft, sondern nur um eine an Aufwendungsersatz geknüpfte Ermessensnorm.

B. Auswirkungen auf Grundrechte

Neben den zahlreichen tatsächlichen Rechtseinbußen begegnen dem Betrachter der Materie auch mannigfache rein juristische Schwierigkeiten, die sich insbesondere auf dem Gebiet der Grundrechte und sonstigen Staatsfundamentalnormen auswirken. Die Literatur meldet in diesem Zusammenhang einige Bedenken an, führt ihre Gedanken aber nicht zu Ende, sondern begnügt sich mit ansatzweisen Vorhaltungen. Ob diese berechtigt sind, soll im Folgenden anhand der (einschlägigen) Rechtsprechung untersucht werden.

---

[643] Hohmann, Roger, Einbeziehung von Sozialhilfeempfängern in die gesetzliche Krankenversicherung?..., in: SGb 2003, S. 499

[644] Vgl. erneut BGBl. 2003, 2976, 2977, 2982; siehe auch Löschau, Martin / Marschner, Andreas, Zusammenlegung von Arbeitslosen- und Sozialhilfe – Hartz IV –, S. 143ff

[645] Nakielski, Hans, Neue Zumutbarkeitsregeln: Nur sittenwidrige Arbeitslöhne dürfen abgelehnt werden, in: SozSich 2004, S. 95; Löschau, Martin / Marschner, Andreas, S. 60f

[646] BGBl. 2003, 3055

I. Verletzung des Gleichheitssatzes, Art. 3 I GG

In mehr[647] oder weniger[648] detaillierten Ausführungen wird die Problematik der Verletzung des Gleichbehandlungsgrundsatzes im Hinblick auf die Tatsache angesprochen, dass normale Arbeitnehmer bzw. Freigänger in die Sozialversicherung einbezogen sind. Allerdings bleibt die Literatur eine ausgiebige Auseinandersetzung schuldig, inwiefern tatsächlich eine Verletzung des Art. 3 I GG vorliegt – auch eine (zugegebenermaßen schwierige) Diskussion über die Vergleichbarkeit bestimmter Obergruppen, die die Ausgangssituation einer jeden Gleichheitsprüfung im Hinblick auf die Übereinstimmung von Vergleichsobjekten darstellt und die weitere Prüfung der Rechtfertigung einer (Ungleich)Behandlung auslöst[649], wird von der Literatur nicht geleistet. Hierin liegt aber bereits ein Problem, weil die von Art. 3 I GG geforderte Statusgleichheit jedes Menschen der rechtliche Ausgangspunkt seiner Freiheit ist und aufgrund der aus dieser Freiheit resultierenden Verschiedenheit gerade Anlass zu gesetzlichen Differenzierungen besteht. Es ist aber kein Mensch als Rechtssubjekt mit dem anderen identisch, so dass der Gesetzgeber deren Umfeld in Ähnlichkeit und Verschiedenheit begreifen und bewerten muss, also letztlich subjektiv gelagerte Entscheidungen treffen muss.[650] Danach hat der Gesetzgeber zunächst Personen oder Sachverhalte gleich zu behandeln, wenn sie (wesentlich) gleich sind, und ungleich zu behandeln, wenn sie (wesentlich) ungleich sind.[651]

1. Festlegung vergleichbarer Obergruppen

a. Arbeitende Strafgefangene und freie Arbeitnehmer

Soweit die Verletzung des Gleichheitssatzes wegen der unterschiedlichen Handhabung der Sozialversicherung von arbeitenden Strafgefangenen und Arbeitnehmern in Freiheit gerügt wird, sind bereits schwerwiegende Bedenken anzumelden, die sich aus der Gesetzeslage selbst ergeben. Wann eine Personengruppe (wesentlich) gleich oder ungleich ist, soll sich danach richten, ob in dem betreffenden Zusammenhang die Übereinstimmungen oder die Unterschiede bedeutsam oder erheblich sind, d.h. Vergleichspaare sind ungleich, wenn im kon-

---

[647] Schorn, Ulrich, Sozialversicherung im Strafvollzug, in: NZS 1995, S. 445; Hartmann, Jürgen, Keine Einbeziehung..., in: SozVers 1993, S. 199

[648] Rosenthal, Michael, Arbeitslohn im Strafvollzug, in: NK 1998, S. 16; vgl. Olbrück, Claudia, Anspruch und Wirklichkeit des Strafvollzugsgesetzes, S. 160f, die in wenig überzeugender Weise eine Gleichheitsverletzung bzgl. der unterschiedlichen Entlohnung generell konstruiert

[649] Kim, Joo-Hwan, Zur Konkretisierung des allgemeinen Gleichheitssatzes des Art. 3 I GG, S. 27; Martini, Peter, in: Becker/Schuppert/Thieme (Hrsg.), Art. 3 I GG als Prinzip absoluter Rechtsgleichheit, S. 34; Bleckmann, Albert, in: ders (Hrsg.), Die Struktur des allgemeinen Gleichheitssatzes, S. 71

[650] Kirchhoff, Paul, Die Verschiedenheit der Menschen und die Gleichheit vor dem Gesetz, S. 8; Kallina, Michael, Willkürverbot und neue Formel – Der Wandel der Rechtsprechung des Bundesverfassungsgerichts zu Art. 3 I GG, S. 14; Bleckmann, Albert, ebda.

[651] Martini, Peter, S. 17, 33

kreten Fall die tatsächlichen Unterschiede[652] zwischen ihnen bedeutsam sind.[653] Auf dieser Stufe sind bereits vorab miteinander harmonierende Begriffspaare auf wertender Ebene zu ermitteln bzw. auszuscheiden, ehe eine Rechtfertigung unter den vom BVerfG aufgestellten Maßstäben durchzuführen ist. Die im Strafvollzug tätigen Gefangenen sind mit freien Arbeitnehmern nach meiner Auffassung nicht vergleichbar. Fehlerhaft ist es bereits, diesen Vergleich unter dem Gesichtspunkt des Arbeitens als fremdbestimmter Tätigkeit zu führen und zu argumentieren, dass Häftlinge genauso wie freie Menschen in die Sozialversicherung einzubeziehen seien. Die Arbeit als solche ist kein taugliches Kriterium, weil die Tatsache der Verrichtung von „Arbeit“ gerade nicht zur Einbeziehung in die Sozialversicherungszweige führt. Maßgeblich für die Sozialversicherungspflicht ist vielmehr die Erfüllung der Voraussetzungen des Beschäftigungsbegriffs des § 7 I SGB IV. Strafgefangene lassen sich diesem Begriff aber infolge des Zwangscharakters ihrer Arbeit nicht subsumieren, so dass sie nur wegen der sozialrechtsspezifischen Gesetzesauslegung durch die Rechtsprechung aus dem Kreis der Versicherten herausfallen – damit liegt aber letztlich schon keine Vergleichbarkeit mehr vor, weil sich die Unterschiedlichkeit aus den Anforderungen des Gesetzes ergibt. Dem trägt der Gedanke Rechnung, dass der Gesetzgeber im SGB (vgl. z.B. §§ 2, 3 SGB VI) neben der Einbeziehung aufgrund einer Beschäftigung weitere Tatbestände geschaffen hat, die nach seiner eigenen Auffassung keine Beschäftigung darstellen, die er aber solchen gleichgestellt sieht. Anders wäre zu urteilen, wenn der Gesetzgeber die nach der Rechtsprechung als Beschäftigte anzusehenden Strafgefangenen ausdrücklich aus diesem Kreise herausgenommen hätte. Zum zweiten unterscheiden sich die Begriffspaare Strafgefangene und freie Menschen – dies mag banal klingen – dadurch, dass die einen unter den Bedingungen des Freiheitsentzuges leben und arbeiten, die anderen hingegen nicht. Dies bedeutet vor dem Hintergrund obiger Definition der bedeutsamen Unterschiede als Kriterium der Ungleichheit, dass sich Strafgefangene aufgrund ihrer geleisteten Zwangsarbeit in der Haftanstalt und des ihnen auferlegten Freiheitsentzuges derart evident voneinander unterscheiden, dass sich eine Untersuchung anhand der Grundsätze des Art. 3 I GG verbietet, weil dessen Postulat nicht auf bedeutend ungleiche Sachverhalte angewendet werden kann und darf.[654]

---

[652] Kim, Joo-Hwan, Zur Konkretisierung..., S. 30

[653] Martini, Peter, in: Becker/Schuppert/Thieme (Hrsg.), Art. 3 I GG als Prinzip..., S. 34; Kallina, Michael, Willkürverbot und neue Formel..., S. 13

[654] So auch Jehle, Jörg Martin, Lohnt sich die Gefangenenarbeit? Grundsätzliche Fragen zu Arbeit und Entlohnung im Strafvollzug, in: Häußling, Josef Maria/Reindl, Richard (Hrsg.), Sozialpädagogik und Strafrechtspflege, Gedächtnisschrift für Max Busch, S. 503f unter dem Topos „Gleiche Löhne für gleiche Arbeit“; in diesem Zusammenhang auch Heising, Michael, Die Entlohnung der Gefangenenarbeit, S. 106, der feststellt, dass eine unterschiedliche Vergütung Gefangener und freier Arbeitnehmer bedeutungslos ist, weil der dem Staat zugeflossene Wert maßgeblich sei – auch hier wird also eine Vergleichbarkeit beider Gruppen ausgeschlossen

Mit diesen Erwägungen setzt man sich zugegebenermaßen in Widerspruch zum Prüfungsprogramm des BVerfG, weil dieses Art. 3 I GG in seiner Funktion als Kontrollnorm anwendet, wonach ein Gleichheitsverstoß nur festgestellt werden kann, wenn sich für die Ungleichbehandlung kein sachlicher Grund finden lässt. Dadurch entsteht dem Gesetzgeber ein Freiraum, innerhalb dessen ihm die Bewertung von Vergleichstatbeständen als gleich oder ungleich überlassen ist. Diesen durch das Willkürverbot begrenzten Bereich nennt das BVerfG den Gestaltungsspielraum des Gesetzgebers.[655] Doch im Interesse einer verfassungsrechtlich und dogmatischen Durchdringung der Problematik sei dieser Gedankengang erlaubt, zumal in der Literatur vertreten wird, dass die Heranziehung ein und derselben Verfassungsnorm als Handlungs- bzw. Kontrollmaßstab nicht der Struktur des Grundgesetzes entspreche, weil der Wortlaut des Art. 3 I GG keine Anhaltspunkte dafür hergebe, die verfassungsgerichtlichen Kontrollmaßstäbe „(...) hinter die Linien der für die übrigen Staatsfunktionen maßgeblichen Verhaltensnormen zurückzunehmen".[656] Das BVerfG nimmt zur Frage der unterschiedlichen Vergleichsgruppen in der zum Strafvollzug aktuellsten Entscheidung nicht detailliert Stellung, sondern prüft (nur) die Vereinbarkeit mit Art. 3 I GG anhand einer Rechtfertigungsuntersuchung.[657] Im Ergebnis bleibt festzuhalten, dass die Sozialversicherungspflicht Strafgefangener und freier Menschen aufgrund einer bedeutsamen strukturellen Ungleichheit nicht an Art. 3 I GG gemessen werden kann.[658]

b. Intramural arbeitende Strafgefangene und Freigänger

Anders sieht dies bei intramural arbeitenden Strafgefangenen und Freigängern aus. Gefangene, die als Freigänger gem. §§ 11 I Nr. 1, 39 StVollzG in einem freien, aber ebenfalls öffentlich-rechtlich überlagerten Beschäftigungsverhältnis tätig sind, werden trotz auch für sie bestehender Arbeitspflicht (§ 41 StVollzG) als nach §§ 5 I Nr. 1 SGB V, 1 Satz 1 Nr. 1 SGB VI, 1 II SGB XI versicherungspflichtig behandelt.[659] Sie unterfallen dem Beschäftigtenbegriff, weil ihre Arbeit freiwillig geleistet wird. Im Gegensatz zu obiger Gruppe sind aber auch Freigänger Strafgefangene und insofern mit den intramural tätigen Gefangenen

---

[655] BVerfGE 3, 58 (135); Martini, Peter, Art. 3 I GG als Prinzip..., S. 20, 36, 42; Kallina, Michael, Willkürverbot und neue Formel..., S. 15

[656] Näher hierzu Kim, Joo-Hwan, Zur Konkretisierung..., S. 147f

[657] BVerfGE 98, 169ff; das BVerfG vergleicht offenbar Gefangene und freie Arbeitnehmer; zur näheren Begründung des BVerfG siehe unten c. cc. (2)

[658] Kamann, Ulrich, Das Urteil des BVerfG vom 1.7.1998 zur Gefangenenentlohnung, ein nicht kategorischer Imperativ für den Resozialisierungsvollzug, in: StV 1999, S. 350; Jehle, Jörg Martin, Lohnt sich die Gefangenenarbeit? Grundsätzliche Fragen zu Arbeit und Entlohnung im Strafvollzug, in: Häußling, Josef Maria/Reindl, Richard (Hrsg.), Sozialpädagogik und Strafrechtspflege, Gedächtnisschrift für Max Busch, S. 504

[659] BSGE 12,71 (73); 67, 269 (271f); Schorn, Ulrich, Die Sozialversicherung..., S. 445; Calliess/Müller-Dietz, StVollzG, § 193 Rn. 3; AK-StVollzG-Brühl, vor § 190 Rn. 2, 5; Schwind/Böhm-Matzke, StVollzG, § 193 Rn. 1

vergleichbar. Ein derart krasser Unterschied zwischen diesen beiden Gruppen ist gegenüber solchen in Freiheit nicht auszumachen.

c. Außenbeschäftigte und Freigänger

Noch ähnlicher sind sich die Gruppe der Außenbeschäftigten[660] und die der Freigänger, § 11 I Nr. 1 StVollzG. Ebenso wie die Freigänger erledigen die Außenbeschäftigten ihre (zugewiesene) Pflichtarbeit in Betrieben außerhalb der Anstalt.[661] Der Arbeitsplatz kann in unmittelbarer Nähe der Anstalt oder in größerer Entfernung liegen, die Intensität der Aufsicht kann bis auf ein Minimum reduziert werden.[662] Wie bereits oben näher erläutert, kann unter den Voraussetzungen der §§ 11, 39 I StVollzG ein freies Beschäftigungsverhältnis ohne Aufsicht gestattet werden.[663] Dabei ist es möglich, dass Außenbeschäftigte und Freigänger innerhalb desselben Betriebes eines Unternehmens nur wenige Meter nebeneinander arbeiten – der eine unter Einbeziehung in die Sozialversicherung (und ggf. mit tariflichem Lohn), der andere nicht.[664] Hier stellt sich entschieden die Frage, wie ein solcher Zustand mit Art. 3 I GG zu vereinbaren ist – eine verfassungswidrige Rechtsverletzung scheint sich in dieser Konstellation geradezu aufzudrängen. Kann bzw. darf es sein, dass zwei Strafgefangene außerhalb der Anstalt, möglicherweise am gleichen Fließband Arbeit verrichten und der eine den vollen Schutz der Sozialversicherung genießt, der andere hingegen nicht?

2. Rechtfertigung der aufgedeckten Ungleichbehandlungen

a. Festlegung des Rechtfertigungsmaßstabes

Die Rechtsprechung des BVerfG zur Rechtfertigung von Ungleichbehandlungen hat in den letzten Jahren eine Verdichtung im Kontrollmaßstab erfahren. Ohne das seit jeher Art. 3 I GG entnommene Willkürverbot aufzugeben, wonach eine Verletzung von Art. 3 I GG vorliegt, wenn sich ein vernünftiger, sich aus der Natur der Sache ergebender oder sonst wie sachlich einleuchtender Grund für die gesetzliche Differenzierung nicht finden lässt, kurzum, wenn die Bestimmung als willkürlich bezeichnet werden muss, ist der Prüfungsmaßstab ausgeweitet worden.[665]

Die Definition des Willkürverbots hat zwar einige Modifikationen erfahren, etwa ob der Grund der Differenzierung sachlich[666], sachgerecht[667], einleuchtend[668]

---

[660] Auch „unechte Freigänger“ genannt

[661] Calliess/Müller-Dietz, StVollzG, § 11 Rn. 4

[662] AK-StVollzG-Lesting, § 11 Rn. 11

[663] AK-StVollzG-Lesting, § 11 Rn. 19

[664] Smolka, Peter, Der Freigang im Strafvollzug, S. 68f

[665] Vgl. BVerfGE 49, 192 (209); 52, 256 (262); 55, 114 (128); 61, 138 (147); 71, 255 (271); 78, 104 (121); vgl. zum Willkürverbot Kallina, Michael, S. 73ff; Paehlke-Gärtner, in: Umbach/Clemens, GG, Art. 3 Rn. 55ff

[666] BVerfGE 2, 337 (340); 71, 39 (53)

[667] BVerfGE 4, 144 (155); 78, 232 (248)

[668] BVerfGE 9, 334 (337); 48, 227 (235); 25, 269 (293)

oder sachlich einleuchtend[669] ist, im Kern ist sie aber gleich geblieben.[670] Die deutliche Erweiterung und Erneuerung des Prüfungsmaßstabes wurde mit der „neuen Formel“ des BVerfG vollzogen, wonach das Grundrecht dann verletzt ist, wenn „zwischen beiden Gruppen keine Unterschiede von solcher Art und solchem Gewicht bestehen, dass sie die Ungleichbehandlung rechtfertigen könnten.“[671] Im Ergebnis bedeutet dies die Ausdehnung verfassungsgerichtlicher Kontrolle auf die Einhaltung des Verhältnismäßigkeitsgrundsatzes.[672] Zusammenfassend kann man formulieren, dass Unterschiede ihrer Art nach geeignet bleiben, eine Differenzierung zu rechtfertigen, wenn zwischen ihnen und der Ungleichbehandlung ein Legitimationszusammenhang besteht und die Unterschiede hinreichend gruppenspezifisch sind. Dies ist der Fall, wenn sich eine Regelung im Hinblick auf die Vergleichsgruppen eignet, ein verfassungslegitimes Regelungsziel zu verwirklichen. Unterschiede können ihrem Gewicht nach eine Differenzierung rechtfertigen, wenn die Ungleichbehandlung und die sie rechtfertigenden Unterschiede in einem angemessenen Verhältnis zueinander in Bezug auf die Verwirklichung des Regelungszieles stehen, mithin als verhältnismäßig gelten dürfen.[673] In seiner jüngsten Rechtsprechung, der „neuesten Formel“, bestätigt der Erste Senat des BVerfG, dass verglichen mit dem Willkürverbot ein strengerer Maßstab anzulegen sei, der sich aber auch an verschiedenen Faktoren bzgl. der Beeinträchtigung orientiere.[674] Die Intensität der Beeinträchtigung wächst, je mehr sich das Kriterium der Ungleichbehandlung der in Art. 3 III GG besonders herausgestellten annähert und zu einer Minderheitendiskriminierung führt[675], ferner je weniger der Betroffene der Ungleichbehandlung selber abhelfen kann und je stärker sich die Ungleichbehandlung auf grundrechtlich geschützte Freiheiten nachteilig auswirkt – bei Ungleichbehandlungen geringerer Intensität beschränkt sich das BVerfG auf die bloße Willkürkontrolle, andernfalls prüft es, ob für die vorgesehene Differenzierung Gründe von solcher Art und solchem Gewicht bestehen, dass sie die ungleichen Rechtsfolgen rechtfertigen können.[676] Dieser sog. strenge Maßstab führt zu einer Annäherung des

---

[669] BVerfGE 21, 6 (9); 21, 227 (234); 51, 295 (300); 65, 142 (148)

[670] Martini, Peter, S. 22; Gubelt, in: von Münch/Kunig (Hrsg.), GGK, Art. 3 Rn. 12; Leibholz/Rinck/Hesselberger, GG, Art. 3 Rn. 21; Kim, Joo-Hwan, S. 134

[671] BVerfGE 55, 72 (88); mit „Gruppen“ sind nach dieser Ansicht „Personengruppen“ gemeint

[672] Kim, Joo-Hwan, S. 169; Martini, Peter, S. 45, 47; Kallina, Michael, S. 70ff, 73ff; Paehlke-Gärtner, in: Umbach/Clemens, GG, Art. 3 Rn. 61ff

[673] Martini, Peter, S. 59; Kallina, Michael, S. 75; vgl. die Entscheidung BVerfGE 88, 5 (13ff), die eine Modifikation der „neuen Formel” darstellt und verschieden starke Prüfungsmaßstäbe vorgibt, die vom Willkürverbot bis zu einer strengen Bindung an Verhältnismäßigkeitserfordernisse reichen, je nachdem, wie weit der Betroffene nachteilige Folgen durch eigenes Verhalten vermeiden kann und verfassungsrechtlich gewährleistete Freiheiten betroffen sind; hierzu Martini, Peter, S. 53

[674] Vgl. Kallina, Michael, S.100; Kim, Joo-Hwan, S. 195ff; Paehlke-Gärtner, in: Umbach/Clemens, GG, Art. 3 Rn. 65

[675] Kallina, Michael, S. 109

[676] BVerfGE 88, 87 (96ff); vgl. auch Kim, Joo-Hwan, S. 198

gerichtlichen Kontrollmaßstabs an die Handlungsnorm[677] des Gesetzgebers und damit zu einer Reduzierung des gesetzgeberischen Gestaltungsspielraums.[678] Im Ergebnis sind die oben erarbeiteten Vergleichsgruppen anhand des strengen Maßstabes zu untersuchen, weil die Beeinträchtigung fehlender Sozialversicherungseinbeziehung nicht nur von geringer Intensität ist.

b. Intramural arbeitende Strafgefangene und Freigänger

aa. Unterschiede von solcher Art[679]

Das Anknüpfen des § 7 I SGB IV an die Voraussetzungen der Beschäftigung eines Arbeitnehmers zur Regelung des konkreten sozialversicherungsrechtlichen Status wird dem zugrundeliegenden Regelungszweck gerecht, nämlich von öffentlich–rechtlicher Seite darüber zu befinden, ob die betreffende Person in den Genuss einer auf dem Solidargedanken beruhenden Vorsorgeleistung kommen soll oder nicht, weil die Qualität bzw. die Umstände der Arbeitserbringung Aussagen über die Schutzbedürftigkeit des Tätigen treffen, wobei Letztere wiederum ausschlaggebend für die Einbeziehung in die sozialen Sicherungssysteme ist. Die Differenzierung zwischen Strafgefangenen als intramural zwangsweise Verpflichteten und Strafgefangenen im freien Beschäftigungsverhältnis ist eine bezogen auf das Regelungsziel – Sozialversicherungspflichtigkeit – taugliche Unterscheidung, da der Ablauf und der Entstehungsgrund des jeweiligen Arbeitsverhältnisses von diametral verlaufenden Gesichtspunkten geprägt sind und im Übrigen einen ebenso gearteten Zweck verfolgen. Beiden ist zwar der Resozialisierungsprozess gemein, doch steht beim Freigänger deutlich die von Selbständigkeit charakterisierte Gewöhnung an die Freiheit durch soziale Integration[680] und das Erwirtschaften materieller Lebensgüter, wie volle Entlohnung[681], im Vordergrund, mithin eine gewisse Gleichstellung mit normalen Arbeitnehmern. Das selbständige Verrichten einer Tätigkeit außerhalb der Gefängnismauern aufgrund eines privatrechtlichen Arbeitsvertrages rückt die Freigänger in die Kategorie der Schutzbedürftigkeit regulärer Beschäftigter, zumal der Strafgefangene gerade an die Arbeitsanforderungen in Freiheit durch Erlernen von Belastungs- und Ausdauerfähigkeit, aber auch durch Aushalten zahlreicher diverser negativer Erfahrungen gewöhnt werden soll. Der Arbeitsalltag im Vollzug ist doch im Gegensatz zu jenem in Freiheit maßgeblich geprägt von deutlich geringerer Arbeitszeit, wenig sinnvollen Beschäftigungen, geringerer Arbeitsintensität und einem daraus folgenden demotivierenden Betriebsklima.[682]

---

[677] Vgl. oben die Differenzierung zwischen Handlungs- und Kontrollnorm

[678] Martini, Peter, S. 74

[679] Zum Prüfungsaufbau Martini, Peter, S.76

[680] AK-StVollzG-Lesting, § 11 Rn. 22; Smolka, Peter, Der Freigang im Strafvollzug, S. 51

[681] Smolka, Peter, S. 65

[682] Smolka, Peter, S. 55ff

bb. Unterschiede von solchem Gewicht

Diese unterschiedliche Behandlung hält einer Verhältnismäßigkeitsprüfung mit Blick auf die tatsächlichen Unterschiede der beiden Gruppen stand. Maßgeblich für das Gewicht der Unterschiede ist ihre Bedeutung für die Verwirklichung des Regelungszieles.[683] Freigänger im freien Beschäftigungsverhältnis erfüllen die Anforderungen der §§ 11, 39 StVollzG, im Besonderen des § 11 II StVollzG, wonach die Aufnahme eines freien Beschäftigungsverhältnisses von der Zustimmung des Gefangenen abhängig ist. Der Abschluss eines Arbeitsvertrages durch den Gefangenen wirkt sich im Rahmen des Ermessens der Vollzugsbehörde nach § 11 I Nr. 1 StVollzG aus. Da der Beschäftigungsbegriff des § 7 I SGB IV (vgl. §§ 5 SGB V, 1 SGB VI, 2 SGB VII, 20 SGB XI) das Zentralkriterium einer Sozialversicherungspflichtigkeit bildet, ist die Außerachtlassung derer, die keine derartige Tätigkeit verrichten, geeignet, erforderlich und angemessen, das Regelungsziel des Gesetzgebers zu erreichen. Diese Ungleichbehandlung hat zwar ein beträchtliches Gewicht für die Betroffenen, ist aber durch die grundlegende Unterschiedlichkeit von Zwangs- und freiwilliger Arbeit innerhalb eines subkulturellen Systems und eines Arbeitsverhältnisses in Freiheit gerechtfertigt. Dabei verkörpert die Beschäftigung nicht nur ein peripheres Kriterium, sondern den Hauptanknüpfungspunkt zur Beantwortung der Frage der Schutzbedürftigkeit des Einzelnen; dementsprechend schwer wiegt die tatsächliche Verschiedenheit der beiden Gruppen.

cc. Rechtfertigung durch das Regelungsziel

Das Regelungsziel kann die Ungleichbehandlung legitimieren, wenn es einen Grund von solcher Art und solchem Gewicht darstellt, dass es die Ungleichbehandlung zu rechtfertigen vermag.[684] Das Regelungsziel ist der Art nach geeignet die Ungleichbehandlung zu legitimieren, weil es verfassungslegitim ist. Gemäß Art. 74 I Nr. 12, 72 I GG hat der Bundesgesetzgeber die Kompetenz die Form und Gestaltung der Sozialversicherung zu regeln.[685] Dabei steht es dem Gesetzgeber frei, ob er die Zugehörigkeit nur auf Arbeitnehmer beschränken oder ob er auch selbständig Tätige einbeziehen will.[686] Die Differenzierung ist geeignet und erforderlich das Regelungsziel zu erreichen. Bei der Frage der Schutzbedürftigkeit bestimmter Personenkreise im Hinblick auf die Beteiligung an den von der Solidargemeinschaft getragenen Versicherungszweigen zur Absicherung gegen bestimmte Risiken, die mit der Erwerbstätigkeit und deren (un-)mittelbaren Folgen in Zusammenhang stehen, ist die Anknüpfung an die Art der Tätigkeit (Beschäftigung) für die Betroffenen geeignet, erforderlich und angemessen dem Problem zu begegnen. Das Regelungsziel ist dem Gewicht nach geeignet die Ungleichbehandlung zu legitimieren, weil Ungleichbehandlung und Differenzierungsziel in einem angemessenen Verhältnis zueinander stehen. Das

[683] Martini, Peter, S. 76
[684] Martini, Peter, S. 77
[685] R. Stettner, in: Dreier, Horst (Hrsg.), GG Kommentar, Art. 74 Rn. 65
[686] BVerfGE 75, 108 (146)

Regelungsziel, bestimmte Gruppen bei den Sozialversicherungszweigen unberücksichtigt zu lassen, rechtfertigt die Annahme, dass Beschäftigte im Sinne des § 7 I SGB IV schutzwürdiger sind als andere erwerbstätige Gruppen. Diese Schutzbedürftigkeit ergibt sich aus der persönlichen Abhängigkeit der Beschäftigten und der Annahme, dass der Gesetzgeber offensichtlich der Meinung ist, diese Gruppe von staatlicher Seite besonders sichern zu müssen, weil sie zu einer Individualabsicherung im Alter finanziell in geringerem Umfang in der Lage sind als andere Erwerbstätige (meist Selbständige oder über der Bemessungsgrenze Verdienende, § 6 I Nr. 1 SGB V, § 5 SGB VI), aufgrund der Erwerbstätigkeit und des Verdienstes aber dennoch *vorsorgefähig* bleiben.[687] Hierfür spricht auch die Tatsache, dass der Gesetzgeber diesem Gedanken folgend weitere benachteiligte Gruppen außerhalb des Beschäftigungsbegriffes kraft gesetzlicher Anordnung in die Sozialversicherungszweige einbezogen hat, so z.B. durch §§ 1 S. 1 Nr. 2 – 4, 2, 3 SGB VI, § 5 I Nr. 2 – 12 SGB V.[688] Innerhalb der Haftanstalt Arbeitende sollen aufgrund des Zwangscharakters der Arbeit im Gegensatz zu jenen nach § 11 II StVollzG Tätigen nicht die Anforderungen an die Beschäftigung erfüllen. Diese Differenzierung ist im Hinblick auf die kaum zu vergleichende Ausprägung der Erwerbstätigkeit innerhalb der Anstalt und in Freiheit als angemessen anzusehen.

c. Außenbeschäftigte und Freigänger

aa. Unterschiede von solcher Art

Ganz anders liegt die Situation bei den Außenbeschäftigten und den Freigängern. Zwischen diesen beiden Gruppen bestehen bereits nur unter höchsten Bedenken Unterschiede von solcher Art, die einen Legitimationszusammenhang zur unterschiedlichen Behandlung abgeben können. § 11 II StVollzG kann einen solchen nicht herstellen, weil gem. § 11 I Nr. 1, 1. A. und gem. § 11 I Nr. 1, 2. A. StVollzG die Außenbeschäftigung und der Freigang gleichsam an den Zustimmungsvorbehalt geknüpft sind. Zwar unterscheiden sich Freigang und Außenbeschäftigung im Bestehen einer vollzuglichen Aufsicht, doch haben wir bereits oben erörtert, dass das Maß und die Intensität dieser Aufsicht auf ein Mindestmaß reduziert werden können.

Größter Unterschied ist, dass die Freigänger aufgrund eines Arbeitsvertrages arbeiten, die Außenbeschäftigten hingegen nicht, obwohl auch ihre Tätigkeit gem. § 11 II StVollzG freiwillig erfolgt. Insbesondere ist beiden gemeinsam, dass sie ihre Fertigkeiten und Kenntnisse in einer realen Arbeitswelt erproben können und Probleme des Arbeitsalltags vor Ort zu bewältigen lernen müssen.[689] Festzuhalten bleibt, dass der Außenbeschäftigte sich der Beschäftigung im Sinne des

---

[687] Hase, Frieder, Anrechnung von Kindererziehungszeiten in der Rentenversicherung: Element eines sozialen Ausgleichs neuer Art?, in: VSSR 1995, S. 46

[688] Vgl. Eichenhofer, Eberhard, Sozialrecht, Rn. 278, der offenbar der Einzige ist, der den Leitgedanken der Schutzwürdigkeit von Arbeitnehmern im Gegensatz zu Selbständigen aufgreift

[689] Smolka, Peter, Der Freigang im Strafvollzug, S. 59

§ 7 I SGB IV mehr und mehr annähert, so dass die Differenzierung im Hinblick auf die bestehenden Unterschiede kaum mehr geeignet erscheint, das Regelungsziel zu erreichen.

bb. Unterschiede von solchem Gewicht

Keinesfalls jedoch stehen die Unterschiede in einem angemessenen Verhältnis zur Ungleichbehandlung. Gerade weil die Ungleichbehandlung ein beträchtliches Gewicht hat, müssen erhebliche Unterschiede zwischen den Vergleichsgruppen bestehen. Dies ist zu verneinen: Wie bereits erörtert verrichten beide u.U. identische Tätigkeiten im selben Betrieb, die Aufsicht über den Außenbeschäftigten kann außerordentlich locker gehandhabt werden. Die betriebliche Eingliederung und die Erfahrungswerte beider sind identisch, die Zwecksetzung der Vollzugslockerung geht bei beiden in die gleiche Richtung, wenn auch beim Außenbeschäftigten noch in etwas abgeschwächter Form. Der einzig elementare Unterschied besteht letztlich in der Existenz eines Arbeitsvertrages zwischen Freigänger und Unternehmer sowie im Vorliegen der zusätzlichen Voraussetzungen des § 39 I StVollzG beim Freigänger. Geht ein Strafgefangener einer Außenbeschäftigung nach, so muss zwar „ein Mindestmaß organisierter öffentlich-rechtlicher Verantwortlichkeit der Anstalt für den Gefangenen gewährleistet bleiben“[690], was beim Freigänger nicht der Fall ist. Doch ist auf der anderen Seite eine jederzeitige Austauschbarkeit des Gefangenen, wie früher üblich, durch den Unternehmer mittlerweile sogar für verfassungswidrig erklärt worden.[691] Dadurch wird eine relativ große Bindungswirkung und Affinität zwischen Außenbeschäftigten und Unternehmer erzeugt, die einer vertraglichen Beziehung gerade mit Blick auf den Vertrauensschutz des Unternehmers bzgl. der Individualisierung seiner Mitarbeiter sehr nahe kommt – diese wesensmäßige und rechtliche Ähnlichkeit beider Gruppen rechtfertigt aber nicht den weitgehenden Ausschluss des Außenbeschäftigten von der Sozialversicherung. Dies gilt umso mehr, als die Vollzugsbehörden gehalten sind, geeigneten Gefangenen iSd § 39 StVollzG Arbeit im freien Beschäftigungsverhältnis zu gewähren und sie bei der Suche zu unterstützen; erst wenn sich eine solche nicht finden lässt, soll die Außenbeschäftigung herangezogen werden.[692] „Die Unterscheidung zwischen der Beschäftigung in einem freien Beschäftigungsverhältnis (...) und zugewiesener Arbeit (...) ist eine sich aus der Abwicklung des Strafvollzuges ergebende Folge, an die aber für die Zeit nach der Strafentlassung keine unterschiedlichen Folgerungen hinsichtlich der sozialen Sicherung des Gefangenen geknüpft werden dürfen (...).“[693] Das Zustandekommen eines freien Beschäftigungsverhältnisses hängt aber häufig von wirtschaftlichen Umständen oder gar Zufällen[694] ab, so

[690] BVerfGE 98, 169 (211)
[691] BVerfGE 98, 169 (210)
[692] BVerfGE 98, 169 (211)
[693] BSGE 48, 129 (134); das BSG geht in dieser älteren Entscheidung sogar von einer weitgehenden Gleichstellung von Arbeitnehmern und Strafgefangenen aus
[694] BSGE ebda

dass die Konsequenz einer unterbleibenden Einbeziehung in die Sozialversicherung noch schwerer ins Gewicht fällt. Da somit die Verschiedenheit von Außenbeschäftigten und Freigängern nicht von solchem Gewicht ist, dass sie eine Ungleichbehandlung rechtfertigt, muss man zum Schluss kommen, dass die Anwendung des § 7 I SGB IV in vorliegender Konstellation unter dem Ausschluss der Außenbeschäftigten aus der Sozialversicherung mit Art. 3 I GG nicht zu vereinbaren ist und daher eine explizite Einbeziehung der Strafgefangenen kraft gesetzlicher Anordnung nach dem Vorbild des § 1 Satz 1 Nr. 2 – 4 SGB VI erfolgen müsste. Dies freilich ist vor dem Hintergrund des gesetzgeberischen Unterlassens problematisch.

cc. Gesetzgeberisches Unterlassen

Die Nichteinbeziehung (bestimmter Gruppen) von Strafgefangenen resultiert wie gesehen aus dem Umstand, dass der Gesetzgeber seinem eigenen Auftrag aufgrund des § 198 III StVollzG nicht nachgekommen ist, die Einbeziehung in die Sozialversicherung zu veranlassen – dies hat er mithin *gesetzgeberisch unterlassen*. Art. 3 I GG ist grundsätzlich auch beim Unterlassen anwendbar. Ein Anspruch auf gesetzliche Regelung einer bestimmten Materie kann nur aus einem ausdrücklichen bzw. konkreten Auftrag des GG entnommen werden, der Inhalt und Umfang der Gesetzgebungspflicht im wesentlichen bestimmt.[695] Die Rechte des Gefangenen auf Resozialisierung, Art. 2 I, 1 GG, und auf staatliche Vor- und Fürsorge, Art. 20 GG, begründen keine konkreten Gesetzgebungspflichten.[696] Außerhalb dieser Vorgaben hat der Gesetzgeber weitgehende Gestaltungsfreiheit, er braucht nicht die zweckmäßigste, vernünftigste oder gerechteste Lösung zu wählen – die Gestaltungsfreiheit muss ihm zustehen, um den vielfältigen Lebensverhältnissen gerecht zu werden. Gerade bei der gewährenden Staatstätigkeit ist die eingeräumte Gestaltungsfreiheit größer als bei Eingriffen in die Rechtssphäre des Einzelnen.[697] Art. 3 I GG gibt dem Einzelnen grundsätzlich keinen Anspruch auf ein inhaltlich ganz bestimmtes Verhalten des Gesetzgebers, dies wäre mit dessen weitgehender Gestaltungsfreiheit unvereinbar.[698] „Wegen Verletzung einer Handlungspflicht durch Unterlassen könnte das BVerfG erst eingreifen, wenn die staatlichen Organe gänzlich untätig geblieben wären oder wenn die bisher getroffenen Maßnahmen evident unzureichend wären. (...) Es ist regelmäßig eine höchst komplexe Frage, wie eine positive staatliche Schutz- und Handlungspflicht (...) durch aktive gesetzgeberische Maßnahmen zu verwirklichen ist."[699]

---

[695] BVerfGE 6, 257 (264); 8, 1 (9); 11, 255 (261); 12, 139 (142); 23, 242 (249); Gubelt, in: von Münch/Kunig (Hrsg.), GG, Art. 3 Rn. 10, 35; Paehlke-Gärtner, in: Umbach/Clemens, GG, Art. 3 Rn. 186ff

[696] BVerfGE 35, 202 (235f); Stellungnahme des VDR, Einbeziehung von Strafgefangenen..., in: SozVers 1993, S. 47

[697] Gubelt, in: von Münch/Kunig, GG, Art. 3 Rn. 23f; Stellungnahme des VDR, S. 46

[698] Gubelt, in: von Münch/Kunig, GG, Art. 3 Rn. 35; Lohmann, Hans Christian, S. 159f

[699] BVerfG NJW 1987, S. 2287

(1) Rechtsprechung des BSG zur Verfassungswidrigkeit des § 198 III StVollzG

Das BSG schließt sich in seinen zu dieser Frage ergangenen Entscheidungen dem bisher Gesagten an. Der Gesetzgeber habe bei gewährender Staatstätigkeit eine weitgehende Gestaltungsfreiheit. Diese sei besonders weit, wenn es sich um freiwillige Leistungen aus sozialpolitischen Motiven handele, mit denen ein bestimmter Zustand erstmalig verbessert werden solle. Es stehe dem Gesetzgeber frei, ob, ab wann, in welcher Höhe und gegenüber welchem Personenkreis er mit der beabsichtigten Verbesserung beginnen wolle. Die Unerheblichkeit der Strafhaft für die Rentenversicherungszeiten stelle daher keine planwidrige Gesetzeslücke dar. Die Vorschriften über die Anerkennung von Ausfall- und Ersatzzeiten seien von gemäß § 1 I SGB I sozialrechtlich anerkennenswertem Inhalt, die Strafhaft als Folge der Verletzung der Strafrechtsordnung zähle nicht dazu. Die negative, schutzverneinende Gesetzeslage müsse erst in eine positive, schutzbejahende umgewandelt werden, eine Gesetzeslücke sei aber nicht erkennbar.[700] Ähnlich äußerte sich das BSG 1994. Die unterbliebene Einbeziehung durch §§ 190 Nr. 13, 198 III StVollzG verstoße nicht gegen Art. 3 I GG:

„Für künftige Leistungsgewährungen – um die es sich hier handelt – steht dem Gesetzgeber eine weitgehende Gestaltungsfreiheit zu. Zwar muss der Verfassungsauftrag bei der Fortentwicklung der Rentenversicherung sowie bei der mittel- und längerfristigen Finanzplanung beachtet werden. (...) Bei der Festlegung von Reformschritten darf der Gesetzgeber aber insbesondere die bekanntermaßen angespannte Haushaltslage des Bundes und finanzielle Situation der gesetzlichen Rentenversicherung berücksichtigen. Unter diesen Umständen vermag der Senat *jedenfalls derzeit (noch) keinen Verfassungsverstoß*[701] zu erkennen und hält insoweit an seinem Urteil vom 26.5.1988 fest.“[702] Die Entscheidung bezieht demnach auch rein haushaltspolitische Erwägungen in den gesetzgeberischen Gestaltungsspielraum ein und reicht die Problematik einmal mehr an die kreisfreien Städte und Landkreise als Sozialhilfeträger weiter.[703]

(2) Rechtsprechung des BVerfG zur Verfassungswidrigkeit des § 198 III StVollzG

Das BVerfG lässt die unterbliebene Einbeziehung in die Rentenversicherung[704] unter dem Gesichtspunkt des Art. 3 I GG unbeanstandet. Eine derart weittragende Regelung stelle sich als Element eines vom Gesetzgeber frei gestalteten Resozialisierungskonzepts dar. Sie sei nicht vom Gleichheitssatz (Art. 3 I GG) ge-

---

700 BSG NJW 1989, S. 191

701 Hervorhebung durch den Verfasser

702 BSG vom 23.3.1994, Az. 5 RJ 14/93; DOK 1996, S. 598 (Kurzwiedergabe); vgl. die Besprechung des UrTeils durch Ritz, Norbert, Höchstrichterliche Rechtsprechung in der gesetzlichen Rentenversicherung, in: DRV 1994, S. 826

703 So auch Ritz, Norbert, S. 827

704 Bzgl. der Frage über die Einbeziehung in die Krankenversicherung musste das BVerfG nicht entscheiden, da diese Vorlage unzulässig war, BVerfGE 98, 169 (195). Die Argumentation dürfte aber identisch sein

boten. Sie müsse sich nach Aussage der in der mündlichen Verhandlung gehörten Sachverständigen im Gegenteil gerade unter Gleichheitsgesichtspunkten rechtfertigen.[705] Die dem Gesetzgeber zustehende Gestaltungsmacht gestatte ihm Art und Umfang der sozialen Sicherungssysteme zu bestimmen, er sei nicht gehalten, jede in Betracht kommende Beschäftigung am Schutz der Sozialversicherung teilnehmen zu lassen. Die Erarbeitung rentenrechtlicher Anwartschaften sei nur dann denkbar, wenn die Gefangenen auf der Basis eines fiktiven Arbeitsentgelts versichert würden. Ein solcher Anspruch lasse sich aus dem Gleichheitssatz nicht ableiten.[706]

dd. Kritische Stellungnahme

Die Entscheidungen von BSG und BVerfG liegen weitgehend auf einer Linie, wobei das BSG in seinem Urteilsspruch aus dem Jahre 1994 deutlich erkennbar mit einer Richtervorlage gem. Art. 100 GG gerungen hat. Dies dürfte sich nach der Entscheidung des BVerfG aus dem Jahr 1998 erledigt haben, in der es die Vereinbarkeit mit dem Gleichheitssatz unzweifelhaft bestätigt hat. Aus meiner Sicht geben die Auffassungen der Gerichte allerdings Anlass zu rechtlicher Beanstandung.[707]

(1) Grenzen der Gestaltungsfreiheit des Gesetzgebers

Es ist bedauerlich, dass sich die Rechtsprechung zu den Problemen um die Gruppenbildung und die Rechtfertigung der Ungleichbehandlung nicht detaillierter geäußert hat. Dann hätte sie erkennen können, dass die Gestaltungsfreiheit des Gesetzgebers keine Generallösung zu bieten imstande und die Rechtslage bei den (in der Verfassungsbeschwerde des BVerfG zu prüfenden) Außenbeschäftigten und Freigängern mehr als nur unbefriedigend ist.[708] Zweifellos steht dem Gesetzgeber ein weiter Gestaltungsspielraum zu, innerhalb dessen er Sachverhalte (politisch) würdigen kann[709]; doch die Anwendung des Beschäftigtenbegriffes in § 7 I SGB IV in der Konstellation Außenbeschäftigter und Freigänger scheint mit Art. 3 I GG kaum vereinbar, denn die tatsächlichen wie rechtlichen Unterschiede dieser beiden sind nur marginal, ihre differenzierte rechtliche Behandlung erweist sich vor dem Hintergrund einer Versorgung des Strafgefangenen und seiner Familienangehörigen hingegen als eklatant.[710] Mit Blick auf den hier anzuwendenden strengen Prüfungsmaßstab des BVerfG ändert daran auch die nicht „willkürliche“ [711] Behandlung durch den Gesetzgeber letztlich nichts. Die ausschließlich formal orientierten Unterschiede, nämlich Bestehen

---

[705] BVerfGE 98, 169 (212)
[706] BVerfGE 98, 169 (204); vgl. hierzu Lohmann, Hans Christian, S. 135
[707] Anderer Ansicht wohl Lohmann, Hans Christian, S. 160f
[708] AK-StVollzG-Brühl, vor § 190 Rn. 1
[709] Vgl. auch Lohmann, Hans Christian, S. 135
[710] Smolka, Peter, Der Freigang..., S. 65; Olbrück, Claudia, Anspruch und Wirklichkeit..., S. 156
[711] So aber Lohmann, Hans Christian, S. 161

eines Arbeitsvertrages und Geltung des § 149 IV StVollzG für den Außenbeschäftigten, haben vor den Anforderungen des BVerfG in seinen neuesten Entscheidungen keinen Bestand.[712]

(2) Kein normativer Auftrag aus § 198 III StVollzG

Freilich lässt sich eine Einbeziehung trotz des eigenen normativen „Auftrags" in § 198 III StVollzG nicht vor dem Hintergrund einer „Selbstbindung des Gesetzgebers" konstruieren, wie dies im Falle des § 200 StVollzG und der Erhöhung des Arbeitsentgelts vertreten wurde.[713] Der Gesetzgeber hat sich zum Erlass des besonderen Bundesgesetzes gerade keine Frist gesetzt (und sich dadurch alle Möglichkeiten vorbehalten), obwohl schon Anfang der 1970er Jahre die vollständige Gleichstellung der Gefangenen mit den Angestellten durch das Bundesjustizministerium vorbereitet wurde.[714] Dieses Vorgehen war offensichtlich übereilt, aber es trägt zur Problemlösung nichts bei, wenn sich die Literatur einig ist, dass es sinnwidrig sei, das Gesetz auf unabsehbare Zeit hinauszuschieben.[715] Daraus verdichtet sich ebenso wenig eine Handlungspflicht wie aus einem Vergleich mit nicht erwerbstätigen Erziehenden (§§ 56, 57 SGB VI) oder in sozialen Einrichtungen versicherungspflichtigen Behinderten (§§ 5 I Nr. 7, 8 SGB V, 1 S. 1 Nr. 2 SGB VI).[716] Bezüglich letzterer hat zwar das BSG entschieden, dass Voraussetzung einer Versicherungspflicht in diesen Fällen die Aufnahme des Behinderten in eine Werkstatt zum Zwecke einer dauerhaften Eingliederung in das Erwerbsleben ist, die auf die Stabilisierung der Fähigkeiten des Behinderten abzielt und nicht lediglich einer medizinisch – therapeutischen Behandlung dient.[717] Damit ist die Aufgabe der Behindertenwerkstatt – dies mag sonderbar klingen – mit jener des Justizvollzuges und der Gefangenenarbeit (abgesehen vom Grund des Aufenthaltes der Betroffenen) exakt identisch. Und doch fällt diese Entscheidung isoliert gesehen in den Gestaltungsspielraum des Gesetzgebers, wenn auch dem Vergleich mit sozialversicherungspflichtigen behinderten Menschen nicht unerhebliches moralisches Gewicht zukommt.

(3) Untauglichkeit der Einstufung der Schutzwürdigkeit allein über § 7 I SGB IV

Kritisiert wird weiterhin, dass es nicht zu rechtfertigen sei, wenn Erziehende in der Rentenversicherung ohne Rücksicht auf ihre wirtschaftliche und soziale Situation auf Kosten der Allgemeinheit eine Absicherung erhalten, Strafgefange-

---

712 Anderer Ansicht Stellungnahme des VDR, Einbeziehung von Strafgefangenen in die gesetzliche Rentenversicherung, in: SozVers 1993, S. 47, der allerdings noch anhand der reinen Willkürkontrolle urteilte

713 Olbrück, Claudia, Anspruch und Wirklichkeit des Strafvollzugsgesetzes, S. 162

714 Ohle, Carsten Detlev, Arbeitsentlohnung und Arbeitsbelohnung im Gefangenenarbeitswesen, S. 107

715 AK-StVollzG-Feest, § 198 Rn. 4

716 So Schorn, Ulrich, Die Sozialversicherung..., S. 446; Lohmann, Hans Christian, S. 122, 157

717 BSG Urteil vom 14.12.1994 – 4 RK 1/93, SozR 3 – 2500 § 5 Nr. 19, S. 73ff

ne, die überdies volkswirtschaftlich tätig sind, hingegen nicht, obwohl letztere im Gegensatz zu ersteren meist zu keiner eigenständigen Risikovorsorge imstande[718], also *schutzbedürftig* und *vorsorgeunfähig* sind.[719] Dem entsprechen zwar Urteile des BVerfG, in denen es dem Gesetzgeber auferlegt hat, bestimmte Wertentscheidungen des Staates von Verfassungsrang in seine Gesetzgebung einfließen zu lassen, die konkrete Ausgestaltung aber als „Sache des Gesetzgebers" ansieht.[720] Dieser isolierte Gestaltungsspielraum verdichtet sich aber letztlich doch zu einer Handlungspflicht, wenn man Außenbeschäftigte und Freigänger *alleine* unter dem Gesichtspunkt des § 7 I SGB IV und nicht unter dem Blickwinkel einer außerordentlichen Einbeziehung würdigt – dann bedarf es jedenfalls einer spezialgesetzlichen Einbeziehung der Außenbeschäftigten, um die Verletzung des Art. 3 I GG aus oben angeführten Gründen zu vermeiden.[721] Eine derartige Einbeziehung würde diese verfassungsrechtliche Lücke schließen, was als „besondere Rechtfertigung"[722] im Sinne der Rechtsprechung genügen müsste.

II. Verletzung der Eigentumsgarantie, Art. 14 I GG

Neben den bereits angesprochenen Schwierigkeiten um die Erfüllung gesetzlicher Wartezeiten hat insbesondere der Verfall von bereits erworbenen Anwartschaften in der Berufs- und Erwerbsunfähigkeitsrente nach längstens zwei Jahren Haftstrafe Diskussionen in der Literatur um die Vereinbarkeit mit Art. 14 GG hervorgerufen.[723] Eine diesbezügliche höchstrichterliche Entscheidung ist im Falle der Situation bei Strafgefangenen noch nicht ergangen. Zu prüfen bleibt, ob der Verfall der Anwartschaften in der Berufs- und Erwerbsunfähigkeitsversorgung tatsächlich „(...) evident gegen Art. 14 I GG"[724] verstößt.

1. Sachlicher Schutzbereich

Der Schutzbereich des Art. 14 GG zeichnet sich durch eine besonders intensive Normprägung aus, d.h. die inhaltliche Bestimmung des Grundrechts erfolgt erst durch den Gesetzgeber. Das Eigentum ist von vornherein durch die Ausgestal-

---

[718] Hase, Frieder, Anrechnung von Kindererziehungszeiten in der Rentenversicherung: Element eines sozialen Ausgleichs neuer Art?, in: VSSR 1995, S. 41f

[719] Hase, Frieder, S. 46f

[720] BVerfGE 87, 1 (36); 82, 60 (86f)

[721] Im Ergebnis ebenso, aber mit knapper Begründung Olbrück, Claudia, Anspruch und Wirklichkeit..., S. 156

[722] BVerfGE 98, 169 (204, 212); vgl. erneut Lohmann, Hans Christian, S. 161, der mit dem Willkürverbot argumentiert; indifferent hierzu Ohle, Carsten Detlev, Arbeitsbelohnung und Arbeitsentlohnung im Gefangenenarbeitswesen, S. 106

[723] Pawlita, Cornelius, Die Gefangenenentlohnung..., S. 71; Schorn, Ulrich, Die Sozialversicherung..., S. 445; Lohmann, Hans Christian, S. 117

[724] So Rosenthal, Michael, Arbeitslohn..., S. 16, der ohne weitere Begründung sogar von einem „Totalentzug" spricht; vgl. Lohmann, Hans Christian, ebda; einer diesbezüglichen Verfassungsbeschwerde „recht gute Erfolgsaussichten" attestiert Neu, Axel, Der Gesetzgeber bleibt gefragt, in: NK 1998, S. 17

tungsbefugnis des Gesetzgebers und durch die verfassungsrechtlich gebotene Sozialbindung definiert, Art. 14 I 2 GG.[725] Streng dogmatisch muss daher der Schutzbereich probeweise, d.h. abstrakt eröffnet werden, weil erst auf der Eingriffsebene geklärt werden kann, ob die betreffende Position konkret zum Eigentum gehört, Art. 14 I 2 GG. Trotz dieser Schwierigkeiten hat sich das BVerfG bemüht, frühzeitig konstituierende Merkmale festzulegen, die für die Annahme verfassungsrechtlichen Eigentums sprechen. Formal gesehen handelt es sich um eine subjektiv-öffentliche Rechtsposition zu einem Rechtsträger[726], die ihm privat und persönlich von Nutzen sowie zur eigenen Verfügung zugeordnet ist.[727] Neben dem Sacheigentum als solchem kommen hierfür auch vermögenswerte subjektiv-öffentliche Rechte, im speziellen sozialersicherungsrechtliche Positionen in Betracht, wenn sie dem Versicherten ausschließlich und privatnützig zugeordnet sind, nicht unerheblich auf Eigenleistungen des Versicherten beruhen und der Sicherung seiner Existenz dienen.[728] Dazu zählen Renten aus der gesetzlichen Rentenversicherung und diesbezügliche Anwartschaften.[729] Man spricht von einem Anwartschaftsrecht, wenn das Vollrecht nur noch vom Eintritt eines gewissen Ereignisses abhängt.[730] Die 3/5 – Regelung des § 43 SGB VI in der Fassung des Haushaltsbegleitgesetzes 1984 führt zu einer solchen Anwartschaft, weil nach Erreichen einer dreijährigen Versicherungszeit die Zahlung der Berufs- und Erwerbsunfähigkeitsrente nur noch vom Eintritt der Berufs- oder Erwerbsunfähigkeit selbst abhängt.[731] Im übrigen stellt diese Rentenform eine solche im Sinne der Rechtsprechung dar, indem sie dem Versicherten privat und existenzsichernd zustehen soll sowie ihr Zustandekommen auf der beschäftigungsbedingten Beitragsleistung des Versicherten beruht. Der Schutzbereich ist folglich (probeweise) eröffnet.

2. Eingriff

a. Voraussetzungen

Zu prüfen ist, in welcher Form ein Eingriff stattgefunden hat, ob in der einer Inhalts- und Schrankenbestimmung oder einer Enteignung. Diese Frage hat Bedeutung für die Rechtfertigung des Eingriffs, Art. 14 II, III GG. Früher wurde nach quantitativen Maßstäben geurteilt und auf die Intensität des Eingriffs abgestellt, so dass eine bei entsprechender Intensität ursprüngliche Inhalts- und

---

[725] BVerfGE 58, 300 (336); Pieroth, Bodo/Schlink, Bernhard, Grundrechte/Staatsrecht II, Rn. 894; Berkemann, in: Umbach/Clemens, GG, Art. 14 Rn. 122; Wieland, J., in: Dreier, Horst (Hrsg.), GG Kommentar, Art. 14 Rn. 38, 86

[726] BVerfGE 53, 257 (291); 58, 300 (330); 70, 191 (199); 95, 64 (82)

[727] Berkemann, in: Umbach/Clemens (Hrsg.), GG, Art. 14 Rn. 124, 126

[728] BVerfGE 69, 272 (300); 72, 9 (18); 76, 220 (235); Berkemann, in: Umbach/Clemens (Hrsg.), GG, Art. 14 Rn. 171

[729] Wieland, J., in: Dreier, Horst (Hrsg.), GG Kommentar, Art. 14 Rn. 62; Berkemann, in: Umbach/Clemens (Hrsg.), GG, Art. 14 Rn. 169, 182ff; Storr, Stefan, „Neuorganisation der Sozialen...", in: SGb 2004, S. 286

[730] Vgl. Creifelds, Rechtswörterbuch, > Anwartschaft

[731] Berkemann, in: Umbach/Clemens (Hrsg.), GG, Art. 14 Rn. 483f

Schrankenbestimmung in eine Enteignung umschlagen konnte.[732] Heute ist gefestigte Auffassung, dass sich Inhalts- und Schrankenbestimmung und Enteignung qualitativ unterscheiden. Inhalts- und Schrankenbestimmungen können die Eigentumsfreiheit erweitern oder verkürzen, indem sie generell und abstrakt die Rechte und Pflichten des Eigentümers festlegen, während eine Legalenteignung einem bestimmbaren Personenkreis konkrete Eigentumsrechte entzieht.[733] Die Enteignung unterscheidet sich also in vier Merkmalen von der Inhalts- und Schrankenbestimmung: Sie ist konkret statt abstrakt, wirkt individuell statt generell, in zeitlicher Hinsicht auch für die Vergangenheit und dient öffentlichen Aufgaben.[734] Der Enteignung kommt wesentlich stärkere finale Wirkung zu.[735]

b. Rechtsprechung des BSG und des BVerfG

Entgegen der Ansicht der Beschwerdeführer konnte das BVerfG in seiner zum Haushaltsbegleitgesetz 1984 ergangenen Entscheidung keinen „Totalentzug" einer eigentumsgeschützten sozialversicherungsrechtlichen Rechtsposition erkennen. Die Anwartschaft wurde durch die angegriffenen Regelungen von erneuten und weiteren Beitragsleistungen abhängig gemacht, was die angegriffenen Regelungen von Eingriffen unterscheide, welche ersatzlos eine eigentumsgeschützte Rechtsposition entziehen würden. Es handele sich nur um die Modifikation einer Anwartschaft, die nach den Grundsätzen zu beurteilen sei, nach denen der Gesetzgeber in zulässiger Weise Inhalt und Schranken des Eigentums gemäß Art. 14 I 2 GG bestimmen dürfe.[736] Auch der 11. Senat des BSG sah im Rahmen seiner Stellungnahme zum Streitgegenstand im Eingriff des Gesetzgebers eine Inhalts- und Schrankenbestimmung[737], ebenso wie der 13. Senat in einer Entscheidung aus dem Jahre 1994, in der er ohne weitere Begründung von der „(...) Bestimmung von Inhalt und Schranken des Eigentums (...)" spricht.[738] Diese Regelungsbefugnis erlaube es sogar, „(...) jedenfalls ohne dass dadurch in ein Eigentumsrecht des Versicherten unzulässig eingegriffen wird, unter bestimmten Voraussetzungen einen Krankengeldanspruch nicht entstehen, wegfallen oder ruhen zu lassen."[739]

---

[732] Berkemann, in: Umbach/Clemens (Hrsg.), GG, Art. 14 Rn. 51, 278, 560

[733] BVerfGE 58, 300 (330), sog. „Nassauskiesungsentscheidung"; 72, 66 (76); Berkemann, in: Umbach/Clemens (Hrsg.), GG, Art. 14 Rn. 281

[734] Pieroth/Schlink, Rn. 923; Berkemann, in: Umbach/Clemens, GG Kommentar, Art. 14 Rn. 257

[735] J. Wieland, in: Dreier, Horst (Hrsg.), GG Kommentar, Art. 14 Rn. 77, 84

[736] BVerfGE 75, 78 (97)

[737] BVerfGE 75, 78 (92)

[738] BSGE 75, 199 (209)

[739] BSGE 60, 189 (191)

c. Kritische Stellungnahme

Von einem „Totalentzug" (im Sinne einer enteignenden Maßnahme) kann offensichtlich nicht gesprochen werden. Der Gesetzgeber bestimmt das Eigentumsrecht in dieser Frage neu, indem er abstrakt, generell und insbesondere für die Zukunft eine sozialversicherungsrechtliche Position modifiziert, wobei gerade nicht final, sondern gewissermaßen „bei Gelegenheit" eine vorteilhafte Stellung in ungünstiger Weise berührt wird.

3. Verfassungsrechtliche Rechtfertigung

Inhalts- und Schrankenbestimmungen müssen weiter dem Grundsatz der Verhältnismäßigkeit entsprechen, der aber unter dem besonderen Einfluss der Sozialbindung des Art. 14 II GG steht. Zwar sind die Interessen der Beteiligten „(...) in einen gerechten Ausgleich und ein ausgewogenes Verhältnis zu bringen"[740], der diesbezügliche Gestaltungsspielraum des Gesetzgebers ist aber insofern eingeschränkt, als die Eigenart des vermögenswerten Guts oder Rechts und dessen Bedeutung für den Eigentümer in Harmonie gebracht werden müssen. Die Befugnis des Gesetzgebers zur Inhalts- und Schrankenbestimmung reicht daher umso weiter, je mehr das Eigentumsobjekt in einem sozialen Bezug und einer sozialen Funktion steht.[741]

In diesem Fall aber muss uU der Eingriff durch eine finanzielle Entschädigung, die sog. Eigentumsopferentschädigung, ausgeglichen bzw. durch Härteklauseln und Übergangsregelungen abgemildert werden.[742]

a. Rechtsprechung des BVerfG

Das BVerfG trägt in der aktuellsten Entscheidung zum Strafvollzug vor, Gegenstand der verfassungsrechtlichen Prüfung sei nach dem Vorbringen der Beschwerdeführer und den ihren Verfassungsbeschwerden zugrunde liegenden Sachverhalten nicht die Frage, ob ein strafhaftbedingter Verlust von Anwartschaften auf eine Berufs- oder Erwerbsunfähigkeitsrente mit der Verfassung zu vereinbaren wäre.[743] Mit dieser Frage hat sich aber der erste Senat 1987 in anderer Angelegenheit auseinandergesetzt: Die Regelungen ergingen im öffentlichen Wohl, weil sie der Stabilisierung der Finanzentwicklung in der Rentenversicherung, der Stärkung des Lohnersatzcharakters der Erwerbs- und Berufsunfähigkeitsleistungen sowie dem Gedanken der Solidarität der in der gesetzlichen Rentenversicherung Pflichtversicherten dienen würden, wofür die Regelungen auch geeignet seien, weil die Rentenversicherung auf Dauer 2% ihrer Ausgaben einsparen könne.[744] Der Gesichtspunkt der Strukturveränderung zur Vermeidung der Inanspruchnahme der Renten als „vorgezogenes Altersruhegeld" obliege der

---

[740] BVerfGE 101, 239 (259); Pieroth/Schlink, Rn. 928ff; vgl. auch Berkemann, in: Umbach/Clemens, GG, Art. 14 Rn. 513ff

[741] Wieland J., in: Dreier, Horst (Hrsg.), GG Kommentar, Art. 14 Rn. 88f

[742] Pieroth/Schlink, Art. 14 Rn. 934ff

[743] BVerfGE 98, 169 (196); Pawlita, Cornelius, Die Gefangenenentlohnung..., S. 71

[744] BVerfGE 75, 78 (98, 100)

Einschätzung des Gesetzgebers, deren Kontrolle dem BVerfG dahingehend, ob andere Maßnahmen wirksamer oder besser sind, verschlossen sei.[745] Die Zumutbarkeit der angegriffenen Regelung begründet das BVerfG damit, dass die Betroffenen durch freiwillige Weiterzahlung der Beiträge infolge des Vorhandenseins von Härteregelungen ihre Anwartschaften aufrecht erhalten könnten: „Hätte der Gesetzgeber die angegriffenen Regelungen getroffen, ohne den Betroffenen die Gelegenheit zu geben, ihre Anwartschaften durch die Leistung monatlicher Mindestbeiträge aufrechtzuerhalten, so hätten diese, auch wenn sie zur Erreichung der gesetzgeberischen Ziele als geeignet und erforderlich erscheinen, den Anforderungen des Art. 14 GG an eine zulässige Inhalts- und Schrankenbestimmung nach Art. 14 I 2 GG nicht entsprochen."[746] Weiter führt es aus, „der monatliche Mindestbeitrag ist zwar nicht gering, aber er ist auch nicht unangemessen hoch. Er entspricht etwa dem Betrag eines Monatsbeitrages zur Rentenversicherung, der bei einem monatlichen Arbeitsentgelt von 500,- DM zu zahlen wäre. (...) Bei einer Gesamtbetrachtung erscheinen die angegriffenen Regelungen daher für die Betroffenen noch zumutbar."[747]

b. Auffassung der Sozialgerichtsbarkeit

Zur angesprochenen Problematik hat der Präsident des BSG auf der Grundlage eines Ersuchens des BVerfG zu obiger Sache, § 82 IV BVerfGG, Äußerungen seiner Senate übersandt.

aa. Stellungnahmen des 8. und 13. Senats des BSG

Der 13. Senat, also der in der Entscheidung BSGE 75, 199 urteilende, stellt fest, dass verfassungsrechtliche Bedenken hinsichtlich des gemäß §§ 43 I Nr. 2, 44 I Nr. 2[748] SGB VI möglichen Wegfalls von Anwartschaften auf Berufs- und Erwerbsunfähigkeitsrenten infolge einer Inhaftierung bestünden. Es wirke sich die Aussparung der Strafhaft aus der Rentenversicherung besonders einschneidend aus; dieser Effekt sei unter dem Gesichtspunkt des Art. 14 GG problematisch.[749] Der 8. Senat des BSG ging einen Schritt weiter: Die fehlende Versicherungspflicht sei zwar sozialadäquat, mit keinem Eingriff in bestehende Rechte verbunden und deshalb auch verfassungsrechtlich nicht zu beanstanden. Die besonderen versicherungsrechtlichen Voraussetzungen der Erwerbs- oder Berufsunfähigkeitsrente führten aber dazu, dass ein bestehender Versicherungsschutz verloren gehe und im ungünstigsten Fall erst nach dreijähriger versicherungspflichtiger Beschäftigung nach der Entlassung wieder erworben werden könne. Hier liege ein Eingriff in eigentumsrechtliche Positionen vor, der dem Resozialisie-

---

[745] BVerfGE 75, 78 (102); vgl. ebenso Storr, Stefan, „Neuorganisation der Sozialen...", in: SGb 2004, S. 286

[746] BVerfGE 75, 78 (103)

[747] BVerfGE 75, 78 (104); ebenso auch BSGE 75, 199 (209ff) über die Problematik bei Wanderarbeitnehmern; vgl. ferner BSG, Urteil vom 6.12.1996 – 13 RJ 13/96 –, S. 8

[748] § 44 I Nr. 2 SGB VI ist mittlerweile weggefallen

[749] BVerfGE 98, 169 (193)

rungsgebot der Verfassung zuwiderlaufe, unverhältnismäßig sei und den allgemeinen Gleichheitssatz verletze.[750] Der 8. Senat bezeichnet den bestehenden Zustand damit als unverhältnismäßige Inhalts- und Schrankenbestimmung und bejaht dadurch letztlich, wenn auch nicht in einer Urteilsformel, einen Verstoß gegen Art. 14 GG.

bb. Vorlagebeschlüsse der SGe Frankfurt und Landshut

Am 4.4.1989 hat das SG Frankfurt einen Vorlagebeschluss zum BVerfG formuliert mit der Frage, ob die §§ 43, 44 SGB VI insoweit mit dem GG vereinbar sind, als Strafgefangene während Zeiten der Freiheitsentziehung zur Erhaltung ihrer Anwartschaft auf eine Rente wegen Erwerbs- bzw. Berufsunfähigkeit freiwillige Beiträge zur Rentenversicherung entrichten müssen.[751] Dem ist das SG Landshut im Jahre 1992 gefolgt, nachdem zu diesem Zeitpunkt noch immer keine Entscheidung durch das BVerfG ergangen war.[752] Aufgeworfen wurde erneut die Frage des Anwartschaftsentzuges bei Strafgefangenen, Sozialhilfeempfängern und Wanderarbeitnehmern, deren Belange weder im Gesetzgebungs- noch im Verfassungsgerichtsverfahren berücksichtigt wurden. Sie hätten gerade keine oder nur sehr beschränkte Möglichkeiten zur Anwartschaftserhaltung, sei es aus finanziellen oder zwischenstaatlichen Gründen. Strafgefangene treffe die Situation daher besonders hart, die freiwillige Beitragsentrichtung komme faktisch einem Entzug der Anwartschaften gleich. Diese Frage sei in BVerfGE 75, 78 nicht erörtert worden, sondern nur die der freiwillig den Kreis der Arbeitnehmer verlassenden Personen, wie Selbständige, Beamte und Hausfrauen. Zwar wurde in der Literatur positiv beurteilt, dass das BVerfG aufgrund des Vorlagebeschlusses in dieser wichtigen Frage zur Entscheidung verpflichtet sei und wahrscheinlich ein Urteil in der Sache ergehen werde, doch wurden nach achtjähriger Verfahrensdauer ohne Entscheidung Bedenken im Hinblick auf das Beschleunigungsgebot, Art. 19 IV GG und Art. 6 I EMRK, erhoben.[753] Es kamen Zweifel auf, ob der Justizgewährungsanspruch vom BVerfG selbst beachtet würde.[754]

cc. Entscheidung des BVerfG über die Vorlagebeschlüsse

Und tatsächlich dauerte es weitere drei Jahre, also insgesamt über 10 Jahre, bis das BVerfG in der heiklen Sache zu einem Urteilsspruch kam: Die Vorlage ist unzulässig. Im Kern scheiterte die konkrete Normenkontrolle an der Darlegungsform der Richter bzgl. deren Überzeugung von der Verfassungswidrigkeit der Normen. Der Vorlagebeschluss muss auf die einschlägige Rechtsprechung des BVerfG eingehen und die in Literatur und Rechtsprechung entwickelten Rechtsauffassungen berücksichtigen, die für die Auslegung der zur Prüfung vor-

---

750 BVerfGE 98, 169 (194)
751 SG Frankfurt, Az.: S – 20/J – 150/89; Breithaupt 1989, 665; NJW 1989, 1888
752 SG Landshut, Az.: S 14 Ar 270/89
753 Pawlita, Cornelius, Die rentenversicherungsrechtlichen Voraussetzungen seit acht Jahren auf dem Prüfstand des Bundesverfassungsgerichts, in: SozVers 1997, S. 267
754 Pawlita, Cornelius, Die rentenversicherungsrechtlichen Voraussetzungen..., S. 266

gelegten Norm von Bedeutung sind.[755] Das BVerfG verweist auf BVerfGE 75, 78 (96) sowie auf BSG NJW 1989, 190 und führt aus, dass an die Begründung der Vorlage erhöhte Anforderungen zu stellen seien, weil es sich bereits mit der Verfassungsmäßigkeit der vorgelegten Normen beschäftigt habe. Das vorlegende Gericht habe darzulegen, inwiefern eine erneute Überprüfung geboten sei. Insbesondere könne BVerfGE 75, 78 nirgends entnommen werden, dass sich die Entscheidung nur auf Personen beziehe, die freiwillig den Kreis der versicherten Personen verlassen hätten. Ferner wäre zu erörtern gewesen, ob die Leistungsfähigkeit der von der Gesetzesänderung betroffenen Personen überhaupt als Kriterium für eine Beurteilung der Verfassungsmäßigkeit in Betracht komme, weil sich das BVerfG weder an den individuellen finanziellen Verhältnissen eines einzelnen Versicherten noch an einer abgrenzbaren, durch bestimmte Eigenschaften nicht versicherungsrechtlicher Art charakterisierten Personengruppe orientiert habe. Schließlich fehle es an der gebotenen Auseinandersetzung mit der Frage der Zumutbarkeit des gesetzgeberischen Eingriffs; die finanziellen Belastungen der Gefangenen im Kontext mit deren wirtschaftlicher Leistungsfähigkeit seien zwar geprüft worden, nicht aber, ob der ohne Beitragszahlung eintretende Anwartschaftsverlust gerechtfertigt sein könnte, „(...) weil er [gemeint: der Gefangene] aus ihm zurechenbaren Umständen gehindert ist, eine versicherungspflichtige Beschäftigung fortzusetzen oder aufzunehmen."[756] Im Ergebnis ist damit der Wissenschaft und auch vorliegender Untersuchung leider aufgrund der unsachgemäßen Formulierung der Vorlagefrage durch die Sozialgerichte eine interessante höchstrichterliche Entscheidung in der Sache vorenthalten geblieben.

4. Kritische Stellungnahme

In der Sozialgerichtsbarkeit wird eindeutig eine Strömung erkennbar, die auf die Verfassungswidrigkeit des § 43 I Nr. 2, II Nr. 2 SGB VI abzielt, wenn dies auch durch das BSG noch nicht in einer Aussetzung und anschließenden Richtervorlage nach Art. 100 GG erkennbar wurde. Das BVerfG hat bezüglich der Richtervorlage und deren Anforderungen im Hinblick auf die substantiierte Darlegung der Überzeugung von der Verfassungswidrigkeit einer Norm in Bezug zu der hierzu schon ergangenen Rechtsprechung einwandfrei geurteilt. Das Urteil ist weiterhin trotz der unterbliebenen Entscheidung in der Sache interessant, weil es offenbart, unter welchen Voraussetzungen das BVerfG möglicherweise zu einer Verfassungswidrigkeit der Normen gekommen wäre. Und doch bleibt hinsichtlich der Rechtsansichten der Senate sowohl des BSG als auch des BVerfG Kritik bestehen.

a. Auffassung des BSG

Die Ansicht des 8. Senats, der in § 43 SGB VI eine Verletzung des Art. 14 GG sieht, ist voreilig, weil sie keinerlei Ausführungen zur Rechtferti-

---

[755] BVerfG SozVers 2001, 305 = NZS 2001, 255 = SGb 2001, 383

[756] BVerfG SozVers 2001, 306

gung(smöglichkeit) des Eingriffs macht und Stellung dazu bezieht, inwiefern die Anwartschaften durch eigene Beitragszahlungen aufrecht erhalten werden können. Unklar ist, ob der 8. Senat hierzu absichtlich keine Ausführungen machen wollte oder ob er diesen Gesichtspunkt schlichtweg „übersehen" hat. Der 13. Senat hat sich in dieser Frage deutlich zurückhaltender geäußert, sich aber zu keinem konkreten Ergebnis durchgerungen. Die Sozialgerichte haben die Schwierigkeiten der Strafgefangenen in tatsächlicher Hinsicht zwar erkannt, versäumten jedoch die ordnungsgemäße Umsetzung ihrer Bedenken im Verfahren des Art. 100 GG.

b. Auffassung des BVerfG
aa. Zumutbarkeitsmaßstab

Das BVerfG problematisiert zu Recht die Rolle der wirtschaftlichen Leistungsfähigkeit der Versicherten für die Frage der Zumutbarkeit der freiwilligen Aufrechterhaltung der Anwartschaften. Damit zielte es offensichtlich darauf ab, dass der Verhältnismäßigkeitsgrundsatz für die Inhalts- und Schrankenbestimmung in einer Abwägung zwischen der verfassungsrechtlich garantierten Rechtsstellung und dem Gebot einer sozial gerechten Eigentumsordnung verankert ist.[757] Für die Zumutbarkeit einer Regelung zur Abschwächung eines Eingriffs in Grundrechte ist die rechtlich objektive Perspektive, nicht die ökonomische, soziale oder sonstige maßgeblich, mit anderen Worten: Die Normprüfung erfolgt abstrakt, nicht bezogen auf die Auswirkungen für einen konkret Betroffenen.[758] Die Frage der Zumutbarkeit ist insoweit „typisierend" und generell zu beantworten.[759] Daher spielt grundsätzlich die wirtschaftliche Leistungsfähigkeit bestimmter betroffener Gruppen keine Rolle, zumal es keinen den Gesetzen der Logik entspringenden Grundsatz gibt, der besagt, dass Strafgefangene grundsätzlich mittellos sind, auch wenn dies in der Realität häufig so ist.

bb. Rolle der wirtschaftlichen Leistungsfähigkeit der Strafgefangenen

Freilich erscheint eine den Eingriff abfedernde Regelung für Strafgefangene, Arbeitslosengeld II Bezieher o.ä. Gruppen moralisch angezeigt, doch ist dies mit Blick auf den auch politischen Gestaltungsspielraum bzgl. des Zweckes der Norm, gerade einen Wandel von einer Volks- hin zu einer Arbeitnehmerversicherung im Sinne einer Pflichtversicherung vorzunehmen[760], rechtlich nicht geboten. Der Gesetzgeber beabsichtigte dadurch gerade einen deutlich stärkeren Bezug der Erwerbsunfähigkeitsrente zur Erwerbstätigkeit, so dass die Ausgrenzung besonders des nicht beitragspflichtigen Personenkreises der Strafgefange-

---

[757] Wieland J., in: Dreier, Horst (Hrsg.), GG Kommentar, Art. 14 Rn. 127
[758] Berkemann, in: Umbach/Clemens (Hrsg.), GG, Art. 14 Rn. 306
[759] BVerfGE 58, 137 (150); 72, 9 (23)
[760] Kreikebohm, Ralf, Arbeitsmarkt und Alterssicherung, S. 189; Pawlita, Cornelius, Ausgrenzung durch Sozialrecht, in: ZRP 1995, S. 89

nen und Sozialhilfeempfänger dem vom politischen Gestaltungsspielraum des Gesetzgebers[761] getragenen Ge-setzeszweck vollumfänglich entspricht.
Die Möglichkeit der freiwilligen Aufrechterhaltung der Anwartschaften durch diesen Personenkreis führt zu einem zumutbaren Ausgleich zwischen der Sozialbindung, Art. 14 II GG, im Sinne der im öffentlichen Interesse liegenden Finanzierung des Systems als sozialem Aspekt und der Bedeutung des Gutes für den Inhaber als Basis einer Erwerbsunfähigkeitsabsicherung. Doch darf dies meines Erachtens nicht uneingeschränkt gelten. Das BVerfG hat nämlich durchaus Stellung zu ökonomischen Fragen bzgl. des Mindestbeitrages zur Anwartschaftserhaltung genommen. Es führte aus, dass der Mindestbeitrag einem Arbeitsentgelt von 500,- DM entspreche, nicht übermäßig hoch sei und die Regelungen daher *noch* zumutbar seien. Genau damit stellt der Senat aber eine Beziehung zu wirtschaftlichen Verhältnissen Betroffener her, indem er suggeriert, dass die Entrichtung des Mindestbeitrages, angenähert an das Arbeitsentgelt von 500,- DM pro Monat, jedermann finanziell möglich sein müsse. Hier wiederum liegt die Parallele zum „Verdienst" Strafgefangener: Das BVerfG hat übersehen, dass es Personenkreise gibt, denen eine freiwillige Aufrechterhaltung schlichtweg unmöglich ist, zum einen wegen eines geringen Einkommens, zum anderen aufgrund nicht vorhandener Vermögenswerte. Unter Berücksichtigung dieses vom BVerfG ins Spiel gebrachten Gedankens dürfte es selbst zum Ergebnis gelangen, dass die Regelungen nicht *noch*[762], sondern *nicht mehr* zumutbar sind. Dies ist zumindest die Auffassung des Verfassers.

cc. Rechtfertigung des Anwartschaftsentzuges durch die Haftstrafe?

Schließlich hätten die Sozialgerichte ausführen müssen, inwiefern der Strafgefangene aufgrund ihm zurechenbarer Umstände nicht in der Lage ist, einer versicherungspflichtigen Beschäftigung nachzugehen. Dieser Denkansatz wurde bereits im 2. Kapitel dieser Untersuchung aufgegriffen. Es wurde erörtert, dass der Strafgefangene ausschließlich zu der im Urteil verhängten (Freiheits-) Strafe verurteilt ist und keine weiteren sich unmittelbar aus dem Freiheitsentzug selbst ergebenden, vermeidbaren Folgen verspüren darf.[763] Eine Art „Verschuldenszurechnung" hinüber zum Sozialrecht findet keinerlei gesetzliche Grundlage und müsste darüber hinaus auch bei Sozialhilfeempfängern angestellt werden. Dass eine derartige Vorgehensweise mit Resozialisierungsgrundsätzen nicht zu vereinbaren ist, bedarf keiner eingehenderen Diskussion.[764]

---

[761] Brun-Otto Bryde, in: von Münch/Kunig, GG Kommentar, Art. 14 Rn. 63f
[762] BVerfGE 75, 78 (104)
[763] AK-StVollzG-Feest/Lesting, § 3 Rn. 5
[764] So auch Schorn, Ulrich, Die Sozialversicherung..., S. 446; Rotthaus, Karl Peter, Die Bedeutung des Strafvollzugsgesetzes für die Reform des Strafvollzuges, in: NStZ 1987, S. 7

Denn der Straffällige hat zwar gegen rechtstaatliche Normen verstoßen, sozialstaatliche Grundsätze dürfen es jedoch nicht erlauben, die gesamte soziale und materielle Existenz zu untergraben.[765]

c. Schlussfolgerung

In Anbetracht der Auffassungen des BSG, der Sozialgerichtsbarkeit erster Instanz und des BVerfG selbst lässt sich die 3/5 – Regelung des Haushaltsbegleitgesetzes 1984 in § 43 SGB VI im Falle der Anwendung auf Strafgefangene wie auch auf andere Gruppen, die über kein nennenswertes Vermögen verfügen, d.h. normalerweise Sozialhilfeempfänger, mit Art. 14 I GG *nicht* vereinbaren. Die Regelung ist nur dann zumutbar, wenn der Betroffene die wirtschaftliche Leistungsfähigkeit hat, um seinen Rechtsbestand auch tatsächlich aufrechtzuerhalten. Die Frage, ob ein Betroffener ex nunc ausreichend wirtschaftlich leistungsfähig ist, um überhaupt in den Genuss der Übergangsnorm des Gesetzgebers zu kommen, steht nämlich in keinem inneren Zusammenhang zu der ex tunc (bestandsgeschützten) erwirtschafteten Anwartschaft. Deren Bedeutung für den vermögenslosen Rechtsinhaber, vgl. §§ 1, 2 I BSHG, ist größer als die vor dem Hintergrund des Art. 14 II GG bezweckte Sozialbindung des § 43 I Nr. 2, II Nr. 2 SGB VI mit dem hauptsächlichen Zweck der Haushaltskonsolidierung; letztere muss zurückstehen, um nicht einem faktischen Entzug der Anwartschaft sowie einer Verletzung des Art. 14 I GG Vorschub zu leisten. Um dies zu vermeiden, wäre z.B. der Weg über die Schaffung eines Aufschubtatbestandes oder einer bedarfsabhängigen strafvollzugs- oder sozialhilferechtlichen Flankierung denkbar und geboten.[766]

III. Verletzung des Rechts auf Schutz der Familie, Art. 6 I GG

Rosenthal sieht weiterhin Art. 6 I GG verletzt, weil „(...) dem Familienvater die Möglichkeit genommen ist, durch seine Arbeitsleistung zur Vorsorge für die Familie beizutragen".[767] Wie bereits erörtert, ist erkennbar geworden, dass die negativen Auswirkungen der unterbliebenen Einbeziehung in die Sozialversicherung auf die Familienangehörigen des Gefangenen tatsächlich erheblich sind. Die Familie nimmt zweifellos eine nicht unbedeutende Stellung im Leben des Strafgefangenen ein, weil er nach seiner Entlassung meist in den Familienverbund zurückkehrt und dort ersten Halt vorfindet – dabei dient die Familie auch der Hilfestellung bei der Überwindung finanzieller Schwierigkeiten.[768] Deren Umfang hängt wiederum davon ab, ob der Strafgefangene auch während der Haft seine Angehörigen irgendwie wirtschaftlich zu unterstützen imstande ist,

---

[765] Grosser, Rudolf, Sozialarbeit für Strafgefangene, in: BewHi 1991, S. 251; vgl. auch Schrader, Wolfgang, Eine zeitgemäße Pflege..., in: ZSR 1973, S. 136

[766] Pawlita, Cornelius, Die Gefangenenentlohnung..., in: ZFSH/SGB 1999, S. 71

[767] Rosenthal, Michael, Arbeitslohn..., S. 14; vgl. auch Lohmann, Hans Christian, S. 121, 123; Götte, Sabine, Die Mitbetroffenheit der Kinder und Ehegatten von Strafgefangenen, S. 38

[768] Hirsch, Silke Marion, Die Kommunikationsmöglichkeiten des Strafgefangenen mit seiner Familie, S. 94, 104

was selbst unter Einsatz aller verfügbaren Einkünfte aus der Gefangenenarbeit nur äußerst beschränkt möglich bleibt.[769] Im übrigen stellt ein intaktes Familienleben einen wichtigen Faktor im Rahmen der Resozialisierung des Täters dar, was erneut von der wirtschaftlichen Absicherung der Familie auch während der Abwesenheit des Ernährers und von der Kinderbetreuungsmöglichkeit des Ehegatten beeinflusst wird.[770] Ob indes aus der unterbliebenen sozialversicherungsrechtlichen Einbeziehung der Familie eine Verletzung des Art. 6 I GG resultiert, ist fraglich und zu prüfen.

1. Schutzbereich

Art. 6 I GG weist dreifache verfassungsrechtliche Bedeutung auf: Er stellt eine Institutsgarantie, ein klassisches Freiheitsrecht und eine wertentscheidende Grundsatznorm dar.[771]

a. Ehe und Familie

Schutzgüter des Art. 6 I GG sind die Ehe und die Familie. Der Ehebegriff setzt eine nach den bürgerlich-rechtlichen Vorschriften geschlossene Ehe, d.h. unter Mitwirkung des Staates durch einen Standesbeamten, voraus. Die Ehe ist nach dem BVerfG das auf Dauer angelegte und zuvor staatlich beurkundete Zusammenleben von Mann und Frau in einer umfassenden und unauflöslichen Lebensgemeinschaft.[772] Unter Familie versteht man die umfassende Gemeinschaft zwischen Eltern und Kindern im Sinne einer unmittelbaren Beziehung innerhalb der Kleinfamilie.[773] Es spielt keine Rolle, ob die Kinder ehelich, leiblich oder minderjährig sind. Das geschützte Verhalten bezieht sich auf die Familiengründung und die Bereiche des familiären Zusammenlebens nach innen, erschöpft sich aber nicht in der bloßen Verbindung, sondern umfasst die gesamte, auch ökonomische Sphäre privater Lebensgestaltung der Ehegatten.[774]

b. Schutz- und Förderpflichten des Staates

Der staatliche Schutz- und Förderauftrag umfasst „negativ" das Verbot für den Staat selbst, beeinträchtigend zu wirken, und positiv die Aufgabe des Staates, Ehe und Familie nicht nur vor Beeinträchtigungen Dritter zu bewahren, sondern auch durch geeignete Maßnahmen zu fördern, was sich aus der wertentscheidenden Grundsatznorm ergebe.[775] Nicht geklärt wird damit, wie Ehe und Familie konkret gefördert werden müssen und wodurch ihnen im Einzelnen Schäden zu-

---

[769] Götte, Sabine, Die Mitbetroffenheit der Kinder und Ehegatten von Strafgefangenen, S. 39f

[770] Hirsch, Silke Marion, Die Kommunikationsmöglichkeiten..., S. 105; Götte, Sabine, Die Mitbetroffenheit..., S. 40

[771] Gröschner R., in: Dreier, Horst (Hrsg.), GG Kommentar, Art. 6 Rn. 18ff; Hirsch, Silke Marion, S. 112

[772] BVerfGE 10, 59 (66); 62, 323 (330); 76, 1; näher hierzu Umbach, in: ders/Clemens (Hrsg.), GG, Art. 6 Rn. 22

[773] BVerfGE 10, 59 (66); 48, 327 (339); 80, 81 (90)

[774] Hirsch, Silke Marion, S. 115

[775] BVerfGE 6, 55 (76)

gefügt werden.[776] Zwar hat Art. 6 I GG auch zum Ziel, den wirtschaftlichen Zusammenhalt der Familie zu fördern; dies gilt besonders für den Bereich der Sozialversicherung.[777] Doch steht dem Gesetzgeber Gestaltungsfreiheit darüber zu, auf welche Weise er den ihm aufgetragenen Schutz verwirklichen will.[778] Der Staat ist gerade nicht gehalten, jegliche die Familie treffende Belastung auszugleichen, und ebenso wenig folgt aus Art. 6 I GG, dass der Staat die Familie ohne Rücksicht auf sonstige öffentliche Belange zu fördern hätte. Konkrete Ansprüche auf bestimmte staatliche Leistungen lassen sich aus dem Förderungsgebot des Art. 6 I GG nicht herleiten.[779] „Die staatliche Familienförderung durch finanzielle Leistungen steht unter dem Vorbehalt des Möglichen im Sinne dessen, was der Einzelne vernünftigerweise von der Gesellschaft beanspruchen kann. Der Gesetzgeber hat im Interesse des Gemeinwohls neben der Familienförderung auch andere Gemeinschaftsbelange bei seiner Haushaltswirtschaft zu berücksichtigen und dabei vor allem auf die Funktionsfähigkeit und das Gleichgewicht des Ganzen zu achten."[780] Es wird erneut der gesetzgeberische Gestaltungsspielraum deutlich. Offensichtlich erscheint es dem Gesetzgeber zweckmäßig, ausreichend, aber auch geboten, Familienangehörige nur dann in den Versicherungsschutz eines Arbeitenden einzubeziehen, wenn dieser die Voraussetzungen des Beschäftigungsbegriffes im Sinne des § 7 I SGB IV erfüllt. Dessen Schutzwürdigkeit, die im 3. Kapitel erörtert wurde, wird auf die Familienangehörigen abgeleitet, die Lasten hierfür trägt die Solidargemeinschaft der Mitglieder.[781] Andererseits bedeutet dies auch, dass Angehörige von Nichtbeschäftigten ebenso wenig schutzwürdig sind wie die Nichtbeschäftigten selber. Ein Anspruch auf sozialversicherungsrechtliche Berücksichtigung Angehöriger ist daher nicht auszumachen.

2. Schlussfolgerung

Die Vorwürfe, die in der Literatur erhoben werden, sind sozialversicherungsrechtlich begründet und nachvollziehbar. Eine Verletzung des Art. 6 I GG steht indes nicht zur Diskussion, weil das Postulat der Literatur schon nicht vom Schutzbereich des Art. 6 I GG erfasst ist. Inwieweit die Familie gefördert und geschützt wird, ist Sache des Gesetzgebers, der insbesondere haushaltspolitische Aspekte zu berücksichtigen hat.[782] Die Rolle des Art. 6 I GG wird allerdings in

[776] Hirsch, Silke Marion, Die Kommunikationsmöglichkeiten..., S. 113; zum Ganzen Umbach, in: ders/Clemens (Hrsg.), GG, Art. 6 Rn. 31
[777] BVerfGE 75, 382 (392); 48, 346 (366); 60, 68 (74); 62, 323 (332)
[778] BVerfGE 82, 60 (81); 87, 1 (36); 21, 1 (6); 62, 323 (333)
[779] BVerfGE 82, 60 (81f)
[780] BVerfGE 87, 1 (35f)
[781] Götte, Sabine, Die Mitbetroffenheit..., S. 118
[782] Vgl. Götte, Sabine, Die Mitbetroffenheit..., S. 131f, die von einem staatlichen Eingriff in Art. 6 I GG spricht, wenn der Gefangene infolge der Haft nicht mehr in der Lage ist, seine Familie finanziell zu versorgen

tatsächlicher Hinsicht z.B. bei den Kontaktmöglichkeiten des Gefangenen mit seinen Angehörigen deutlich.[783]

IV. Verletzung des Verbots der Zwangsarbeit, Art. 12 III GG

1. Entgeltentlohnung

In aller Kürze sei darauf hingewiesen, dass das BVerfG bzgl. der Vereinbarkeit der §§ 43, 44, 200 StVollzG mit Art. 12 III GG festgestellt hat, dass Arbeit im Strafvollzug, die dem Gefangenen als Pflichtarbeit zugewiesen wird, nur dann ein wirksames Resozialisierungsmittel sei, wenn die geleistete Arbeit angemessene Anerkennung finde. Diese brauche nicht notwendig finanzieller Natur zu sein. Sie müsse freilich geeignet sein, dem Gefangenen den Wert regelmäßiger Arbeit für ein künftiges eigenverantwortetes und straffreies Leben in Gestalt eines für ihn greifbaren Vorteils vor Augen zu führen.[784] Das BVerfG führt weiter aus, dass die Arbeit nicht zwingend durch ein Entgelt anerkannt werden, dies also nicht monetär geschehen müsse. Wird allerdings durch den Gesetzgeber die finanzielle Entlohnung gewählt, könne sie zur verfassungsrechtlich gebotenen Resozialisierung nur beitragen, wenn sich dem Gefangenen durch die Höhe des ihm zukommenden Entgelts in einem Mindestmaß bewusst machen lasse, dass Erwerbsarbeit zur Herstellung der Lebensgrundlage sinnvoll sei.[785] Die Bemessung des Arbeitsentgelts durch § 200 I StVollzG seinerzeitiger Fassung sei mit dem verfassungsrechtlichen Resozialisierungsgebot jedenfalls unvereinbar gewesen.[786] Diese Begründung bewegte den Gesetzgeber am 31.12.2000 zur Erhöhung des Entgelts von 5%[787] auf 9% der Eckvergütung des § 18 SGB IV.[788] Ob die Erhöhung nunmehr verfassungsrechtlichen Ansprüchen genügt, ist mittelfristig keineswegs gewiss[789], denn das BVerfG hat im Jahre 2002 die Erhöhung nur für „noch verfassungsgemäß“[790] erachtet.

2. Alternativentlohnung

Interessant ist die weitere Feststellung des BVerfG, wonach die Anerkennung der Arbeit nicht monetär, auf jeden Fall aber angemessen sein müsse. Neben der finanziellen Form der Anerkennung komme auch der Aufbau einer sozialversicherungsrechtlichen Anwartschaft in Betracht. Jedenfalls könne der Gesetzgeber hierbei die typischen Bedingungen des Strafvollzuges, dessen Marktferne, Kos-

---

[783] Hirsch, Silke Marion, Die Kommunikationsmöglichkeiten..., S. 123ff mwN
[784] BVerfGE 98, 169 (201)
[785] BVerfGE 98, 169 (202)
[786] BVerfGE 98, 169 (212f)
[787] Hierzu Lohmann, Hans Christian, S. 96f
[788] Zum Ganzen näher Lohmann, Hans Christian, S. 129ff, 139ff; Landau/Kunze/Poseck, Die Neuregelung des Arbeitsentgelts im Strafvollzug, in: NJW 2001, S. 2612; vgl. hierzu auch 2. Kapitel
[789] Böhm, Alexander, Strafvollzug, Rn. 320; Calliess, Rolf-Peter, Die Neuregelung des Arbeitsentgelts im Strafvollzug, in: NJW 2001, S. 1692f
[790] BVerfG NJW 2002, 2025

ten etc. berücksichtigen; ihm stehe ein weiter Gestaltungsspielraum zu.[791] Das BVerfG hat insoweit also auch die Einbeziehung der Strafgefangenen in die Sozialversicherungszweige als resozialisierungstaugliche Entlohnung eingestuft, was im nächsten Kapitel unter dem Gesichtspunkt einer Reform der Entlohnungspraxis bedeutsam sein wird.

C. Verletzung des Sozialstaatsprinzips, Art. 20 I GG

I. Wesen der Sozialstaatsklausel

Bereits im 1. Kapitel wurde das Sozialstaatsprinzip, dessen positiv normierter Ausfluss u.a. das Sozialversicherungsrecht ist, in seinem Wesen dargestellt. Es wurde herausgearbeitet, dass es sich um eine Staatszielbestimmung handelt, die mittels des Instruments der Sozialversicherung (und der Sozialhilfe) darauf gerichtet ist, soziale Sicherheit und soziale Gerechtigkeit herzustellen.[792] Letztere wird neben Normen, die den Schutz des Schwächeren im Rechtsverkehr bezwecken, vor allem mittels der sozialen Umverteilung, deren Ziel die Vermeidung allzu großer sozialer Gegensätze und die Herstellung sozialen Friedens ist, erreicht. Freilich bedeutet dies nicht, dass es dem Gesetzgeber verwehrt bliebe, auch nachteilige Änderungen und Reformen des Sozialsystems durchzuführen; in seinem Kernbereich ist das System hingegen unantastbar. Problematisch ist dabei, dass sich die Sozialstaatsklausel an Normen des einfachen Rechts orientiert.[793] Für vorliegendes Thema stellt sich die Frage, ob die Regelung des § 198 III StVollzG mit dem Sozialstaatsprinzip des GG vereinbar ist bzw. ob sich eine Einbeziehung der Strafgefangenen in die Sozialversicherung unter dem Gesichtspunkt des Sozialstaatsprinzips ergeben muss.

II. Bedeutung für den Einzelnen

Das Sozialstaatsprinzip richtet sich primär an den Gesetzgeber, der im Rahmen seines gesetzgeberischen Gestaltungsspielraums zu dessen Verwirklichung aufgerufen ist.[794] Unmittelbare Leistungsansprüche des Bürgers gegen den Staat können aus dem Sozialstaatsprinzip angesichts dessen Unbestimmtheit und Weite nicht hergeleitet werden. Art. 1 I, 2 II GG dienen als oberste Normen des objektiven Verfassungsrechts jedoch der Auslegung gesetzlicher Normen. § 1 II Satz 1 BSHG verweist insoweit auf diese. Aus Art. 1 I, 2 II GG iVm dem Sozialstaatsprinzip ergibt sich das Existenzminimum als solches.[795] Das BVerwG führt aus, dass das BSHG den Schutz der Menschenwürde und die Sozialpflichtigkeit des Staates aus Art. 20 GG konkretisiere.[796] Ist der unmittelbar gebotene

---

[791] BVerfGE 98, 169 (202f); vgl. Lohmann, Hans Christian, S. 133

[792] Degenhart, Christoph, Staatsrecht I – Staatsorganisationsrecht, Rn. 426f; Brockmeyer, in: Schmidt-Bleibtreu, Bruno/Klein, Franz (Hrsg.), GG, Art. 20 Rn. 45

[793] Degenhart, Christoph, Rn. 428, 430; vgl. auch Gröschner, R., in: Dreier, Horst (Hrsg.), GG Kommentar, Art. 20 Rn. 43, 51

[794] Degenhart, Christoph, Rn. 431; Roellecke, in: Umbach/Clemens (Hrsg.), GG, Art. 20 Rn. 186

[795] BVerfGE 33, 303 (331); 40, 121 (133); 82, 60 (80ff)

[796] BVerwGE 23, 149

soziale Mindeststandard gewährleistet, diese verpflichtende Aufgabe übernimmt die Sozialhilfe zur Erhaltung der Existenz und Wahrung der Menschenwürde[797], so liegt es im Ermessen des Gesetzgebers, auf welche Weise er den Verfassungsauftrag zur Herstellung sozialer Gerechtigkeit oder zur Hilfe für sozial Schwächere erfüllen will.[798] Nur ausnahmsweise wirkt also das Sozialstaatsprinzip in Verbindung mit Grundrechten bei Fehlen einer gesetzlichen Regelung als unmittelbare Grundlage für Ansprüche auf staatliche Leistungen, dann allerdings wegen der Entwicklungsoffenheit[799] des Sozialstaatsprinzips nicht als Anspruch auf Tätigwerden des Gesetzgebers, sondern nur im Rahmen bestehender gesetzlicher Regelungen, bei denen die Sozialstaatsklausel mittelbar bei der Auslegung herangezogen werden kann.[800]

III. Bedeutung für den Strafvollzug

1. Rechtsprechung des BVerfG

Das Sozialstaatsprinzip verlangt zwar staatliche Vor- und Fürsorge für Gruppen der Gesellschaft, die aufgrund persönlicher Schwäche oder Schuld, Unfähigkeit oder gesellschaftlicher Benachteiligung in ihrer persönlichen und sozialen Entfaltung behindert sind. Eine menschenwürdige Existenz ist losgelöst von Schuld oder Unschuld.[801] Zu dieser Gruppe gehören nach Auffassung des BVerfG auch die Strafgefangenen, die vor dem Hintergrund des Sozialstaatsprinzips einen Anspruch auf Resozialisierung haben.[802] Bezugnehmend auf den weiten Spielraum des Gesetzgebers muss man aber zum Ergebnis kommen, dass die Wiedereingliederung der Strafgefangenen in die Gesellschaft ein verfassungsrechtliches Muss darstellt, die Art und Weise der Verwirklichung jedoch dem Gesetzgeber obliegt. Insbesondere kann kein Recht auf Einbeziehung in die Sozialversicherung konstruiert werden – der Gesetzgeber hat aus sozialstaatlicher Sicht lediglich den Auftrag die Resozialisierung als Ziel des Strafvollzuges zu gewährleisten; dieser verfassungsrechtliche Auftrag verdichtet sich nicht auf eine vollständige soziale Absicherung, und schon gar nicht durch die Instrumente der Sozialversicherung.[803] Schließlich ist auch keine gesetzliche Regelung ersichtlich, bei

---

[797] Brockmeyer, in: Schmidt-Bleibtreu/Klein (Hrsg.), GG, Art. 20 Rn. 46; Roellecke, in: Umbach/Clemens (Hrsg.), GG, Art. 20 Rn. 196ff; Storr, Stefan, „Neuorganisation der Sozialen...“, in: SGb 2004, S. 279f

[798] Degenhart, Christoph, Rn. 432; Gröschner, R., in: Dreier, Horst (Hrsg.), GG Kommentar, Art. 20 Rn. 57; vgl. auch Berne, Annegret, Die Aufgaben der Arbeitslosenversicherung aus sozialverfassungrechtlicher Sicht, S. 74f

[799] Berne, Annegret, Die Aufgaben der Arbeitslosenversicherung..., S. 76f

[800] BVerwGE 35, 178; 80, 349; vgl. auch Degenhart, Christoph, Rn. 434; Brockmeyer, in: Schmidt-Bleibtreu/Klein (Hrsg.), GG, Art. 20 Rn. 51; Berne, Annegret, ebda

[801] Brockmeyer, in: Schmidt-Bleibtreu/Klein (Hrsg.), GG, Art. 20 Rn. 47; Roellecke, in: Umbach/Clemens, GG, Art. 20 Rn. 200; Olbrück, Claudia, Anspruch und Wirklichkeit..., S. 156

[802] BVerfGE 35, 202 (236)

[803] BVerfGE 98, 169 (204); vgl. auch Müller-Dietz, Heinz, Zur Problematik des Arbeitsentgelts und der Sozialversicherung für Strafgefangene, in: ZRP 1974, S. 251

deren Auslegung die Sozialstaatsklausel mittelbar anspruchsbegründend wirken könnte.

2. Auffassung der Literatur

Eine andere Frage ist, inwieweit es politisch gefordert und sozialstaatlich geboten ist, Strafgefangene in die Sozialversicherung einzubeziehen, um das Prinzip nicht zur inhaltslosen Hülse verkommen zu lassen – denn gerade die Sozialstaatlichkeit müsste sich der erfolgreichen Integration Straffälliger in die Gesellschaft als Aufgabe verschreiben.[804] Es wird vertreten, dass sich aus der sozialen Schutzbedürftigkeit der Strafgefangenen „(...) zwingend die Einbeziehung in das bestehende System der Sozialversicherungen“[805] ergebe. Auch wenn man Sozialpolitik als Sache der politischen Ermessensentscheidung ansehe, müsse man die besondere Situation des Gefangenen bedenken, der während des Vollzuges keine politische Lobby habe und nach der Entlassung froh sei, „(...) alles hinter sich zu haben und den Strafvollzug möglichst schnell zu vergessen.“[806]
Das Ergebnis lautet: „Die geltende (Nicht-)Regelung verstößt gegen das Sozialstaatsprinzip.“[807]

3. Kritische Stellungnahme

Hat schon das Sozialstaatsprinzip in so viele Bereiche des Vollzuges Einzug gehalten[808], mag man dazu neigen, den sozialen Gedanken auch nach der Entlassung in Gestalt einer Altersvorsorge(anwartschaft) weiterleben zu lassen. Dies ist zweifellos sinnvoll. Doch setzt die Literaturauffassung in ihrer Argumentation kriminalpolitische Erwägungen zu Unrecht an die Stelle von juristischen. Sie ist im Wesentlichen politischer Natur. Solche Erwägungen anzustellen obliegt ausschließlich dem Gesetzgeber. Die zitierte Position bleibt ferner in dieser Begründungsdichte keinesfalls tauglich, die richtige (rechtliche) Begründung des BVerfG zu erschüttern, und noch weniger, einen Verstoß gegen das Sozialstaatsprinzip zu konstatieren, wenn man auch zugeben muss, dass es sich vor dem Hintergrund weiterer Urteile des BVerfG, wonach sozial besonders Schwache gegen die Wechselfälle des Lebens zu schützen seien[809], um einen Grenzfall handelt, und BVerfG wie Gesetzgeber unmittelbar vor ihrer eigenen Unglaubwürdigkeit stehen. Jedenfalls genügt die sozialhilferechtliche Absicherung in Not geratener Strafentlassener den Anforderungen des Sozialstaatsprinzips, wenn damit wirklich auch nur das absolute Minimum gewährleistet und der

[804] Vgl. Koepsel, Klaus, Strafvollzug im Sozialstaat..., S. 36f
[805] Olbrück, Claudia, Anspruch und Wirklichkeit..., S. 157
[806] Olbrück, Claudia, ebda
[807] Olbrück, Claudia, Anspruch und Wirklichkeit..., S. 158
[808] Koepsel, Klaus, Strafvollzug im Sozialstaat – Die Auswirkungen des Sozialstaatsprinzips auf das Strafvollzugsrecht, S. 70ff
[809] Vgl. erneut BVerfGE 35, 202 (236); 40, 121 (133); 43, 13 (19); 28, 324 (348); 45, 376 (387); 68, 193 (209)

Begriff Sozialstaat auf eine harte Probe gestellt wird.[810] „Dass gerade derjenige vom System sozialer Sicherheit ausgenommen ist, der seiner in besonderem Maße bedarf, ist eine jener Ungereimtheiten, die sich unter dem Blickwinkel des Sozialstaatsprinzips nur schwer rechtfertigen lassen (...).“[811]

D. Strafvollzugsrechtliche Folgen

I. Verletzung des Resozialisierungsgrundsatzes, Art. 1 I, 2 I GG, § 2 Satz 1 StVollzG

Wie gerade erörtert und bereits im 2. Kapitel näher beleuchtet, hat der Strafgefangene einen Anspruch aus Art. 2 I, 1 I GG auf eine resozialisierende Haftstrafe.[812] Ebenso wurde die Rolle der Arbeit im Vollzug anhand deren Bedeutung in der Gesellschaft[813] bzgl. der Erreichung dieses Vollzugszieles dargestellt, insoweit sei auf das 2. Kapitel verwiesen. Vorliegende Problematik ergibt sich daraus, dass der Gefangene trotz Arbeitsleistung nicht in den Genuss einer kranken- und rentenversicherungsrechtlichen Absicherung gelangt – man könnte vertreten, dass dem Strafgefangenen nicht nur finanziell, sondern auch sozialversicherungsrechtlich die Entlohnung vorenthalten wird. Diese Praxis als Konsequenz der Vollzugsarbeit könnte kontraproduktiv wirken und den verfassungsrechtlichen Resozialisierungsgrundsatz verletzen.

1. Rechtsprechung des BVerfG

Das verfassungsrechtliche Resozialisierungsgebot sei für alle staatliche Gewalt verbindlich. Es verpflichte den Gesetzgeber ein wirksames Resozialisierungskonzept zu entwickeln und den Strafvollzug darauf aufzubauen. Das Resozialisierungsgebot lege den Gesetzgeber aber nicht auf ein bestimmtes Regelungskonzept fest, für die Entwicklung eines wirksamen Konzeptes ist ihm ein weiter Gestaltungsspielraum eröffnet. „Er kann unter Verwertung aller ihm zu Gebote stehenden Erkenntnisse, namentlich auf den Gebieten der Anthropologie, Kriminologie, Sozialtherapie und Ökonomie, zu einer Regelung gelangen, die – auch unter Berücksichtigung von Kostenfolgen – mit dem Rang und der Dringlichkeit anderer Staatsaufgaben in Einklang steht.“[814] Aus dem Resozialisierungsgebot folge die Forderung Arbeit angemessen anzuerkennen, wobei die Angemessenheit in finanzieller Form, im Aufbau einer sozialversicherungsrechtlichen Anwartschaft oder in Haftzeitverkürzung („good time“) bestehen kön-

---

[810] Ohle, Carsten Detlev, Arbeitsbelohnung und Arbeitsentlohnung im Gefangenenarbeitswesen, S. 107; Lohmann, Hans Christian, S. 159; so auch Müller-Dietz, Heinz, Zur Problematik des Arbeitsentgelts..., in: ZRP 1974, S. 251

[811] Leder, Hans Claus, Arbeitsentgelt im Strafvollzug..., S. 44; vgl. auch Müller-Dietz, ebda

[812] AK-StVollzG-Feest/Lesting, § 2 Rn. 10

[813] Mett, Dietrich, Tarifgerechte Bezahlung von Gefangenenarbeit – Ein Modell konsequenter Weiterentwicklung des Resozialisierungsgedankens, in: SchlHA 2000, S. 121; Koch, Paul, Gefangenenarbeit und Resozialisierung, S. 76f

[814] BVerfGE 98, 169 (201); 82, 60 (80); 90, 107 (116); 96, 288 (305); vgl. auch Lohmann, Hans Christian, S. 158ff

ne.[815] Damit erklärt das BVerfG den dem gesetzgeberischen Gestaltungsspielraum unterliegenden Resozialisierungsgrundsatz auch ohne sozialversicherungsrechtliche Einbeziehung der Strafgefangen für beachtet.

2. Auffassung der Literatur zur Bedeutung einer Gegenleistung

Die Ansicht des BVerfG ist mit weiten Teilen der Literatur nicht zu vereinbaren. Die Chancen einer Vollzugszielerreichung würden neben der niedrigen Entlohnung zudem auf der Ebene der Sozialversicherung beeinträchtigt, so dass sich die Strafverbüßung als eine resozialisierungsfeindliche Spätfolge der Freiheitsstrafe erweise[816] und damit auch im Widerspruch zur Vollzugszielbestimmung des § 2 Satz 1 StVollzG stehe.[817] Schwerpunktmäßig geht es nicht mehr so sehr um die Wirkung der Arbeit, als vielmehr um die Wirkung der aus ihr resultierenden Vergütung.

a. Sozialversicherungsrechtliche Flankierung als Gegenleistung für verrichtete Arbeit

aa. Die Bedeutung der Gegenleistung im Allgemeinen

Die resozialisierungsfeindliche Praxis knüpft zunächst an eine entsprechende Vergütung der Arbeit an, die das zentrale Element des Erlebens eines positiven Arbeitserfolges verkörpert – die Vollzugsarbeit gelangt nur dann zum Erfolg, wenn der Strafgefangene für seine Arbeit eine ihn befriedigende Gegenleistung erhält. Dieser sog. Individualanspruch auf ökonomische Wertschätzung kommt in der Freiheit bereits im Abschluss des Vertrages über die Gewährung einer Leistungsvergütung zum Ausdruck.[818] Nur in dieser Betonung notwendiger Einheit von Arbeitskraft, ihrem Einsatz und ökonomischen Wert für den Arbeitenden werde man der Leib-Seele-Geist-Einheit gerecht, zumal gerade durch Arbeit diese Bereiche menschlichen Wesens in komplizierter Verquickung ihre Strukturierung erfahren würden.[819] In einer freiheitlichen Wirtschafts- und Sozialordnung sei davon auszugehen, dass der Mensch nur dann unabhängig sein, sich selbst gehören und verwirklichen könne, wenn er in gleichberechtigter Wahrnehmung sozialer Chancen sich zur personalen Umwelt in Beziehung setze. Dieses Gleichgewicht sei nicht erst dann gestört, wenn dem Einzelnen die Möglichkeit zu arbeiten fehle, sondern schon dann, wenn über den Erfolg der Arbeit ohne Einwilligung des Betroffenen verfügt werde. „Wer für seine Leistung nichts erhält, nichts dafür einhandeln darf oder kann, ist der Möglichkeit beraubt, Bedingungen zu schaffen, die ein Sich- und Anderen-Gehören als be-

---

[815] BVerfGE 98, 169 (202); hierzu Lohmann, Hans Christian, S. 133

[816] Laubenthal, Klaus, Arbeitsverpflichtung..., in: Schlüchter, Ellen (Hrsg.), S. 346; Rotthaus, Karl Peter, Die Bedeutung des StrafvollzugsgesetzeS..., in: NStZ 1987, S. 7

[817] Laubenthal, Klaus, Strafvollzug, Rn. 479

[818] Fahsel, Jörg, Das Recht des Gefangenen..., S. 99 mwN; Koch, Paul, Gefangenenarbeit und Resozialisierung, S. 78

[819] Fahsel, Jörg, S. 100 mwN

stimmter Jemand erlauben."[820] Daneben spielt die Gegenleistung insofern eine gewichtige Rolle, als Ich-Werdung, Selbstfindung, Persönlichkeitsentfaltung nur auf dem Boden gesicherter Existenz realisierbar sei, und der Arbeit der Rang der vornehmlichsten Eigentums- und Vermögensquelle zukomme.[821]

bb. Die Bedeutung einer finanziellen Entlohnung für verrichtete Arbeit

Die gängigste Entlohnungsform ist heutzutage jene der finanziellen Vergütung. Geld als unbezweifelte Autorität stellt eine entscheidende Bedingung für freiheitliche Betätigungen, ein Entzug desselben einen unmittelbaren Eingriff in die Lebensbereiche des Betroffenen dar. Dementsprechend führt dieser Umstand dazu, dass Wert und Sinn der Arbeit als solcher hinter dem zurücktreten, was dem Einzelnen als Lohn geboten wird. Die daraus resultierende veränderte Einstellung bezieht das persönliche Bedürfnis nach Anerkennung und Selbstverwirklichung nicht mehr aus der Arbeit, wie ursprünglich, sondern aus ihrem Marktwert. Mit anderen Worten: Das eigene aus der Arbeit entspringende Selbstwertgefühl ist ein Spiegel der aus der Arbeit resultierenden Entlohnung.[822] Die (möglichst hohe) finanzielle Entlohnung bildet demnach einen spezifischen Katalysator der positiven Wirkungen einer Gegenleistung, weil sie als Wertschätzungskriterium die Anerkennung in Zahlen direkt und unmittelbar vor Augen zu führen imstande ist.[823] Sie gewährt entweder individuelle Unabhängigkeit oder Gefühle des Versagens, der Verarmung, des Ausgeliefert- und Angewiesenseins. Derartige Effekte müssen nach einer Auffassung ganz besonders bei Strafgefangenen verhindert werden, deren labiles und fehlendes Selbstwertgefühl zu stärken dringendste Aufgabe der Resozialisierung sei.[824]

cc. Die Bedeutung sozialer Absicherung für verrichtete Arbeit

Zu beachten ist, dass obige Ausführungen auf die Konstellation einer direkten finanziellen Entlohnung bezogen sind, vorliegend aber die resozialisierende Wirkung einer sozialversicherungsrechtlichen Flankierung untersucht werden soll. Damit stellt sich die Frage, ob der sozialen Absicherung infolge verrichteter Arbeit ähnliche Wirkung zukommt wie einer finanziellen Entlohnung, denn nur dann zeigt sich ein Zusammenhang zur Resozialisierung(sfeindlichkeit). Der Sache nach geht es also um die Chancen der (vermeintlich) nicht – monetären Anerkennung für Gefangenenarbeit.

---

[820] Fahsel, Jörg, S. 102

[821] Fahsel, Jörg, Das Recht des Gefangenen..., S. 103f; Leder, Hans-Claus, Arbeitsentgelt im Strafvollzug..., S. 43; Koch, Paul, Gefangenenarbeit..., S. 77f

[822] Fahsel, Jörg, S. 112; so auch Pröbsting, Karl, Der Weg zurück in die Freiheit, in: BArbBl 1973, S. 287f

[823] Leder, Hans-Claus, Arbeitsentgelt im Strafvollzug..., S. 43

[824] Fahsel, Jörg, Das Recht des Gefangenen..., S. 113f; Leder, Hans-Claus, ebda; Schrader, Wolfgang, Eine zeitgemäße Pflege der Arbeitskraft des Häftlings im Strafvollzug, in: ZSR 1973, S. 130

(1) Rentenversicherung

Die Einbeziehung in die gesetzliche Rentenversicherung wurde zwar für sinnvoll erachtet, insbesondere für Gefangene, die lange Haftstrafen zu verbüßen haben. Doch wurden Bedenken geäußert angesichts der „Sichtbarkeit“ der sozialen Einbeziehung als Gegenleistung der Anstaltsarbeit. Fraglich sei, ob dem Gros der Inhaftierten der Wert (und die Symbolik) einer derartigen Verringerung von Spätfolgen klargemacht werden könne. Es sei überhaupt schwer vorstellbar, „(...) welche andere Anerkennung als ein Entgelt Personen den Wert der Arbeit nahe bringen soll, die zum größeren Teil gewohnt sind, nur zu glauben, was sie sehen“[825]. Die Reform in Österreich über die Einführung der Arbeitslosenversicherung im Strafvollzug habe gezeigt, dass für viele Inhaftierte nur „das Mehr auf der Hand“ zähle.[826] Dies liege aber zum einen am Informationsdefizit der Gefangenen über die konkrete Ausgestaltung der sozialen Absicherung und zum anderen am Bildungsniveau der Gefangenen, die Grundprinzipien des neuen Gesetzes nicht verstanden hätten.[827] „Die Wahrnehmung von Veränderungen seit der Novelle beschränkt sich auf den unmittelbaren materiellen Zugewinn aus der Entlohnung sowie auf kleinere Veränderungen im Alltagsreglement (z.B. Besuche, Telefonate, Fernsehen etc.). Längerfristig wirksame materielle Sicherheiten werden hingegen kaum und die Normalisierungssymbolik der Reform in den allerseltensten Fällen erfasst.“[828]

(2) Krankenversicherung

Noch bedenklicher wird die Situation bei der Krankenversicherung beurteilt. Weil die Leistungen der §§ 56ff StVollzG im wesentlichen denen des SGB V entsprächen[829], könne eine Konzeption des Krankenversicherungsschutzes kaum dazu beitragen, dass dem Gefangenen ein greifbarer Vorteil vor Augen geführt werde. Da sich seine eigene Lage dadurch nicht verbessere, sei diese Möglichkeit nur bedingt zum Erreichen der verfassungsrechtlich gebotenen Angemessenheit geeignet, so dass ihr keine Priorität eingeräumt werden solle.[830] Zudem widerspreche die Einbeziehung als nicht monetäre Form der Entlohnung dem ursprünglichen Konzept des Strafvollzugsgesetzes, wonach die Einbeziehung neben der Zahlung eines Arbeitsentgeltes erfolgen solle. Wenn auch hierzu kein rechtlicher Hinderungsgrund zu sehen sei, solle diese Grundkonzeption nicht

---

[825] Kamann, Ulrich, Das Urteil des BVerfG vom 1.7.1998 zur Gefangenenentlohnung, ein nicht kategorischer Imperativ für den Resozialisierungsvollzug, in: StV 1999, S. 349; Lohmann, Hans Christian, Arbeit und Arbeitsentlohnung..., S. 143

[826] Lohmann, Hans Christian, S. 268f, 160; Ohle, Carsten Detlev, Arbeitsbelohnung und Arbeitsentlohnung..., S. 111; Hammerschick, Walter, Arbeit im Strafvollzug – Rechtslage und Realität im europäischen Vergleich, in: ders/Pilgram, Arno (Hrsg.), Arbeitsmarkt, Strafvollzug und Gefangenenarbeit, S. 79

[827] Pilgram, Arno, Von den Schwierigkeiten im Strafvollzug Normalität herzustellen, in: NK 1995, S. 42

[828] Pilgram, Arno, ebda

[829] Ohle, Carsten Detlev, Arbeitsbelohnung und Arbeitsentlohnung..., S. 108

[830] Lohmann, Hans Christian, S. 270

vorschnell verworfen werden.[831] Andererseits wiederum wird vertreten, es sei absehbar, dass von den ursprünglichen Reformanliegen – leistungsgerechtes Arbeitsentgelt plus Einbeziehung in die Sozialversicherung – ein gutes Stück Abschied genommen werden müsse.[832]

(3) Kritische Stellungnahme

Vorab sei klargestellt, dass es hier nicht darum geht, ob angesichts der finanziellen Rahmenbedingungen die Einbeziehung in die gesetzliche Sozialversicherung alternativ[833] oder kumulativ zur Erhöhung des Arbeitentgelts zur Diskussion steht – es geht (zunächst nur) um deren resozialisierungsfördernde Eignung. Sicherlich dürfte eine sozialversicherungsrechtliche Flankierung in den Augen der Strafgefangenen nicht derart euphorisch bejubelt werden wie eine finanzielle Besserstellung oder Erleichterungen im Haftalltag. Dabei sollen neben deren „Fernwirkung" auch die Gefangenenbildung und der Informationsstand eine Rolle spielen. Auf der anderen Seite gibt es die Erkenntnis, dass Gefangene z.B. die Hilfe der Entlassenenfürsorge im Sinne einer nachgehenden Fürsorge durchaus als selbstverständlichen Ausgleich für die geringe Arbeitsbelohnung betrachten, ihnen eine intensive sozialorientierte Absicherung nicht unwichtig ist; dies konnte in Österreich besonders nach Einführung der Arbeitslosenversicherung beobachtet werden.[834] Trotzdem bedürfte es in verstärktem Maße der Aufklärungsarbeit[835] durch die Vollzugsbehörden, die den Gefangenen präsent werden lassen muss, dass sie infolge ihrer eigenen Arbeit einen umfassenden Schutz durch die Solidargemeinschaft der Erwerbstätigen erhalten: Die Rentenversicherung schützt gegen das Risiko einer Erwerbs- und Berufsunfähigkeit und verhilft zu einer Altersrente, was gerade bei Langzeitinhaftierten von großer Bedeutung ist. Diese Leistungen stehen auch dem Ehegatten im Falle des Ablebens des Inhaftierten zu. Die Krankenversicherung gewährt neben der Gesundheitsfürsorge[836], dem Krankengeld und dem Schutz der Pflegeversicherung erneut die Absicherung der Familienangehörigen, und zwar unabhängig von der Hilfe des Sozialamtes, die im Regelfall ohnehin zurückzuerstatten ist, § 92a BSHG bzw. § 5 I Nr. 2a SGB V iVm § 34 I Nr. 1, 2, § 7 III Nr. 3 a-c SGB II n.F. Schließlich stellt der Verweis auf das Grundkonzept[837] des StVollzG kein Argument gegen die Resozialisierungstauglichkeit der Einbeziehung dar: Es geht vorliegend nicht

---

831 Lohmann, Hans Christian, S. 272

832 Britz, Guido, Leistungsgerechtes Arbeitsentgelt für Strafgefangene?, in: ZfStrVo 1999, S. 202

833 Britz, Guido, ebda

834 Koch, Paul, S. 99; Leder, Hans-Claus, Arbeitsentgelt im Strafvollzug..., S. 41, 44; Hammerschick, Walter, Arbeit im Strafvollzug – Rechtslage und Realität im europäischen Vergleich, in: ders/Pilgram, Arno (Hrsg.), S. 79; Franke, Hilde, Die Gefangenenarbeit unter besonderer Berücksichtigung ihrer volkswirtschaftlichen Bedeutung, S. 61

835 Lohmann, Hans Christian, S. 269

836 Vgl. 5. Kapitel zur Umsetzung im Vollzug

837 Lohmann, Hans Christian, S. 272; Pilgram, Arno, Von den Schwierigkeiten..., S. 42; Britz, Guido, Leistungsgerechtes Arbeitsentgelt für Strafgefangene, in: ZfStrVo 1999, S. 202

um die bürokratische Einhaltung vielleicht einst unüberlegter, weil unfinanzierbarer Konzepte oder um Begriffsklaubereien, die sich um ein „monetäres" oder „nicht monetäres" Konzept bewegen, sondern um die zentrale Aufgabe des Strafvollzuges: die Effektivität der Resozialisierung der Gefangenen. Somit stellt entgegen den vorgebrachten Ansichten auch die Einbeziehung in die Sozialversicherung ein resozialisierungstaugliches Element dar, welches vielleicht nicht so effektiv ist wie die finanzielle Entlohnung, aber trotz allem mindestens als „Resozialisierungsmittel 2. Grades" bezeichnet werden darf.[838] Die Sozialversicherung gewährt nämlich Sicherheit und Schutz in Bereichen des Lebens, die durch kaum eine finanzielle Entlohnung geleistet werden kann[839] – es gilt nur, dies den Gefangenen zu vermitteln.
Überdies wird in diesem Sinne vertreten, dass es sich bei der Nichtzahlung von Sozialversicherungsbeiträgen um „private Sanktionskosten" der Gefangenen handele, die mit dem entgangenen Einkommen während der Haft gleichzusetzen seien.[840]

b. Übertragbarkeit der Literaturansicht zur Wirkung der Gefangenenentlohnung

Angesichts der eben ermittelten Stellung einer sozialen Absicherung ist es möglich, Argumente der Literatur bzgl. der Resozialisierungsfeindlichkeit der finanziellen Gefangenenentlohnung in ihrer faktischen Ausgestaltung auf die vorliegende Problematik partiell zu transponieren.

aa. Psychologische Wirkungen

(1) Selbstwertgefühl der Gefangenen

Die Wiedereingliederung des Strafgefangenen in die Gesellschaft ist, wie im 2. Kapitel erörtert, nicht nur vom staatlichen Konzept innerhalb der Haft abhängig, sondern auch davon, wie die Gesellschaft dem Strafgefangenen gegenübertritt bzw. ob sie ihn in die Gemeinschaft wieder aufnimmt.[841] Demzufolge wirkt sich der Ausschluss aus der Solidargemeinschaft der arbeitenden Bevölkerungsteile, deren Zweck darin besteht, schwerwiegende Lebensrisiken abzudämpfen und einen potentiellen sozialen Abstieg zu verhindern, belastend auf die Psyche und

---

[838] So auch Ohle, Carsten Detlev, Arbeitsbelohnung und Arbeitsentlohnung im Gefangenenarbeitswesen, S. 107; Leder, Hans Claus, Arbeitsentgelt im Strafvollzug..., S. 44, wo der Sozialversicherung sogar Vorrang vor der Erhöhung des Arbeitsentgelts eingeräumt wird; vgl. auch Jehle, Jörg Martin, Lohnt sich die Gefangenenarbeit? Grundsätzliche Fragen zu Arbeit und Entlohnung im Strafvollzug, in: Häußling, Josef Maria/Reindl, Richard (Hrsg.), Sozialpädadagogik und Strafrechtspflege,Gedächtnisschrift für Max Busch, S. 504, 506; vgl. Franke, Hilde, Die Gefangenenarbeit unter besonderer Berücksichtigung ihrer volkswirtschaftlichen Bedeutung, S. 62

[839] So auch Müller-Dietz, Heinz, Zur Problematik des Arbeitsentgelts und der Sozialversicherung..., in: ZRP 1974, S. 252

[840] Schrader, Wolfgang, Eine zeitgemäße Pflege der Arbeitskraft des Häftlings im Strafvollzug, in: ZSR 1973, S. 131

[841] Vgl. BVerfGE 35, 202 (235)

das Selbstbewusstsein der Gefangenen aus, indem ihnen nicht erst nach Entlassung, sondern schon während der Haft deutlich gemacht wird, dass ihre Arbeit nichts wert ist und die Gesellschaft kein Interesse an ihrer Zugehörigkeit hat, weder im Alltag noch im Hinblick auf das solidarisch getragene Risiko von Erwerbsunfähigkeit oder Krankheit. Die Gefangenen werden ein weiteres Mal zu Menschen zweiter Klasse degradiert, indem sie auf die als „erbettelte Almosen" angesehene Sozialhilfe angewiesen sein werden, anstatt selbstbewusst Ansprüche gegen die Sozialversicherungsträger geltend zu machen.[842] Dieses „Stigma des Sozialhilfeempfängers"[843] erschwert die Wiedereingliederung massiv. Die Möglichkeit einer Rückforderung nach § 92a BSHG durch die Sozialhilfeträger aufgrund geleisteter Krankenversicherungsbeiträge blockiert die im Behandlungsvollzug antrainierte Bereitschaft und den ernsthaften Willen des Entlassenen sich beruflich wieder zu integrieren, zumal wegen der Pfändungsfreigrenzen nur eine geringe Entlohnung erzielt werden kann und erneut ein ähnlicher Effekt eintritt wie bei der Arbeit im Vollzug. Schließlich würde eine Einbeziehung in die Krankenversicherung auch zu Ansprüchen des Gefangenen u.a. auf Heilbehandlung durch einen Kassenarzt führen, wodurch das Arzt–Patienten–Verhältnis leichter aufgebaut werden könnte als zu einem Arzt, der in der Funktion des Anstaltsorgans Teil der Vollzugsbehörde ist. Auch dies kann sich positiv auf das Selbstwertgefühl des Gefangenen auswirken.[844] Darüber hinaus könnten dadurch sogar die erhöhten Krankheitsquoten gesenkt werden, da die Ärzte nicht mehr bei kleinsten, oft simulierten Beschwerden in Anspruch genommen werden würden, deren diagnostische Feststellung aller medizinischer Mittel bedarf, um sich nicht dem Vorwurf ungenügender ärztlicher Versorgung auszusetzen. Die neutrale(re) Stellung des Arztes erzeugt eine höhere Glaubwürdigkeit des Vollzugssystems und des medizinischen Sachverstandes unter den Gefangenen.[845] Zu Recht wird gesehen, dass die dabei auftauchenden praktischen Probleme durch die Landesjustizverwaltungen und die Krankenversicherungsträger angegangen werden müssen, nicht aber zu Lasten der Resozialisierung gehen sollten.[846]

(2) Verantwortung für die Familie

Die Gefangenen sind außerstande Verantwortung für ihre Familienangehörigen zu übernehmen, was wiederum Gefühle des Versagens und der Minderwertigkeit auslöst. Angesichts der geringen Entlohnung fehlt ihnen praktisch schon die

[842] Lichtenberger, Gustav, Die Arbeitsentlohnung im Strafvollzug als Mittel der Resozialisierung, S. 43; Ohle, Carsten Detlev, Arbeitsbelohnung und Arbeitsentlohnung..., S. 106; Olbrück, Claudia, Anspruch und Wirklichkeit des Strafvollzugsgesetzes, S. 159; Koch, Paul, Gefangenenarbeit..., S. 99

[843] Olbrück, Claudia, Anspruch und Wirklichkeit..., S. 158

[844] AK-StVollzG-Boetticher/Stoever, vor § 56 Rn. 7

[845] Ohle, Carsten Detlev, Arbeitsbelohnung und Arbeitsentlohnung..., S. 108f, die Umsetzung dieses Konzepts wird Gegenstand des 5. Kapitels

[846] Ohle, Carsten Detlev, S. 109

Möglichkeit ihren Unterhaltspflichten nachzukommen.[847] Darüber hinaus wird dem Gefangenen aber noch vergegenwärtigt, dass er aufgrund der fehlenden Familienversicherung nicht für die Gesundheitsfürsorge seiner Angehörigen sorgen, d.h. nicht einmal zur Befriedigung der fundamentalen Bedürfnisse unserer Gesellschaft beitragen kann. Sein Versagen wird auf seine Familie abgewälzt, das Gefühl der Ohnmacht, seinen Pflichten als Familienoberhaupt nachzukommen, verschärft wiederum die Haftsituation und gefährdet die Resozialisierung, weil die Familie gerade eine so wichtige Stütze während und nach der Haft darstellt. Der Gefangene lebt im Bewusstsein fehlender sozialer Absicherung sowohl seiner Familie als auch seiner selbst.[848]

bb. Ökonomische Wirkungen

(1) Situation der Gefangenen

Weniger während der Haft, sondern vielmehr nach der Entlassung des Gefangenen wird ihm der umfassende wirtschaftliche Schutz der Sozialversicherung vorenthalten, indem er bei allen Risiken der Renten- und Pflegeversicherung auf die Sozialhilfe angewiesen ist, weil entweder keine oder nur eine sehr geringe Rente gezahlt wird. Aufgrund dieser wirtschaftlich erdrückenden Situation – die Höhe der Leistungssätze der Sozialhilfe liegt erheblich unter denen der Sozialversicherung[849] – wird nicht nur der Wiedereintritt in das bürgerliche Leben erschwert, sondern es besteht die Gefahr, dass der Entlassene wieder straffällig wird.[850] Dies gilt insbesondere in der Phase nach der Entlassung, wenn infolge Krankheit kein Arbeitslosengeld und mangels Krankenversicherung kein Krankengeld gezahlt wird. Der fehlende Familienkrankenversicherungsschutz kann wegen des (vorübergehenden) Eingreifens der Sozialhilfe zu einem Schuldenberg führen, der den Gefangenen demotiviert und davon abhält, einer nachhaltigen Erwerbstätigkeit nachzugehen.[851] Der schwache soziale Schutz stellt also die Wiedereingliederung schon materiell in Frage, so dass dem Gefangenen die Möglichkeit fehlt, bereits während der Haft seine Wiedereingliederung aktiv vorzubereiten.[852]

---

847 Götte, Sabine, Die Mitbetroffenheit der Kinder und Ehepartner..., S. 57ff; Heierli, Urs, Gefangenenarbeit, Entlöhnung und Sozialisation, S. 170

848 Heierli, Urs, ebda; Lichtenberger, Gustav, Die Arbeitsentlohnung im Strafvollzug, S. 42; Bundesarbeitsgemeinschaft für Straffälligenhilfe, Tarifgerechte Entlohnung für Inhaftierte, in: ZfStrVo 1993, S. 175

849 Walter, Michael, Strafvollzug, Rn. 461

850 Heierli, Urs, S. 171; Lichtenberger, Gustav, Die Arbeitsentlohnung im Strafvollzug..., S. 40f; Ohle, Carsten, Detlev, Arbeitsbelohnung und Arbeitsentlohnung..., S. 107, 111; Smolka, Peter, Der Freigang im Strafvollzug, S. 68

851 Smolka, Peter, ebda; Olbrück, Claudia, Anspruch und Wirklichkeit..., S. 159

852 Lichtenberger, Gustav, Die Arbeitsentlohnung..., S. 40; Heierli, Urs, Gefangenenarbeit..., S. 170

(2) Situation der Familie

Die Familienangehörigen bedürfen im Falle der Nichterwerbstätigkeit des Ehepartners sozialhilferechtlicher Unterstützung, um ärztliche Versorgung zu erlangen.[853] Eine Hinterbliebenenrente kommt im Falle des Ablebens des Gefangenen bzw. des Entlassenen möglicherweise nicht in Betracht. Mögliche Schulden müssten vom Ehegatten Stück für Stück abgetragen werden, vgl. nur § 92a BSHG, was eine erhebliche Belastung für die Familie darstellt.[854]

3. Zusammenfassung

Dem Gesetzgeber steht zwar hinsichtlich des Resozialisierungskonzeptes ein weiter Gestaltungsspielraum zu. Doch hat dieser im Falle der Untauglichkeit des Konzepts seine Grenzen. Eine Aussparung der Strafgefangenen aus dem System der Renten- , Kranken- und Pflegeversicherung ist in höchstem Maße kontraproduktiv und verstößt entgegen der Auffassung des BVerfG gegen den Resozialisierungsgrundsatz nach Art. 1 I, 2 I GG iVm § 2 Satz 1 StVollzG.[855]

II. Verletzung von Vollzugsgrundsätzen

1. Angleichungsgrundsatz, § 3 I StVollzG

a. Inhalt

Das Vollzugsziel wird am besten dadurch erreicht, dass eine möglichst geringe Diskrepanz zwischen allgemeinen Lebensverhältnissen und Vollzugswirklichkeit besteht, sog. „Ziel-Mittel-Kombination“ zwischen Vollzugsziel und Angleichungsgrundsatz. Es bilde dessen Aufgabe, die Besonderheiten des Anstaltslebens, die den Gefangenen lebensuntüchtig machen könnten, möglichst zurückzudrängen, so dass der Unterschied zwischen dem Leben in der Anstalt und dem Leben draußen nicht stärker als unvermeidbar sei.[856] Der Angleichungsgedanke beruht letztlich darauf, dass die Strafe im Freiheitsentzug selbst besteht und jede darüber hinausgehende Einschränkung oder sonstige Übelzufügung daher nur legitim ist, wenn sie eine unvermeidbare Folge des Freiheitsentzuges bildet.[857]

---

[853] Rotthaus, Karl Peter, Die Reform der inhaltlich vollzuglichen Gestaltung der Untersuchungshaft, in: Eyrich, Heinz/Odersky, Walter/Säcker, Franz Jürgen (Hrsg.), Festschrift für Kurt Rebmann, S. 412

[854] Brühl, Albrecht, Sozialhilfe für Strafgefangene und ihre Angehörigen, in: ZfStrVo 1986, S. 296

[855] So auch im Ergebnis, aber mit knapper Begründung Olbrück, Claudia, Anspruch und Wirklichkeit..., S. 159; Rotthaus, Karl Peter, Die Reform der inhaltlich-vollzuglichen Gestaltung der Untersuchungshaft, in: Eyrich/Odersky/Säcker (Hrsg.), S. 413; Schorn, Ulrich, Die Sozialversicherung..., S. 446; Britz, Guido, Leistungsgerechtes Arbeitsentgelt für Strafgefangene?, in: ZfStrVo 1995, S. 200, 202; Mênil du, Beatrice, Die Resozialisierungsidee im Strafvollzug, S. 195; Pawlita, Cornelius, Die Gefangenenentlohnung..., in: ZFSH/SGB 1999, S. 68; Lichtenberger, Gustav, Die Gefangenenentlohnung..., S. 133

[856] BT – Drucksache, 7/918, S. 46; Laubenthal, Klaus, Strafvollzug, Rn. 205; AK-StVollzG-Feest/Lesting, § 3 Rn. 4

[857] AK-StVollzG-Feest/Lesting, § 3 Rn. 5; Koepsel, Klaus, Strafvollzug im Sozialstaat..., S. 61

Die Angleichung steht unter dem Vorbehalt des „So weit als möglich“. Das BVerfG sieht darin die Hinnahme von Restriktionen, die auf zwingenden Erfordernissen des Freiheitsentzuges gründen und ohne die der Zweck des Strafvollzuges gefährdet wäre.[858] Die Literatur vertritt die Ansicht, in dieser Formulierung sei eine zeitliche Relativierung zu sehen, die den Ländern die stückweise Angleichung erlaube, was jedoch im Hinblick auf die große Zeitspanne seit Inkrafttreten des StVollzG nicht mehr zum Tragen kommen könne.[859]

b. Auswirkung durch die unterbliebene Einbeziehung in die Sozialversicherung

Indem die soziale Absicherung der erwerbstätigen Gefangenen bis heute nicht erfolgt ist, liegt eine über die Freiheitsentziehung hinausgehende Beeinträchtigung vor, die dem Grundsatz widerspricht, dass die Unterschiede zwischen dem Leben im Vollzug und dem in der freien Gesellschaft, welche die Selbstachtung sowie die Eigenverantwortlichkeit des Inhaftierten beeinträchtigen können, auf ein Mindestmaß reduziert werden sollen.[860] Zwar steht es grundsätzlich im Ermessen des Gesetzgebers, wieweit die Prinzipien des Leistungsstaates im Strafvollzug verwirklicht werden – insbesondere finanzielle und organisatorische Hemmnisse seien Gründe, ohne Verstoß gegen § 3 I StVollzG die Einbeziehung in die Kranken- und Rentenversicherung zu unterlassen.[861] Andererseits aber haben die Vollzugsverwaltungen das System des Leistungsstaates im Versicherungsstatus möglichst lebensnah zu verwirklichen.[862] Die Ankündigung in § 198 III StVollzG legt die gesetzgeberische Absicht und die Erkenntnis der Notwendigkeit einer sozialen Existenzabsicherung offen, so dass das Nichtbefolgen des eigenen Auftrags als „venire contra factum proprium“ und Verletzung des Angleichungsgrundssatzes zu werten ist.[863]

2. Eingliederungsgrundsatz, § 3 III StVollzG

a. Inhalt

Der Eingliederungsgrundsatz verpflichtet zu einer Ausrichtung des gesamten Vollzuges schon ab dem Haftantritt auf die Rückkehr in die Gesellschaft, was auch für die zu lebenslangen Haftstrafen Verurteilten gilt.[864] Der Vollzug soll dem Gefangenen helfen, sich in das Leben in Freiheit einzugliedern. Das Prinzip

---

[858] BVerfGE 33, 1 (13); 40, 276 (284); Laubenthal, Klaus, Rn. 206; Koepsel, Klaus, S. 60

[859] AK-StVollzG-Feest/Lesting, § 3 Rn. 8; Calliess/Müller-Dietz, StVollzG, § 3 Rn. 4

[860] Laubenthal, Klaus, Rn. 206

[861] Arloth, Frank, Der Angleichungsgrundsatz des § 3 I StVollzG: Gestaltungsprinzip oder Leerformel?, in: ZfStrVo 1987, S. 330

[862] Koepsel, Klaus, Strafvollzug im Sozialstaat..., S. 63f; Schrader, Wolfgang, Eine zeitgemäße Pflege..., in: ZSR 1973, S. 133

[863] AK-StVollzG-Feest/Lesting, § 3 Rn. 5, 13; Müller-Dietz, Heinz, Strafvollzugsrecht, S. 171; Mênil du, Beatrice, Die Resozialisierungsidee im Strafvollzug, S. 195; Bundesarbeitsgemeinschaft für Straffälligenhilfe, Tarifgerechte Entlohnung für Inhaftierte, in: ZfStrVo 1993, S. 176

[864] Laubenthal, Klaus, Rn. 234

der Eingliederungshilfe beschränkt sich aber nicht nur auf Maßnahmen zur sozialen (Re-) Integration gem. § 2 Satz 1 StVollzG, es betrifft vielmehr auch Aspekte, welche den Übergang vom Strafvollzug in die Freiheit erschweren.[865] § 3 III StVollzG beinhaltet demnach eine sozialstaatliche Aufgabenstellung für die Vollzugsverwaltung, in der sowohl von der zeitlichen Abfolge als auch vom Gewicht der einzelnen Vollzugsmaßnahmen her die Integrationshilfe für Gefangene Priorität bei der Planung und Durchführung der leistenden Verwaltung haben soll.[866] Durch geeignete Behandlungsmaßnahmen sei der Verurteilte darauf vorzubereiten, dass die Lebensbewältigung für einen entlassenen Täter durch Stigmatisierungen in seiner postinstitutionellen sozialen Umwelt erschwert werden könne.[867]

b. Auswirkung durch die unterbliebene Einbeziehung in die Sozialversicherung

Wie bereits erörtert bewirkt die Ausgrenzung im Sozialversicherungsrecht psychische und wirtschaftliche Belastungen für den Gefangenen, indem das Leben in Freiheit ohne Vorsorgemöglichkeit begonnen wird und zudem eine weitere Stigmatisierung durch den Verweis auf Sozialhilfeleistungen zu erwarten ist. Wenn schon die vollzugliche Behandlung auf den Umgang mit einer Stigmatisierung innerhalb der Gesellschaft in Freiheit vorbereiten soll, so ist es geradezu paradox, dass der Gesetzgeber durch seine beharrliche Weigerung unter Verweis auf finanzpolitische Gründe[868], notwendige soziale Absicherungen vorzunehmen, einer diesbezüglichen Behandlung des Gefangenen gerade die Legitimation verschafft. Besonders die wirtschaftliche Absicherung eines Menschen gegen bestimmte Lebensrisiken stellt heutzutage die (materielle) Grundlage einer (Wieder-) Eingliederung in die Gesellschaft dar. Insoweit ist auch der Eingliederungsgrundsatz verletzt.[869]

E. Zusammenfassung

Die derzeitige sozialversicherungsrechtliche Praxis im Vollzug lässt schwerwiegende Regelungslücken im Recht der sozialen Sicherung erkennen. Darüber hinaus verletzt sie Art. 3 I, 14 GG und ist mit dem Sozialstaatsprinzip nur unter Bedenken noch vereinbar. Schließlich verstößt sie gegen die Vollzugsgrundsätze des § 3 I, III StVollzG.

---

[865] Calliess/Müller-Dietz, StVollzG, § 3 Rn. 8; AK-StVollzG-Feest/Lesting, § 3 Rn. 22

[866] Koepsel, Klaus, Strafvollzug im Sozialstaat..., S. 70

[867] Laubenthal, Klaus, Rn. 235

[868] Dünkel, Frieder, Brauchen wir ein Jugendstrafvollzugsgesetz?, in: ZRP 1992, S. 180; Müller-Dietz, Heinz, Strafvollzugsrecht, S. 168

[869] Den Gegenwirkungsgrundsatz verletzt sieht auch Müller-Dietz, Heinz, Zur Problematik des Arbeitsentgelts..., in: ZRP 1974, S. 252

5. Kapitel: Reformvorschläge unter Berücksichtigung wirksamer Resozialisierung

Nachdem herausgearbeitet wurde, dass die sozialversicherungsrechtliche Lage im Strafvollzug dringender Veränderungen bedarf, soll an dieser Stelle ein Konzept gefunden werden, um die Missstände möglichst effektiv zu beheben. Ferner muss diskutiert werden, wie die Realisierung dieses Konzepts in finanzpolitischer Hinsicht erreicht werden kann. Fest steht nämlich, dass das häufig in rechtlicher Hinsicht vorgebrachte und relevante Argument des Gesetzgebers, Haushaltsmittel seien nicht verfügbar, nur dann wirksam entkräftet werden kann, wenn das neue Konzept keine (wesentlich bzw. unvertretbar) höheren Kosten verursacht. Ein derartiges Unterfangen lässt sich wiederum nur mittels größerer Reformen im Bereich der Gefangenenarbeit erreichen, wobei eine zusätzliche fiskalische Belastung der Länderhaushalte kaum zu vermeiden sein wird.[870] Und doch gilt die Devise: „Es gibt viel zu regeln, fangt schon mal an!“[871]

A. Absicherung durch die Strafgefangenen

I. Bildung von Rücklagen

Da es nur in Deutschland, Österreich, Dänemark und Irland nach der Haft Anspruch auf Arbeitslosengeld gibt, wird in den übrigen Ländern eine Absicherung zur Vermeidung des Scheiterns einer beruflichen Reintegration (im ersten Jahr nach der Entlassung sind gerade 16% über die Hälfte des Jahres berufstätig)[872] durch die Bildung finanzieller Rücklagen während des Vollzuges durchgeführt. Ein mehr oder weniger großer Teil des Arbeitsentgelts wird von der Vollzugsanstalt einbehalten und erst nach Haftentlassung ausbezahlt.[873] Allerdings ist diese Praxis mit Blick auf das geringe Arbeitsentgelt der Gefangenen und die hohen Kosten einer sozialen Vorsorge zur langfristigen Absicherung wie der Sozialversicherung nicht gangbar. Das gem. § 51 I StVollzG angesparte Überbrückungsgeld[874] soll zwar die ersten vier Wochen in Freiheit überbrücken, reicht aber in keiner Weise zur materiellen Grundsicherung aus und wird ferner auf die

---

[870] Neu, Axel, Den verfassungsrechtlichen Vorgaben knapp entsprochen, in: NK 2001 (2), S. 26

[871] Zitat aus: Schüler-Springorum, Horst, Angemessene Anerkennung als Arbeitsentgelt, in: Feuerhelm, Wolfgang/Schwind, Hans-Dieter/Bock, Michael (Hrsg.), Festschrift für Alexander Böhm, S. 232

[872] Hammerschick, Walter/Pilgram, Arno/Riesenfelder, Andreas, Zu den Erwerbsbiografien und Verurteilungskarrieren Strafgefangener und Strafentlassener, rekonstruiert anhand von Sozialversicherungs- und Strafregisterdaten, in: Hammerschick/Pilgram (Hrsg.), S. 175, 177

[873] Hammerschick, Walter, Arbeit im Strafvollzug – Rechtslage und Realität im europäischen Vergleich, in: ders/Pilgram, Arno (Hrsg.), Arbeitsmarkt, Strafvollzug und Gefangenenarbeit, S. 83

[874] Vgl. Volckart, Bernd, Überbrückungsgeldprobleme, in: ZfStrVo 1983, S. 41; Lohmann, Hans Christian, S. 107

Sozialhilfe angerechnet.[875] Eine Untersuchung im Jahre 1989 ergab, dass die Entlassungsgelder von 745 entlassenen Gefangenen in Schleswig-Holstein im Durchschnitt gerade einmal 458,16 DM betrugen. Das Frankfurter Sozialamt fand 1993 heraus, dass 36% der Strafentlassenen nach Haftentlassung nur über 300 DM verfügt haben.[876] Bedenkt man weiter, dass Vorbestrafte es infolge dieses Handikaps schwer haben, wieder beruflichen Anschluss zu finden[877], und im Durchschnitt ca. zwei Monate vergehen, bis das Arbeitslosengeld ausgezahlt wird, wird schnell klar, dass das Überbrückungsgeld nur zur Befriedigung des absoluten Existenzminimums ausreicht, aber keinesfalls zum kapitaldeckenden Einsatz. Gerade bei Geringverdienern macht nur das Umlageverfahren Sinn.

II. Zahlung freiwilliger Versicherungsbeiträge

Bereits mehrmals in dieser Untersuchung wurde die Möglichkeit der Aufrechterhaltung einer Kranken- und/oder Rentenversicherung durch freiwillige Beitragszahlung in Betracht gezogen. Dies wurde stets mit Verweis auf die wirtschaftliche Lage der Gefangenen als unpraktikabel abgelehnt. In diesem Zusammenhang sei kurz dargestellt, inwieweit nicht nur die geringe Entlohnung bzw. die Schuldensituation bei den Gefangenen einer solchen Lösung entgegenstehen, sondern auch die Übernahme der Beiträge durch die Sozialhilfe.

1. Ökonomische Ausgangssituationen

a. Schuldensituation der Strafgefangenen

Eine in den 1980er Jahren durchgeführte Untersuchung über die Schuldenverteilung niedersächsischer Strafgefangener ergab, dass 10,1% bis 1.000 DM, 35,9 bis 10.000 DM, 41% bis 50.000 DM, 5,5% bis 100.000 DM und 7,5% mit mehr als 100.000 DM verschuldet sind; dies ergibt eine mittlere Schuldenhöhe von 23.198 DM je Gefangenem.[878] Die Hauptgläubiger sind Banken, Inkassobüros, Gerichtskassen, Anwälte etc. Diejenigen, die mit mehr als 5.000 DM verschuldet waren, erwarteten nach der Entlassung sogar einen weiteren Schuldenanstieg.[879] Diese Situation führte bereits dazu, dass in manchen Anstalten ein Projekt der Schuldenregulierung ins Leben gerufen wurde, wobei die Nichtteilnahme für den Gefangenen die Versagung des offenen Vollzugs wegen fehlender

---

[875] Stellungnahme der Bundesarbeitsgemeinschaft für Straffälligenhilfe, Tarifgerechte Entlohnung für Inhaftierte, in: ZfStrVo 1993, S. 175

[876] Bundesarbeitsgemeinschaft für Straffälligenhilfe, S. 179

[877] Neu, Axel, Ökonomische Probleme des Strafvollzugs in der Bundesrepublik Deutschland, S. 86

[878] Kühne, Adelheid, Die Schuldensituation bei Strafgefangenen – Eine Untersuchung aus dem niedersächsischen Strafvollzug, in: Schwind, Hans-Dieter/Steinhilper, Gernot (Hrsg.), Modelle zur Kriminalitätsvorbeugung und Resozialisierung, S. 211; vgl. auch Bundesarbeitsgemeinschaft für Straffälligenhilfe, S. 178

[879] Kühne, Adelheid, Die Schuldensituation..., S. 214; Bundesarbeitsgemeinschaft für Straffälligenhilfe, S. 179; Neu, Axel, Arbeitsentgelte, Surrogatleistungen und Verwendungsauflagen bei einer Reform des Jugendstrafvollzuges, S. 26ff

Eignung zur Folge hatte.[880] Nach Einführung des Euro mit seiner massiven Verteuerung vieler Produkte dürfte sich die Problematik kaum verbessert haben, eher das Gegenteil dürfte eingetreten sein.

b. Schuldensituation der Angehörigen

Die Situation bei den Familienangehörigen stellt sich nicht besser dar, sie können dem Inhaftierten kaum Unterstützung zwecks Aufrechterhaltung des Versicherungsschutzes gewähren. Eine Studie ergab, dass der Anteil der Angehörigen von Inhaftierten, die über weniger als 1.201 DM Nettomonatseinkommen verfügen, bei 59% gegenüber 16,7% der Gesamtbevölkerung liegt. 43,8% verfügten gar nur über ein Einkommen bis 1.000 DM. Die Studie ergab ferner, dass die Frauen inhaftierter Männer weiterhin versuchen, durch Ratenzahlungen ein Anwachsen der Schulden zu vermeiden.[881] Zur Rückzahlung der Sozialhilfekosten gilt der Strafgefangene jedoch auch für seine unterhaltsberechtigten Angehörigen unter den Voraussetzungen des § 92a BSHG als verpflichtet.[882] Die Schuldensituation der Strafgefangenen und seiner Angehörigen zeigt, dass eine Finanzierung freiwilliger Versicherungsbeiträge aus privaten Mitteln bzw. eine staatliche Verpflichtung zur eigenständigen Vorsorge nicht durchführbar ist.

2. Übernahme durch die Sozialhilfeträger[883]

Denkbar bleibt, dass die Beiträge zu Renten- und Krankenversicherung von den Sozialhilfeträgern übernommen werden; darauf aufmerksam zu machen, wäre als „geldwerte Leistung" Gegenstand der vollzuglichen Beratungsaufgabe nach § 72 II StVollzG iVm § 14 S. 1 SGB I.[884] Dies begegnet allerdings Bedenken: Zum einen wurden bereits im 3. Kapitel die Schwierigkeiten der Übernahme von Versicherungsbeiträgen durch die Sozialhilfe wegen §§ 13, 14 BSHG[885] geschildert, selbiges gilt für die engen Voraussetzungen, unter denen nach § 9 SGB V überhaupt die freiwillige Krankenversicherung aufrechterhalten werden darf. Zum anderen besteht im Hinblick auf die Gewährung einer Gesundheitsfürsorge im Vollzug und des originären Krankenversicherungsbeitrittsrechts nämlich wegen § 13 II BSHG ein *Anspruch* auf Beitragsübernahme für höchs-

---

880 Baumeister, Rudolf, Schuldnerberatung und Schuldenregulierung im Strafvollzug, in: ZfStrVo 1988, S. 325

881 Bundesarbeitsgemeinschaft für Straffälligenhilfe, S. 175

882 Brühl, Albrecht, Sozialhilfe für Strafgefangene und ihre Angehörigen, in: ZfStrVo 1986, S. 296

883 Vgl. das Gesetz zur Einordnung des Sozialhilferechts in das Sozialgesetzbuch, BGBl. 2003 I S. 3023, ab 1.1.2005 heißt das BSHG SGB XII, gem. § 134 SGB XII n.F. gilt das BSHG längstens bis zum 31.12.2005, wenn Leistungen nach dem BSHG bis 31.12.2004 bewilligt wurden

884 Schüler-Springorum, Horst, Angemessene Anerkennung als Arbeitsentgelt, in: Feuerhelm, Wolfgang/Schwind, Hans-Dieter/Bock, Michael (Hrsg.), Festschrift für Alexander Böhm, S. 223

885 Vgl. die neuen Vorschriften §§ 32, 33 SGB XII ab 1.1.2005

tens ein halbes Jahr[886], was somit lediglich einer kleinen Gruppe Gefangener zugute käme, andernfalls liegt die Entscheidung ohnehin nur im Ermessen der Sozialhilfebehörde.[887]

B. Einbeziehung in die sozialen Sicherungssysteme

I. Absicherung ohne finanzielle Beteiligung der Gefangenen

1. Praxis europäischer Nachbarn[888]

Theoretisch denkbar ist die Abführung sämtlicher Sozialversicherungsbeiträge durch die Länder, ohne dass die Gefangenen hierzu einen Beitrag leisten. Eine derartige Sicherung wird zum Teil bei unseren europäischen Nachbarn praktiziert. Dänischen Strafgefangenen ist es möglich, während der Haft die Prämienzahlungen für Arbeitslosen- und Pensionsversicherung einzustellen, nach der Haft aber dennoch Leistungen in Anspruch nehmen zu können; zu berücksichtigen ist dabei, dass Dänemark eine gesetzliche Grundrente für jedermann vorsieht.[889] In Frankreich sind Strafgefangene ebenfalls in die Pensionsversicherung einbezogen, ohne dass sie hierfür Beiträge abführen müssen.[890] Selbiges gilt für Griechenland, wo alle Gefangenen sozialversichert sind.[891] In der Schweiz besteht die Möglichkeit der Übernahme der Beiträge durch Vollzugsanstalt und öffentliche Fürsorge je zur Hälfte.[892]

2. Übertragung auf das deutsche Strafvollzugswesen

Angesichts der gespannten Haushaltslage der Länder ist eine Absicherung auf Staatskosten in Deutschland nicht möglich: Auf die Landesjustizverwaltungen kämen hierbei 19,5% Rentenversicherungs-, ca. 13% Krankenversicherungs- sowie weitere 3,4% Pflegeversicherungsbeitrag zu, die sie dann (für allein in Bayern ca. 6.000 Gefangene) in kompletter Höhe zu tragen hätten. Eine derartige Ausdehnung des Strafvollzugshaushalts ohne fundierte Refinanzierung bleibt undenkbar, hat doch bereits die Erhöhung der Arbeitsentlohnung von 5% auf 9% der Bezugsgröße Mehrausgaben von 2,2% im gesamten Strafvollzugshaushalt bewirkt.[893]

---

886 Birk in LPK-BSHG, § 13 Rn. 13

887 Mrozynski, Peter, Resozialisierung und soziales Betreuungsverhältnis, S. 187f; Lohmann, Hans Christian, S. 271

888 Ausführlich hierzu Lohmann, Hans Christian, Arbeit und Arbeitsentlohnung..., S. 167ff

889 Lohmann, Hans Christian, S. 210

890 Hammerschick, Walter, Arbeit im Strafvollzug – Rechtslage und Realität im europäischen Vergleich, in: ders/Pilgram, Arno (Hrsg.), Arbeitsmarkt, Strafvollzug und Gefangenenarbeit, S. 80; Lohmann, Hans Christian, S. 184 spricht hingegen von Pflichtbeiträgen der Gefangenen in Frankreich

891 Lohmann, Hans Christian, S. 202

892 Lohmann, Hans Christian, S. 179; vgl. auch Kamann, Ulrich, Das Urteil des BVerfG..., in: StV 1999, S. 350

893 Vgl. Tabelle bei Neu, Axel, Den verfassungsrechtlichen Vorgaben..., in: NK 2001 (2), S. 24

1981 hat die Bundesregierung bereits einen Gesetzesentwurf in den Bundestag eingebracht, der neben einer Entgelterhöhung die Einbeziehung Strafgefangener in die sozialen Sicherungssysteme vorsah, doch scheiterte dieser am Widerstand des Bundesrates, weil sich die Mehrausgaben der Länder bezogen auf 1986 auf etwa 236 Mio. DM bezifferten, die Entlastung der Sozialhilfeträger aber nur 10 Mio. DM betragen hätte.[894] Die alleinige Übernahme der Beiträge durch die Länder entsprach im Übrigen schon dem Entwurf des StVollzG 1973, erwies sich aber in der Folgezeit als undurchführbar.[895]

II. Absicherung unter finanzieller Beteiligung der Gefangenen durch eine Strafvollzugsreform

1. Gesetzliche Rentenversicherung

Nahezu einhellig wird gefordert – die Legitimität dieses Postulats hat vorliegende Untersuchung bestätigt – die arbeitenden Strafgefangenen in die gesetzliche Rentenversicherung einzubeziehen.[896] Dies hätte zum einen den Vorteil der Erhaltung bereits erworbener Anwartschaften durch eine stete Beitragsabführung zur LVA. Zum anderen wären der Gefangene sowie dessen Familienangehörigen im Falle des Eintritts der Erwerbs- oder Berufsunfähigkeit bzw. des Erreichens des Rentenalters wirtschaftlich abgesichert. Hierzu ist es notwendig, dass der Gesetzgeber das in § 198 III StVollzG genannte Bundesgesetz auf den Weg bringt und damit sowohl das StVollzG entsprechend ergänzt als auch einen expliziten Einbeziehungstatbestand im SGB VI schafft.[897]

2. Gesetzliche Kranken- und Pflegeversicherung

Des Weiteren ist ein entsprechendes Bundesgesetz erforderlich, das die Strafgefangenen kraft gesetzlicher Anordnung im SGB V in die Kranken- und damit auch in die Pflegeversicherung einbezieht.[898] Der Strafgefangene ist dann gesetzlich krankenversichert und hätte u.a. Anspruch auf Krankenbehandlung durch einen Kassenarzt. In der Literatur werden hierin jedoch kaum handhabbare Probleme gesehen.

---

[894] Parlamentsbericht, Sozialversicherung und höhere Arbeitsvergütung für Strafgefangene, in: DRiZ 1981, S. 391; Müller-Dietz, Heinz, Zur Problematik des Arbeitsentgelts und der Sozialversicherung..., in: ZRP 1974, S. 250, der die Erfassung der Einsparung von Sozialhilfe kaum für möglich hält; zur Äußerung der Bundesregierung und des Bundesrates hierzu BT – Drucksache 9 / 566, S. 9

[895] Schrader Wolfgang, Eine zeitgemäße Pflege der Arbeitskraft..., in: ZSR 1973, S. 133

[896] Neu, Axel, Den verfassungsrechtlichen Vorgaben knapp entsprochen, in: NK 2001 (2), S. 26; Schmitt, Rudolf, Arbeit – Sozialversicherung – Wiedergutmachung, in: Baumann, Jürgen (Hrsg.), Die Reform des Strafvollzuges, S. 71, der meines Erachtens über das Ziel hinausschießt und eine Einbeziehung für alle Gefangenen fordert.

[897] Lichtenberger, Gustav, Die Arbeitsentlohnung..., S. 134; Steffens, Kurt, Das Arbeitsverhältnis des Strafgefangenen, S. 190

[898] Schmitt, Rudolf, ebda; Ohle, Carsten Detlev, Arbeitsbelohnung und Arbeitsentlohnung..., S. 108; Olbrück, Claudia, Anspruch und Wirklichkeit..., S. 128

a. Vollzugsorganisatorische Realisierbarkeit

Es wird vorgetragen, dass eine kassenärztliche Versorgung erhebliche praktische Schwierigkeiten nach sich ziehen würde, eine Behandlung durch freie Ärzte schwer durchführbar erschiene, weil nicht alle Gefangenen Ausgang erhalten könnten und der Aufwand, die Ärzte in die Anstalt zu holen, erheblich sei.[899] Zugegeben, die Realisierung eines solchen Modells verlangt ein gewisses Maß an Kreativität, als „völlig rätselhaft"[900] stellt sich die Situation aber keineswegs dar.

aa. „Anstaltssprechstunde" durch freien Kassenarzt

Ein interessantes Modell zum „Abbau der Sonderrolle der Anstaltsmedizin"[901] zur Bewältigung der geschilderten Problematik besteht darin, dass man den Anstaltsarzt als Organ der Vollzugsbehörde durch einen freien Kassenarzt ersetzt, der auf eigene Rechnung innerhalb der Anstalt praktiziert und lediglich die seitens der Anstalt zur Verfügung gestellten Gerätschaften un- bzw. entgeltlich benutzen darf – dadurch könnte man gleichzeitig versuchen, mehrere verschiedene z.B. in Teilzeit praktizierende Kassenärzte für die „Anstaltssprechstunden" zu gewinnen, um eine abgeschwächte, aber zumindest angenäherte Form der freien Kassenarztwahl nach § 76 I SGB V für die Gefangenen zu erreichen. In ähnlicher Weise wird vertreten, man könne die im Strafvollzug tätigen Ärzte unter Beibehaltung ihres bisherigen Status in den kassenärztlichen Dienst aufnehmen, um sie nebenher frei praktizieren zu lassen.[902] Die nähere Ausgestaltung dieser Konstellation obliegt den Krankenversicherungsträgern und den Landesjustizverwaltungen.[903] Die Regelung des § 16 I Nr. 4 SGB V könnte mangels konkurrierender vollzugsrechtlicher Gesundheitsfürsorge sodann aufgehoben werden.

---

[899] Lohmann, Hans Christian, S. 270; Ohle, Carsten Detlev, Arbeitsbelohnung und Arbeitsentlohnung..., S. 108; Olbrück, Claudia, Anspruch und Wirklichkeit..., S. 94; Neu, Axel, Betriebswirtschaftliche und volkswirtschaftliche Aspekte einer tariforientierten Gefangenenentlohnung, S. 165

[900] Neu, Axel, ebda

[901] AK-StVollzG-Boetticher/Stoever, vor § 56 Rn. 8

[902] Ohle, Carsten Detlev, Arbeitsbelohnung und Arbeitsentlohnung..., S. 109, 139; ein solches Konzept befürworten auch AK-StVollzG-Boetticher/Stoever, vor § 56 Rn. 8

[903] In der JVA Aschaffenburg wird die Gesundheitsfürsorge mittlerweile erfolgreich durch einen freien Arzt innerhalb der Anstalt erbracht.

bb. Beibehaltung des Anstaltsarztmodus

Alternativ, aber möglicherweise haushaltspolitisch weniger sachdienlich[904] ist die Beibehaltung der ärztlichen Versorgung nach § 56ff StVollzG durch den Anstaltsarzt als Vollzugsorgan möglich. Zwar bestünde die Subsidiaritätsregel des § 16 I Nr. 4 SGB V[905] hinsichtlich der Inanspruchnahme von Kassenleistungen weiterhin, doch bereitet gerade diese medizinische Vorenthaltung der kassenärztlichen Versorgung – wie bereits oben erläutert – einer wirksamen Resozialisierung Hindernisse und wird daher in vorliegender Untersuchung nicht weiterverfolgt.[906] Dennoch ist diesem Konzept zugute zu halten, dass weiterhin eine beamtenrechtliche Kontrolle des Arztes durch den Anstaltsleiter möglich wäre, was sicherheitsrechtlich einen bedeutenden Faktor darstellt, da der Anstaltsarzt Weisungen des Anstaltsleiters im Rahmen des Beamtenrechts befolgen muss.

b. Rechtliche Realisierbarkeit

Die kassenärztliche Praxis im Strafvollzug lässt sich ohne Eingriffe in Freiheiten des SGB V in gesetzgebungstechnischer Hinsicht nicht verwirklichen.

aa. Einschränkung des Rechts auf freie Arztwahl

Eine freie Arzt- und Krankenhauswahl im Sinne des § 76 I SGB V kann unter dem Gesichtspunkt der Beachtung von Vollzugsbelangen nicht gewährt werden; selbiges gilt für spezielle Behandlungsformen wie z.B. Kuren in Heilbädern. Das ärztliche Wahlrecht darf sich nur auf die den medizinischen Dienst leistenden Ärzte und die Heilfürsorge sich nur auf die im Leistungskatalog enthaltenen Leistungen beziehen. Insofern ist die weitgehende Übernahme des jetzigen medizinischen Standards praktikabel.[907] Zu beachten gilt es in diesem Zusammenhang § 31 SGB I. Nach diesem spezialgesetzlichen Fall des Gesetzesvorbehalts für die Leistungsverwaltung dürfen Rechte dieses Gesetzbuches nur aufgehoben werden, soweit ein Gesetz es vorschreibt oder zulässt.[908] Dies hat zur Folge, dass derartige Beschränkungen des SGB V vom Gesetzgeber selbst und nicht etwa durch das (Bundes)Justizministerium vorgenommen werden müssen.

bb. Einschränkung des Sozialgeheimnisses

Die Einbeziehung in die Krankenversicherung gebietet weiter eine Einschränkung des Sozialgeheimnisses gemäß §§ 35 SGB I, 67b I SGB X. Zwar besteht

---

[904] Zu finanziellen Auswirkungen siehe unten IV. 2.

[905] Entgegen der Auffassung von Neu, Axel, Betriebswirtschaftliche und volkswirtschaftliche Aspekte..., S. 165, bedarf es bei normaler Arbeit keiner ausdrücklichen Verzichtserklärung analog § 62a StVollzG (vgl. Anhang 8 bei Neu), weil es am Tatbestandsmerkmal des freien Beschäftigungsverhältnisses fehlt.

[906] Vgl. auch Lohmann, Hans Christian, S. 269

[907] Ohle, Carsten Detlev, Arbeitsbelohnung und Arbeitsentlohnung..., S. 139; vgl. hierzu 3. Kapitel, wo ein Vergleich zwischen den Leistungen des SGB V und den §§ 56ff StVollzG vorgenommen wurde

[908] Mrozynski, Peter, SGB I Kommentar, § 31 Rn. 3

auch im innerbehördlichen Verkehr des Vollzuges die ärztliche Schweigepflicht, § 182 II 1 StVollzG, doch schränkt § 182 II 2 StVollzG die innerorganisatorische Schweigepflicht zum Schutz höherrangiger Rechtsgüter soweit ein, wie dies für die Aufgabenerfüllung der Vollzugsbehörde oder zur Abwehr von erheblichen Gefahren für Leib oder Leben des Gefangenen oder Dritter erforderlich ist.[909] Eine Abschwächung dieser Offenbarungspflicht stellt § 182 II 3 StVollzG dar; er trägt der besonderen Stellung des Arztes und dem Arzt–Patienten–Verhältnis Rechnung. Lediglich eine Offenbarungs*befugnis* besteht, wenn der Arzt Privatgeheimnisse innerhalb der Gesundheitsfürsorge erfahren hat. Zwar ist die Weitergabe der Informationen nur im erforderlichen Umfang und im Falle der Unerlässlichkeit zulässig[910], trotzdem handelt es sich um eine Einschränkung der Wahrung von Sozialgeheimnissen im Sinne des Sozialrechts, die zwar innerhalb des Vollzuges erforderlich ist, aber dennoch einer gesetzlichen Befugnis im SGB X bedarf.

III. Beitragsverteilung zur gesetzlichen Sozialversicherung

1. Beitragsverteilung auf Gefangenen und Vollzugsbehörde

Um eine möglichst an die Freiheit angenäherte Abgabensituation zu erreichen und damit letztlich die Resozialisierung durch Einbeziehung in die Sozialversicherung zu forcieren[911], empfiehlt es sich die Beiträge wie beim normalen Beschäftigten hälftig zwischen Vollzugsbehörde und Gefangenen aufzuteilen. Dabei sind die Sozialabgaben in der jeweiligen Höhe von den Strafvollzugsverwaltungen einzubehalten und zusammen mit dem Arbeitgeberanteil an die Versicherungsträger abzuführen, § 195 StVollzG.[912]

2. Auswirkung der Einbeziehung in die Sozialversicherung auf die Höhe der Gefangenenentlohnung

Die Summe der Sozialversicherungsbeiträge des Arbeitnehmeranteils würde eine Größenordnung von rund 20% erreichen, was bei der niedrigen Entlohnung der Gefangenen einem „finanziellen Kahlschlag“ gleichkäme und die Tauglichkeit des Gesamtkonzepts hinsichtlich der bereits dargestellten Resozialisierungsförderlichkeit nicht nur in den Augen der Gefangenen in Frage stellen würde. Es könnten in noch geringerem Ausmaß Rücklagen gebildet, Unterhaltszahlungen geleistet oder Schulden beglichen werden. Es fragt sich also, ob die Einbeziehung in die Sozialversicherung mit einer weiteren Erhöhung der Gefangenenent-

---

[909] AK-StVollzG-Weichert, § 182 Rn. 30ff; Calliess/Müller-Dietz, StVollzG, § 182 Rn. 5ff

[910] Calliess/Müller-Dietz, StVollzG, § 182 Rn. 8; AK-StVollzG-Weichert, § 182 Rn. 38f; Preusker, Harald/Rosemeier, Dirk, Umfang und Grenzen der Schweigepflicht von Psychotherapeuten im Justizvollzug nach dem 4. Gesetz zur Änderung des Strafvollzugsgesetzes, in: ZfStrVo 1998, S. 324f

[911] Lichtenberger, Gustav, Die Arbeitsentlohnung..., S. 132

[912] Ohle, Carsten Detlev, S. 139; Lichtenberger, Gustav, S. 134, 138; Olbrück, Claudia, S. 92f; Neu, Axel, Die ökonomische Situation der Strafgefangenen, in: Lüderssen/Schumann/Weiss (Hrsg.), Gewerkschaften und Strafvollzug, S. 216; Fahsel, Jörg, Das Recht des Gefangenen auf Arbeit und Entlohnung, S. 180

lohnung einhergehen muss, zumal ohnehin Bedenken bzgl. der nur geringen Erhöhung auf 9% der Bezugsgröße zum 1.1.2001 geäußert wurden.[913] Mit anderen Worten: Ist die anteilige Beitragsübernahme der Vollzugsbehörden zur Sozialversicherung ein Äquivalent zur Gefangenenentlohnung, dann muss die Entlohnung nicht erneut erhöht werden – ist sie es nicht, muss eine Erhöhung erfolgen.

a. Auffassung des BVerfG

Die vom BVerfG geforderte angemessene Anerkennung muss nicht zwangsläufig einem monetären Konzept folgen, so dass u.a. „neben oder anstelle eines Lohnes in Geld etwa auch der Aufbau einer sozialversicherungsrechtlichen Anwartschaft (...) in Betracht“[914] kommt. Beruht das Konzept allerdings hauptsächlich auf finanzieller Entlohnung, kann dies der Resozialisierung nur dann dienlich sein, wenn deren Höhe dazu beizutragen vermag, dem Gefangenen bewusst zu machen, dass Erwerbsarbeit zur Herstellung der Lebensgrundlage sinnvoll ist.[915]

b. Auffassung der Literatur

In der Literatur wird die Möglichkeit nicht–monetärer Vergütung (anstelle der Entlohnung) skeptisch gesehen. Arbeit müsse grundsätzlich, wenn auch nicht ausschließlich, durch die Gewährung eines angemessenen Arbeitsengelts belohnt werden.[916] Entsprechende Modelle seien zwar vorstellbar, allerdings nicht anstelle, sondern allenfalls neben einer Entlohnung in Geld, was bereits die Anwendung des Angleichungsgrundsatzes gebiete.[917] *Kamann* vertritt die Ansicht, dass eine nicht–monetäre Entlohnung mit Blick auf die Funktion entgeltlicher Entlohnung untauglich sei, da Gefangene nur reine Nettoerlöse interessieren würden.[918] Ähnlich äußert sich der Richter am BVerfG *Kruis* in seinem Sondervotum: „In seiner Höhe muss der Wert der geleisteten Arbeit – wenn es sich denn um eine solche handelt – noch deutlich werden. Ich kann mir schwer vorstellen, dass Arbeit in anderer Weise als durch finanzielle Leistungen angemessen anerkannt werden kann. Wenn es aber möglich sein sollte, muss auch eine solche Anerkennung Gegenwertcharakter haben.“[919]

---

913 Vgl. hierzu Ullenbruch, Thomas, Neuregelung des Arbeitsentgelts für Strafgefangene – Sand in die Augen des BVerfG?, in: ZRP 2000, S. 181, der jede Vergütung unter 20% der Bezugsgröße als nicht akzeptabel ansieht.

914 BVerfGE 98, 169 (202)

915 BVerfG ebda.; vgl. Lohmann, Hans Christian, Arbeit und Arbeitsentlohnung..., S. 132

916 Britz, Guido, Leistungsgerechtes Arbeitsentgelt für Strafgefangene?, in: ZfStrVo 1999, S. 199

917 Ullenbruch, Thomas, Neuregelung..., in: ZRP 2000, S. 179; Lohmann, Hans Christian, Arbeit und Arbeitsentlohnung..., S. 143

918 Kamann, Ulrich, Das Urteil des BVerfG vom 1.7.1998..., in: StV 1999, S. 349

919 RiBVerfG Kruis im Anschluss an BVerfGE 98, 169 (218)

c. Kritische Stellungnahme

aa. Entgeltlichkeit der Sozialversicherungseinbeziehung?

Bereits an früherer Stelle wurde die Resozialisierungstauglichkeit der Sozialversicherung festgestellt. Hier geht es hingegen um die unmittelbare Lohnbeeinflussung im Kontext zur Rechtsprechung des BVerfG. Möglicherweise wird eine Scheindiskussion geführt, wenn man von „nicht–monetärer" Entlohnung spricht, denn schließlich ist die hälftige Übernahme der Beiträge vom Bruttoentgelt durch die Anstaltsbehörden durchaus eine „monetäre" und außerdem streng gegenwertgeprägte Entlohnung, die nur nicht an den Gefangenen aus- , sondern in einen „staatlichen Fonds" einbezahlt wird. Insoweit müsste man zum Ergebnis kommen, dass das Entgelt um den Arbeitnehmeranteil gemindert werden darf, um trotzdem verfassungsmäßigen Anforderungen gerecht zu werden. Doch steht zu bedenken, dass die Einbeziehung in die Krankenversicherung kein taugliches Entgelt darstellt, weil der Staat während der Verbüßung einer Haftstrafe auch nicht arbeitenden Gefangenen Gesundheitsfürsorge schuldet.[920]

bb. Alleinige Beitragslast durch die Vollzugsbehörden?

Indizwirkung für eine zwingende Erhöhung des Arbeitsentgelts dürfte ferner die Aussage entfalten, dass auch die Beiträge der Anstalt zur Arbeitslosenversicherung nicht den vom Resozialisierungsgebot geforderten Mindestmaß genügen.[921] Im Ergebnis muss in Anbetracht dessen der Versuch einer weiteren, spürbaren Erhöhung der Gefangenenentlohnung anvisiert werden, um die Beitragsbelastungen zu kompensieren.[922] Wenn das BVerfG vom „Aufbau einer sozialversicherungsrechtlichen Anwartschaft" spricht, so meint es (offenbar?) die alleinige Finanzierung der Beiträge durch den Staat, nicht aber deren hälftige Übernahme durch den Gefangenen.[923] Denn an der im Sinne des BVerfG nicht ausreichenden Finanzierung der Arbeitslosenversicherung als „Entgelt" wird der Gefangene ja gerade auch mit 3,25% seines Bruttolohns beteiligt.

---

[920] BVerfGE 98, 169 (213) wo freilich von der weiterhin bestehenden Gesundheitsfürsorge nach §§ 56ff StVollzG ausgegangen wird. Dieses Argument entkräftet sich allerdings von selbst, wenn die nicht arbeitenden Gefangenen ihre Krankenversicherung durch die Sozialhilfe finanziert erhalten – dann ist im Umkehrschluss der Gegenwertcharakter gegeben.

[921] BVerfGE 98, 169 (214)

[922] Ähnlich Lohmann, Hans Christian, Arbeit und Arbeitsentlohnung..., S. 144

[923] So bereits der Entwurf zum StVollzG, vgl. Schrader, Wolfgang, Eine zeitgemäße Pflege..., in: ZSR 1973, S. 133

cc. Argument der Systematik zwischen Entgelt und Sozialversicherung

Schließlich würden es Aufbau und Systematik des geltenden StVollzG nahe legen, einen Systemwechsel in der Entlohnungsfrage der Gefangenenarbeit mit einem Systemwechsel bei der Einbindung der beschäftigten Gefangenen in das System der sozialen Sicherung zu verbinden.[924] Weshalb sollte dies nicht auch umgekehrt gelten? Eine Akzessorietät der Sozialversicherung hin zur Entlohnung kann nicht zwingend erkannt werden, vielmehr vermag gerade die eminent wichtige soziale Sicherung der Strafgefangenen eine Erhöhung der Arbeitsentlohnung bedingen. Im Ergebnis ist daher eine Entgelterhöhung erforderlich.

IV. Finanzielle Realisierbarkeit und makroökonomische Aspekte

1. Gesetzliche Rentenversicherung

Da die Rentenversicherung wegen ihres Beitrages von 19,5% des Bruttoentgelts zu den teueren Sozialversicherungen gehört, entstehen zunächst Mehrbelastungen des Strafvollzugshaushalts abhängig vom jeweiligen Entlohnungsmodell[925] in einer Höhe zwischen sieben und 32 Mio. Euro. Entlastungseffekte durch Vorbeugung der Altersarmut sind zum einen schwer zahlenmäßig zu erfassen und zum anderen ein haushaltspolitischer Belang der Sozialhilfeträger, nicht der Vollzugsverwaltungen. Festzuhalten bleibt, dass die Rentenversicherung keine unmittelbaren Mittelrückflüsse für die Vollzugsverwaltungen bringt.[926]

2. Gesetzliche Krankenversicherung

a. Prognostiziertes Einsparungspotential

Ein anderes Bild ergibt sich für die gesetzliche Krankenversicherung. Für die Vollzugsbehörden hätte die Krankenversicherungspflicht sowohl einen be- als auch einen entlastenden finanziellen Aspekt. Zwar müssten die Länder für die Vollzugsbehörden den Arbeitgeberanteil zur Krankenversicherung bereitstellen, jedoch würden die Vollzugsanstalten Personal- und Sachkosten der bisherigen Gesundheitsfürsorge einsparen.[927] Allerdings ist anzumerken, dass der Posten

---

[924] Neu, Axel, Betriebswirtschaftliche und volkswirtschaftliche Aspekte..., S. 184; ähnlich Hauck, Karl, Zur Einbeziehung der Gefangenen in die soziale Sicherung, in: ZfStrVo 1970, S. 289f, der jedoch noch nach alter Rechtslage das Erfordernis der Sozialversicherungspflicht bei Erreichen einer bestimmten Entgeltgrenze sieht; Jehle, Jörg Martin, Arbeit und Entlohnung von Strafgefangenen, in: ZfStrVo 1994, S. 264; Mett, Dietrich, Tarifgerechte Bezahlung von Gefangenenarbeit, in: SchlHA 2000, S. 122

[925] Sieben Mio. Euro beim betriebsgewinnorientierten Modell, 32 Mio. Euro beim tariforientierten Entlohnungsmodell; Zahlen beziehen sich auf neun ausgewählte Bundesländer; hierzu näher unten C. I. 2.

[926] Neu, Axel, Betriebswirtschaftliche und volkswirtschaftliche Aspekte einer tariforientierten Gefangenenentlohnung, S. 168; ders, in: ZfStrVo 1995, S. 154; Olbrück, Claudia, S. 95; Lohmann, Hans Christian, Arbeitsentlohnung, S. 269; Kamann, Ulrich, Das Urteil des BVerfG vom 1.7.1998..., in: StV 1999, S. 350; Jehle, Jörg Martin, Lohnt sich die Gefangenenarbeit?..., in: Häußling/Reindl (Hrsg.), Sozialpädagogik und Strafrechtspflege, S. 511

[927] Neu, Axel, Aspekte..., S. 166; ders, in: ZfStrVo 1995, S. 154; Olbrück, Claudia, Anspruch und Wirklichkeit..., S. 95; Jehle, Jörg Martin, Lohnt sich die Gefangenenarbeit?..., S. 511

Sachkosten in der Personalstellenausweisung nicht enthalten ist und *Neu* in seiner Studie über Einsparpotentiale aus Praktikabilitätserwägungen auch lediglich stichprobenartige Untersuchungen in Hamburg und Schleswig-Holstein vorgenommen hat. Dabei ergab sich ein Mittelwert von 4% des Anteils der Gesundheitsfürsorge an den Gesamtausgaben des Strafvollzuges, was einem Betrag von ca. 45 Mio. Euro entspricht. Da lediglich ein Teil der Gefangenen entlohnungspflichtig ist, beträgt die effektive Einsparung nur 25 Mio. Euro. Subtrahiert man von dieser Einsparung die Arbeitgeberanteile der gesetzlichen Krankenversicherung, so resultiert ein positiver Saldo abhängig vom Entlohnungsmodell zwischen 250.000 Euro und ca. 20 Mio. Euro.[928] Die Krankenversicherungspflicht hat damit (möglicherweise) eine haushaltsbegünstigende Wirkung.

b. Schwächen der Prognose

aa. Keine Berücksichtigung der Pflegeversicherung

Die Untersuchung *Neus* hat keine Stellung zur Auswirkung der mit der Krankenversicherung zusammenhängenden Pflegeversicherungsbeiträge bezogen. Diese zusätzliche Belastung würde den positiven Saldo weiter mindern, weil ihr keine direkten Einsparungen seitens der Justizverwaltung gegenüberstehen.

bb. Keine Ersichtlichkeit von Sachkosten

Der Anteil der reinen Sachkosten als Bestandteil der Gesundheitsfürsorge wäre insofern bedeutsam, als die Konzeption des freien Kassenarztes im Vollzug auf der Überlassung von medizintechnischem Gerät durch die Vollzugsbehörde beruhen soll. Es wäre aufschlussreich zu erfahren, welchen finanziellen Aufwand die Erhaltung einer Krankenstation darstellt und ob sich nach deren finanzieller Berücksichtigung noch immer ein positiver Saldo auf Seiten der Justizverwaltung ergibt. Zu dieser Frage bezieht die Untersuchung *Neus* keine Stellung.

cc. Große Diskrepanz zu anderen Prognosen

Schließlich ist von Bedeutung, dass anderen Prognosen zufolge eine volle Einbeziehung in die Sozialversicherung mit Kosten von über 400 Mio. Euro im Bundesgebiet zu Buche schlagen würde.[929] Zwar ist nicht ersichtlich, ob bereits Einsparungen durch die Krankenversicherungspflicht herausgerechnet wurden, doch dürfte selbst in diesem Fall noch immer ein von *Neu* in dieser Höhe nicht prognostiziertes Defizit resultieren. Die finanziellen Folgen sind bis dato also offenbar nicht vollständig bekannt, konkrete Berechnungen noch nicht vorgenommen worden.[930]

---

[928] Neu, Axel, Aspekte..., S. 167; ders, in: ZfStrVo 1995, S. 154; Mett, Dietrich, Tarifgerechte Bezahlung von Gefangenenarbeit..., in: SchlHA 2000, S. 122

[929] Kamann, Ulrich, Das Urteil des BVerfG..., in: StV 1999, S. 350

[930] Jehle, Jörg Martin, Lohnt sich die Gefangenenarbeit?..., , S. 511; ders, Arbeit und Entlohnung von Strafgefangenen, in: ZfStrVo 1994, S. 264; Müller-Dietz, Heinz, Zur Problematik des Arbeitsentgelts..., in: ZRP 1974, S. 250

C. Perspektiven einer sozialversicherungstauglichen Entlohnungsgrundlage
I. Mikroökonomische Aspekte einer Entlohnung
1. Lohnbemessungsformen
Will man den Gefangenen nicht mit neuen Schwachpunkten eines Entlohnungssystems konfrontieren, sondern ihm die Bedeutung und Wertigkeit seiner Arbeit deutlich vor Augen führen, andererseits aber auch seine Arbeitsleistung angemessen würdigen, so stellt sich im Rahmen der Reform von Arbeit im Vollzug auch die Frage, in welcher Form man eine Entlohnung am besten durchführt.[931] Man unterscheidet hierbei grundsätzlich Zeit- und Leistungslohn.[932]

a. Zeitlohn

Mit dem Zeitlohn wird die Bereitstellung der Arbeitskraft während einer bestimmten Zeitspanne vergütet. Zwar wird durchaus eine bestimmte Leistung vorausgesetzt, die letztlich individuell erbrachte wird jedoch nicht berücksichtigt bzw. bewertet. Der Lohn errechnet sich nach der Arbeitszeit zuzüglich etwaiger ins Ermessen des Arbeitgebers gestellter leistungsbezogener Zulagen. Es handelt sich um die gängigste Entlohnungsform in der freien Wirtschaft und sie wird meist dort angewendet, wo der Qualität mehr Bedeutung als der Quantität der Arbeit beigemessen wird.[933]

b. Leistungslohn

aa. Akkordlohn

Beim Akkordlohn setzt sich die Lohnhöhe aus dem Produkt der pro Zeiteinheit erstellten Produktmenge und dem konkreten Akkordsatz zusammen. Der Akkordlohn wird eingesetzt bei Arbeiten, die bekannt, bestimmbar, beliebig wiederholbar sind und für die eine genügende Arbeitsmenge vorhanden ist. Die Bezugsgröße des Akkords kann anknüpfen an Stücke, Gewicht, Flächen oder ein Maß.[934]

bb. Prämienlohn

Der Prämienlohn ist eine Kombination aus festem Zeitlohn und einem leistungs- und erfolgsbezogenen Zuschlag, der Prämie. Bezugsgröße der Prämie können ähnlich dem Akkordlohn Faktoren sein wie Mengenleistung, Qualität der Arbeit, die Größe der Stoffausbeute etc. Diese Lohnbemessungsform garantiert also einerseits eine feste Lohngrundlage und ermöglicht dennoch eine leistungsabhän-

---

[931] Ohle, Carsten Detlev, Arbeitsentlohnung und Arbeitsbelohnung..., S. 57; Koch, Paul, Gefangenenarbeit..., S. 134f; Fahsel, Jörg, Das Recht des Gefangenen auf Arbeit und Entlohnung, S. 156

[932] Neu, Axel, Arbeitsentgelte, Surrogatleistungen und Verwendungsauflagen..., S. 15ff

[933] Schaub, Arbeitsrechtshandbuch, S. 570; Ohle, Carsten Detlev, Arbeitsentlohnung und Arbeitsbelohnung..., S. 58f, 60; Olbrück, Claudia, Anspruch und Wirklichkeit, S. 73; Neu, Axel, Betriebswirtschaftliche und volkswirtschaftliche Aspekte..., S. 33f

[934] Schaub, Arbeitsrechtshandbuch, S. 572f; Olbrück, Claudia, ebda; Ohle, Carsten Detlev, Arbeitsbelohnung und Arbeitsentlohnung..., S. 61; Neu, Axel, Betriebswirtschaftliche und volkswirtschaftliche Aspekte..., S. 34f

gige Steigerung des Lohns. Die Prämienzulage kann auch im Ermessen des Arbeitgebers stehen.[935]

c. Eignung für den Vollzug

Die Frage, welche Lohnbemessungsform die beste ist, kann verlässlich nur so beantwortet werden: Es kommt auf die konkreten, behandlungsbedürftigen Defizite des Gefangenen an.[936]

Doch ist eine individuell festzulegende Lohnbemessung höchst unpraktikabel, der Verwaltungsaufwand wäre zu hoch. Die Beibehaltung des Zeitlohnes scheint mit dem Zweck der Arbeit am ehesten übereinzustimmen. Der Gefangene kann sich langsam mit der Arbeit vertraut machen und die erforderlichen Handgriffe in Ruhe erlernen, während er keinen Versagensängsten infolge eines drohenden akkordbedingten Lohnausfalls ausgesetzt wird. Zwar bleibt nachteilig, dass ein zusätzlicher Leistungsanreiz zur Stärkung des eigenen Selbstbewusstseins nicht möglich ist, jedoch hat man zu bedenken, dass die differenzierte Lohnzahlung oftmals auf subjektiven Einschätzungen beruht, was wiederum zu Unverständnis und Unruhe seitens der Gefangenen führen kann; dies gilt auch für die Prämienentlohnung und deren flexible Komponente. Letztlich spricht die einfache Lohnberechnung auch für die künftige Anwendung des Zeitlohns.[937]

2. Externe Bemessungsgrößen als Entlohnungsgrundlage[938]

Bis heute besteht Uneinigkeit, welche Lohnhöhe die geeignetste im Vollzug und anhand welcher Größe sie abzuleiten ist. Hierzu wurden verschiedene Modelle erarbeitet, die in knapper Form beleuchtet werden sollen.[939]

a. Ergebnismodelle

aa. Betriebsorientiertes Ergebnismodell (BEM)

Das BEM orientiert sich an den Einnahmeüberschüssen der Arbeitsverwaltungen der Vollzugsanstalten. Die Lohnhöhe der Gefangenen richtet sich demnach stets nach dem erwirtschaften Überschuss des Betriebes. Sollte sich ein negativer Überschuss einstellen, so würde die Entlohnung wie bisher erfolgen, also keine Kürzung der Löhne der Gefangenen stattfinden. Dadurch wurde für das Jahr 1991 eine Erhöhung des Entlohnungsanteils an den Gesamtversicherten von 6% auf 12% errechnet, was einem ungefähren Jahreslohn von ca. 2.000 Euro

---

[935] Schaub, Arbeitsrechtshandbuch, S. 578ff; Ohle, Carsten Detlev, Arbeitsentlohnung und Arbeitsbelohnung..., S. 65f; Olbrück, Claudia, Anspruch und Wirklichkeit..., S. 74; Neu, Axel, Betriebswirtschaftliche und volkswirtschaftliche Aspekte..., S. 35

[936] Fahsel, Jörg, Das Recht des Gefangenen..., S. 157

[937] Ausführlich hierzu Ohle, Carsten Detlev, Arbeitsentlohnung und Arbeitsbelohnung...,S. 59ff; aA Neu, Axel, Arbeitsentgelte, Surrogatleistungen und Verwendungsauflagen..., S. 18

[938] Grundlegend zum Problem der Anwendung externer Bemessungsgrundlagen Heising, Michael, Die Entlohnung der Gefangenenarbeit, S. 14ff

[939] Hierzu eingehend Neu, Axel, Arbeitsentgelte, Surrogatleistungen und Verwendungsauflagen..., S. 5ff

entspricht.[940] Negativ ist an diesem Modell zu bewerten, dass die Höhe des Entgelts variabel bleibt und nicht im Einflussbereich des Gefangenen liegt. Bedenkt man ferner die schlechte Konjunkturlage, die sich verstärkt auch in den Anstaltsbetrieben niederschlägt, so dürfte sich stets eine tendenziell (nicht wünschenswerte) am unteren Limit anzusiedelnde Entlohnung einstellen.

bb. Subjektives Wertmodell

Mangels eines Arbeitnehmer–Arbeitgeber–Verhältnisses sei die Vergütung der im Vollzug geleisteten Arbeit nur als Erstattung des Wertes denkbar, die den Wert, der dem Staat zugeflossen ist, nicht übersteigen könne. Zu erstatten sei der Arbeitswert, der unter den Produktions- und Absatzbedingungen erarbeitet worden sei, nicht aber der unter anderen Bedingungen zustande gekommene ortsübliche Lohn oder Tariflohn. Grundlage einer Bezahlung könne also nur der konkrete Arbeitswert sein.[941] Gehe man von einer ermessensfehlerfreien Arbeitszuteilung aus, so bedeute eine Berücksichtigung des wirtschaftlichen Wertes der Arbeit keine Ungleichbehandlung, sondern vielmehr eine unterschiedliche (unter den Gefangenen verspürte) Strafempfindlichkeit der Freiheitsstrafe.[942] Zwar macht diese Regelung dem Gefangenen den Zusammenhang zwischen Arbeit und Arbeitsentgelt transparent, sie birgt aber die Schwierigkeit in sich, dass es in der Anstalt nicht möglich ist, jedem Gefangenen die ihm persönlich einträgliche Arbeit zuzuweisen, selbst wenn dieser in der Freiheit in seiner Tätigkeit erfolgreich gewesen ist.[943]

b. Gesetzesvorgabe – Vollzugsmodell (GVM)

Das GVM orientiert sich an der beim Inkrafttreten des StVollzG beabsichtigten Lohnhöhe des Gesetzgebers, die bis zum 1.1.1986 40% der Bezugsgröße in § 18 SGB IV betragen sollte. Dieser Betrag wird allerdings nicht jedem beschäftigten Gefangenen gewährt, es soll vielmehr die interne differenzierende Bemessung beibehalten werden.[944] Hiergegen wird eingewendet, dass die Bemessung des Prozentsatzes letztlich ein Akt der Willkür sei und jeglicher Begründung ermangele, obwohl sich der Prozentsatz nach der Produktivität der Gefangenenarbeit ausrichten lasse.[945]

---

[940] Neu, Axel, Betriebswirtschaftliche und volkswirtschaftliche Aspekte..., S. 108f

[941] Heising, Michael, Die Entlohnung der Gefangenenarbeit, S. 106f; Koch, Paul, Gefangenenarbeit und Resozialisierung, S. 134; Heierli, Urs, Gefangenenarbeit, Entlöhnung und Sozialisation, S. 185f

[942] Heierli, Urs, ebda

[943] Koch, Paul, Gefangenenarbeit..., S. 134f; Heierli, Urs, Gefangenenarbeit..., S. 188

[944] Neu, Axel, Betriebswirtschaftliche und volkswirtschaftliche Aspekte..., S. 112; bzgl. der finanziellen Auswirkungen auf die Haushalte vgl. Neu, Tabelle S. 111

[945] Neu, Axel, S. 113

c. Tarifmodelle

aa. Tariforientiertes Basismodell (TBM)

Das TBM schließlich soll den Forderungen jener gerecht werden, die eine tarifliche Entlohnung der Gefangenen angepasst an die Löhne in Freiheit fordern und dies mit dem Gedanken „gleiche Löhne für gleiche Arbeit"[946] sowie mit der positiven psychischen Wirkung begründen.[947] Ausgehend vom arithmetischen Mittel der untersten Lohngruppe eines Basisentgelts von 13,24 DM soll entsprechend der Höhe der Lohnnebenkosten eine Aufstockung erfolgen, die zu einem bestimmten Bruttostundenlohn führt. Nach Addition mit werktäglich sieben Arbeitsstunden hätte das Modell 1991 einen Bruttojahreslohn von 63,56% der Bezugsgröße erreicht, was wiederum einen Bruttohaushaltszuschussbedarf von 663 Mio. DM in den analysierten Bundesländern erforderlich gemacht hätte.[948] Abhängig von der Modellvariante hätten sich nach Abzug von Steuern und sämtlichen Sozialversicherungsbeiträgen 1993 Nettojahreseinkommen zwischen 4.300 DM und 20.000 DM ergeben.[949] Die Untersuchung *Neus* hat jedoch die Entlohnung nicht zur freien Verfügung des Empfängers gestellt, sondern eine Mittelverwendung vorgeschlagen, die neben anderen Abzugsposten vom Nettoentgelt (wie bei den Freigängern) einen (entschließungs-) ermessensabhängigen Haftkostenbeitrag vorsieht.[950]

bb. Ortlohnmodell

Ortlohnmodelle knüpfen an einen z.B. durch die Sozialversicherungsanstalten oder Arbeitsagenturen festgelegten durchschnittlichen Ortlohn an. Dieser stellt das ortsübliche Tagesentgelt gewöhnlicher Tagearbeiter für männliche Erwachsene dar. Davon entsprechen 75% dem Basislohn, durch zusätzliche Leistungsprämien, z.B. bei überdurchschnittlichen Betriebsergebnissen oder Einhalten von Ausführungsfristen[951], wird der Gesamtlohn ermittelt. Anhand eines Schlüssels zur Verwendung des Lohnes ergibt sich schließlich der Nettoendbetrag.[952]

---

[946] Fleischmann, Gerd, Chancen der Realisierung von Tariflöhnen für Gefangene. Eine Anwendung der ökonomischen Theorie auf ein kriminalpolitisches Problem, in: Lüderssen/Schumann/Weiss (Hrsg.), Gewerkschaften und Strafvollzug, S. 126

[947] Leder, Hans-Claus, Arbeitsentgelt im Strafvollzug der Bundesrepublik Deutschland, S. 42f; Neu, Axel, Die ökonomische Situation der Gefangenen, in: Lüderssen/Schumann/Weiss (Hrsg.), Gewerkschaften und Strafvollzug, S. 218

[948] Neu, Axel, Betriebswirtschaftliche und volkswirtschaftliche Aspekte..., S. 113ff; Olbrück, Claudia, Anspruch und Wirklichkeit..., S. 85

[949] Neu, Axel, Betriebswirtschaftliche und volkswirtschaftliche Aspekte..., S. 118

[950] Neu, Axel, Betriebswirtschaftliche und volkswirtschaftliche Aspekte...., S. 155f; hierzu auch Olbrück, Claudia, Anspruch und Wirklichkeit..., S. 90; Lichtenberger, Gustav, Die Arbeitsentlohnung im Strafvollzug als Mittel der Resozialisierung, S. 132ff; Heierli, Urs, Gefangenenarbeit, Entlöhnung und Sozialisation, S.182

[951] Sigel, Walter, Alternativüberlegungen zur Verbesserung der Gefangenenentlohnung, in: ZfStrVo 1995, S. 83

[952] Heierli, Urs, Gefangenenarbeit..., S. 190, 197f, der das von der Hamburger Kommission entwickelte System in der Schweiz anwenden will; vgl. auch Hauck, Karl, Zur Einbeziehung der Gefangenen in die soziale Sicherung, in: ZfStrVo 1970, S. 290

3. Mittelrückflüsse infolge tariforientierter Entlohnung

a. Lohnsteuer

Die Mittelrückflüsse durch Steuern fallen angesichts der Steuerfreibeträge des Einkommensteuergesetzes und der Rechtsprechung des BVerfG zum Existenzminimum sehr gering aus. Lediglich das tariforientierte Basismodell hätte 1993 in Steuerklasse I zu einem steuerbedingten Rückfluss von 60 Mio. DM geführt, was nicht einmal 10% des Bruttozuschussbedarfes dieser Variante ausmacht. Nach Art. 106 III, V GG kämen ferner nur knapp die Hälfte der Rückflüsse den Länderhaushalten zu Gute[953], ein weiterer Bruchteil folglich nur den Justiz- und Strafvollzugshaushalten.

b. Einsparungen der Sozialhilfe – Auswirkungen der SGB II und XII n.F.?

Selbst im günstigsten Entlohnungsmodell ist es den beschäftigten verheirateten Gefangenen nicht möglich, ihrer Unterhaltspflicht gegenüber ihren Familien nachzukommen, lediglich der Kindesunterhalt geschiedener Gefangener ist oftmals unabhängig vom Entlohnungsmodell ohne weiteres bestreitbar.[954] Die Umverteilungseffekte, die für den Haushalt der Sozialhilfe im Zuge einer Gefangenenentlohnung erwartet werden könnten, würden sich in recht engen Bahnen bewegen. Mehr als 10% der bisherigen Sozialhilfeleistungen an Angehörige von Strafgefangenen könnten kaum eingespart werden[955], davon abgesehen, dass Träger der Sozialhilfe die kreisfreien Städte und Landkreise sind – kritisiert wird an anderer Stelle, dass durch das heutige System die Justizverwaltung auf Kosten der Träger der Sozialhilfe und der privaten Gläubiger des Gefangenen spart.[956] Dieser Effekt zu Lasten der Sozialhilfe wird zwar ab 1.1.2005 abgemildert: Indem das neue die Sozialhilfe ablösende Arbeitslosengeld II des SGB II an die *Erwerbsfähigkeit* des Beziehers anknüpft und nur noch eine Grundsicherung für Arbeitssuchende gewährleistet, während sich für nicht Erwerbsfähige die Hilfe zum Lebensunterhalt und in besonderen Lebenslagen ausschließlich nach dem SGB XII richtet, werden die zuständigen Träger künftig zweifellos weniger Antragsteller unterstützen müssen.[957] Doch steht gerade mit den dazu ergangenen Zumutbarkeitsmaßstäben von Tätigkeiten ein Abgleiten der Bedürftigen an den Rand des Existenzminimums bzw. gar in die Verarmung zu befürchten, was nach den Motiven des Gesetzgebers bei Schaffung des StVollzG weder gebilligt noch beabsichtigt gewesen sein dürfte. Zu denken wäre daher

---

953 Neu, Axel, Betriebswirtschaftliche und volkswirtschaftliche Aspekte..., S. 157, 185; Olbrück, Claudia, Anspruch und Wirklichkeit..., S. 95; Jehle, Jörg Martin, Arbeit und Entlohnung von Strafgefangenen, in: ZfStrVo 1994, S. 265

954 Neu, Axel, Betriebswirtschaftliche und volkswirtschaftliche Aspekte..., S. 173f

955 Neu, Axel, Die ökonomische Situation der Strafgefangenen, in: Lüderssen/Schumann/Weiss (Hrsg.), Gewerkschaften und Strafvollzug, S. 227

956 Schmitt, Rudolf, Arbeit – Sozialversicherung – Wiedergutmachung, in: Baumann, Jürgen (Hrsg.), Die Reform des Strafvollzuges, S. 72

957 Vgl. zur Unterscheidung von SGB II und XII ab 1.1.2005 im Einzelnen Kunkel, Peter-Christian, Existenzsicherung in SGB II und SGB XII, in: ZFSH/SGB 2004, S. 280 ff; Löschau, Andreas / Marschner, Martin, S. 27f

dennoch wie auch bei der identischen Problematik im Rahmen der Sozialversicherungen an Transferleistungen von den Sozialhilfeträgern an die jeweiligen Bundesländer.

c. Haftkostenbeitrag

Die im Ermessen der Vollzugsbehörden stehende Möglichkeit der Erhebung eines Haftkostenbeitrages, der sich um ca. 300 Euro bewegen könnte, brächte den in der Analyse von Neu untersuchten Bundesländern einen Mittelrückfluss von knapp 60 Mio. Euro. Dieser Betrag entspricht im Falle des GVM einem Anteil von 30% und im Falle des TBM einem Anteil von 17,7% des jeweiligen Bruttohaushaltsmittelzuschussbedarfs.[958] Durch dieses Instrument lassen sich also deutliche Mittelrückflüsse zur Kompensierung der Mehrbelastungen bewerkstelligen.

II. Chancen tariforientierter Entlohnung im Vollzug

Die Einführung von tarifangenäherten Löhnen für Gefangene bedeutet also eine neben der Einbeziehung in die Sozialversicherung zusätzlich eintretende Erhöhung der Kosten des Strafvollzuges.

1. Mangelnde Finanzierbarkeit

a. Zeitliche Asymmetrie zwischen Kosten und Ersparnis

Zwar liegen die kriminologischen Vorteile in Gestalt einer geringeren Rückfallquote und damit geringerer Haftkosten für die Zukunft auf der Hand[959], doch bewirkt die zeitliche Asymmetrie, dass sich der kompensierende Effekt erst langfristig bemerkbar macht, während die erhöhten Haftkosten sofort entstehen[960] und haushaltspolitisch eine tragfähige Gegenfinanzierung erforderlich machen. Insgesamt sind die Chancen tariflicher Entlohnung im Vollzug grundsätzlich als nicht existent anzusehen, weil die Erhebung von Haftkostenbeiträgen als einzige effektive Mittelrückflussquelle den finanziellen Mehraufwand nur zu einem Bruchteil decken kann.

b. Niedrige Produktivität

Die aufgrund von Zielkonflikten[961] der Gefangenenarbeit und schwacher Produktivität[962] eingeschränkte Leistungsfähigkeit der Eigenbetriebe vermag keine entsprechend hohen Erlöse hervorzubringen und auch von den Fremdbetrieben

---

[958] Neu, Axel, Betriebswirtschaftliche und volkswirtschaftliche Aspekte..., S. 176, 185; Olbrück, Claudia, Anspruch und Wirklichkeit..., S. 95

[959] Jehle, Jörg Martin, Arbeit und Entlohnung von Strafgefangenen, in: ZfStrVo 1994, S. 262

[960] Fleischmann, Gerd, Chancen der Realisierung von Tariflöhnen für Gefangene. Eine Anwendung der ökonomischen Theorie auf ein kriminalpolitisches Problem, in: Lüderssen/Schumann/Weiss (Hrsg.), Gewerkschaften und Strafvollzug, S. 137; Koch, Paul, Gefangenenarbeit..., S. 133

[961] Neu, Axel, Betriebswirtschaftliche und volkswirtschaftliche Aspekte..., S. 6ff; Leder, Hans Claus, Arbeitsentgelt im Strafvollzug der Bundesrepublik Deutschland, S. 46

[962] Jehle, Jörg Martin, Arbeit und Entlohnung von Strafgefangenen, in: ZfStrVo 1994, S. 263

können in Zeiten schlechter Konjunktur keine bedeutend höheren Mietzahlungen für Räumlichkeiten etc. verlangt werden.

c. Keine Finanzierung durch Beteiligung der Solidargemeinschaft

Allenfalls eine tarif*angenäherte* Entlohnung scheint realisierbar zu sein, doch selbst dann würden die Haushaltsmittel den Aufwand nicht decken.[963] Abwegig erscheint insbesondere das Finanzierungsmodell, wonach eine tariforientierte Entlohnung auf der Basis einer Sozialversicherung finanziert werden soll. Demnach würde die Entlohnung im Vollzug aus einem von der Solidargemeinschaft aller Versicherten eingerichteten Fonds resultieren. Diese Überlegung wurzelt darin, dass delinquentes Verhalten mit einer bestimmten Wahrscheinlichkeit in jedem Menschen steckt und daher jeder zur Aufrechterhaltung der Einkünfte nach einem kriminalitätsbedingten Erwerbsausfall beizutragen hat, ähnlich wie eine Haftpflichtversicherung im Straßenverkehr.[964] Unabhängig von den einschlägigen Theorien der Entstehung kriminellen Verhaltens übersieht diese doch mehr als gewagte Ansicht, dass der Zweck einer Sozialversicherungspflicht im Risiko des Eintritts unvorhersehbarer und insbesondere nicht im Einflussbereich des Versicherten liegender Ereignisse begründet ist – soziale Sicherung im Sinne des GG bedeutet nicht Schutz vor sich selbst, sondern Schutz vor potentiellen Unwägbarkeiten des täglichen Lebens.

2. Mangelnde politische Relevanz

Freilich sind die Chancen der Realisierung von Tariflöhnen nicht zuletzt deswegen gering, weil dies bei der Masse der Wähler sicherlich keine positive Reaktion erwarten lassen würde. Daher bleibt nicht davon auszugehen, dass die Parteien eine Tarifentlohnung für Gefangene zu einem Programmpunkt ihrer Politik erklären werden.[965] Denn ein Projekt zum Gegenstand des Parteiprogramms zu machen, dessen Begünstigte in der Wählergunst am untersten Rand rangieren, verspricht keine gesteigerte Wahlbereitschaft der Bevölkerung.

III. Vorschlag: Entlohnungsgrundlage auf Basis geringfügiger Beschäftigung

Da die dargestellten Lohnmodelle sowohl zu kostenintensiv angesiedelt (Tarifmodelle) als auch zu niedrig (Ortlohn), in manchen Fällen aber einfach nur unpraktikabel[966] (Betriebsergebnismodell) bzw. willkürlich sind, wird der Voll-

---

[963] Olbrück, Claudia, Anspruch und Wirklichkeit..., S. 94; Heierli, Urs, Gefangenenarbeit, Entlöhnung und Sozialisation, S. 181; Jehle, Jörg Martin, Arbeit und Entlohnung von Strafgefangenen, in: ZfStrVo 1994, S. 264; ders, Lohnt sich die Gefangenenarbeit, in: Häußling/Reindl (Hrsg.), S. 514

[964] Heierli, Urs, Gefangenenarbeit..., S. 195f

[965] Fleischmann, Gerd, Chancen der Realisierung von Tariflöhnen für Gefangene. Eine Anwendung der ökonomischen Theorie auf ein kriminalpolitisches Problem, in: Lüderssen/Schumann/Weiss (Hrsg.), Gewerkschaften und Strafvollzug, S. 144

[966] Vgl. Sigel, Walter, Alternative Überlegungen zur Verbesserung der Gefangenenentlohnung, in: ZfStrVo 1995, S. 82

zugspraxis ein differenziertes und elastisches Entlohnungssystem[967] auf der Basis von 400,- Euro Mindestlohn vorgeschlagen, angelehnt an den Betrag in § 8 I SGB IV.[968] Eine Steigerung bis auf maximal 800,- Euro, angelehnt an § 20 II SGB IV, ist möglich, aber abhängig von vorhandenen „Planstellen" entsprechend höher qualifizierter Tätigkeiten. Strafgefangene können sich bei Haftantritt im Wege einer Formalbewerbung für einen bestimmten (uU hochqualifizierten) Arbeitseinsatz empfehlen, was wirtschaftlich ertragreich und darüber hinaus stark motivationssteigernd wirkt.[969] Die Sozialversicherungsbeiträge werden jeweils zur Hälfte durch den Gefangenen und die Anstalt getragen. Vom verbleibenden Entgelt wird ein Haftkostenbeitrag von ca. 15 – 20% erhoben. Die Entlohnung nach dem Vorbild der geringfügigen Beschäftigung gewährleistet eine realistische Annäherung an Entlohnungsgepflogenheiten in der Wirtschaft, ohne zu großen Verwaltungsaufwand und unverhältnismäßige Kosten auszulösen. Eine Diskussion über die Finanzierung dieses Konzepts führt zwangsläufig zu einer Reform der Gefangenenarbeit.

D. Reformen der Gefangenenarbeit zur Finanzierung der Sozialversicherungspflicht

I. Reformbedürftigkeit

Die Schwierigkeiten bei der Realisierung höherer Löhne liegen zum Teil in der eingeschränkten Leistungsfähigkeit der Eigen- und Hausbetriebe begründet. Zwischen den Produktionsbetrieben in den Vollzugsanstalten, die auf den Einsatz von Gefangenenarbeit zur Organisation wirtschaftlich ergiebiger Arbeit zielen, und den Betrieben der gewerblichen Wirtschaft besteht ein erhebliches Produktivitätsgefälle.[970] Maßgebliche Messgröße ist der Haftkostendeckungsbeitrag, der sich aus der Subtraktion der Arbeitskosten von der Nettowertschöpfung des jeweiligen beschäftigten Gefangenen errechnet. Hiernach betrug 1991 der Haftkostendeckungsbeitrag in Unternehmerbetrieben 34,22 DM und in Eigenbetrieben 17,38 DM pro Werktag bei einer Durchschnittsentlohnung von 10,29 DM. Damit liegt die Produktivität in den Unternehmerbetrieben bei nur ca. 20% und in den Eigenbetrieben gar nur bei ca. 15% verglichen mit Betrieben der freien Wirtschaft.[971] Betrachtet man die Nettoerlöse der Arbeitsverwaltungen, so deckt der Arbeitseinsatz der Gefangenen gerade 4% der gesamten Haftkosten,

---

[967] Seidler, Josef/Schaffner, Paul/Kneip, Wolfgang, Arbeit im Vollzug, Neue Wege in der Betriebsführung, in: ZfStrVo 1988, S. 329

[968] Zu den Voraussetzungen geringfügiger Beschäftigung im Einzelnen Rittweger, Stephan, Leitfaden Mini-Job, Ich-AG und Familien-AG, S. 1ff

[969] So schon Heierli, Urs, Gefangenenarbeit, Entlöhnung und Sozialisation, S. 139; Leder, Hans Claus, Arbeitsentgelt im Strafvollzug der Bundesrepublik Deutschland, S. 60

[970] Hierzu Neu, Axel, Produktivität der Gefangenenarbeit: eingemauert auf bescheidenem Niveau?, in: Hammerschick/Pilgram (Hrsg.), Arbeitsmarkt, Strafvollzug und Gefangenenarbeit, S. 97f

[971] Neu, Axel, Betriebswirtschaftliche und volkswirtschaftliche Aspekte..., S. 97ff; ders, Produktivität der Gefangenenarbeit: eingemauert auf bescheidenem Niveau?, in: Hammerschick/Pilgram (Hrsg.), Arbeitsmarkt, Strafvollzug und Gefangenenarbeit, S. 106

während dies 1966 noch 24% waren.[972] Verantwortlich hierfür sind vielfältige Gründe[973].

1. Betriebswirtschaftliche Aspekte der Eigenbetriebe

a. Berufsstruktur der Gefangenen

Im Strafvollzug ist die Berufsgruppe ungelernter Hilfskräfte (Handlanger) weitaus überrepräsentiert; deren Anteil beträgt 19,5 von 1000 Erwerbstätigen bei einem Durchschnitt von 2,8 Strafgefangenen pro 1000 Erwerbstätiger. Gegenüber allen Erwerbstätigen beträgt der Anteil ungelernter Hilfskräfte 4,7%, im Vollzug hingegen über 33%. Mit großem Abstand überrepräsentiert sind auch die Gaststättenberufe und künstlerischen Berufe. Problematisch ist, dass die ungelernten Hilfskräfte nur zu Handlangertätigkeiten eingesetzt werden können, und letztgenannte Berufsgruppen mangels Tätigkeitsfeldern in anderen Bereichen angelernt werden müssen, was sich stark produktivitätsmindernd auswirkt.[974] Diese Anlernzeit gestaltet sich entsprechend intensiver bei den vielen Häftlingen ohne Schulabschluss, denen eine wirtschaftlich ergiebige Arbeit ohnehin nur unter den größten Schwierigkeiten zugewiesen werden kann – produktivitätsmindernd wirken sich zudem die Aus- und Weiterbildungsmaßnahmen gegenüber jenen Gefangenen aus.

b. Systemimmanente Effizienzbarrieren

aa. Kameralistische Buchführung

Im Staatshaushalt und in den meisten Behörden wird die Kassen- und Kontenführung auf einen Ist-/Soll Vergleich abgestellt. Zwischen Ausgaben und Aufwand als periodenbezogenen Ausgaben wird nicht unterschieden, da kein periodengerechter Gewinn ermittelt werden soll, sondern die Art der Kontrolle nur haushaltrechtlichen Anforderungen genügen muss, sog. kameralistisches Rechnungswesen. Maschinen und Gebäude werden im Jahr ihrer Anschaffung oder Erstellung in ihrem vollen Wert als Kosten erfasst und ausgewiesen, auch wenn sie über eine lange Zeit genutzt werden. Varianten dieser Methode hin zur Ermittlung eines periodengerechten Gewinns existieren zwar, werden im Strafvollzug aber nicht angewendet.[975] Lediglich in vereinzelten Projekten, so z.B.

---

[972] Neu, Axel, Betriebswirtschaftliche und volkswirtschaftliche Aspekte..., in: ZfStrVo 1995, S. 152; Lohmann, Hans Christian, Arbeit und Arbeitsentlohung..., S. 230ff

[973] Zusammenfassend Landau, Herbert/Kunze, Torsten/Poseck, Roman, Die Neuregelung des Arbeitsentgelts im Strafvollzug, in: NJW 2001, S. 2611

[974] Neu, Axel, Betriebswirtschaftliche und volkswirtschaftliche Aspekte..., S. 10ff; ders, in: ZfStrVo 1995, S. 150; Jehle, Jörg Martin, Lohnt sich die Gefangenenarbeit..., in: Häußling/Reindl (Hrsg.), Sozialpädagogik und Strafrechtspflege, S. 508; Neu, Axel, Wirtschaftsfaktor: Gefängnis, in: NK 1995 (2), S. 35

[975] Neu, Axel, Betriebswirtschaftliche und volkswirtschaftliche Aspekte..., S. 52f, 80ff; Heierli, Urs, Gefangenenarbeit..., S. 111f; Neu, Axel, Produktivität der Gefängnisarbeit: eingemauert auf bescheidenem Niveau?, in: Hammerschick/Pilgram (Hrsg.), Arbeitsmarkt, Strafvollzug und Gefangenenarbeit, S. 106

schon seit den 1960er Jahren in Niedersachsen[976], gibt es unter kaufmännischem Rechnungswesen und Controlling geführte Werkbetriebe, die statt eines kameralistischen Haushaltssystems mittels eines eigenen Wirtschaftsplans über mehr Eigenverantwortung und operative Flexibilität verfügen.[977] Auch in Bayern wurde in den 1990er Jahren die wirtschaftliche Selbständigkeit der Arbeitsverwaltungen durch den Einsatz kaufmännischer Buchführungsgrundsätze markiert, allerdings schon nach kurzer Zeit zu Gunsten des kameralistischen Systems wieder aufgegeben. Die Ursache hierfür lag in der konjunkturbedingten schwachen Umsatz- und Gewinnentwicklung der Betriebe und der damit verbundenen steten Subventionierungsnotwendigkeit durch die Justizverwaltung.[978]

bb. Ineffiziente Arbeitsorganisation

(1) Mangelnde mikroökonomisch orientierte Arbeitsplatzbesetzung

Einerseits seien Betriebe fehlbesetzt, weil Gefangene entweder zur zugewiesenen Tätigkeit ungeeignet seien oder mehr Gefangene als ökonomisch sinnvoll im Betrieb eingesetzt würden. Die fehlende Entscheidungskompetenz der Betriebsleiter bzgl. der Ablösung ungeeigneter Gefangener von der konkreten Arbeit verursache Reibungsverluste und Frustrationen, betrieblichen Erfordernissen werde zu wenig Beachtung geschenkt, indem die beruflichen und persönlichen Belange des Gefangenen nicht angemessen auf die Vollzugsgestaltung abgestimmt würden.[979] Dieser Aspekt darf freilich mit Blick auf die einerseits stark eingeschränkte Mitarbeiterrekrutierung im Vollzug und die bloße Möglichkeit der Arbeitsumsetzung arbeitsunwilliger oder leistungsschwacher Gefangener anstatt deren Entlassung andererseits nicht überbewertet werden, d.h. betriebliche Fehlbesetzungen sind eben nicht immer Ergebnis mangelnder ökonomischer Führung, sondern zumeist Konsequenz der qualifikationsunabhängigen Arbeitspflicht. Kurz gesagt: entweder es gibt Arbeiten und keine passenden Leute dafür oder umgekehrt.[980] Dieser Aspekt wird als besonders ausschlaggebend für das Produktivitätsgefälle angesehen.[981] Durch den häufigen Wechsel der Arbeitskräfte und die damit einhergehende Unruhe und anfallenden Anlernkosten wird

---

[976] Lohmann, Hans Christian, Arbeit und Arbeitsentgelt..., S. 246; Seidler/Schaffner/Kneip, Arbeit im Vollzug – Neue Wege in der Betriebsführung, in: ZfStrVo 1988, S. 331

[977] Sigel, Walter, Auf dem Weg zum „Landesbetrieb VAW Baden Württemberg" – Unternehmerische Möglichkeiten in den Gefängnisbetrieben, in: ZfStrVo 1996, S. 340

[978] Auskunft des zuständigen Ministerialrates im Bayerischen Staatsministerium der Justiz vom 25.5.2004

[979] Seidler, Josef/Schaffner, Paul/Kneip, Wolfgang, Arbeit im Vollzug, Neue Wege in der Betriebsführung, in: ZfStrVo 1988, S. 329; Sigel, Walter, Die Bedeutung der Gefangenenarbeit und ihr Verhältnis zu Markt und Wettbewerb, in: ZfStrVo 1990, S. 267; Fahsel, Jörg, Das Recht des Gefangenen..., S. 193f; Schrader, Wolfgang, Eine zeitgemäße Pflege..., in: ZSR 1973, S. 134

[980] Franke, Hilde, Die Gefangenenarbeit unter besonderer Berücksichtigung ihrer volkswirtschaftlichen Bedeutung, S. 29; vgl. Blau, Günter, Arbeit im Gefängnis, in: Rollmann, Dietrich (Hrsg.), Strafvollzug in Deutschland – Situation und Reform, S. 79

[981] Neu, Axel, Betriebswirtschaftliche und volkswirtschaftliche Aspekte..., S. 13f, 17

auch im Falle zeitweilig vorhandener adäquater Arbeitskräfte das Produktivitätsgefälle vorangetrieben. Statistisch wechselt im Durchschnitt jährlich die gesamte Anstaltsbelegschaft der Strafgefangenen.[982]

(2) Mangelnder mikroökonomisch orientierter Führungsstil

Die Einbindung in den Haushaltsplan erschwert zweckmäßige Entscheidungen, zumal die Betriebe wie Behörden von haushaltsrechtlichen Sperren und Betriebsmittelbewirtschaftungen betroffen sind, so dass Maßnahmen nach Maßgabe der Haushaltsmittel, nicht aber anhand ökonomischer Notwendigkeiten getroffen werden. Auf diese Entscheidungen kann der Betriebsleiter mangels Kompetenz und Betriebsetat in aller Regel keinen Einfluss ausüben, so dass nicht einmal die Hälfte aller Werkmeister selbst mit ihrer Stellung im Vollzug zufrieden ist und angibt, ihre Vorstellungen von Arbeit im Vollzug nicht realisieren zu können.[983] Es liege die Annahme nahe, dass die Betriebe im Vollzug nach Beamtenmentalität eher verwaltet als gemanagt werden.[984] „Typisch beamtenmäßiges Denken und Handeln wirkt hier oft störend und bremsend. Ein Mehr an unkonventionellem im Sinne von unternehmerischem Anpacken der Arbeit, weg vom Verwalten – hin zum Gestalten, die Situation als Herausforderung begreifen, eine optimistische Entschlossenheit und eine Spur von ‚Augen zu und durch Mentalität', all das muss man den leitenden Mitarbeitern im vollzuglichen Arbeitswesen wünschen."[985] So erscheint es kaum verwunderlich, dass 63% der Gefangenen eine ökonomische Betriebsführung und höhere Arbeitseffizienz fordern und 88% das Engagement des Personals beklagen. Übersehen werden darf hierbei natürlich nicht, dass einer der freien Wirtschaft angepassten Betriebsführung schon wegen der Einhaltung der Hausordnung der Anstalten Grenzen gesetzt sind.[986]

---

[982] Neu, Axel, Betriebswirtschaftliche und volkswirtschaftliche Aspekte..., S. 14f; Böhm, Alexander, Strafvollzug, Rn. 302; Franke, Hilde, Die Gefangenenarbeit unter besonderer Berücksichtigung ihrer volkswirtschaftlichen Bedeutung, S. 29; Olbrück, Claudia, Anspruch und Wirklichkeit..., S. 78; Neu, Axel, Produktivität der Gefangenenarbeit: eingemauert auf bescheidenem Niveau?, in: Hammerschick/Pilgram (Hrsg.), Arbeitsmarkt, Strafvollzug und Gefangenenarbeit, S. 99f

[983] Seidler/Schaffner/Kneip, Arbeit im Vollzug..., in: ZfStrVo 1988, S. 329

[984] Detailliert hierzu Seidler/Schaffner/Kneip, Arbeit im Vollzug..., in: ZfStrVo 1988, S. 330; vgl. Sigel, Walter, Auf dem Weg zum „Landesbetrieb VAW Baden Württemberg" – Unternehmerische Möglichkeiten in den Gefängnisbetrieben, in: ZfStrVo 1996, S. 340

[985] Sigel, Walter, Die Bedeutung der Gefangenenarbeit und ihr Verhältnis zu Markt und Wettbewerb, in: ZfStrVo 1990, S. 267; Leder, Hans Claus, Arbeitsentgelt im Strafvollzug der Bundesrepublik Deutschland, S. 62; vgl. hierzu auch Sigel, Walter, Vollzugliches Arbeitswesen (VAW) im europäischen Verbund – aktuelle Entwicklungen in England, in: ZfStrVo 1996, S. 339

[986] Franke, Hilde, Die Gefangenenarbeit unter besonderer Berücksichtigung ihrer volkswirtschaftlichen Bedeutung, S. 30; Alisch, Jörg, Sicherheit als Steuerungsproblem, in: Flügge/Maelicke/Preusker (Hrsg.), Das Gefängnis als lernende Organisation, S. 107ff; Blau, Günter, Arbeit im Gefängnis, in: Rollmann, Dietrich (Hrsg.), Strafvollzug in Deutschland..., S. 80

cc. Unzulängliche maschinelle Ausstattung

Zu bedenken gilt es, dass die technische Ausstattung mancher Vollzugswerkstätten nicht mehr den modernen Anforderungen genügt und daher umständliche Handhabung, langsame Gütererzeugung und qualitativ minderwertigere und dadurch schwerer absetzbare Resultate einer hohen Produktivität entgegenstehen. Dieser Missstand kann indes gegenüber der Arbeitskräfteproblematik mittels Modernisierungsmaßnahmen am leichtesten behoben werden.[987] Dass dieser Aspekt gegenüber der Arbeitskräfte- und Führungsproblematik in den Vollzugsbetrieben nachrangig ist, zeigt der Umstand, dass auch in modern eingerichteten Anstalten die Produktivität gegenüber derjenigen der freien Wirtschaft zurückbleibt.

2. Betriebswirtschaftliche Aspekte der Unternehmerbetriebe

a. Parallele Ausgangssituation gegenüber den Eigenbetrieben

Auch hier gelten die eben dargestellten produktivitätsmindernden Faktoren entsprechend, wenn auch die Produktivität in den Unternehmerbetrieben über derjenigen in den Eigenbetrieben liegt.[988] Eine deutliche Lohnsteigerung, wie hier gefordert, wird also auch eine ebensolche Produktivitätssteigerung bedingen müssen, was wiederum mit einer verstärkten Auslese der Gefangenen im Hinblick auf ihre Leistungsfähigkeit und –bereitschaft korreliert und zu größerer Konkurrenz unter den Gefangenen führen wird.[989] Auch hier ist der eingangs erläuterte Weg über die Stellenbeschreibung und eine Formalbewerbung des Gefangenen ein effektives Mittel den richtigen Mann an die richtige Position zu bringen.

b. Mikroökonomische Vorteile für die Unternehmer

Der bisherige Anreiz für den Unternehmer seine Produktion in eine Strafanstalt zu verlegen besteht darin, dass die Kosten gegenüber normalen Arbeitnehmern geringer sind. Der Unternehmer erhält verbilligte Mieten der Anstaltsräumlichkeiten, Aufsichtspersonal sowie die Arbeitskraft der Gefangenen und zahlt im Gegenzug für jeden beschäftigten Gefangenen einen „nackten" Tariflohn, d.h. ohne Gratifikationen o.ä., abzüglich ca. 20% für die Gefahr qualitätsminderer Produkte an die Vollzugsanstalt. Der zweite gewichtige finanzielle Vorteil ergibt

---

[987] Neu, Axel, Betriebswirtschaftliche und volkswirtschaftliche Aspekte..., S. 13; Jehle, Jörg Martin, Lohnt sich die Gefangenenarbeit?, in: Häußling/Reindl (Hrsg.), Sozialpädagogik und Strafrechtspflege, S. 508; Seidler/Schaffner/Kneip, Arbeit im Vollzug..., in: ZfStrVo 1988, S. 328, 330; Heierli, Urs, Gefangenenarbeit, Entlöhnung und Sozialisation, S. 114; Lohmann, Hans Christian, Arbeit und Arbeitsentlohnung…, S. 252; Fahsel, Jörg, Das Recht des Gefangenen auf Arbeit und Entlohnung, S. 188f

[988] Neu, Axel, Betriebswirtschaftliche und volkswirtschaftliche Aspekte..., S. 47; Lohmann, Hans Christian, Arbeit und Arbeitsentlohnung..., S. 232f

[989] Jehle, Jörg Martin, Lohnt sich die Gefangenenarbeit?, in: Häußling/Reindl (Hrsg.), Sozialpädagogik und Strafrechtspflege, S. 510; Olbrück, Claudia, Anspruch und Wirklichkeit..., S. 87

sich aus der ebenso hohen Einsparung der Arbeitgeberanteile an den Sozialversicherungsbeiträgen.[990]

c. Auswirkungen einer Anhebung des Entgelts für private Unternehmer

Der Wettbewerbsvorteil verringert sich allerdings in dem Maße, wie die Entlohnung sich der in der freien Wirtschaft üblichen annähert. Sollten hier die vollen Arbeitgeberkosten zu zahlen sein, könnte insoweit der Anreiz für die Verlagerung der Produktion in die Anstalt genommen werden und dies den Rückzug der Unternehmen aus dem Strafvollzug bedeuten, weil zu solchen Bedingungen auf dem Arbeitsmarkt leicht andere Arbeitnehmer gefunden werden könnten.[991] Dies gilt umso mehr, als das Bedürfnis nach unqualifizierten Hilfskräften infolge des Strukturwandels auf dem Arbeitsmarkt[992] immer geringer wird und ein bereits seit mehr als zehn Jahren anhaltender Trend der Verlagerung von Produktionsstätten ins Ausland zu beobachten ist.[993] Damit muss also versucht werden den Produktionsort im Vollzug für die Unternehmen weiterhin attraktiv zu halten. Bereits jetzt kann konstatiert werden – ohne auf ein Arbeitsmodell einzugehen –, dass nach der hier vorgeschlagenen Entlohnung zwischen 400, 01 Euro und 800 Euro die Produktion im Vollzug für den Unternehmer in dem Maße interessanter wird, je höher die Tätigkeit qualitativ und ausbildungsbezogen anzusiedeln ist, d.h. je höher die Entlohnung für die konkrete Arbeit in der freien Wirtschaft wäre. Die Bereitschaft innerhalb des Vollzuges zu produzieren steigt in dem Ausmaß, in dem der Unternehmer Wettbewerbsvorteile gegenüber seinen Konkurrenten erhält.[994]

3. Betriebswirtschaftliche Aspekte der Hauswirtschafts- und Ausbildungsbetriebe

Neben den dargestellten Schwierigkeiten in den Eigenbetrieben führt die vorgeschlagene Erhöhung der Entlohnung bei den Arbeitskräften in den Hauswirtschaftsbetrieben zu einer Mehrbelastung, der zunächst kein rechnerisch verwertbarer Haftkostendeckungsbeitrag entspricht, weil keine direkten Einnahmen er-

---

[990] Jehle, Jörg Martin, Lohnt sich die Gefangenenarbeit?, in: Häußling/Reindl (Hrsg.), Sozialpädagogik und Strafrechtspflege, S. 509f; Olbrück, Claudia, Anspruch und Wirklichkeit..., S. 86

[991] Fleischmann, Gerd, Chancen der Realisierung von Tariflöhnen für Gefangene. Eine Anwendung der ökonomischen Theorie auf ein kriminalpolitisches Problem, in: Lüderssen/Schumann/Weiss (Hrsg.), Gewerkschaften und Strafvollzug, S. 126, 144

[992] Hagemann, Otmar, „Leiharbeit" als Stufe der Reintegration von Strafgefangenen in den Arbeitsmarkt, in: Hammerschick/Pilgram (Hrsg.), Arbeitsmarkt, Strafvollzug und Gefangenenarbeit, S. 120f

[993] Müller-Dietz, Heinz, Bildungsarbeit im Strafvollzug – grenzübergreifend – , in: ZfStrVo 1993, S. 260, 263; Olbrück, Claudia, Anspruch und Wirklichkeit..., S. 86

[994] In der JVA Straubing beispielsweise ist MTU mit einem Unternehmerbetrieb vertreten, in dem Triebwerke für die gängigen Flugzeugtypen mittels CAD-Verfahren konstruiert werden und ca. 10 hochqualifizierte Gefangene arbeiten; auch die BMW AG und die Daimler-Chrysler AG produzieren in Haftanstalten

wirtschaftet werden, sondern „nur“ Ausgaben der Anstalt erspart werden können – zu Recht wird darauf hingewiesen, dass dieser Umstand indes nicht zu einer Vorenthaltung des vollen erhöhten Entgelts führen dürfe.[995] Allenfalls eine Dotierung im untersten Lohnbereich des hier vorgeschlagenen Systems erscheint denkbar, um keine resozialisierungsfeindliche „Negativauslese“[996] unter den Gefangenen herbeizuführen. Im Bereich der Ausbildungsbetriebe erscheint eine Angleichung an das niedrigere Ausbildungsentgelt in Freiheit vor dem Hintergrund des Angleichungsgrundsatzes und der finanziellen Belastungen der Anstalt vertretbar[997], eine negative Auswirkung auf die Bereitschaft zur Aus- und Weiterbildung ist meines Erachtens nicht zu befürchten, da auch in Freiheit ein nur geringes Entgelt während der Ausbildung die Regel ist, mithin keine vollzugsbedingte und demotivierende Schlechterstellung des Gefangenen existiert.[998]

II. Reformfähigkeit

1. Grundlegendes Reformierungserfordernis

Unter dem Topos „Moderne Modelle“ bzw. „Modernisierende Modelle“[999] sind in der Wissenschaft zahlreiche Konzepte aufgezeigt worden, die eine Reform der Gefangenenarbeit mit Blick auf eine Produktivitätssteigerung möglich machen. Dabei wird vor allem eines erkennbar: Notwendig ist „(...) ein grundlegendes Umdenken in der Organisation der Arbeit im Vollzug“[1000]. Freilich kann dieses Thema selbst Gegenstand einer eigenen wissenschaftlichen Abhandlung sein, doch soll hier in aller Kürze ein neuartiges Konzept vorgelegt werden, das möglicherweise geeignet ist, die Gefangenenarbeit soweit zu modernisieren, dass die Einbeziehung in die Sozialversicherungen und die damit verbundene Erhöhung des Arbeitsentgelts realisierbar sind. Aufbauen wird vorliegende Neuerung auf dem Gedanken der Schaffung von Landesbetrieben und der Weiterführung des 1991 durch die Justizbehörde Hamburg ins Leben gerufenen „Hamburger Modells“.

2. Idealbild des Gefängnisbetriebs: Aufteilung zwischen Eigenbetrieb und „Hamburger Modell“

Das Konzept beruht auf der (intramuralen) Zweiteilung der Gefangenenarbeit: nämlich zum einen auf der Beibehaltung (modifizierter) Eigenbetriebe und zum anderen auf der Installierung privater Unternehmerbetriebe innerhalb der Anstalt nach dem Vorbild des Hamburger Modells, die mit den Gefangenen privatrecht-

---

[995] Neu, Axel, Betriebswirtschaftliche und volkswirtschaftliche Aspekte..., S. 105
[996] Jehle, Jörg Martin, Arbeit und Entlohnung von Strafgefangenen, in: ZfStrVo 1994, S. 264; Olbrück, Claudia, Anspruch und Wirklichkeit..., S. 89
[997] Olbrück, Claudia, ebda
[998] Anderer Ansicht wohl Jehle, Jörg Martin, Arbeit und Entlohnung von Strafgefangenen, in: ZfStrVo 1994, S. 264
[999] Lohmann, Hans Christian, Arbeit und Arbeitsentlohnung..., S. 233ff, 245ff
[1000] Mett, Dietrich, Tarifgerechte Bezahlung von Gefangenenarbeit, in: SchlHA 2000, S. 122

liche Verträge abschließen. Hierdurch soll neben der wirtschaftlichen Komponente auch die Leistungsbereitschaft und Motivation der Gefangenen gesteigert werden.

a. Umstrukturierung der Eigenbetriebe

aa. Gründung von Landesbetrieben

Die Umwandlung der Arbeitsbetriebe in selbständige Landesbetriebe nach der Landeshaushaltsordnung beseitigt zwar nicht die im Vollzug vorherrschenden Probleme der Berufs- und Beschäftigungsstrukturen der Gefangenen infolge häufiger Fluktuation, jedoch gewährleistet sie eine schlankere, flexiblere und deshalb effizientere und kostengünstigere Verwaltung, nicht zuletzt infolge eines entsprechenden Finanzmanagements.[1001] Ihr gebührt daher zunächst der Vorrang vor weiteren Modernisierungsmaßnahmen.[1002] Kostenbewusstsein, unternehmerisches Denken und schnelles betriebliches Reagieren bei Veränderungen auf dem Markt würden sich unmittelbar zugunsten der eigenen Bilanz und damit als direkt spürbarer Geschäftserfolg auswirken. Dies setzt auch neue Leistungs- und Motivierungsimpulse für die Bediensteten und Gefangenen voraus[1003], weil das Betriebsergebnis nicht dem anonymen Fiskus, sondern dem eigenen Betrieb zugute kommt.[1004] Das Konzept ist in Baden-Württemberg anders als in Bayern seinerzeit ein großer Erfolg, man verbuchte deutlich höhere Umsatzzuwächse als im Bereich der kameralistischen vollzuglichen Arbeitswesen, und zwar ohne negative Auswirkungen auf die Gefangenenbeschäftigung. Seit dem 1.1.2001 wurden die Betriebe aller 19 Anstalten zu einem einheitlichen Landesbetrieb zusammengeschlossen.[1005]

[1001] Neu, Axel, Produktivität der Gefangenenarbeit: eingemauert auf bescheidenem Niveau?, in: Hammerschick/Pilgram (Hrsg.), Arbeitsmarkt, Strafvollzug und Gefangenenarbeit, S. 106; Maelicke, Bernd, Grundlagen des Vollzugsmanagements, in: Flügge, Christoph/ ders/Preusker, Harald (Hrsg.), Das Gefängnis als lernende Organisation, S. 52f

[1002] Mett, Dietrich, Tarifgerechte Bezahlung von Gefangenenarbeit, in: SchlHA 2000, S. 122

[1003] Sigel, Walter, Auf dem Weg zum „Landesbetrieb VAW Baden-Württemberg" – Unternehmerische Möglichkeiten in den Gefängnisbetrieben, in: ZfStrVo 1996, S. 340; Lohmann, Hans Christian, Arbeit und Arbeitsentgelt..., S. 247

[1004] Seidler/Schaffner/Kneip, Arbeit im Vollzug – Neue Wege in der Betriebsführung, in: ZfStrVo 1988, S. 331; in ähnlicher Weise kann dies durch die Gründung einer GmbH geschehen, deren Geschäftsanteile in den Händen des Fiskus liegen, vgl. Olbrück, Claudia, Anspruch und Wirklichkeit..., S. 108f; Heierli, Urs, Gefangenenarbeit..., S. 124f; Blau, Günter, Arbeit im Gefängnis, in: Rollmann, Dietrich (Hrsg.), Strafvollzug in Deutschland..., S. 81; Schrader, Wolfgang, Eine zeitgemäße Pflege..., in: ZSR 1973, S. 136; Krebs, Albert, Die GmbH als Betriebsform der Arbeit in der Strafanstalt, in: ZfStrVo 1966, S. 208ff

[1005] Lohmann, Hans Christian, Arbeit und Arbeitsentgelt…, S. 247 mit Verweis auf die Auskunft des Justizministeriums Baden-Württemberg; vgl. ebda. S. 249f

bb. Marketing

(1) Externes „soziales Marketing"

Es wird vorgetragen, es bedürfe mehr an Management und Marketing, um unter potentiellen Kunden nicht den Eindruck entstehen zu lassen, interessante Geschäfte könnten mit den Anstaltsbetrieben nicht geschlossen werden, und die damit einhergehende Ablehnung des vollzuglichen Arbeitswesens zu vermeiden. Es müsste hierzu eine intensivere Zusammenarbeit mit den Vereinigungen und Stellen des Arbeits- und Wirtschaftslebens erfolgen („soziales Marketing"[1006]), ferner eine offensivere Informationspolitik gegenüber potentiellen Auftraggebern über die Produkt- und Leistungspalette der Betriebe sowie den hiermit verbundenen gesellschaftlich – sozialen Auftrag; gerade im Bereich der Behörden der öffentlichen Hand kann dies kostengünstig und effektiv geschehen.[1007]

(2) Internes Marketing

Auch im Inneren der Betriebe besteht Handlungsbedarf dahingehend, dass horizontal zwischen dem Leiter der Arbeitsverwaltung als „kaufmännischem Geschäftsführer" und dem Werkdienstleiter als technischem Leiter des Arbeitswesens einerseits und vertikal im Verhältnis zu den Betriebsleitern andererseits eine verbesserte Kommunikations- und Kooperationsstruktur aufgebaut wird, die einen ständigen gegenseitigen Informationsfluss zur Steuerung der Aufträge und zum möglichst optimalen, den individuellen Fähigkeiten und Neigungen gerecht werdenden Arbeitseinsatz der Gefangenen gewährleistet.[1008] Entsprechendes gilt auch für das Verhältnis zum Leiter der Justizvollzugsanstalt. Diese Maßnahmen setzen natürlich eine sorgfältige Personalauswahl, eine gute Personalführung sowie eine intensive Personalbetreuung durch die Anstaltsleitung voraus.[1009]

[1006] Sigel, Walter, Auf dem Weg zum „Landesbetrieb VAW Baden Württemberg"..., in: ZfStrVo 1996, S. 341; Höflich, Peter, Marketing und Öffentlichkeitsarbeit des Vollzugs, in: Flügge/Maelicke/Preusker (Hrsg.), Das Gefängnis als lernende Organisation, S. 220; Hagemann, Otmar, „Leiharbeit" als Stufe der Reintegration von Strafgefangenen, in: Hammerschick/Pilgram (Hrsg.), Arbeitsmarkt, Strafvollzug und Gefangenenarbeit, S. 114; Heierli, Urs, Gefangenenarbeit..., S. 122

[1007] Sigel, Walter, Die Bedeutung der Gefangenenarbeit und ihr Verhältnis zu Markt und Wettbewerb, in: ZfStrVo 1990, S. 267, ein Verkauf zu Dumping-Preisen ist aus wettbewerbsrechtlicher Sicht nicht möglich! Maelicke, Bernd, Grundlagen des Vollzugsmanagements, in: Flügge, Christoph/ders/Preusker, Harald (Hrsg.), Das Gefängnis als lernende Organisation, S. 51; Höflich, Peter, Marketing und Öffentlichkeitsarbeit des Vollzugs, in: Flügge, Christoph/Maelicke, Bernd/Preusker, Harald (Hrsg.), Das Gefängnis als lernende Organisation, S. 229

[1008] Sigel, Walter, Die Bedeutung der Gefangenenarbeit und ihr Verhältnis zu Markt und Wettbewerb, in: ZfStrVo 1990, S. 267; Maelicke, Bernd, Grundlagen des Vollzugsmanagements, in: Flügge, Christoph/ders/Preusker, Harald (Hrsg.), Das Gefängnis als lernende Organisation, S. 49, 51

[1009] Steinhilper, Monica, Personalentwicklung und Personalmanagement als Führungsaufgabe, in: Flügge/Maelicke/Preusker (Hrsg.), Das Gefängnis als lernende Organisation, S. 140ff

b. Ausweitung des „Hamburger Modells“

Die zweite Komponente des vollzuglichen Arbeitswesens muss die Verfestigung des intramuralen Freigangs sein: Marktorientierung und eine angemessene Entlohnung im Rahmen freier Beschäftigungsverhältnisse für diejenigen Gefangenen, welche die Voraussetzungen des Freigangs gem. § 11 I Nr. 1 StVollzG nicht erfüllen.[1010] Durch die hier vorgeschlagene Entlohnung zwischen 400,01 und 800,- Euro entstehen den Betrieben zwar höhere Arbeitskosten, durch entsprechend höhere Produktivität können diese aber gedeckt werden.[1011] Um den Produktionsort innerhalb der Anstalt für die Privatwirtschaft möglichst attraktiv zu gestalten, sollte sie – im Gegensatz zur Auffassung *Metts*[1012] – die Mietkosten für Räumlichkeiten auf ein Minimum beschränken und darüber hinaus Nebenkosten wie Strom, Heizung, Müll etc. übernehmen, wobei sich hier beim Aushandeln Handlungsspielräume ergeben. Sicherungsaufgaben könnten je nach Bedarf zwischen Anstalt und Unternehmer aufgeteilt werden. Wichtigste finanzielle Leistungsverpflichtung des Unternehmers ist neben der Zahlung des Entgelts die Abführung der Sozialversicherungsbeiträge an die jeweiligen Träger.

c. Anwendung des Modells in der Praxis

Der Gefangene muss sich bei Haftantritt im Wege der Bewerbung für offene Stellen im Vollzug bewerben, sei es in Hauswirtschafts-, Eigen- oder Unternehmerbetrieben. Die Stellen sind abhängig von der Stellenbeschreibung dotiert mit mindestens 400,- Euro und maximal 800,- Euro Monatsverdienst.[1013] Arbeitet der Gefangene in einem (weiterhin öffentlich-rechtlich ausgestalteten) „Anstaltsarbeitsverhältnis“, zahlen der kraft Gesetzes in die Sozialversicherung einbezogene Gefangene und die Anstalt die Sozialversicherungsbeiträge je zur Hälfte, wie es bisher in der Arbeitslosenversicherung gleichsam praktiziert wird, vgl. § 195 StVollzG. Arbeitet der Gefangene im freien Beschäftigungsverhältnis nach dem „Hamburger Modell“, zahlt er bei vertraglich geschuldeter Leistung von „nur“ 400,- Euro keine und sein Arbeitgeber Beiträge von 12% Krankenversicherung, 11% Rentenversicherung und pauschal 2% Steuern, weil ein geringfügiges Beschäftigungsverhältnis gem. § 8 I SGB IV vorliegt.[1014] Bei Verträgen

---

[1010] Neu, Axel, Produktivität der Gefangenenarbeit: eingemauert auf bescheidenem Niveau?, in: Hammerschick/Pilgram (Hrsg.), Arbeitsmarkt, Strafvollzug und Gefangenenarbeit,S. 107f; Olbrück, Claudia, Anspruch und Wirklichkeit..., S. 105f; Fahsel, Jörg, Das Recht des Gefangenen..., S. 187f

[1011] Hagemann, Otmar, „Leiharbeit“ als Stufe der Reintegration von Strafgefangenen in den Arbeitsmarkt, in: Hammerschick/Pilgram (Hrsg.), Arbeitsmarkt, Strafvollzug und Gefangenenarbeit, S. 118; Lohmann, Hans Christian, Arbeit und Arbeitsentgelt..., S. 234; Olbrück, Claudia, Anspruch und Wirklichkeit..., S. 105

[1012] Mett, Dietrich, Tarifgerechte Bezahlung von Gefangenenarbeit, in: SchlHA 2000, S. 122; vgl. auch Lohmann, Hans Christian, Arbeit und Arbeitsentgelt..., S. 241

[1013] Das System der Stellenbeschreibung befürwortet auch Heierli, Urs, Gefangenenarbeit..., S. 139

[1014] Für die Pflegeversicherung müsste eine freiwillige Versicherung der Gefangenen angestrebt werden.

zwischen 400, 01 Euro und 800,- Euro Monatsverdienst findet eine Aufteilung der Sozialversicherungsbeiträge im Rahmen der Gleitzonen nach § 20 II SGB IV statt: Der Arbeitgeber zahlt wie normal die Hälfte sämtlicher Sozialversicherungsbeiträge, während der Arbeitnehmer beginnend mit 4% linear ansteigend bis zu seiner vollen Hälfte des Anteils Beiträge abführt.[1015] Leistungen aus dem SGB V werden im Rahmen des bereits erörterten kassenärztlichen Systems innerhalb der Anstalt erbracht.

III. Knappe Bewertung des Modells

1. Vorteile

Das Modell verspricht infolge seiner Zweispurigkeit flexible Reaktionsmöglichkeiten auf das (Nicht-)Vorhandensein von Arbeitsplätzen freier Unternehmer. Werden diese z.B. aufgrund konjunktureller Umstände knapp, werden die Gefangenen in den Anstaltsbetrieben eingesetzt. Die Variabilität in der Stellendotierung gewährleistet weiterhin Reaktionsmöglichkeiten auf die Gewinnentwicklung der Landesbetriebe. Die vornehmlich angestrebte „Abwälzung" der Gefangenen auf die Unternehmerbetriebe kann mikroökonomisch bzw. vollzugstechnisch als „soziales Outsourcing" bewertet werden. Für die Gefangenen ist die Tätigkeit in den Unternehmerbetrieben aus dreierlei Gründen reizvoll:
Zum einen wird durch das selbständige Bewerben und Aushandeln des eigenen Arbeitsvertrages im Rahmen zwischen 400,01 Euro und 800,- Euro das berufliche eigenverantwortliche Handeln gefördert.[1016] Zum zweiten kann er sich in dem Betrieb der freien Wirtschaft durch entsprechende Leistungen bei dem Unternehmen empfehlen und berufliche Kontakte für die Zeit des Freigangs oder der Freiheit knüpfen. Schließlich kommt die Tätigkeit im intramuralen Freigang einer weiteren Entgelterhöhung gleich, weil der Gefangene keine bzw. nur reduzierte Sozialversicherungsbeiträge zu leisten hat, während er in den Eigenbetrieben zur Zahlung des hälftigen Beitrags in Anspruch genommen wird.

2. Nachteile

a. Rechtliche Bedenken

Das System birgt auch Nachteile in sich: Neben dem sicherlich anfallenden zusätzlichen Verwaltungsaufwand und der bereits ausführlich erläuterten, umstrittenen Auslegung des § 39 I StVollzG, den der Gesetzgeber[1017] und das BAG[1018] einer derartigen Praxis nicht für zugänglich befinden, weil man eine „Zweiklassengesellschaft" befürchtet bzw. es nicht an einer gesetzgeberischen Regelungs-

---

[1015] Vgl. hierzu die amtliche Darstellung des Bundesministeriums für Gesundheit und soziale Sicherheit im Internet unter www.bgmS.de; vgl. zur Gleitzonenregelung des § 20 II SGB IV Rittweger, Stephan, Leitfaden Mini-Job, Ich-AG und Familien-AG, S. 22ff

[1016] Hagemann, Otmar, „Leiharbeit" als Stufe der Reintegration von Strafgefangenen in den Arbeitsmarkt, in: Hammerschick/Pilgram (Hrsg.), Arbeitsmarkt, Strafvollzug und Gefangenenarbeit, S. 118

[1017] BT – Drucksache 7 / 918, S. 67

[1018] Vgl. hierzu die Ausführungen im 3. Kapitel

lücke mangele, müssten daher weitere Reformen des StVollzG in diesem Gesetzesbereich erfolgen, um nicht – trotz der resozialisierungsförderlichen Wirkungen – de lege lata eine rechtswidrige Lage herbeizuführen.[1019] Darüber hinaus bestehen für diese Reformen de lege ferenda Zweifel dahingehend, wie in Übereinstimmung mit dem BVerfG die Beibehaltung der öffentlich – rechtlichen Verantwortung durch die Vollzugsbehörden rechtlich manifestiert werden soll, um z.B. nicht in Konflikt mit der Privatautonomie zu kommen.[1020] Die Gefahr der Bildung einer „Zweiklassengesellschaft" besteht hingegen meiner Auffassung nach nicht, weil auch bisher das Zusammenleben mit den Freigängern funktioniert.

b. Makroökonomische Hindernisse

Schließlich sei jedoch noch auf einen makroökonomischen Nachteil hingewiesen: Das Funktionieren des Konzepts hängt (leider) maßgeblich auch von konjunkturellen Umständen ab. Rezessionen, wie im Jahre 2003 und 2004, machen sich im Vollzug aufgrund der dort noch zusätzlich widrigen Umstände verstärkt bemerkbar und könnten das Gesamtmodell kippen, indem sich infolge schwacher Auftrageingänge keine Unternehmer finden, die freie Beschäftigungsverhältnisse in der Anstalt anbieten können.[1021] Dazu kommt die Tatsache, dass ab 1.5.2004 Länder des ehemaligen Ostblocks in die Europäische Union integriert werden (sog. Billiglohnländer), in denen dann aufgrund der Dienstleistungsfreiheit der Art. 49, 50 EG sehr unbürokratisch die Errichtung billiger Produktionsstätten auf dem jeweiligen Lohnniveau durch deutsche Unternehmen möglich ist.[1022] Sowohl Großkonzerne als auch der Mittelstand sehen ihre Zukunft in den Ländern Osteuropas, weil dort niedrige Steuern, billige Löhne und wachsende Märkte vorhanden sind.[1023] Insoweit dürfte das Modell vielleicht wirklich nur ein Idealbild oder gar eine Illusion bleiben.

Schlussgedanken und Zusammenfassung

Die soziale Absicherung hat ihren eigentlichen Ursprung bereits in der Antike, ist aber in der Form unseres heutigen Verständnisses in den 1880er Jahren entstanden. Geschah dies durch den Reichskanzler Bismarck noch unter (zumindest auch) sachfremden Erwägungen, nämlich um die aufgebrachte Arbeiterschaft zu beruhigen, so hat das Instrumentarium insbesondere unter der Geltung des Grundgesetzes die Gedanken sozialer Gerechtigkeit und sozialer Sicherheit verinnerlicht und sich deren Verwirklichung als Ziel gesetzt – hierbei wurden im

---

[1019] So wohl auch Lohmann, Hans Christian, Arbeit und Arbeitsentgelt..., S. 242f

[1020] Ausführlich Lohmann, Hans Christian, Arbeit und Arbeitsentgelt..., S. 244f

[1021] Neu, Axel, Produktivität der Gefangenenarbeit: eingemauert auf bescheidenem Niveau?, in: Hammerschick/Pilgram (Hrsg.), Arbeitsmarkt, Strafvollzug und Gefangenenarbeit, S. 107; Blau, Günter, Arbeit im Gefängnis, in: Rollmann, Dietrich (Hrsg.), Strafvollzug in Deutschland..., S. 85; Fahsel, Jörg, Das Recht des Gefangenen, S. 88ff; Landau/Kunze/Poseck, Die Neuregelung des Arbeitsentgelts im Strafvollzug, in: NJW 2001, S. 2612f

[1022] Hierzu auch Lohmann, Hans Christian, Arbeit und Arbeitsentgelt..., S. 229

[1023] Handschuch, Konrad, Out of Germany, in: Wirtschaftswoche vom 18.3.2004, S. 32ff

Laufe der Geschichte ständig weitere Personenkreise in das soziale Sicherungsnetz einbezogen. Das Sozialversicherungsrecht als Teil des Sozialrechts ist (vereinfacht gesagt) als öffentlich-rechtliche Materie im Sinne der Sozialgesetzbücher zu qualifizieren – wenn auch hierüber lange Uneinigkeit bestand – und unterscheidet sich nicht so sehr in der Rechtsfolge, jedoch deutlich in den materiellen Voraussetzungen vom Privatversicherungsrecht. Deutlichstes Unterscheidungskriterium bleibt der unserer Sozialversicherung zugrundeliegende Solidaritätsgedanke.[1024]

Den Anknüpfungspunkt für die Zwangsmitgliedschaft in der sozialen Absicherung bildet die Verrichtung fremdbestimmter Arbeit. Einer solchen obliegen auch auch Strafgefangene, obwohl sie keine Arbeitnehmer und keine Beschäftigten im Sinne des § 7 I SGB IV sind, weil sie Pflichtarbeit nach § 41 I StVollzG leisten. Dass die Arbeit vornehmlich der Resozialisierung dient, ändert an der Erbringung echter Arbeit nichts. Dennoch sind innerhalb der Anstalt arbeitende Strafgefangene derzeit nur in die Arbeitslosen- und Unfallversicherung einbezogen, was sehr erfreulich und für die Gefangenen aufgrund der problematischen Arbeitsmarktlage und ihrer meist geringen Bildung von unschätzbarem Wert ist, nicht aber in die übrigen Zweige. Dies führt zu teilweise massiven sozialversicherungsrechtlichen, verfassungsrechtlichen sowie strafvollzugsrechtlichen Regelungslücken, die sich sowohl für die Gefangenen als auch für deren Familien als überaus kontraproduktiv, weil kriminalitätsfördernd erweisen – dennoch hat das BVerfG die unterlassene Einbeziehung mit Verweis auf die Gestaltungsfreiheit des Gesetzgebers unbeanstandet gelassen. Damit rangiert der Strafgefangene in der „Hierarchie der sozial Benachteiligten" weit hinter dem nicht straffällig werdenden Arbeitslosen, Frührentner, Kinderreichen mit geringem Einkommen, Kriegsopfer, Unfallopfer, Lernschwachen, Geisteskranken oder Arbeitsunwilligen.[1025] Hier bedarf es dringender Reformen, indem die Gefangenen zügig in sämtliche Sozialversicherungszweige einbezogen werden. Dies ist allerdings zwangsläufig mit einer weiteren Entgelterhöhung verbunden. Wie erörtert bleibt mit zusätzlichen Belastungen des Haushalts der Landesjustizverwaltungen zu rechnen, die sich jedoch mittels einer weiteren Reform der Gefangenenarbeit als solcher in Grenzen halten können.

[1024] Vgl. Storr, Stefan, „Neuorganisation der Sozialen Sicherungssysteme"..., in: SGb 2004, S. 282

[1025] Stolleis, Michael, Strafrecht und Sozialrecht, in: ZSR 1979, S. 278

Fazit: Alles in allem muss festgestellt werden, dass die Verwirklichung sozialer Sicherheit der Strafgefangenen lückenhaft bzw. unzureichend und eine Verbesserung nur unter nicht unwesentlichen Reformbestrebungen zu bewältigen ist. Dabei darf nicht allzu akribisch auf finanziellen Gesichtspunkten beharrt werden, um nicht „kleinlich und kurzsichtig (...)“[1026] den Erfolg eines ansonsten für die Gefangenen und unsere Gesellschaft gewinnbringenden Gesamtkonzepts einer sinnstiftenden Strafe zu riskieren, nämlich dem Straffälligen eine neue Ausgangsposition für ein gleichberechtigtes Leben in der Gemeinschaft mit denselben Chancen, Rechten und Pflichten, wie sie allen Staatsbürgern zustehen, zu verschaffen.[1027]

[1026] Rotthaus, Karl Peter, Die Bedeutung des Strafvollzugsgesetzes für die Reform des Strafvollzugs, in: NStZ 1987, S. 4

[1027] Vgl. hierzu auch Pröbsting, Karl, Der Weg zurück in die Freiheit, in: BArbBl 1973, S. 287

Literaturverzeichnis

Alber, Jens	Vom Armenhaus zum Wohlfahrtsstaat – Analysen zur Entwicklung der Sozialversicherung in Westeuropa, Frankfurt am Main, 1982
Arloth, Frank	Der Angleichungsgrundsatz des § 3 I StVollzG: Gestaltungsprinzip oder Leerformel?, in: ZfStrVo 1987, S. 328
Armborst, Christian/Birk, Ulrich-Arthur u.a. (Hrsg.)	Bundessozialhilfegesetz, Lehr- und Praxiskommentar, 6. Auflage, Baden-Baden, 2003
Bachof, Otto	Verfassungswidrige Verfassungsnormen?, Tübingen, 1951
Bäcker, Gerhard/Koch, Angelika	Unterschiede zwischen zukünftigem Arbeitslosengeld II und bisheriger Arbeitslosen- und Sozialhilfe, in: SozSich 2004, S. 88
Baumann, Karl Heinz/Maetze, Winfried/Mey, Hans Georg	Zur Rückfälligkeit nach Strafvollzug, in: MSchrKrim 1983, S. 133
Baumeister, Rudolf	Schuldnerberatung und Schuldenregulierung im Strafvollzug, in: ZfStrVo 1988, S. 323
Becker, Bernd/Schuppert, Gunnar Folke/Thieme, Werner (Hrsg.)	Art. 3 I GG als Prinzip absoluter Rechtsgleichheit, Köln, Berlin, Bonn, München, 1997
Belle, Frieder	Die Maßnahmen der beruflichen Bildung im Arbeitsförderungsgesetz. Eine Untersuchung aus verteilungspolitischer Sicht, Stuttgart, 1978
Bemmann, Günter	Zur Frage der Arbeitspflicht des Strafgefangenen, in: Samson, Erich (Hrsg.), Festschrift für Gerald Grünwald, Baden – Baden, 1999, S. 69
Bereiter-Hahn, Werner/Mehrtens, Gerhard/Schieke, Heinz	Gesetzliche Unfallversicherung, SGB VII, Handkommentar, Loseblattsammlung, Berlin, Stand März / 1997

Berne, Annegret	Die Aufgaben der Arbeitslosenversicherung aus sozialverfassungsrechtlicher Sicht, Berlin, 2000
Bleckmann, Albert (Hrsg.)	Die Struktur des allgemeinen Gleichheitssatzes, Köln, Berlin, Bonn, München, 1995
Bley, Helmar/Kreikebohm, Ralf/Marschner, Andreas	Sozialrecht, 8. Auflage, Frankfurt am Main, 2001
Bogs, Walter	Gegenwartsfragen sozialer Versicherung, Heidelberg, 1950
ders.	Grundfragen des Rechts der sozialen Sicherheit und seiner Reform, Berlin, 1955
ders.	Verfassungsrechtliche Fragen zur Aufhebung der Jahresarbeitsverdienstgrenze in der Rentenversicherung der Angestellten, in: DVBl. 1969, S. 335
Bonz, Hans-Jörg	Die Sozialversicherung – ein zukunftsfähiges Modell der sozialen Sicherung?, in: Eichenhofer, Eberhard (Hrsg.), Bismarck, die Sozialversicherung und deren Zukunft, Berlin, 2000
Böhm, Alexander	Strafvollzug, 3. Auflage, Neuwied, 2003
Breuer, Joachim/Watermann, Friedrich/Lauterbach, Herbert (Hrsg.)	Unfallversicherung SGB VII Kommentar, Band I-III, Loseblattsammlung, Stuttgart, Stand Oktober / 2003
Britz, Guido	Leistungsgerechtes Arbeitsentgelt für Strafgefangene?, in: ZfStrVo 1999, S. 195
Brühl, Albrecht	Sozialhilfe für Strafgefangene und ihre Angehörigen, in: ZfStrVo 1986, S. 291
Bund der Strafvollzugsbediensteten e.V.	Stellungnahme zum Entwurf eines Strafvollzugsgesetzes, ohne Erscheinungsort, Juni 1974

Bundesarbeitsgemeinschaft der Sozialarbeiter/Sozialpädagogen bei den Justizvollzugsanstalten e.V. | Stellungnahme zum Gesetzentwurf des Bundesrates zur Änderung des StVollzG, in: ZfStrVo 1989, S. 111

Calliess, Rolf-Peter | Theorie der Strafe im demokratischen und sozialen Rechtstaat, Frankfurt am Main, 1974

ders. | Die Neuregelung des Arbeitsentgelts im Strafvollzug – Zum Fünften Gesetz zur Änderung des Strafvollzugsgesetzes, in: NJW 2001, S. 1692

Calliess, Rolf-Peter/Müller-Dietz, Heinz | Strafvollzugsgesetz Kommentar, 9. Auflage, München, 2002

Chun-Tai, Lee | Zur Kritik des unmittelbaren und mittelbaren Arbeitszwangs im Strafvollzug, Hamburg, 1994

Cornel, Heinz/Maelicke, Bernd/Sonnen, Bernd-Rüdeger (Hrsg.) | Handbuch der Resozialisierung, Baden-Baden, 1995

Daheim, Hans-Jürgen | Der Beruf in der modernen Gesellschaft, Köln, Berlin, 1967

Dargel, Helmut | Kostentragungspflicht der Vollzugsbehörde für die Heilbehandlung kranker Gefangener, in: ZfStrVo 1983, S. 333

Degenhart, Christoph | Staatsrecht I – Staatsorganisationsrecht, 19. Auflage, Heidelberg, 2003

Deimling, Gerhard | Neue Möglichkeiten der Wiedereingliederung Straffälliger in die Gesellschaft, in: ZfStrVo 1978, S. 7

Deutscher Bundestag (Hrsg.) | Fragen an die deutsche Geschichte: Ideen, Kräfte, Entscheidungen von 1800 bis zur Gegenwart, Berlin, 1993

Doetsch, Werner — Sozial- und Gesundheitspolitik im Wandel, in: Zacher, Hans (Hrsg.), Soziale Sicherung durch soziales Recht, Festschrift für Horst Peters, Stuttgart, 1975, S. 20

Dörschel, Alfons — Arbeit und Beruf in wirtschaftspädagogischer Betrachtung, Freiburg, 1960

Dreier, Horst (Hrsg.) — Grundgesetz Kommentar,
Band I: 2. Auflage, Tübingen, 2004
Band II: Tübingen, 1998

Du Mênil, Beatrice — Die Resozialisierungsidee im Strafvollzug, München, 1994

Dünkel, Frieder — Brauchen wir ein Jugendstrafvollzugsgesetz?, in: ZRP 1992, S. 176

Dylla, Christoph — Strafhaft und Arbeitsrecht, Köln, 1971

Eichenhofer, Eberhard — Die Sozialversicherung – Hinterlassenschaft Bismarcks, in: ders. (Hrsg.), Bismarck, die Sozialversicherung und deren Zukunft, Berlin, 2000

ders. — Zum System des Sozialrechts, in: SGb 1998, S. 289

ders. — Sozialrecht, 4. Auflage, Tübingen, 2003

ders. — 50 Jahre Social Security Act, in: SGb 1984, S. 563

Einsele, Helga/Rothe, Gisela — Frauen im Strafvollzug, Reinbek bei Hamburg, 1982

Erlenkämper, Arnold/Fichte, Wolfgang — Sozialrecht, 5. Auflage, Köln, Berlin, Bonn, München, 2003

Eser, Albin — Resozialisierung in der Krise?, in: Baumann, Jürgen/Tiedemann, Klaus (Hrsg.), Einheit und Vielfalt des Strafrechts, Festschrift für Karl Peters, Tübingen, 1974, S. 509

Fahsel, Jörg	Das Recht des Gefangenen auf Arbeit und Entlohnung, München, 1971
Feest, Johannes (Hrsg.)	Kommentar zum Strafvollzugsgesetz, 4. Auflage, Neuwied, 2000
Feilcke, Claus Hinrich	Arbeitszwang und Zwangsarbeit, in: MSchrKrim 1967, S. 297
Fichtner, Otto (Hrsg.)	Bundessozialhilfegesetz Kommentar, München, 1999
Flügge, Christoph/Maelicke, Bernd/Preusker, Harald (Hrsg.)	Das Gefängnis als lernende Organisation, Baden-Baden, 2001
Forsthoff, Ernst (Hrsg.)	Rechtstaatlichkeit und Sozialstaatlichkeit, Darmstadt, 1968
Franke, Dietmar	Rechtsanspruch des Gefangenen auf Maßnahmen der beruflichen Bildung? – Zum Verhältnis des § 37 III StVollzG gegenüber den §§ 33ff AFG, in: ZfStrVo 1979, S. 73
Franke, Hilde	Die Gefangenenarbeit unter besonderer Berücksichtigung ihrer volkswirtschaftlichen Bedeutung, Würzburg, 1926
Fredebeul, Franz-Heinz	Zur Vertragsfrage bei überbetrieblicher Berufsausbildung, in: BB 1983, S. 968
Freitag, Emil	Geschichte und Entwicklung der französischen Sozialversicherung, Mannheim, 1934
Gagel, Alexander (Hrsg.)	SGB III Kommentar Arbeitsförderung, Band I und II, Loseblattsammlung, München, Stand Oktober 2003
Gierke, Otto von	Die soziale Aufgabe des Privatrechts, Frankfurt am Main, 1943
ders.	Deutsches Privatrecht, Band I, Leipzig, 1895

Gitter, Wolfgang — Probleme bei der Kodifizierung des deutschen Sozialrechts, in: ders./Wannagat, Georg (Hrsg.), Festschrift für Erich Fechner, Tübingen, 1973, S. 235

Gitter, Wolfgang/Heinze, Helmut/Bley, Helmar u.a. (Hrsg.) — Sozialgesetzbuch, Gesamtkommentar, Loseblattsammlung
Band 3, V. Buch, Krankenversicherung, Wiesbaden, Stand April 2000,
Band 6, III. Buch, Unfallversicherung, Wiesbaden, Stand September 1990

Gitter, Wolfgang/Schmitt, Jochem — Sozialrecht, 5. Auflage, München, 2001

Götte, Sabine — Die Mitbetroffenheit der Kinder und Ehegatten von Strafgefangenen, Köln, 2000

Grosser, Rudolf — Sozialarbeit für Strafgefangene Vorschläge zur gesetzlichen und organisatorischen Gestaltung der Entlassungshilfe, in: BewHi 1991, S. 242

Hammerschick, Walter/Pilgram, Arno (Hrsg.) — Arbeitsmarkt, Strafvollzug und Gefangenenarbeit, Baden – Baden, 1997

Handschuch, Konrad — Out of Germany, in: Wirtschaftswoche, 18.3.2004, S. 31

Hardes, Manfred — Förderung der beruflichen Weiterbildung im Justizvollzug nach den Vorschriften des SGB III (früher AFG), in: ZfStrVo 1998, S. 147

ders. — Leistungen für Gefangene bei Arbeitslosigkeit, in: ZfStrVo 2001, S. 139

ders. — Gesetzliche Grundlagen der beruflichen Bildung für Gefangene, in: ZfStrVo 1995, S. 273

ders. — Die Unfallversicherung der Gefangenen, in: ZfStrVo 1984, S. 6

ders. — Berufliche Bildung der Gefangenen nach dem Arbeitsförderungsgesetz unter Berücksichtigung der durch das Arbeitsförderungskonsolidierungsgesetz bedingten Änderungen, in: ZfStrVo 1982, S. 167

ders. — Die Arbeitslosenversicherung für Gefangene unter Berücksichtigung der Änderungen des Arbeitsförderungsgesetzes, in: ZfStrVo 1986, S. 286

Hartmann, Jürgen — Keine Einbeziehung von Strafgefangenen in die gesetzliche Rentenversicherung, in: SozVers 1993, S. 197

Hase, Frieder — Anrechnung von Kindererziehungszeiten in der Rentenversicherung: Element eines sozialen Ausgleichs? Individuelle Vorsorgeverantwortung und öffentliche Subventionierung in der Alterssicherung, in: VSSR 1995, S. 25

Hase, Friedhelm — Versicherungsprinzip und sozialer Ausgleich, Tübingen, 2000

Hauck, Karl — Die Kodifikation des Sozialrechts als Beitrag zur sozialen Sicherung, in: Zacher, Hans (Hrsg.), Soziale Sicherung durch soziales Recht, Festschrift für Horst Peters, Stuttgart, 1975, S. 21

ders. — Zur Einbeziehung der Gefangenen in die soziale Sicherung, in: ZfStrVo 1970, S. 285

Hauck, Karl/Noftz, Wolfgang — Sozialgesetzbuch – Gesamtkommentar, Loseblattsammlung, Berlin, Stand Februar 2004,
SGB I
SGB IV
SGB V: Band I – III
SGBVI: Band I – III

Hauf, Claus-Jürgen — Die Reichweite des Gefangenschaftsverhältnisses unter besonderer Berücksichtigung des Vollzugsverhältnisses, in: ZfStrVo 1994, S. 138

Hax, Karl	Grundlagen des Versicherungswesens, Wiesbaden, 1964
Hayek, Friedrich August von	Drei Vorlesungen über Demokratie, Gerechtigkeit und Sozialismus, Tübingen, 1977
ders.	Die Verfassung der Freiheit, Tübingen, 1971
Heierli, Urs	Gefangenenarbeit, Entlöhnung und Sozialisation, Zürich, 1973
Heising, Michael	Die Entlohnung der Gefangenenarbeit, Basel, Stuttgart, 1968
Heller, Bernd/Stosberg, Rainer	Das Dritte und das Vierte Gesetz für moderne Dienstleistungen am Arbeitsmarkt, in: DAngVers 2004, S. 100
Henkes, Andreas/Baur, Ulrich/Kopp, Joachim/Polduwe, Christiane	Handbuch Arbeitsförderung SGB III, München, 1999
Hilkenbach, Herbert	Schule und berufliche Bildung im Strafvollzug, in: ZfStrVo 1987, S. 51
Hippel, Eike von	Der Schutz des Schwächeren, Tübingen, 1982
Hirsch, Silke Marion	Die Kommunikationsmöglichkeiten des Strafgefangenen mit seiner Familie, Frankfurt am Main, 2003
Hoffmeister, Johannes	Wörterbuch der philosophischen Begriffe, 2. Auflage, Hamburg, 1955
Hofmann, Edgar	Privatversicherungsrecht, 3. Auflage, München, 1991
Hohmann, Roger	Einbeziehung von Sozialhilfeempfängern in die gesetzliche Krankenversicherung? Verfassungsproblematik und Lösungsansatz im Entwurf eines Gesundheitsmodernisierungsgesetzes, in: SGb 2003, S. 498

Honsell, Heinrich (Hrsg.) — Berliner Kommentar zum Versicherungsvertragsgesetz, Berlin, Heidelberg, 1999

Husen, Jan-Hinnerk — Kritische Bemerkungen zum vollzugsärztlichen Dienst, in: ZfStrVo 1974, S. 206

Jäger, Horst — Einführung in die Sozialversicherung und in die sonstigen Bereiche des Sozialrechts, 12. Auflage, Berlin, 1998

Jahn, Gerhard (Vorwort) — Entwurf eines Gesetzes über den Vollzug der Freiheitsstrafe und der freiheitsentziehenden Maßregeln der Besserung und Sicherung – Strafvollzugsgesetz –, herausgegeben vom Bundesministerium der Justiz, 1973

Jahn, Kurt/Groß, Werner — Sozialgesetzbuch für die Praxis, Siebtes Buch (VII), Gesetzliche Unfallversicherung, Loseblattsammlung, Berlin, Stand Dezember 1996

Jehle, Jörg-Martin — Arbeit und Entlohnung von Strafgefangenen, in: ZfStrVo 1994, S. 259

ders. — Lohnt sich die Gefangenenarbeit? Grundsätzliche Fragen zu Arbeit und Entlohnung im Strafvollzug, in: Häußling, Josef Maria/Reindl, Richard (Hrsg.), Sozialpädagogik und Strafrechtspflege, Gedächtnisschrift für Max Busch, Pfaffenweiler, 1995, S. 501

Joo-Hwan, Kim — Zur Konkretisierung des allgemeinen Gleichheitssatzes des Art. 3 I GG, Frankfurt am Main, 2000

Jung, Heike — Weiterbildung der Gefangenen – eine Aufgabe des Vollzuges, in: ZfStrVo 1975, S. 136

Kaiser, Günther/Schöch, Heinz — Strafvollzug, 5. Auflage, Heidelberg, 2002

Kallina, Michael — Willkürverbot und Neue Formel – Der Wandel der Rechtsprechung des BVerfG zu Art. 3 I GG, Tübingen, 2001

Kamann, Ulrich	Das Urteil des BVerfG vom 1.7.1998 zur Gefangenenentlohnung, ein nicht kategorischer Imperativ für den Resozialisierungsvollzug, in: StV 1999, S. 348
Kaufmann, Arthur	Grundprobleme der Rechtsphilosophie, München, 1994
Kimpel, Karl	Die Arbeit der Gefangenen, in: ZfStrVo 1966, S. 195
Kirchhof, Paul	Die Verschiedenheit der Menschen und die Gleichheit vor dem Gesetz, München, 1996
Kleeis, Friedrich	Die Geschichte der sozialen Versicherung in Deutschland, Berlin, 1981
Klesczewski, D.	Disziplinarmaßnahmen wegen Arbeitsverweigerung, Anm. zum Beschluss des OLG Hamburg vom 23.9.1991, in: NStZ 1992, S. 351
Koepsel, Klaus	Strafvollzug im Sozialstaat. Die Auswirkungen des Sozialstaatsprinzips auf das Strafvollzugsrecht, Hamburg, 1985
Köhler, Peter/Zacher, Hans (Hrsg.)	Ein Jahrhundert Sozialversicherung in der Bundesrepublik Deutschland, Frankreich, Großbritanien, Österreich und der Schweiz, Berlin, 1981
Köttker, Verena	Fünf vor zwöf, in: FOCUS, 2003, Nr. 36, S. 32
Krasney, Otto Ernst/Wiester, Wolfgang/Burchardt, Klaus	Handbuch der Sozialversicherung, Gesetzliche Krankenversicherung, Loseblattsammlung, St. Augustin, Stand Januar 1997
Krebs, Albert	Die GmbH als Betriebsform der Arbeit in der Strafanstalt, in: ZfStrVo 1966, S. 204
Kreikebohm, Ralf	Arbeitsmarkt und Alterssicherung, Berlin, 1983
ders. (Hrsg.)	SGB VI Kommentar, 2. Auflage, München, 2003
Krell, Wolfgang (Hrsg.)	Schwitzen statt sitzen, Weimar, 2003

Kreßel, Eckhard/ Wollenschläger, Michael — Leitfaden zum Sozialversicherungsrecht, 2. Auflage, Nachtrag, Neuwied, Kriftel, Berlin, 1998

Kruse, Jürgen/Hänlein, Andreas (Hrsg.) — Gesetzliche Krankenversicherung, Lehr- und Praxiskommentar SGB V, 2. Auflage, Baden-Baden, 2003

Kulbe, Arthur — Die gesetzliche und private Krankenversicherung, Freiburg im Breisgau, 1993

Kunkel, Peter-Christian — Existenzsicherung in SGB II und SGB XII, in: ZFSH/SGB 2004, S. 280

Kunz, Karl Ludwig — Soziales Lernen ohne Zwang, in: ZStW 1989, S. 75

Landau, Herbert/Kunze, Torsten/Poseck, Roman — Die Neuregelung des Arbeitsentgelts im Strafvollzug, in: NJW 2001, S. 2611

Laubenthal, Klaus — Arbeitsverpflichtung und Arbeitsentlohnung des Strafgefangenen, in: Schlüchter, Ellen (Hrsg.), Kriminalistik und Strafrecht, Festschrift für Friedrich Geerds, Lübeck, 1995, S. 337

ders. — Strafvollzug, 3. Auflage, Berlin, Heidelberg, New York, 2003

Leder, Hans Claus — Arbeitsentgelt im Strafvollzug der Bundesrepublik Deutschland, Rheinstetten, 1978

Leibholz, Gerhard/Rinck, Hans-Justus/Hesselberger, Dieter — Grundgesetz, Kommentar an Hand der Rechtsprechung des BVerfG, Band I, Loseblattsammlung, Köln, Stand August 2003

Leinemann, Wolfgang/Taubert, Thomas — Berufsbildungsgesetz Kommentar, München, 2002

Leisner, Walter — Sozial- und Privatversicherung, Berlin, 1974

Leopold, Dieter — Die Geschichte der sozialen Versicherung, St. Augustin, 1999

Leyendecker, Natalie Andrea — (Re-)Sozialisierung und Verfassungsrecht, Berlin, 2002

Lichtenberger, Gustav	Die Arbeitsentlohnung im Strafvollzug als Mittel der Resozialisierung, München, 1971
Linhart, Helmut/Adolph, Olgierd/Gröschel-Gundermann, Olaf	Bundessozialhilfegesetz Kommentar, Loseblattsammlung, Heidelberg, München, Berlin, 2003
Lipmann, Otto	Lehrbuch der Arbeitswissenschaft, Jena, 1932
Löschau, Martin/Marschner, Andreas	Zusammenlegung von Arbeitslosen- und Sozialhilfe, Hartz IV, München, 2004
Lohmann, Hans Christian	Arbeit und Arbeitsentlohnung des Strafgefangenen, Frankfurt am Main, 2002
Lüderssen, Klaus/Schumann, Karl/Weiss, Manfred (Hrsg.)	Gewerkschaften und Strafvollzug, Frankfurt am Main, 1978
Maldener, Josef	Die Beitragspflicht der Gefangenen zur Arbeitslosenversicherung, in: ZfStrVo 1996, S. 14
Marburger, Horst	Sozialversicherung und Freiheitsentzug, in: SozArb 1973, S. 66
Maydell, Bernd Baron von (Hrsg.)	Gemeinschaftskommentar zum Sozialgesetzbuch – Gesetzliche Krankenversicherung, Loseblattsammlung, Neuwied, Kriftel, Berlin Stand Oktober 2002
Mayer, Hellmuth	Resozialisierungsbedürftigkeit, -willigkeit, -fähigkeit der Straftäter, in: ZfStrVo 1966, S. 323
Meffert, Heinrich	Hat die Beschäftigung einen Sinn?, in: ZfStrVo 1952, S. 33
Mett, Dietrich	Tarifgerechte Bezahlung von Gefangenenarbeit – Ein Modell konsequenter Weiterentwicklung des Resozialisierungsgedankens, in: SchlHA 2000, S. 121
Mey, Hans Georg	Auswirkungen schulischer und beruflicher Bildungsmaßnahmen während des Strafvollzuges, in: ZfStrVo 1986, S. 265

Moritz, Hans-Jürgen/Thewes, Frank	Betrübliche Altersvorsorge, in: FOCUS, 2003, Nr. 36, S. 25
Möller, Hans	Gemeinsame Begriffe der Sozial- und Privatversicherung, in: Klingmüller, Ernst (Hrsg.), Aktuelle Fragen der Individual- und der Sozialversicherung, Festgabe für Erich Roehrbein, Karlsruhe, 1962, S. 137
Mrozynski, Peter	Zur Pflichtversicherung Gefangener im Straf- und Maßregelvollzug, in: SGb 1990, S. 315
ders.	Resozialisierung und soziales Betreuungsverhältnis – Eine Untersuchung zur Bedeutung des Sozialrechts in der Resozialisierung, Heidelberg, 1984
ders.	SGB I Kommentar, 3. Auflage, München, 2003
ders.	SGB IX Teil 1, Kommentar, München, 2002
ders.	Zur Frage der Arbeitslosenversicherungspflicht der im Maßregelvollzug Untergebrachten, in: ZfStrVo 1986, S. 288
Müller, Joachim/Nick, Franz/Ehreiser, Hans Jörg	Sozialstaat und soziale Sicherung, Bonn, Mannheim, 1979
Müller-Dietz, Heinz	Strafvollzugsrecht, 2. Auflage, Berlin, New York, 1978
ders.	Bildungsarbeit im Strafvollzug – grenzübergreifend, in: ZfStrVo 1993, S. 259
ders.	Zur Problematik des Arbeitsentgelts und der Sozialversicherung für Strafgefangene, in: ZRP 1974, S. 249
Müller-Volbehr, Jörg	Der Begriff des Sozialrechts im Wandel, in: JZ 1978, S. 249
Nakielski, Hans	Neue Zumutbarkeitsregeln: Nur sittenwidrige Arbeitslöhne dürfen abgelehnt werden, in: SozSich 2004, S. 95

Neu, Axel	Wirtschaftsfaktor: Gefängnis, in: NK 1995 (2), S. 35
ders.	Betriebswirtschaftliche und volkswirtschaftliche Aspekte einer tariforientierten Gefangenenentlohnung, in: ZfStrVo 1995, S. 149
ders.	Der Gesetzgeber bleibt gefragt, in: NK 1998 (4), S. 16
ders.	Den verfassungsrechtlichen Vorgaben knapp entsprochen, in: NK 2001 (2), S. 22
ders.	Betriebswirtschaftliche und volkswirtschaftliche Aspekte einer tariforientierten Gefangenenentlohnung, Berlin, 1995
ders.	Arbeitsentgelte, Surrogatleistungen und Verwendungsauflagen bei einer Reform des Jugendstrafvollzuges, Arbeitspapier Nr. 83 des Instituts für Weltwirtschaft Kiel, 1979
Neulandt, Günter	Zum Problem der sog. Resozialisierung, in: ZfStrVo 1961, S. 325
Neumann – Duesberg, Rüdiger	Gesundheitsfürsorge sowie Sozial- und Arbeitslosenversicherung nach dem neuen Strafvollzugsgesetz, in: DOK 1977, S. 8
Niesel, Klaus	Sozialgesetzbuch, Arbeitsförderung – SGB III –, 2. Auflage, München, 2002
Ohle, Carsten Detlev	Arbeitsentlohnung und Arbeitsbelohnung im Gefangenenarbeitswesen, Hamburg, 1972
Olbrück, Claudia	Anspruch und Wirklichkeit des Strafvollzugsgesetzes, Kiel, 1996
Parlamentsbericht aus dem Deutschen Bundestag	Sozialversicherung und höhere Arbeitsvergütung für Strafgefangene, in: DRiZ 1981, S. 391

Pawlita, Cornelius	Die Gefangenenentlohnung und ihre Bedeutung für das Sozialrecht – Zur Entscheidung des Bundesverfassungsgerichts vom 1.7.1998, in: ZFSH/SGB 1999, S. 67
ders.	Ausgrenzung durch Sozialrecht – Die Verweigerung einer Erwerbsunfähigkeitsrente aus versicherungsrechtlichen Gründen, in: ZRP 1995, S. 88
ders.	Die rentenversicherungsrechtlichen Voraussetzungen seit acht Jahren auf dem Prüfstand des Bundesverfassungsgerichts, in: SozVers 1997, S. 266
Pendon, Manuel	Die Rolle berufsbildender Maßnahmen im Vollzug – Bedeutung und Erfolg im Hinblick auf die Wiedereingliederung Straffälliger, in: ZfStrVo 1992, S. 31
ders.	Berufliche Weiterbildung im Strafvollzug, in: ZfStrVo 1990, S. 268
Peters, Horst	Die Geschichte der sozialen Versicherung, 3. Auflage, Düsseldorf, 1978
Peters, Karl	Die ethischen Voraussetzungen des Resozialisierungs- und Erziehungsvollzuges, in: Lüttger, Hans/Blei, Hermann/Hanau, Peter (Hrsg.), Festschrift für Ernst Heinitz, Berlin, 1972, S. 505
Pfeiffer-Munz, Susanne	Soziales Recht ist deutsches Recht – Otto von Gierkes Theorie des sozialen Rechts untersucht anhand seiner Stellungnahmen zur deutschen und zur schweizerischen Privatrechtskodifikation, Zürich, 1979
Pfohl, Gerhard	Zusammenführung von Arbeitslosen- und Sozialhilfe für Erwerbsfähige, in: ZFSH/SGB 2004, S. 167

Pickel, Harald — Das Sozialrecht im Wandel der Zeit, in: Müller, Klaus (Hrsg.), Sozialrecht in Wissenschaft und Praxis, Festschrift für Horst Schieckel, Percha/Kempfenhausen am Starnberger See, 1978, S. 225

Pierenkemper, Toni — Gewerbe und Industrie im 19. und 20. Jahrhundert, München, 1994

Pieroth, Bodo/Schlink, Bernhard — Grundrechte/Staatsrecht II, 19. Auflage, Heidelberg, 2003

Pilgram, Arno — Von den Schwierigkeiten, im Strafvollzug Normalität herzustellen, in: NK 1995 (2), S. 41

Plagemann, Hermann (Hrsg.) — Münchener Anwaltshandbuch Sozialrecht, München, 2003

Preusker, Harald — Zur Situation der Gefängnisarbeit, in: ZfStrVo 1988, S. 92

Preusker, Harald/Rosemeier, Dirk — Umfang und Grenzen der Schweigepflicht von Psychotherapeuten im Justizvollzug nach dem 4. Gesetz zur Änderung des Strafvollzugsgesetzes, in: ZfStrVo 1998, S. 323

Pröbsting, Karl — Der Weg zurück in die Freiheit
Sozialpolitische Aufgaben und Möglichkeiten im Strafvollzug, in: BArbBl 1973, S. 286

Radbruch, Gustav — Der Mensch im Recht, Göttingen, 1957

ders. — Elegantiae Juris Criminalis, 2. Auflage, Basel, 1950

ders. — Rechtsphilosophie, 9. Auflage, Stuttgart, 1983

Reiser, n.n. — Die Arbeit der Gefangenen – Vorbereitung der Entlassung, in: BewHi 1955, S.3

Ritter, Gerhard — Sozialversicherung in Deutschland und England Entstehung und Grundzüge im Vergleich, München, 1983

Rittweger, Stephan	Leitfaden Mini-Job, Ich-AG und Familien-AG, München, 2003
Ritz, Norbert	Höchstrichterliche Rechtsprechung in der gesetzlichen Rentenversicherung – Kein Anspruch auf Übergangsgeld bei Rehabilitationsleistungen im Anschluss an eine vorherige Inhaftierung, in: DRV 1994, S. 824
Rode, Karlheinz	Was ist Sozialrecht? Versuch einer begrifflichen und systematischen Orientierung, in: ZSR 1969, S. 641
Roesler, Hermann	Sociales Recht und Privatrecht, in: Berliner Revue 1870, S. 9
ders.	Über die Grundlehren der von Adam Smith begründeten Volkswirtschaftstheorie, 2. Auflage, Erlangen, 1871
Rolfs, Christian	Das Versicherungsprinzip im Sozialversicherungsrecht, München, 2000
Rollmann, Dietrich (Hrsg.)	Strafvollzug in Deutschland – Situation und Reform –, Frankfurt am Main u.a., 1967
Rosenthal, Michael	Arbeitslohn im Strafvollzug, in: NK 1998 (2), S. 12
Rosin, Heinrich	Das Recht der Arbeiterversicherung, Berlin, 1893
ders.	Die Rechtsnatur der Arbeiterversicherung, in: Staatsrechtliche Abhandlungen, Festgabe für Paul Laband, Tübingen, 1908, S. 41
Rotthaus, Karl Peter	Die Bedeutung des Strafvollzugsgesetzes für die Reform des Strafvollzuges, in: NStZ 1987, S. 1
ders.	Die Reform der inhaltlich vollzuglichen Gestaltung der Untersuchungshaft, in: Eyrich, Heinz/Odersky, Walter/Säcker, Franz Jürgen (Hrsg.), Festschrift für Kurt Rebmann, München, 1989, S. 401

Ruprecht, Werner	Die Bedeutung der Arbeit in der Resozialisierung Straffälliger, in: BewHi 1964, S. 297
Rüssel, Arnulf	Arbeitspsychologie, Bern, 1961
Savigny, Michael von	Die Gesundheitsfürsorge im Strafvollzug unter besonderer Berücksichtigung der Gefangenen im freien Beschäftigungsverhältnis, Frankfurt am Main, 1992
Scharmann, Theodor	Arbeit und Beruf, Tübingen, 1956
Schaub, Günter/Koch, Ullrich/Linck, Rüdiger	Arbeitsrechtshandbuch, 10. Auflage, München, 2002
Schellhorn, Walter/Schellhorn, Helmut	Das Bundessozialhilfegesetz, 16. Auflage, Neuwied, 2002
Scherff, Dyrk	Wie viel Rente bleibt mir noch?, in: Frankfurter Allgemeine Sonntagszeitung, 26.10.2003, S. 43
ders.	Höherer Beitrag für Rente droht, in: Frankfurter Allgemeine Sonntagszeitung, 19.10.2003, S. 1, 4
Schmid, Felix	Sozialstaat und Recht der sozialen Sicherheit, Berlin, 1981
Schmidt-Bleibtreu, Bruno/Klein, Franz (Hrsg.)	Kommentar zum Grundgesetz, 9. Auflage, Neuwied, 1999
Schmitt, Jochem	SGB VII Kommentar, München, 1998
Schorn, Ulrich	Sozialversicherung im Strafvollzug, in: NZS 1995, S. 444
Schrader, Wolfgang	Eine zeitgemäße Pflege der Arbeitskraft des Häftlings im Strafvollzug, in: ZSR 1973, S. 129
Schreiber, Wilfrid	Zum System sozialer Sicherung, Köln, 1971

Schüler-Springorum, Horst	Angemessene Anerkennung als Arbeitsentgelt, in: Feuerhelm, Wolfgang/Schwind, Hans Dieter/Bock, Michael (Hrsg.), Festschrift für Alexander Böhm, Berlin, 1999, S. 219
ders.	Strafvollzug im Übergang, Göttingen, 1969
Schulin, Bertram/Igl, Gerhard	Sozialrecht, 7. Auflage, Düsseldorf, 2002
Schweinhagen, Klaus	Arbeitstherapie im geschlossenen Erwachsenenvollzug, in: ZfStrVo 1987, S. 95
Schwind, Hans Dieter/Blau, Günter (Hrsg.)	Strafvollzug in der Praxis, 2. Auflage, Berlin, New York u.a., 1988
Schwind, Hans-Dieter/Böhm, Alexander (Hrsg.)	Strafvollzugsgesetz, 3. Auflage, Berlin, New York, 1999
Schwind, Hans-Dieter/Steinhilper, Gernot (Hrsg.)	Modelle zur Kriminalitätsvorbeugung und Resozialisierung, Heidelberg, 1982
Seebode, Manfred	Strafvollzug I, Lingen, 1997
Seidler, Josef/Schaffner, Paul/Kneip, Wolfgang	Arbeit im Vollzug – Neue Wege in der Betriebsführung, in: ZfStrVo 1988, S. 328
Sigel, Walter	Die Bedeutung der Gefangenenarbeit und ihr Verhältnis zu Markt und Wettbewerb, in: ZfStrVo 1990, S. 266
ders.	Vollzugliches Arbeitswesen (VAW) im europäischen Verbund – aktuelle Entwicklungen in England, in: ZfStrVo 1996, S. 339
ders.	Beschäftigungs- und Berufsausbildungsverhältnis zwischen Vollzugsanstalt und Gefangenen, Besprechung von BAG, Beschluss vom 18.11.1986, in: NStZ 1987, S. 543
ders.	Alternativüberlegungen zur Verbesserung der Gefangenenentlohnung, in: ZfStrVo 1995, S. 81

ders. — Auf dem Weg zum „Landesbetrieb VAW Baden-Württemberg“ – Unternehmerische Möglichkeiten in den Gefängnisbetrieben, in: ZfStrVo 1996, S. 340

Smolka, Peter — Der Freigang im Strafvollzug, Göttingen, 1981

Steffens, Kurt — Das Arbeitsverhältnis des Strafgefangenen, Würzburg, 1975

Stein, Ekkehart/Götz, Frank — Staatsrecht, 18. Auflage, Tübingen, 2002

Stellungnahme der Arbeiterwohlfahrt — Zur Situation des Strafvollzuges, in: ZfStrVo 1989, S. 46

Bundesarbeitsgemeinschaft für Straffälligenhilfe e.V. — Tarifgerechte Entlohnung für Inhaftierte, in: ZfStrVo 1993, S. 174

Verband Deutscher Rentenversicherungsträger – VDR – — Einbeziehung von Strafgefangenen in die gesetzliche Rentenversicherung, in: SozVers 1993, S. 44

Stentzel, Michael — Berufserziehung straffälliger Jugendlicher und Heranwachsender, Frankfurt am Main, 1990

Stolleis, Michael — Strafrecht und Sozialrecht, in: ZSR 1979, S. 261

Storr, Stefan — „Neuorganisation der Sozialen Sicherungssysteme“ – zu den verfassungs-rechtlichen Grenzen von Reformen in der Sozialversicherung am Beispiel der Krankenversicherung, in: SGb 2004, S. 279

Stöver, Heino (Hrsg.) — Healthy Prisons: Strategien der Gesundheitsförderung im Justizvollzug, Oldenburg, 2000

Stratenwerth, Günter — Alternativen (Grundsätze des Vollzuges), in: Baumann, Jürgen (Hrsg.), Die Reform des Strafvollzuges – Programm nach den Vorstellungen des Alternativentwurfes zu einem neuen StVollzG –, München, 1974, S. 9

Thiede, Reinhold	Die Sozialversicherung – ein zukunftsfähiges Modell der sozialen Sicherung, in: Eichenhofer, Eberhard (Hrsg.), Bismarck, die Sozialversicherung und deren Zukunft, Berlin, 2000, S. 110
Udsching, Peter	SGB XI Kommentar, 2. Auflage, München, 2000
Ullenbruch, Thomas	Neuregelung des Arbeitsentgelts für Strafgefangene – Sand in die Augen des BVerfG?, in: ZRP 2000, S. 177
Umbach, Dieter/Clemens, Thomas (Hrsg.)	Grundgesetz, Mitarbeiterkommentar und Handbuch, Band I, Heidelberg, 2002
Veldkamp, Gerard	Zum Begriff des Sozialrechts, in: Hablitzel, Hans/Wollenschläger, Michael (Hrsg.), Recht und Staat, Festschrift für Günther Küchenhoff, Berlin, 1972, S. 402
Vetter, Stefan	Wer ist verantwortlich für Arbeitslosengeld II? Bund und Länder streiten um Optionsgesetz, in: MAIN POST, 3.4.2004, S. 5
Von Münch, Ingo/Kunig, Philip (Hrsg.)	Grundgesetz Kommentar, Band 1, 5. Auflage, München, 2000 Band 2, 5. Auflage, München, 2001
Von Wulffen, Matthias (Hrsg.)	SGB X Kommentar, 4. Auflage, München, 2001
Walter, Michael	Strafvollzug, 2. Auflage, Stuttgart, München, 1999
Wannagat, Georg	Das Sozialrecht im sozialen Rechtstaat, in: Peters, Horst (Hrsg.), Sozialrecht und Sozialpolitik, Festschrift für Kurt Jantz, Stuttgart, 1968, S. 53
ders.	Die Bedeutung des Allgemeinen Teils des Sozialgesetzbuches, in: Müller, Klaus (Hrsg.), Sozialrecht in Wissenschaft und Praxis, Festschrift für Horst Schieckel, Percha/Kempfenhausen am Starnberger See, 1978, S. 347
ders.	Lehrbuch des Sozialversicherungsrechts, Band I, Tübingen, 1965

ders.	Das vernachlässigte Sozialrecht in der juristischen Ausbildung, München, 1980
Wannagat, Georg/Eichenhofer, Eberhard (Hrsg.)	Sozialgesetzbuch Kommentar, SGB IV, Loseblattsammlung, Köln, Berlin, Bonn, München, Stand Juli 2003
Weitnauer, Hermann	Der Schutz des Schwächeren im Zivilrecht, Karlsruhe, 1975
Wertenbruch, Wilhelm	Sozialrecht und allgemeines Verwaltungsrecht, in: DÖV 1969, S. 593
ders.	Das Sozialgesetzbuch, in: RdA 1973, S. 209
ders.	Sozialverfassung – Sozialverwaltung, Frankfurt am Main, 1974
ders.	Begriff und Bedeutung des Sozialrechts, in: ZSR 1968, S. 385
Winkel, Rolf/Nakielski, Hans	Sozialleistungen und Arbeitsmarkt: Die wichtigsten Änderungen im Jahr 2004, in: SozSich 2004, S. 18
Wrage, Nikolaus	Die ökonomische Situation der Strafgefangenen oder: Die Achillesferse des Resozialisierungsvollzuges, in: ZRP 1997, S. 435
Würtenberger, Thomas	Strafvollzug im sozialen Rechtstaat, in: Kaufmann, Arthur (Hrsg.), Die Strafvollzugsreform – Eine kritische Bestandsaufnahme – , Karlsruhe, 1971, S. 11
Zacher, Hans	Das soziale Staatsziel, in: von Maydell, Bernd Baron/Eichenhofer, Eberhard (Hrsg.), Abhandlungen zum Sozialrecht, Heidelberg, 1993, S. 3
ders.	Grundtypen des Sozialrechts, in: von Maydell, Bernd Baron/Eichenhofer, Eberhard (Hrsg.), Abhandlungen zum Sozialrecht, Heidelberg, 1993, S. 268

ders. Zur Rechtsdogmatik sozialer Umverteilung, in: DÖV 1970, S. 3

ders. Was können wir über das Sozialstaatsprinzip wissen?, in: Stödter, Rolf (Hrsg.), Hamburg, Deutschland, Europa, Festschrift für Hans Peter Ipsen, Tübingen, 1977, S. 218

Würzburger Schriften
zur Kriminalwissenschaft

Herausgegeben von Klaus Laubenthal

Band 1 Hans-Jochen Schrepfer: Die Anwesenheit des Verteidigers bei der polizeilichen Beschuldigtenvernehmung. 2001.

Band 2 Nadine Hohlfeld: Moderne Kriminalbiologie. Die Entwicklung der Kriminalbiologie vom Determinismus des 19. zu den bio-sozialen Theorien des 20. Jahrhunderts. Eine kritische Darstellung moderner kriminalbiologischer Forschung und ihrer kriminalpolitischen Forderungen. 2002.

Band 3 Robert Frank: Die Bekämpfung der Geldwäsche in den USA. High-Tech-Gewinnaufspürung, drakonische Strafen und radikale Gewinneinziehung - Ist der Amerikanische Ansatz ein Vorbild für Deutschland? 2002.

Band 4 Johannes Hofmann: Menschenhandel. Beziehungen zur Organisierten Kriminalität und Versuche der strafrechtlichen Bekämpfung. 2002.

Band 5 Hans Christian Lohmann: Arbeit und Arbeitsentlohnung des Strafgefangenen. 2002.

Band 6 Stefanie Mühlfeld: Mediation im Strafrecht. Unter besonderer Berücksichtigung von Gewalt in Schule und Strafvollzug. 2002.

Band 7 Eric Uftring: Die Auswirkungen von Entscheidungen des Bundesverfassungsgerichtes und des Europäischen Gerichtshofes im intertemporalen Steuerstrafanwendungsrecht. Dargestellt am Beispiel der Vermögensteuer, der Zinsbesteuerung und der Getränkesteuer. 2002.

Band 8 Sebastian Fickert: Die Behandlung von Zufallserkenntnissen im Ermittlungsverfahren. Unter Berücksichtigung der allgemeinen Grundsätze über Verwertungsverbote. 2002.

Band 9 Stefan Laun: Alternative Sanktionen zum Freiheitsentzug und die Reform des Sanktionensystems. 2002.

Band 10 Anette Kaufmann: Möglichkeiten der sanktionsrechtlichen Erfassung von (Sonder-)Pflichtverletzungen im Unternehmen. Unter besonderer Berücksichtigung des Zusammenspiels von § 14 StGB, (§ 9 OWiG), § 130 OWiG und § 30 OWiG. 2003.

Band 11 Martina Seeliger: Entwicklung der Kinderdelinquenz und Folgerungen im Hinblick auf eine Änderung der Strafmündigkeitsgrenze. 2003.

Band 12 Silke Elli Jäger: Behandlung von Sexualstraftätern im Strafvollzug. 2003.

Band 13 Silke Marion Hirsch: Die Kommunikationsmöglichkeiten des Strafgefangenen mit seiner Familie. 2003.

Band 14 Volker Stiebig: Vollstreckungsverzicht und Grundfreiheiten. Ein Beitrag zur Entwicklung des Europäischen Strafrechts. 2003.

Band 15 Urte Nevermann-Jaskolla: Das Kind als Opferzeuge im Strafverfahren. 2004.

Band 16 Frank Och: Der strafrechtliche Schutz gegen ungerechtfertigte Vermögensverschiebungen in England und Wales im Vergleich mit dem deutschen Strafrecht. 2004.

Band 17 Michael Arlt: Der strafrechtliche Anlegerschutz vor Kursmanipulation. 2004.

Band 18 Anja Rieder-Kaiser: Vollzugliche Ausländerproblematik und Internationalisierung der Strafverbüßung. 2004.

Band 19 Katrin Malkmus: Prostitution in Recht und Gesellschaft. 2005.

Band 20 Susanne Werner-Eschenbach: Jugendstrafrecht. Ein Experimentierfeld für neue Rechtsinstitute. 2005.

Band 21 Stefanie Röhrs: Vergewaltigung von Frauen in Südafrika. Primäre, Sekundäre und Tertiäre Viktimisierung. 2005.

Band 22 Andrea Lindner: 100 Jahre Frauenkriminalität. Die quantitative und qualitative Entwicklung der weiblichen Delinquenz von 1902 bis 2002. 2006.

Band 23 Michael Steiner: Der Strafgefangene im System der gesetzlichen Sozialversicherung. 2006.

www.peterlang.de

Jörg-Uwe Schäfer

Nicht-monetäre Entlohnung von Gefangenenarbeit

Die Neuregelung des § 43 Strafvollzugsgesetz

Frankfurt am Main, Berlin, Bern, Bruxelles, New York, Oxford, Wien, 2005.
XIV, 151 S.
Europäische Hochschulschriften: Reihe 2, Rechtswissenschaft. Bd. 4212
ISBN 3-631-53915-0 · br. € 34.–*

Mit der Neuregelung des § 43 Strafvollzugsgesetz ist etwas völlig Neues eingeführt worden: Die Entlohnung der Gefangenenarbeit enthält nunmehr eine nicht-monetäre Komponente. Der Autor untersucht die theoretischen Grundlagen dieser Neuheit und ordnet sie in den straf- und strafvollzugsrechtlichen Kontext ein. Er stellt eine praktikable Anwendung der komplizierten Vorschrift vor und schließt seine Arbeit mit einer rechtstatsächlichen Untersuchung aus der rheinland-pfälzischen Vollzugspraxis ab.

Aus dem Inhalt: Rechtliche Einordnung der Haftzeitverkürzung · Verhältnis zu Art. 3 GG · Verhältnis zum Strafvollzugsgesetz · Zellenurlaub · Arbeitsurlaub · Ausnahmetatbestände · Ausgleichsentschädigung · Rechtstatsächliche Untersuchung · Gesamtergebnis

FSC
www.fsc.org
MIX
Papier | Fördert
gute Waldnutzung
FSC® C083411

Kolibri 360 GmbH
Ferdinand-Jühlke-Straße 7
99095 Erfurt, Deutschland
produktsicherheit@kolibri360.de

Druck:
CPI Druckdienstleistungen GmbH
im Auftrag der
Kolibri 360 GmbH
Ferdinand-Jühlke-Str. 7
99095 Erfurt